真知微言 力学笃行
——萧山十一中科研行

高建祥 编著

吉林大学出版社
·长春·

图书在版编目(CIP)数据

真知微言 力学笃行：萧山十一中科研行 / 高建祥编著． — 长春：吉林大学出版社，2021.6
ISBN 978-7-5692-9249-7

Ⅰ. ①真… Ⅱ. ①高… Ⅲ. ①中学—教学研究 Ⅳ. ①G632.0

中国版本图书馆CIP数据核字(2021)第217854号

书　　名	真知微言　力学笃行——萧山十一中科研行 ZHENZHI WEIYAN LIXUE DUXING——XIAOSHAN SHIYIZHONG KEYANXING
作　　者	高建祥 编著
策划编辑	曲天真
责任编辑	曲天真
责任校对	张宏亮
装帧设计	书道闻香
出版发行	吉林大学出版社
社　　址	长春市人民大街4059号
邮政编码	130021
发行电话	0431-89580028/29/21
网　　址	http://www.jlup.com.cn
电子邮箱	jldxcbs@sina.com
印　　刷	杭州富春印务有限公司
开　　本	787mm×1092mm　1/16
印　　张	32
字　　数	608千字
版　　次	2021年6月　第1版
印　　次	2021年6月　第1次
书　　号	ISBN 978-7-5692-9249-7
定　　价	78.00元

版权所有　翻印必究

目录 CONTENTS

👉 以生为本

高考追梦路上的最后"驿站" / 陈佳楠 …………………………………… 003

搭建实践平台,学会自我管理 / 宋建英 …………………………………… 006

加强家校互动　有效提升学生管理效率 / 陈彩萍 ……………………… 014

普高基于地域资源的"行走生涯"实践活动研究 / 陈　琼 ……………… 019

环环有招　建设优秀新班集体 / 陈彩萍 ………………………………… 027

基于高考综合改革下的版画教学实践研究之初探 / 包怒涛 …………… 032

传承·传统·传拓 / 包怒涛 ………………………………………………… 043

十一中学生体质健康状况调查研究 / 陈建芳 …………………………… 054

班集体中非正式群体的管理 / 陈涌光 …………………………………… 062

如何培养孩子的兴趣 / 高建祥 …………………………………………… 064

以孝德为核,"四育"为径,倡导孝德为人 / 莫利崧 ……………………… 067

班级纪律差谁之过 / 裴忠成 ……………………………………………… 076

于细微处见责任 / 邵灵彬 ………………………………………………… 078

知章书院:普通高中推进特色育人文化建设的设计与实践 / 屠立勇　吴建刚 … 081

课代表队伍建设:班级学风建设的有效抓手 / 王彩霞 ………………… 086

六频共振:后疫情时期高一新生心理安全场域构建 / 王彩霞 ………… 090

运动的超市　生命的狂欢 / 徐　龙 ……………………………………… 094

学困生转化 / 俞顺钢 ……………………………………………… 100
高中生物理学习的心理障碍探析及策略研究 / 朱 烽 …………… 103

以本为依

整合：明关联之要，守文本之义 / 郑圆圆 ……………………………… 111
阅读需要厚积薄发 / 王杏芳 ……………………………………………… 115
以学生主题意义理解和探究为主线的单元整体教学设计实践 / 南亚萍 ……… 120
寻点联文　串珠缀玉 / 吕红娟 …………………………………………… 128
《红楼梦》整本书阅读教学的思考与实践 / 陈佳楠 ……………………… 134
精准·多元·系统·拓展 / 吕红娟 ………………………………………… 139
以《苏东坡传》为例的整本书阅读指导策略 / 郑圆圆 …………………… 144
"学术类著作"整本书阅读的实践研究 / 郑圆圆 ………………………… 149
整本书单元学习任务链的设计与实践 / 陈佳楠 ………………………… 154
文言文教学传承传统文化的实践研究 / 陈佳楠 ………………………… 159
高阶思维在高中英语单元话题阅读课中的应用和探究 / 杨华芳 ……… 164
善用阅读材料　助力写作发展 / 柳 婷 ………………………………… 169
基于思维品质培养的高中英语读写教学案例探析 / 余秋萍 …………… 177
促素养落地，助素质生根 / 李泽慧 ……………………………………… 185
浅谈高中生物阅读教学方法 / 胡忠兴 …………………………………… 190
基于语言技能的概要写作实践之问题及对策 / 刘伟伟 ………………… 195
民族传统体育项目引入高中体育选项课的研究 / 宣卓丹 ……………… 201
在论述文教学中提升学生的逻辑思维能力 / 刘长胜 …………………… 206
为诗词教学插上想象的翅膀 / 赵媛华 …………………………………… 212
萧山区高中教师体育锻炼行为的研究 / 宣卓丹 ………………………… 217
探究"关键词"，解锁文言文意蕴 / 倪 佳 ……………………………… 222
纲举目张　授之以渔 / 陈 峰 …………………………………………… 227

撑一支长篙　向青草更青处漫溯 / 冯建利 …………………… 234

孝德文化课程群实施策略 / 刘长胜 ……………………………… 242

溯源教材,搭建写作支架的路径思考 / 倪　佳 ………………… 248

还诗歌审美以原有的生命力 / 严眉君 …………………………… 254

给我一个支点,撑起一篇文言文 / 朱芳儿 ……………………… 259

以策为媒

让"计算思维"在高中信息技术教学中落地生根 / 喻文红 …… 267

化学核心素养视域下借助"白纸作业"提高教学实效的初探 / 高　雁 …… 272

有序推进作文教学的实践与研究 / 王杏芳 ……………………… 279

体质测试新政策下足球"课课练"可行性的实验研究 / 宣卓丹 …… 284

高中数学课堂导学模式下的创新研究 / 杭　飞 ………………… 290

认知疗法对情绪化学生转化的实践研究 / 杭　飞 ……………… 293

论高中生物教学中错误资源"二次学习"的有效性 / 章海燕 … 299

从任务到情境,语文课堂活动设计的探索与思考 / 吕红娟 …… 305

核心素养视角下课堂活动的设计与实践研究 / 吕红娟 ………… 310

微写作:积跬步可至千里 / 郑圆圆 ……………………………… 315

思考力:思辨型论述文写作的钙质 / 郑圆圆 …………………… 320

高考诗歌鉴赏群文阅读教学策略 / 陈佳楠 ……………………… 324

穷不失义,达不离道 / 陈佳楠 …………………………………… 329

视角聚焦下的层进式教学评价例谈 / 吕红娟 …………………… 334

高中信息技术课堂培养学生创新思维的策略浅析 / 周素芳 …… 339

高一物理教学中利用学习单预学教材素材的实践 / 周维佳 …… 344

指向思维品质发展的P-Q-P深层阅读的设计与实践 / 潘　星 … 350

高中数学分层教学的实践研究 / 蔡有福 ………………………… 356

聚能于声、正念于心、扬神于行 / 郑　璇　晏梅花 …………… 363

寻踪索迹　梳"理"优化 / 徐华燕	368
问题引领　提升素养 / 韩 帆	372
基于高中历史学科"大概念"教学的策略研究 / 郑 璇	377
大概念统领下的单元教学策略研究 / 郑 璇	382
教而有法，学而有序，思而有境 / 刘长胜	386
非连续性文本阅读的备考策略 / 刘长胜	390
基于证据推理的"问题解决式"课堂实践研究 / 陈 迪	395
影响被督导者感受的重要因素探索 / 陈 琼	400
巧用生成，顺学而导 / 沈娅芳	406
核心素养为本"任务群"视域下"群文阅读"教学的策略研究 / 王杏芳	411
基于英语学习活动观的品质阅读课 / 南亚萍	416
高中语文课堂上"有效提问"的现状分析与实践研究 / 赵媛华	422
工欲善其事，必先利其器 / 南亚萍	427
重地理基础原理　抓学科关键能力 / 付泽惠	433
高中数学课堂教学中的数学交流现状及对策研究 / 李 成	437
高中地理课堂教学目标的有效落实策略研究 / 李英智	446
语篇衔接分析在高中概要写作过程教学中的应用 / 刘伟伟	453
面对迷途，学会选择 / 缪国松	460
高中化学"批、评作业"模式的研究与实践 / 沈东华	465
思想政治课议题式教学模式研究 / 王彩霞	471
打造魅力课堂，促进学生发展 / 王海燕	475
"问题教学法"在《电子控制技术》课程中的应用与实践 / 王妙龙	485
高中语文课堂"静思"能力培养的实践研究 / 徐华燕	491
"寻幽探微"式阅读教学策略探究 / 徐华燕	495
高中化学课堂实验有效教学的实践与研究 / 姚叶忠	500

以生为本

本民生史

高考追梦路上的最后"驿站"

陈佳楠

庚子年春,荆楚大疫,渐染全国,高考延期,学子不安。2020届的高三学子注定不寻常,出生于"非典",高考在"新冠",在经历了"停学不停课"的超长假期后,又面临延期高考的压力。

新型冠状病毒疫情是一场危机,带给我们空前的危难与挑战,外部环境的不安全、学习过程的不自律、高考成绩的不自信,都成为高三学生的沉重包袱。同时,疫情也是一次契机,作为高三班主任,我尝试在单独谈心之外,更合理、高效地进行团体辅导,帮助学生化解危机,收获成长。

在距离高考还有30天时,一直在高考复习中奋斗的高三学生已经非常疲惫了。如何更好地与压力相处,成为我要帮助高三学生解决的一个重要问题。压力是抽象的,我们可以以游戏的形式将它形象化、具体化,从而更好地认清自身的压力状况。

一、情绪辅导:冲刺高考,正视压力,学会减压

临近高考,高三年级的学生既要应对繁重的复习任务,更要面对万人争过独木桥的升学压力,肩上还承担着父母、长辈、老师的殷切期望,多方面的压力特别是应试压力把许多学生压得喘不过气来。如何有效帮助高三学生正视考试压力、恰当运用减压方法调节压力、化压力为学习动力,成为最后阶段德育的重要内容。体验式主题班会,以活动为载体,从认知和行为两方面引导高三学生体验、感知、调节压力,学会有效应对压力。

案例1:《正视压力、学会减压》

游戏:"吹弹可破",同学们慢慢吹气球,尽可能地吹大,但又要防止吹爆了。

思考:如果把手中的气球看成是我们的心理容器,每次往气球里吹的气就如同我们每天往心里堆积的压力,如果继续给气球吹气会发生什么事情?我们现在距离高考还有不到30天,如果每一天都给自己施加点压力,到高考那一天,我们会怎样?如果想要释放压力,我们应该怎么做?

讨论：①"继续吹下去，气球会爆炸，如果我们一直给自己施压，到高考那天，我们可能会心理崩溃。"②"虽然知道过度压力有害，可从没有如此真实地体验过。我的气球刚刚吹炸开了，可以想象，如果持续给自己施压，心理也会崩溃的。"③"跟吹气相反，如果想减压，得一点点把气球里的气给泄了，我们也要一点点把心理压力给泄了，学会减压。"

小结：这个游戏叫"吹弹可破"。同学们都亲身体验了过度压力的危害，只有适度的压力才能最大限度地提高我们的学习效率，成为我们前进的动力，否则压力不仅会成为阻力，还会损害我们的身心健康。

二、方法指导：冲刺后期，碎片时间，规划是金

最后冲刺复习的时间是有限的、零碎的，需要掌握时间管理的基本方法。时间管理是指通过事先规划和运用一定的技巧、方法与工具实现对时间的灵活以及有效运用，从而达成个人或组织的既定目标。对于高中生而言，时间管理更多地体现在如何高效利用有限的时间，完成学习任务。

案例2：《时间都去哪儿了》

导入：每天的时间犹如一块馅饼，每个人都希望把饼切割得合理均匀，你是如何分配每天的时间呢？请将你每天的时间进行分割，写下每天要做的事情及需要的时间。

分享与讨论：最理想的"时间馅饼图"的分配与你目前的时间分配状况之间有何区别？是什么造成了这种情况？能不能进行改变？如何改变？

反思问题：①你有哪些浪费时间的行为？②你有哪些时间管理方面的苦恼？③你希望获得哪些帮助？

总结策略：①认真制订每日计划，展示清华学霸姐妹马冬晗、马冬昕的每日时间计划表，初步了解制订计划的方法。②善用零星时间，时间的功用在于消费、存储和浪费。"消费"主要体现在一些娱乐活动上，例如吃饭、睡觉、逛街、看电视、聊天等；"存储"主要用于使将来时间增值的活动，例如思考、学习、记忆等；"浪费"则既不能创造愉悦感，又不能创造价值，例如无尽的等待、做不需要做的事、无聊的旅途等。

小结：生活中有很多零星的时间，如闲谈时间、走路时间、睡前时间、等候时间等，我们要善于利用它们，学会将零星时间和具有存储功能的活动相结合，从而达到时间的高效利用。

三、躯体辅导：科学饮食，均衡营养，助力高考

高考即将来临，同学们复习任务繁重，大脑常常处于高度紧张状态，身体能量消耗大。可是,我却发现保健品"过量"和早晚餐"减量"两大问题。于是,我为备考中的学生准备了一节饮食保健班会课。

案例3:《科学饮食,助力高考》

导入:罗列琳琅满目的保健品品牌,再列举自己的早晚餐菜单。

讨论:疫情期间、高考当前,心急的家长为同学们准备了好多保健品,大家怎么看?有一部分女生,在夏天里节食瘦身,不吃早晚餐,大家怎么看?

视频学习:《考前饮食"三八原则"》。①均衡营养,好的营养来源于"杂",各种营养素都应满足机体需要。②平缓进补,营养和知识一样,要靠平时积累,切忌搞突击,尤其不能滥服保健品。③饮食卫生,避免过量食用辛辣、温燥、过甜、过咸、油炸、烘烤等不易消化吸收的食物。④考生饮食尚需"八注意",别偏食,别过饱,别过多服用保健品,别过食肥腻,别疏忽早餐,别以饮料代替喝水,别吃不安全食物,别吃太多冷饮。

四、人际调整:真诚互动,拉拢友军,尽善尽孝

高考冲刺阶段,同学们需要班主任、任课老师的指导,还需要来自家庭的支持。这一节班会课,我从学生家庭生活中的细节入手,逐渐展开,一步步引导学生去了解自己在生活中的行为对家中长辈造成的困扰,激发学生的思考,让他们去思考生活中"孝"应该怎样体现,引导学生们在情境中活动、在活动中体验、在体验中明理、在明理中反思、在反思中成长。

案例4:《拉拢高考大军的"友军"》

导入:说一说高考压力下的父母众生相。

讨论:有的爸妈"望子成龙、望女成凤",给孩子施加了有形和无形的压力;有的父母担心给孩子更大压力,总是小心翼翼地说话做事,感觉那是一份"温柔"的压力;有的父母在最后阶段仍忙于他们的工作,感觉自己在孤军奋战……

视频:《初次见面,请多关照,我的孩子!》

小结:第一次为人父母,他们也是不完美的,要学会包容他们的不完美,要体谅他们的压力。在日常家庭生活中,我们需要对父母"和风细雨",不要随意"变脸"。带上爱与真诚,我们将和家长们一起迎接高考之后的"阳光明媚"!高考路上,父母是我们最强大的"友军"!

总之,严峻的疫情终将过去,延期的高考终将到来!我希望以自己的实践探索,温暖、高效地疏导高三学子的不适心理,科学、精准地辅导应考策略,努力化疫情危机为教育契机,帮助高三学子以健康饱满的状态、持之以恒的决心、舍我其谁的斗志,勇敢面对人生的大考。

搭建实践平台，学会自我管理
——高中学生自治管理的实践与探索

宋建英

一、问题的提出

著名教育家苏霍姆林斯基说：教育的目的是教会学生自我教育。强调学生是学习的主人，管理的主人要以学生为主体，要培养学生创新精神和实践能力。当前我校学生2000余人，共45个班级。每班约50人。全校教职工200人左右。面临这个巨大的学生人群，仅靠教师进行管理是非常有限的。

既要培养学生各项综合能力，又能更好地完成规模较大的校园管理，用什么样的载体去加以实施呢？为此，我校试行了一套新的管理模式：学生自主管理委员会（简称自管会）。学校希望借助这个学生团体，着力发展学生自主管理能力，培养学生发现问题、处理问题等综合能力，同时让学生能积极参与校园管理，构建自上而下的校园管理模式。学生自治管理委员会这一载体，不仅为学生搭建了一个实践的平台，也充实了学校的管理队伍，减轻了教师的管理负担。

二、概念的界定

著名教育家陶行知曾说过，学生自治有三个要点：第一，学生指全校的同学，有团体的意思；第二，自治指自己管理自己，有自己立法执行司法的意思；第三，学生自治与别的自治稍有不同，因为学生还在求学时代，就有一种练习自治的意思。把这三点合起来，我们可以下一个定义："学生自治是学生结起团体，大家学习自己管理自己的手续。"从学校这方面说，就是"为学生预备种种机会，使学生能够组织起来，培养他们自己管理自己的能力"。

本着"事事有人管，人人有事做"的宗旨，我校2016年4月成立了学生自主管理委员会（简称自管会）。学生自主管理委员会（简称自管会）是学校努力发展成为最有特色的学生自我管理组织机构,隶属政教处,通过学生自主管理的学生社团。它是一个培养能力、提高素质的载体;是展示自我,证明自我的实践平台。自管会共设五部:纪检部、值周部、文体部、生活部、宣传部。本会在符合学校相关规定的前提下独立自主地开展工作,并服务于学校新课程改革探索。自管会的成立是学校与学生搭建沟通的桥梁,是学生实现自我价值、学生生存和发展的实践基地。下面,我就以我校自管会为例,抛砖引玉,谈谈如何发挥学校自管会这一平台,提升学生综合能力的初步探索。

三、制订自管会各项制度,强化各部门工作职能

我校自管会的规章制度不仅是校园组织规范化、制度化管理的基础和重要手段,也是衡量自管会成员工作以及校园管理成效的重要依据。

(一)制订的《十一中自管会章程》《自管会各部门工作职责》《自管会成员考核办法》《自管会成员学期评优标准》等制度,让自管会的成员明确拥有这一份光荣,同时也担负了一份责任。

(二)明确自管会主要任务,围绕校园管理和提升素质进行服务工作。

自管会的主要任务是:

1. 全面贯彻落实党、国家和学校思想政治教育的有关方针政策。

2. 围绕学生思想政教、学业辅导、文化建设、生活服务、行为指导和安全防范等六位一体的功能定位,广泛开展各类丰富多彩、健康向上的活动,提高学生综合素质,为培养学生的综合能力服务。

3. 贴近学生实际,掌握学生特点,满足学生需要,着眼于解决学生在日常生活中遇到的问题和营造学校如家的氛围;联系、配合学校各部门、各班级共同创建宁静、整洁、安全、优美、和谐有序的学习、生活环境。

4. 完成学校相关职能部门分配的其他工作。

(三)自管会五部及其对应职能。在已完善的校自管会学生社团体系中,自管会各部门以部门职责为工作阵地,以创建"部门特色"工作为抓手,协助学校相关部门管理校园,就教室卫生、学生学习、各项锻炼、住校生的生活起居以及学生着装等开展专项管理事务。各部门落实主体责任,自上而下,层层管理;做好表率示范作用,身先力行,引领全校学生。除了创部门特色外,部门间需相互沟通与交流,相互配合与监督,形成一个团结合作、互利互赢的学生团体。

| 纪检部 | 协助校园管理组、年级组规范学生日常行为。检查零食,对各班级的纪律进行量化评分。 |

值周部	协助学校维持良好环境,监督各值周班日常工作,监督学生考勤、班级卫生情况。
文体部	协助相关部门,对学生两操进行管理与监督;配合组织方完成学校组织的相关活动。
生活部	监督食堂、小店的食品安全以及饮食卫生;针对学生就餐纪律以及文明就餐进行管理,培养学生良好的生活习惯
宣传部	宣传校内近期事件、活动。及时报道学校动态。设计自管会宣传栏。公布各班纪律、卫生、行为规范情况。

四、自管会的运作细节

(一)加强理论学习,强化内部管理,提升自管会会员整体素质

基于自管会各部门工作需要较多的同学参与管理,因此无法杜绝思想上"小心思"的学生参与。本着"培养+提高"的宗旨,自管会尝试通过各种学习与培训,常规召开自管会全体会员新学期会员大会、期中反思会议、期末总结大会;不定期的部门交流、部门总结等会议,来加强成员的思想认识,提高自管会成员的服务意识。

(部门交流会) 　　　　(部门会议) 　　　　(学期总结会)

(二)各部门有序开展工作,学校秩序井然

在纪检部的认真检查下,各个班级的教室宽敞明亮,窗明几净。班级里课桌椅排列得整整齐齐。每张课桌上只有学习的书籍整整齐齐地摆放着。同学们统一校服,精神抖擞地进行早自修。朗朗的读书声响彻在校园里,形成一幅幅靓丽的校园风景。

值周部成员对通校生进出校园的车辆进行规范的编号和登记。依照年级、班级以及学号等顺序进行车牌发放，并按类别进行有序的停放。通过整理各类车辆，通道中再也没有横七竖八的车辆，各类车辆整齐有序地停放在车棚，同时也保障了行人通道。

文体部成员佩戴检查袖套、手持检查记录单站立在跑操场地的四方。在他们认真的监督下，各个班级跑操着装统一、步伐整齐、班级口号响亮。借口身体不适而躲避跑操的数量也大大减少。

生活部对学校食堂进行检查，保证同学们的饮食安全；提倡节约、反对浪费，认真管理同学们文明就餐：提醒注意饮食卫生；摆放餐盘要轻放，倒剩饭菜时注意不要溅出桶外等文明就餐细节。培养我校学生文明就餐的好习惯。

宣传部总结汇总各部门的工作，通过校情民意直通车、沟通从心开始、每月一星等栏目，及时报道学校的大事以及重要的工作主题。每月一期的汇编《自管会宣传报》，每月一期的自管会宣传窗。提升自管会在学校的影响力。

(三)提升服务意识,培养责任心

1.进行工作职责测试,提高成员的工作责任心

一年一次的换届,常使新加入的自管会成员对部门职责不了解。为了让新加入的自管会成员尽快熟悉工作,我采用了不定期工作职责测试的方法,通过围绕部门工作内容及检查时间的测试,让自管会成员熟悉本部门工作,同时也增加了对其他部门的工作的认识和了解。

2.积极协助学校各项活动,增加成员的主人翁意识

各部门完成自己的本职工作外,还积极协助学校搞好各项活动。学校每年一次的元旦文艺汇演,自管会成员放弃观看的机会,自愿担任演出现场的管理人员;为校运动会的顺利开展,自管会成员发挥优势,积极参与,为校运动会提供了有效保障。通过参与各种活动,丰富了自管会成员的工作经验,提高了责任感和主人翁意识。

3.组织集体活动,增加团队服务意识

每一名自管会会员必须要有服务意识。开展一些集体活动也是培养他们服务意

识的一个重要手段。组织自管会成员们参加爱我校园,美化环境的校园清扫活动。对校园脏乱差角落进行了集体清扫。自管会成员自愿参加校园内教学楼、操场、篮球场等地的卫生清理工作。

4. 组织"微爱助高考"校园系列活动,提升团结和谐的团队意识

临近高考,组织高一、高二同学为高三学子呐喊助威送祝福、为高三学子安置舒适就餐区等活动。在这些活动中,自管会成员发挥工作优势,精心安排,认真执行,展现了我校各年级间的团结友爱、互帮互助的精神。

5. 参加社会公益活动,增加社会责任感

自管会成员自愿参加社会团体组织的"文明礼让,携手共建"劝导活动。本着弘扬"奉献、友爱、互助、进步"的志愿者精神,积极响应区政府《树文明风尚,做国际范市民暨"礼让斑马线——文明我先行"活动方案》的有关精神,满怀服务社会的激情;充分展示社会和谐的主人翁意识。

五、自管会运作成效

历经三年,我校自管会逐渐成长。在校领导的支持下,在政教处的指导下,自管会依照各项规章制度和自管会章程开展工作,提高了广大同学的自我管理、自我教育、全心服务、自我提升的意识,成了联系学生的桥梁和纽带,取得了很好的效果。在自管会这个实践平台上,大部分自管会成员纠正了自身很多不良习惯,思想认识上得到了提高,培养出了一批又一批优秀的学生。

1.学生对自管会的认可

自管会工作成效显著。一届一届过去,在每次招新的过程中,都有很多同学踊跃报名。自管会按照章程,经过层层选拔、班级表现、能力评价、人员控制等环节最后才正式确认为成员。因此同学们以加入自管会为荣。自管会成员都来源于学生中间,因此同学们都服从自管会的管理。自管会发挥与全体学生联系密切的优势开展工作,在学校的纪律管理、班级管理、餐厅管理、校园管理等方面发挥了自身的作用,减轻了学校的管理压力。

2.自管会成员借助社团平台,提高自己,引领全体学生提升文明素质

自管会第二届会长陈同学未加入自管会之前,随意自大,经常是"拿着鸡毛当令箭",班级里很多同学都不喜欢他。加入自管会后,他改掉了以个人为中心的毛病,逐渐培养服务大众的意识,加强替他人考虑的观念,最后得到了同学们的认可,并获得了校优秀自管会干部的荣誉;王同学在未加入自管会之前,胆小怕事,唯唯诺诺,通过自管会各项工作的锻炼,逐渐转变得自信起来。不仅自己的事情做得非常好,也能帮助其他同学,分配工作也很到位,成为优秀的第三届会长。

在自管会这个团队里成长的自管会成员很多很多。为了鼓励不断进步的自管会优秀成员。每学期都对优秀的自管会会员、每月一星进行了表彰。

3. 自管会各部门发挥应有的管理作用，成为学校管理的得力助手

各部门充分发挥部门职责，尽责高效地管理学校的每一项工作，多次得到校领导的表扬。校自管会成立至今，外到环境卫生、公共设施维护、内到每一位学生的学习自觉性、行为习惯的养成等方面都发生了很大的变化。有了校自管会的这一桥梁，师生间的关系也越来越和谐。同学们在校园里有了强烈的舒心感、责任感和归属感。

我们将继续在学生自管方面多实践和研究，让同学们通过自管会的锻炼平台，不断地认识和发现自我价值，从而发展成为一个有明确人生方向的人。以上仅仅是对校园管理探索的初步尝试，还有很多需要改进的地方，不当之处敬请各位专家批评指正。

加强家校互动　有效提升学生管理效率

陈彩萍

【内容摘要】 处于一个竞争与合作的时代,家校合作越来越显示出它的重要。新时期互联网高速发展,学生玩游戏玩手机成瘾,家长和学校管理都存在一定的困难,学生对学习越来越倦怠。针对这个教育现状,我从四个方面谈新型家校互动的创设;加强双向教育,鼓励家长走进课堂;借助手机APP等软件加强周末学生在家的管理;切实调动家长,分组学习入家庭;改变传统家长会和家访模式,为有效管理学生提供了可操作的模板。

【关键词】 家校互动;双向教育;手机APP;分组学习

苏霍姆林斯基说过:"教育的效果取决于学校和家庭的教育影响的一致性。如果没有这种一致,那么学校的教学和教育过程就会像纸做的房子一样倒塌下来。"高中的学生大部分学习时间是在学校中度过的,大部分知识来源和重要情感都是在学校中形成的。学校虽然是社会的专业教育机构,却不能承担全部,家庭是学生成长的摇篮,家庭在学生成长中的作用是巨大的,因此学校必须和家庭保持密切的合作。本人根据多年的摸索,创设了家校互动新型模式,给我们学生学习和心理成长带来了很大的影响。

一、双向教育,拉近家长

虽然家委会的成立是让家长参与学校管理的一种常见途径,但家委会往往是固定的几位家长代表学校全体家长参与学校教育和管理的一种群众性组织,主要解决他们的不同利益诉求。对于具体学生个体的教育却没有大的作用。我想说的是让每位家长均有机会参与我们学校的教育教学管理。

(一)家长进校活动

大部分家长平时在家对孩子的教育往往比较单一,一味地告诉自己孩子成绩是一切,忽视了情感交流,忽视了孩子的其他特长,认为高中阶段面临考大学,除了学习,其他事情都要回避,最终导致孩子回家不愿意与家长交流,更愿意把大量的时间放在玩手机上,使学生与家长与学校沟通更困难,给学生的思想教育带来了更多的屏障。因此每当学校运动会和艺术周的时候,往往可以提前发出通知,邀请家长们来校观看孩子们的表演,每当家长看到自己的孩子在台上表演时,总会被孩子所感动;看到孩子在家没有表现的青春活泼的一面时,总会感到很欣慰,看到孩子多样化的一面,给家长带来内心的冲击不小。通过学校给学生提供的展示才华的舞台,让家长纵向和横向了解孩子的成长需要,吸引家长和孩子一起培养学生的兴趣特长,使学生素质全面提升,使家长也意识到孩子的成长不只是学习,多才多艺的全面素质提升将是孩子今后人生发展更需要的。高中阶段孩子需要的也不只是枯燥的说教,更需要的是朋友式的交流和理解。这种群体活动往往能改善孩子与家长之间的关系,更好地服务于学校教育。

(二)家长进课堂

家长进课堂,共同体验课堂教学过程,当碰到有些学生对待学习不认真,吊儿郎当,行为表现差,多次教育没有效果,多次与家长沟通其在校表现也无果的情况下可以邀请家长来校。让家长走进教室,了解自己孩子和别的同学在课堂上的表现,充分感受下教师的课堂教学方式,课堂氛围,师生互动,教师的课堂魅力等,也可以让家长看到自己孩子以及班上有些同学的一些上课弊端。家长老师共同努力,来找到学习行为表现不够好的根源。由于家长课堂教学的全程参与,已充分了解了学生在课堂上的表现,家长首先会更深层次地思考自己的孩子课堂表现背后的致因,更愿意与老师积极寻找方法解决孩子的学习现状。家长,老师,孩子在面对面的情况下交流会更加顺畅,因为家长参与课堂,和孩子一起来学习实践,对孩子是一种极大的精神鼓励,他会感觉到父母和老师对他学习的重视和了解,就会愿意说,更能使家长真正地了解孩子,懂得孩子,帮助孩子走出无目的倦怠的学习状态,重拾学习的信心。

二、智能支持,协助家长

高中的学生绝大部分是住校的,在校的五天,对于大部分学生来说,他们能够自觉地做到严格要求自己。有些家长因将近一周时间没见到自己的孩子,想着法给孩子做好吃的,尽可能地让孩子好好休息。在爷爷奶奶和父母无微不至的"呵护"和"服务"下,有多少孩子能禁得住这么优越的"待遇",学生一回家就完全放松了。家庭作业是学生每天学习的补充,是否认真有效地完成,关系到学生学习效果的好坏。如果家长任其自由作业,那么学习的补充以及孩子学习的自觉性将很容易被毁掉。因此从周五放假至周日下午返校将近三天的学习与反馈以及行为规范的培养很重要。

把学校教育延伸到校外,扩大教育的影响范围,让这些学生在长期的严格要求中逐渐养成良好的行为习惯,这些要在家完成,就需要家校配合互动。现代社会网络这么发达,给我们的家校互动带来了便利。

(一)微信群家校沟通

这个微信家长群不是仅仅为了方便与家长沟通,主要是为了方便家长共同参与周末学生在家的学习管理,可以更好地了解自己孩子周末学习的质量。每到周五放学前,先做好两件事,首先让每位学生回顾一周学习,找出所学学科的弱点,制订好周末在家补差或提优的内容与时间段;其次让每位课代表明确周末回家作业,打印在一起,拍照上传给每一位家长,通过家长群让家长明确周末孩子的学习内容与时间。约定作业以视频形式在规定时间段内上传,一旦学生上传了作业的视频,要在第一时间检查每个同学的作业完成度和质量,并及时反馈。

(二)APP在线解答

利用"班级小管家"或"钉钉"等APP在线解答　由于学生在作业过程中会出现作业不会做,有疑问等问题,可以在班级小管家等APP上建立我的班级,把所有任课老师都邀请来,学生可以在这里提出问题,让其他同学或老师及时帮助解决。

家长群或教师学生群的建立不仅可以帮助家长和学校解决学习上的一些问题,还可以继续学生周末行为规范教育和心理关注。比如周末我们不仅要求学生安排好自己的学习,更要求学生能帮家长承担力所能及的家务,能积极参加一些社会实践活动和社区活动,利用微信群以图片或视频形式真实展示出来,对学生的德育教育起了重要作用。

三、分组学习入家庭

我们学校的学生相对来说,学习自觉性比较差,有时候学生都明白寒暑假的长假期间正是补充知识薄弱环节的重要时间,尤其是高三的那个寒假,经过一个学期的系统性知识复习,基本建立了各学科的知识网络。但是寒假来了,往往会打断我们流畅的复习进程,如果刚好学生学习自觉性较差的话,将会大大影响学生第一阶段的复习成果。因此这个寒假的时间利用和学习安排对学生有较大的帮助。现代社会中,很多事情并不是仅凭一个人的能力就能完成的,团队合作成了完成工作的一种主要方法,学生可以小组形式合作学习,那么分组入家庭需要做好这几件事。

(一)分组依据

在学期结束前,根据学生地域分组,差不多车程在半小时以内的学生5到6人组成一个小组,尽可能地照顾到学科的平衡。积极动员学生家长,采用家长自己报名和学生推荐或者老师动员给每一个小组挑选一个家庭,使小组固定在这个家庭学习,这个家庭的家长负责早晚学生到家学习的时间和放学时间,以及学习期间的纪律管理等。学习小组的成员在小组长的召集下讨论好假期期间每天学习的时间作息表和学习的详细内容,学习的详细内容由每门课比较有优势的同学制订,这些学生正好可以借此与组内同学分享,其他同学再补充,从而实现学科共赢,帮助其他同学提高学科学习成绩的同时更加坚定自己学习这学科的信心。

(二)注意学生安全

毕竟学生早晚出门安全很重要。在建立小组之初就按照地域分,以一个家庭为中心,以坐公交车半小时的距离为标准,以减少学生在路上的时间;其次给每个小组建立一个微信群,早晚打卡,告知早晚出门和到家的时间;第三动员家长自己送,由于路途不是很远,家长可以利用上下班的时间送自己的孩子到指定地点学习,确保学生的安全。

(三)保证学习的效果

每个小组长根据组内各学科制订学习计划和内容,学习内容可以根据组内同学的学科要求设置,可以补差也可以提优,经过讨论安排每天学习的作息时间,可以借鉴学校的学习时间。到了晚上每个小组把白天学习过程中遇到的问题在群里提出来,可以询问任课老师。这样就可以确保小组学习的真正有效。学生分组学习进家庭,让每个学生都能认真学起来,使老师们每天都能掌握学生学习的动态,调动每位家长,让每位家长都参与假期的学生管理。小组合作共同学习,互帮互学,不仅促进了学生间的情感交流,提高了学习的积极性,也有效解决了假期学生管理的困难。

四、创新家访、家长会

家访是家校联系一直常用的重要方式,家庭访问的方式多种多样,有到学生家中访问、电话访问、微信访问等方式。在高中采取的是年级组管理为主的教育教学方式,整个年级的学生表现情况,老师和老师,学生与学生的相互交流比较多,哪个学生是整个年级的"明星",大家都很了解。由年级组领导和班主任及科任老师组成的家访小组,通过对成绩和表现出色的学生的家访,充分了解他的家庭教育背景,学生在家表现等,共同寻求学校教育与家庭教育的配合点,使这些学生成为整个年级的培养对象。年级组召开家长会时,传统的家长熟悉的家长会流程,即学校领导讲话,班主任介绍班级学生情况,任课老师说说就差不多了。现在的家长会可以邀请一些优秀家长代表来校给全体学生家长作报告,讲述培养孩子的经验和方法。为"孤军奋战"家长提供家庭教育信息,相互交流,相互学习,取长补短。

总之,学生的成长环境主要有学校、社会和家庭,家庭教育是学生人生道路上所受一切教育的基础,家长的教育行为关系着孩子良好个性品德的形成与发展,家长是否有效配合学校对孩子进行教育,直接决定着学校教育的效果。家校互动,是学校教育工作成败的重要一环。

参考文献:
[1] 马忠虎.家校合作[M].北京:教育科学出版社,1997.

普高基于地域资源的"行走生涯"实践活动研究

陈 琼

【内容摘要】 针对学校当下努力培养出来的人才不识家乡、不爱家乡,更不以家乡为荣,完成学业后,急于离开家乡,对家乡的建设不感兴趣的生涯教育现状,我校利用贺知章这个得天独厚的地域文化资源,创新生涯教育方式,提出"行走生涯",提升普通高中生涯教育的实效,将地域文化内化于心、外化于行,突出学生生涯发展与家园价值的融合,引导学生在多重体验中认同地域文化,建构家园观念,形成家园信念,并转化为自身生涯探索实践的自觉行动,符合新时代的发展要求。

【关键词】 地域文化;行走生涯;生涯发展;家园价值

我们用问卷形式在三个年级随机调查了676名学生,只有121人愿意将来留在本地区工作生活,这其中还有37人是因为成绩不理想"无望离开"不得已而为之。我们努力培养出来的人才不识家乡、不爱家乡,更不以家乡为荣;完成学业后,学生急于离开家乡,对家乡的建设不感兴趣。生涯教育的问题出在哪里?笔者认为,主要是因为缺乏地域性、本土性的生涯教育,不能让学生把根留住、把情留住。

我校地处萧山城南,北枕美丽的笋婆河,这里曾是我国唐朝大诗人贺知章的故里,千年文脉,源远流长。学校周边有笋婆古寺、笋婆桥、知章公园、贺知章艺术馆、季真亭等,都是后人为纪念贺知章而建。乡贤知章,泽被后世,这是我校得天独厚的地域文化资源。基于此,我们尝试依托"知章"这一地域资源,创新生涯教育方式,提出"行走生涯",提升普通高中生涯教育的实效,将地域文化内化于心、外化于行,突出学生生涯发展与家园价值的融合,符合新时代的发展要求。

一、"行走生涯"三部曲实施

"行走"意指亲身体验、亲身议证和亲身践行。"行走生涯"引导学生在多重体验中认同地域文化，建构家园观念，形成家园信念，并转化为自身生涯探索实践的自觉行动。"行走生涯"实施"行乡·议乡·馈乡"三乡并进行动。通过"家孝为人""社圈责任""家国情怀"醉乡三线行，持续深入地弘扬地域文化，达到以行促知的效果；通过"专门委员会""常务委员会""议乡联合会"，探讨家乡发展议题，达到以议促行的效果；通过"以技浓情""以策献智""以位助为"，多维度回馈家乡，实现自身的社会价值。(如图1)

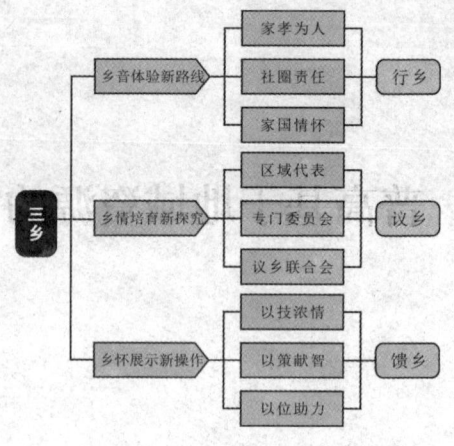

图1 行走生涯框架图

(一)行乡：生涯触知体验

亲身丈量、触摸是生涯教育中地域文化内化的重要环节，走一走乡土路，看一看乡土景，听一听乡土音，学生才能更具有家园情怀。行乡生涯活动规划了"家孝为人""社圈责任""家国情怀"三条乡音体验路线，从"线路开发""行乡助力"等方面推进。

1.行乡线路

我校地处唐朝大诗人贺知章的故里，千年文脉，源远流长，乡贤知章，泽被后世。学校周边的箩婆古寺、箩婆桥、知章公园、贺知章艺术馆、季真亭等，都是得天独厚的地域文化资源。

"行乡"线路以"知章文化寻根之旅"为起点，围绕目标"识知章明孝德""识角色明责任""识家乡明志向"，串联"家孝为人""社圈责任""家国情怀"三大乡行路线，充分展开看、听、谈、行的家园体验过程。"线路开发"以我校为中心，把零散的地域资源进行有序串联，围绕主题拓展行乡范围，丰富行乡方式，加深体验感悟，达成行乡目标。(如图2)

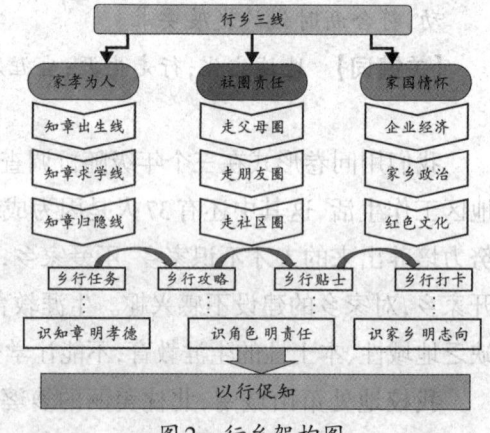

图2 行乡架构图

"家孝为人"线以地域知章为引领，走贺知章的出生地、生活地、归隐地，设置了知章村、箩婆寺、知章公园、贺秘监祠、怀贺亭、千秋楼、鉴湖(镜湖)7个打卡点；"社圈责任"线以学生的家乡生活圈为脉络，走父母圈、朋友圈、社区圈，三个圈，包括"走父母工作单位、小鬼当家一天、跟生涯人物一天、榜样人物访谈一次"4个活动，"走学生毕业学校、走高校、走少年宫"3个场所，"自己生活的村或社区、敬老院、特殊学校"3个地方；"家国情怀"线以家乡的社会生活领域为导向，走经济、政治、文化三个域，设置了航民村、万向集团、传化集团、城市规划展示馆、萧山行政服务中心、G20场馆、萧山文化馆、萧山革命历史纪念馆、萧山抗战纪念馆9个打卡点。

2.行乡助力

结合学生实际,通过"公众号"智能支持,以"活动管理、成长记录、学生评价"为功能定位,梯度推进、持续深入地开展生涯教育。

公众号作为一个信息载体,以一对多的点对点方式,形成多介质的交互活动,为学生的行乡提供技术、知识、智囊的支撑,凭借醉乡之行、积分兑换、我的足迹三板块为学生的乡行提供了全方位、坚实的保障。(如图3)

图3 公众号二维码

"醉乡之行"展现教师实时发布的行乡任务、提供资源小贴士指引锦囊、学生查看并自主接收任务。老师将规划好的任务发布到这一板块,同时设置好各个点的链接,让学生在点击任务时能够清晰地看到任务的要求和完成后能取得的学分。每个打卡点分类整理形成了多个资源小贴士,让学生在关键时刻找到指引的锦囊。"积分兑换"供学生实时查询积分并兑换心仪的奖品;"我的足迹"显示我接过的任务、等待完成的任务、需要完成的任务和作业。公众号这一信息载体对管理学生信息、督查活动考情、发布活动作业、提交活动任务提供了有效的支持。(如图4)

图4 打卡平台图

(二)议乡:生涯愿景情怀

家乡发展的新生力量在于青年,那么高中生无疑是这支力量中最具潜力的人。家乡用它的山水哺育了一代又一代,这些正在成长起来的年轻人,又该有怎样的担当?我们行走生涯通过区域代表的产生,组建专门委员会和常务委员会,构成议乡联合会开展"议乡"活动,进行生涯情感培育。

1.议乡组织架构

在行乡中考评"优秀"的学生来到议乡联合会进一步提升自己。在这里,有区域代表定期提案、讨论审议、表决通过,环环相扣,活动至今已有三届。从首届活动摸索到第三届,组织稳定化、活动序列化,议

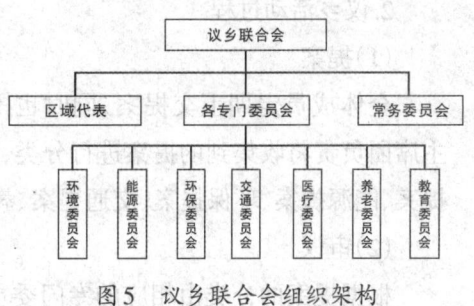

图5 议乡联合会组织架构

021

乡联合会成了一道独特的风景。心怀家国，勇担责任，"先天下之忧而忧"的生涯情怀是所有议乡联合会成员的共同追求。(如图5)

(1)区域代表

进入议乡联合会的学生，可以双向选择自己的代表身份，可以选生活的镇街、感兴趣的或特别了解的镇街。在首届议乡联合会上，37%的学生选择了自己出生、成长的镇街，63%的学生选择了非出生地，其中有一半以上的学生对学校所在的镇街特别有兴趣、期望代表城厢镇参involve乡。这说明活动初期，学生认同感还是不够，期望待在学校附近的安全区，担心探索自己家庭的镇街难度太大，应付不了。在第三届议乡联合会上，有92%的学生选择了自己家住地的镇街，剩下8%的同学里还有一部分是外来就读的学生。我们看到随着活动的推进，学生愿意、敢于担任自己家住地的镇街代表，这是同学们家乡认同和家乡自信的最直观体现。(如图6)

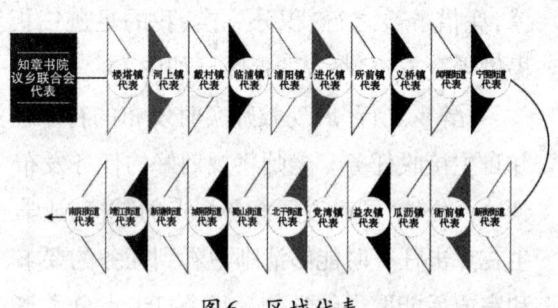

图6 区域代表

(2)议乡联合会

沈永祥大使曾说："我们中的大多数人，将来不会有机会成为外交官，但是我们在各行各业所从事的事业都将最终成为中国外交的底气。"同样，拥有家国情怀的学子们，其中很多人未来的生涯不一定会执政、从商，但是家乡的各行各业、自己未来想要从事的各行各业，是我们家乡政治经济发展的底气。反过来，家乡政治经济发展的状况，也是我们未来生活方方面面、从事各行各业的底气。

议乡联合会设有一个常务委员会和七个专门委员会。常务委员会负责组织和协调常规事务管理，也负责综合性议题。专门委员会包括环境(天气、空气、尾气……)、能源(五水共治、电能负荷……)、环保(垃圾分类、绿色食物……)、交通(一头一盔、礼让行人……)、教育(心理健康、留守儿童、美好教育……)、医疗(疫情防控、智能就医……)、养老(老有所依、社区便民服务……)。

2.议乡活动过程

(1)提案

全体成员定期上交提案，同时也围绕家乡的建设与发展向全校学生征集议题。主席团负责将收集到的提案进行分类，根据委员会的设置分成8大类：综合提案、环境提案、能源提案、环保提案、交通提案、教育提案、医疗提案、养老提案。

(2)审议

根据提案的分类由相应的专门委员会负责组织，常务委员会负责协调，聘请我校名师和名优学生作为陪议团,邀请有意向的同学作为列席代表,对各相关提案在三次讨论的基础上,进行审议和表决。议案必须有三分之二以上的委员投赞成票,才能通过,形成决议案,为馈乡活动提供方案引导和实践依据。(如图7)

3.议乡活动回顾

议乡联合会是促进学生生涯愿景生根发芽的有效载体,能够激发学生不再局限于自身这个小格局,开始逐步接触家乡社会规则,拥有更加开阔的视野,对于培养学生为家乡努力奋斗、为家乡添砖加瓦的情怀具有重要作用。会议筹备时间为每年7月到9月,会议时间定于国庆节放假前一周。

图7 议乡活动现场

第三届议乡联合会会议筹备工作全部由学生负责,在筹备过程中,委员会的小组委员们撰写策划案、考察实情、购置会议物资、制作通告,与教师团队线下、线上沟通、查找国内外资料、独立编写15份背景文件。充分的准备增添了代表们的自信,让他们收获满满。在这短短一周五天里,议乡联合会见证每一位怀揣生涯梦想的青年学子的历练蜕变。这里有交锋的火花,有珍贵的情谊,有努力洒下的汗水,更有获得成果时的喜悦。一路走来,有过挫折,有过不愉快,但回首过往,熠熠生辉的是那些一起做调研,一起赶文稿,一起拼搏的记忆。

(三)馈乡:生涯奉献担当

"馈乡"活动是在了解家乡、认同家乡的基础上,尽己"馈"于家乡,其根本目的,是通过融合学生的家乡情怀和自我成长的动力,促使学生更好地成为家乡建设的接班人。在回馈家乡这个活动天地里,学生通过广泛地接触家乡,体验实际生活,将自己各方面的发展与家乡需要紧密相连;同时在群体相互交往中试着处理复杂的人际关系,得到了锻炼,变得稳健,加快了个体社会化和个体生涯探索的过程。

从2017年开始发动"馈乡"活动,家校互动,个人自愿。我们通过"家长工作委员会"向家长宣传,得到家长的理解和支持,形成家长助理团和家长资源库,学生自愿组队、自愿选择、自愿承担。从活动申报、活动实施、活动结案,学生自主结对和指导老师对接存档,这里有教师指导,也有团队协作。据统计,到高三毕业自愿参加过馈乡活动的学生比例逐年上升(2017年27.3%,2018年62.5%,2019年83.2%)。经过探索,

汇集学生的馈乡行动主要呈现以下三种形式：(如图8)

1.以技浓情

结合议乡活动中的提案和讨论成果，学生们感受到了家乡弱势群体(独居老人和留守儿童)的困难和需求，他们利用自己的兴趣特长去为乡亲们做事情。真正去践行"幼吾幼以及人之幼，老吾老以及人之老"的生涯情怀。

擅长舞蹈、戏曲、小品、歌曲的同学为社区、为养老院定期演出。萧山区泰和颐乐养老公司是同学们常去的地方。擅长书法的同学，年根岁末送春联。亲手写下红红火火的春联，带着学生美好的愿望，被送到环卫工、快递员、农民工、孤寡老人的手里，让这些忙碌的乡民和孤独的老人感受到浓浓的情谊。擅长表达和组织的同学，走进春蕾课堂，利用自己节假日时间，为村里的孩子们上课。

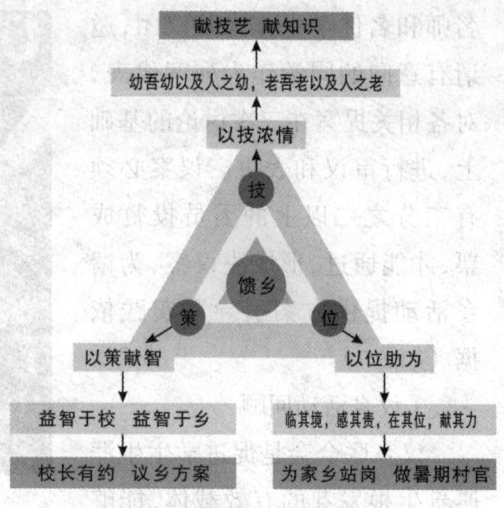

图8 馈乡活动架构图

2.以策献智

利用自己学到的知识，结合行乡中发现的问题、议乡中讨论的成果，同学们努力为家乡献计策。同学们根据行乡中的所见所想，结合自身的学科知识和素养，通过在议乡过程中的合作探究讨论，形成最终议乡方案，报送相关部门，为家乡的建设与发展提供参考。例如：301班陈星在行乡中发现箩婆路转往学校大门的转弯处，因存在视觉盲区和暗区，电瓶车和汽车常出现急刹甚至急撞交通事故，车辆刮擦更是时有发生。陈星同学在2017年议乡联合会中提交安全交通议案，经讨论形成最终方案后，向路政局及相关部门提交"增加路灯和设置转角反光镜"的建议。最终这一建议被采纳，并得到落实，缓解了学校门口交通安全的压力。

3.以位助为

临其境，感其责；在其位，献其力。节假日，我校学生根据自己的兴趣爱好和特长，自主奔赴自己向往的、适合自己的岗位，参与其中，将自身的人格素养与乡土情怀结合，生涯发展规划与乡土价值融合。在体验中成长，在尽职中贡献，在根上浸润，在叶上挥洒。

（1）为家乡站岗

医院医疗智慧岗，给初次就诊的病人和不能熟练操作的老年人带来了心安和便利；交通安全引导岗，营造文明礼让、平安出行的深厚氛围，共建文明城市、环境文明守护岗,促使学校及家庭周边环境更加洁净。

(2)做暑期村官

乡村夫子,学生们用自己的一技之长,陪着孩子做暑假作业,辅导孩子文化课,丰富孩子暑期生活,让家长省心、放心。擅长信息技术操作的同学,打破老人和智能信息之间的壁垒,让老人们也能享受到足不出户却能满足各种需求的幸福,拥有踏足出行有路有方向有车有办法的智慧;乡识宣教,同学们利用暑期时间进家入户,对与村民息息相关的政策与知识,给予解读和宣传;乡卫助手,协助村委进行"垃圾分类的巡查""村民院落物品的摆放与整理""乡厕整改"。

在与各式各样的家乡人民打交道的过程中,同学们学会了更好地人际交往技巧,更深入地体会了城镇建设的困难与成效,为自身的成长积累素材、积淀素养。

二、"行走生涯"实施成效

(一)创新了生涯教育方式

我校的行走生涯依托地域资源,实施三乡并进行动,已成为学校一道亮丽的育人风景线,促进了生涯方式转型和生涯教育效果的优化,呈现出以下特征:

地域性。我校的行走生涯创新性地将目光聚焦于校园周边的地域文化资源,进行了最大限度的利用,以知章文化作为原点,包含着形象元素、精神理念和内涵特质,有物质的、精神的,外在的、内在的,还有传统的、现代的……

实践性。行走生涯实践活动贴合新时代学生思想特征,激发学生参与度及创造性,真正让学生将乡土情怀与在校日常生活紧密联系起来,落细、落小、落实,使学生的乡土情怀内化为精神追求,外化为自觉行动。

主动性。学生在行乡中看到乡情乡貌,产生疑惑发现困难,初生愿景;在议乡中提出议题,合作探究,心生意愿;在馈乡中,怀揣志向,躬行力践。这一过程真正让生涯教育与爱乡教育相融合,通过识家乡爱家乡激发学生的生涯成长。

(二)实现了生涯教育新认同

行走生涯注重活动形式的标识性和活动仪式的规范性,让每个仪式和活动都富有教育意义并深深打上我校特色的烙印。形成了"由校至家,家又至校,再及社会"这样一种渐次渗染、慢慢扩大的教育圈,得到了家长、师生、同行和社会的认可。

学生的生长点。我校行走生涯教育实施以来,深受学生喜欢,活动参与率达到100%,累计形成23份议乡方案,200余次馈乡活动,参与人数超过3300人。在乡育活动中,学生乡土知识、家乡喜爱度、回乡意愿率显著提升。(如图9)

家长的支持点。我们的生涯教育贴合学生的新需求、契合家长的新关注、符合美好家庭的新期盼,赢得了家长的大力支持和协助。活动中家长身影的增多,感谢信中

图9 学生成长数据对比图

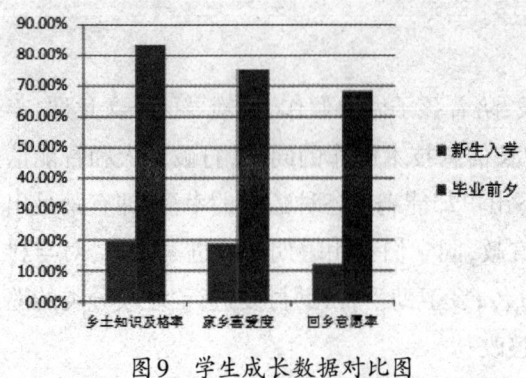

家长真挚的语言，家委会齐心全力的付出，助力了我校生涯教育活动，构建了和谐亲子关系，助推了孝德风尚的形成。

同行的观摩点。全国先后有青海省海南州贵德中学教师考察团、太原市教科研人员教学管理干部研修班、西宁市中小学优秀教育人才培养班、北大附属学校石景山教育集团、太原市中小学新闻宣传培训班等32个团队来我校观摩学习行走生涯，成为学校生涯教育的示范、同行生涯教育研究的参照。

社会的共享点。行走生涯的成果得到社会的广泛认同，区教科室要求我校在多个场合做经验推广，乡镇领导接受采访，高度评价我校学生的实践努力，澳大利亚弗伦沙姆学校与我校缔结友好学校，开展了生涯教育的交流活动。

环环有招　建设优秀新班集体

陈彩萍

【内容摘要】 高一新班集体的建设在整个高中教育教学中起到非常重要的作用,如何有效地建设班集体,笔者从个人档案的建立、抓住机会尽早进行思想教育、培养一支得力的班干部队伍、建立日常行为规范、学风班风的建设、班级目标的制订、关注学生心理、个性化学习方案的制订八个方面进行了实践探究,取得了很好的效果,为班集体的建设提供了可行有效的范例。

【关键词】 高一新班集体;有效;建设

关于新班级的建设,当下的情况与以前有所不同,现在的高中教育不应以高考为单一目的,而是从成绩与性格习惯养成入手。而俗话说"好的开头是成功的一半",因此高一班集体的建设在高中三年中尤为重要,尽早做好高一班集体的有效建设能够打下良好的基础。而要将行为习惯和思维方式各不相同的学生建设成一个"有一致目标,能统一行动起来,具有一定的组织机构和组织纪律及健康的舆论,能较好地完成教育教学任务"的新班集体在一定程度上难度不小,各方面的力量很重要,但班主任的作用不容小觑,以下是我在班主任工作中不断地探索与实践的一些做法和体会。

一、一人一档,分类施教——尽快建立学生的个人档案

学生的基本情况在高中学习中很重要,在高一开学时应将学生的情况收集清楚。因为刚开学时学生的档案并没有下来,班主任对全班学生也只有一个大概的印象,所以在开学时就要弄清楚学生的基本资料,这是了解学生最直接最快的方法。根据收集到的信息就可以对学生进行分类,因材施教。尽早建立学生的个人档案,这个档案区别于开学时的档案。这个档案是把学生的平时和期中期末的学习成绩、德育评分(行为规范的评分),以及平时值得注意的一些表现登记在一起,这样能够对学生有一个全面细致的了解,对于做好学生平时的思想教育工作有很大的帮助。还可以

为学生的持续性教育提供比较全面的资料,也就为后续教育打下了良好的基础。

二、利用军训,思想激励——尽早做好学生的思想工作

在开学军训的时候,抓住机会做好学生的思想工作。在高一开学时,学生对于老师来说是一张白纸,也意味着是绘图的最好时机,这个时候的学生最容易接受思想教育,效果也是最好的。在军训时首先要落实本校的校纪校规,让学生熟读学校的中学生守则并组织一次考试,使学生明确我们学校的规章,提醒他们高中生应该具备的行为规范。有的学生可能对于新到一个学校会有陌生感和失落感。告诉学生虽然我们以往的学习习惯、学习时间和学习意志力上与别人有差距,只要我们从现在开始培养自己的学习品质,学习做人的道理,通过我们的努力就能成为一名优秀毕业生,也能像重点学校学生考进理想的大学。

三、配备干部,管理核心——尽早配备好班级管理的核心——班干部

如果没有一个良好的班集体组织关系和明确的班级事务分工,那势必会使班级乱成一团或者用尽教育者心思精力仍旧不如人意,因此建立一个分工明确、结构完整的班干部体系相当重要。只有建立了良好的组织关系和进行了合理的班务分工,班级的工作才能正常有秩开展起来。高一新生刚进校班主任对学生还不了解,有些班主任会选择成绩好的学生担任班干部,但我觉得应该选择在学生心目中有信服力、肯干肯吃苦有工作能力的学生担任,可以通过一段时间的相处之后再选出班干部,尤其可以观察军训期间的学生表现。在班干部选任中我认为班长的人选特别重要,因为高中生已经可以自行管理了,需要的是学生的自主管理,所以班长的班级地位就会特别重要,他的领导气质会直接影响一个班级的班风走向,要慎之又慎。

在选择班干部时我们也可以利用班干部这个身份调动学生的积极性,使每个学生有事干,而不是空挂一个职位却不为班集体工作。落实班干部体系,可以使学生有归属感,锻炼学生的责任意识。因此班干部选出后要第一时间进行培训:要让班干部明确自己是为班集体而工作,而不是为了个人工作,要在同学中建立班干部的威信,自己首先要严格要求自己才可以去要求别人,正是这样才可以让自己变得更优秀,让学生更加信任班干部,从而配合老师一起把班级建设好。

四、个性班规,硬性考核——建立行之有效的班级日常规范

落实班干部体系之后就应该尽快落实班级的日常规范制度,由于这种日常行为规范制度具有较强的"法律"性质,制订之后是学生必须要执行的,将对班级和学生平时行为起较大的指导作用,所以它的制订必须要着重对待。但是规范制度的建立也

应该听从民主的意见,"因材施教"尤为重要。在实施时,也应做到"硬气"。在执行规范制度时,一定要做到公正公平,使这种规范制度在学生心目中具有权威性,使学生信服。

上面提到的班干部体系也可以使用这种制度进行构建。若班干部分数过低也应受到处罚甚至进行更换,如果做得好的班干部在期末评选评优时可以适当地向他倾斜。

五、学风成型,同心同德——班风学风的建设

班风学风对于一个班级成绩和思想的提升相当重要。这就相当于是"中心思想",在任何地方都能提醒学生的所作所为。班风学风的建设应该参照学校的校训,应"因材施教",要参照班级内学生的具体情况,落实一个"中心思想"之后就应执行到底,这样才能让学生心里真正地记住应该做的。班风建设时要让学生有一个集体意识,认识到班级中的任何事务和我们在座的每一位学生有关,每个人都是班级的门面,每个人都得为班集体做贡献,能够规范自己的一言一行。同时,班风和学风相当于是一种道德观念,能够培养学生的性格和思想,在无形中提高学生的道德思想。老师要起到引领作用,以"认真负责""尽心尽力""无私奉献"的工作精神,诚实严谨的工作态度,雷厉风行的工作作风展示给学生,以实际行动告诉学生在对待自己工作和自己的班集体时的态度。搞好班级建设,形成优良的班风学风,一个温暖、安静、和谐、友爱、奋进的环境使每一位学生都可以潜心于学习。

班主任要对在高一新学期学风班风形成过程中出现的问题及时作出调整,班干部在这个过程中是不可或缺的一部分。班干部首先应该以身作则,认真负责,其次才能在细节上帮助老师做出调整。新学期开始时每周都举行一次针对班干部的会议,会议目的在于收集班集体所存在的问题以及可以提升的地方,也可以对其他同学不定期地询问班级中存在的问题和需要改进的地方,让学生提一些建设性的意见和建议,这其中也是体现了"民主"。班风学风的建设中只有体现出以学生为主,这样才会调动学生的积极性,形成"拧成一股绳,劲往一处使"的班级合力现象,同心同德地建设班集体。

六、共同目标,不离不弃——班集体要制订一个共同的目标

良好的班风学风形成的推动力是有一个共同的目标。顾名思义目标就是有一个好的学习成绩和一个好的行为规范。这个目标可以分成一个个小的阶段目标。班主任要做好学生进校成绩的分析,找出班级中最高分与最低分同学之间分数差的点在哪里,通过分析告诉学生其实同一个班级中学生分数差距并不大,对稍落后的学生及

时做好思想工作,不气馁不放弃,相信每个学生都是潜力股。进校分数稍高的同学也应看情况做好思想工作,不骄傲不大意。要教给学生怎样尽快适应高中的学习节奏,谁更快地适应了高中的学习生活,谁就会脱颖而出。也要不断督促,使他们不断取得进步。要让学生及时制订近期的学习目标,可以是课堂听课效率,课后作业的完成,自修课的时间利用,等等。不同阶段的目标设立要符合学生的实际,这样学生有信心去完成,从而去实现下一个阶段的目标,每个学生的目标都达成才能促使班级目标的完成。最后班主任就可以和同学们去共同实现建立一个班风正学风浓的班集体目标。

七、三勤陪伴,心理护驾——关注学生的心理建设

在班集体的建设中,学生与学生之间的关系也是尤为重要的。要重点关注学生之间的矛盾,因为高中最主要的目标是学知识,学做人,学习好固然重要,三年后要考大学,是人生的重要选择点,但是高中阶段恰恰是学生的人生观价值观定型的重要时期,要教会学生做人,关注学生的心理变化。眼勤、腿勤、嘴勤是作为一个班主任必须要做到的。

在学生的心理建设中,还应做到严格和细致。当发现学生的心理发生不好的变化时,要及时对学生做出辅导,同时要严格地规范学生的心理,不能让学生放任自己。细致指的是工作细致,切切实实把心理辅导工作落到实处,做到"兼听则明,偏信则暗",凡事都应有充分的了解,才能得出结论,而不是胡乱批评。对待学生应该以谈心为主,要首先照顾到学生的情绪反应,而不是一味地批评。

这样严格而又细致的工作作风会给自己的教育教学工作带来不少好处。

八、小组学习,个性发展——为学生制订个性化学习方案

在这里我推荐的是以小组为学习单位,每组成员5到6人,其中应该有1到2人的单一学科处于前列。学习小组的目的在于补足自身的短板,发挥自身的长处帮助组内的其他同学,同时学习小组内其他同学的优点更应该在课外时间获得各科老师的帮助,当组内出现问题经过小组讨论无法解决时可以求助任课老师。组与组之间要形成良性的竞争关系,可以根据各小组的学习完成情况进行评价,并做出相应的奖励,以激励同学们更好地完善小组的学习,获得更好的学习效果。各科老师也应对学习小组足够的重视与上心。平时班主任要加强与科任老师的联系,使各科老师对某科成绩落后的学生有及时的了解,结合学生自己的意见制订个性化的学习方案,通过各科老师的帮助对学生的成绩进行有效的提升,班主任和老师应该做到尽心尽责,有多少教多少,以学生成绩提升为第一目标。班主任要鼓励学生不放弃,要及时做好学

生的思想工作。

高一新班集体的建设任重而道远,建设一个合格的新班级不容易,做好一个称职的班主任应该付出加倍的努力,老师是新生高中生活的领路人和服务者,班主任应该要有牺牲自我的精神,为学生付出自己全部的心血。

参考文献:

[1] 李伟胜.试析新世纪班级建设的目标[J].华东师范大学学报(教育科学版),2004(3).

[2] 来平.三步建设新班级[J].班主任之友,2019(9).

[3] 王洪彰.新班级建设的几个关键[N].中国教师报,2005.

基于高考综合改革下的版画教学实践研究之初探

包怒涛

【内容摘要】 教育部在2017年初颁布的《普通高中课程标准修订》中指出：在美术教学中，我们引导学生了解艺术知识，掌握基本的美术创作技能与方法，在长期的积累实践中，鼓励学生掌握更多更新的技能和方法，具有艺术表达和创意表现的兴趣和意识，能在生活中拓展和升华美……

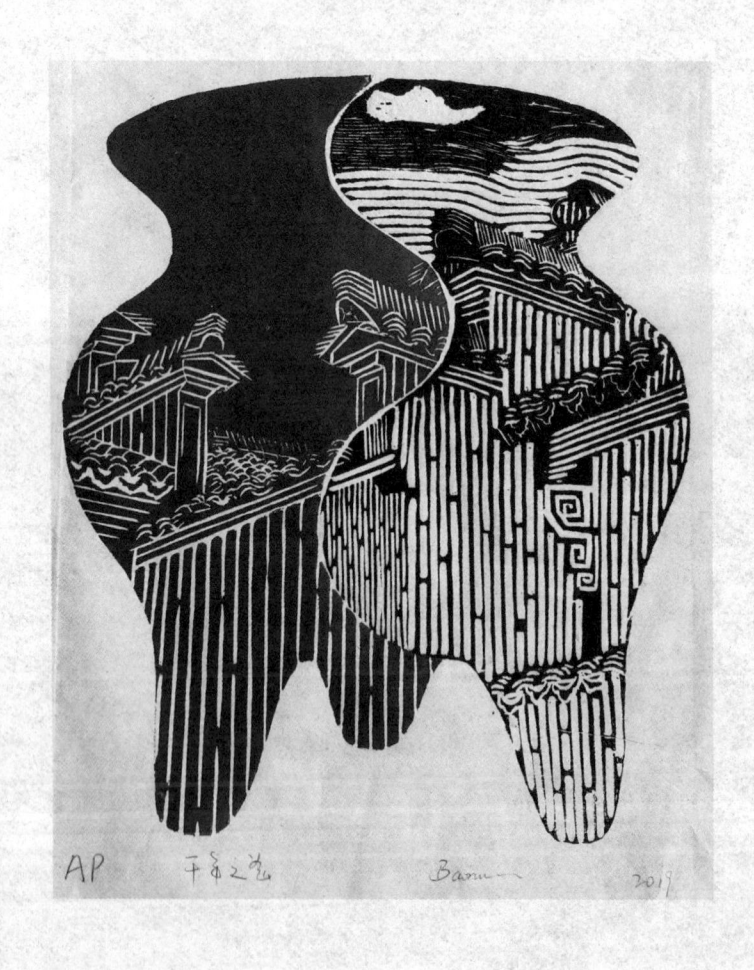

一、建构"高考综合改革下的版画课程教学"

（一）学前的引导

1.初识版画

版画是以刀或化学药品等在木、石、麻胶、铜、锌等版面上雕刻或蚀刻后印刷出来的图画。可以说是人们用眼、脑、手、脚等各种器官综合调动所产生的可感可触的艺术，每一种材质所刻制和印刷出来的效果都不一样（如下图）。版画教学初期，让学生感其表、掂其量、悟其质，充分激发学生对版画学习的兴趣，让学生刻一刻不同的版，再刷上油墨，通过版画机压一压，也可用滚筒马莲、木蘑菇、手掌等工具在纸背压印，能让学生体验到一种见证奇迹的惊喜。这种体验能够给学生带来对版画浓浓的成就感，获得出乎意料的收获。

木版水印版画 　　　石膏版油印版画 　　　木版油印版画

玻胶版版画　　　铜版版画 　　　双色版版画

2. 材料积累

从自然资源的角度看，我们身边用来创作艺术的资料非常多，如：树叶、树枝、鲜花、纸板、泥沙……随处都可见可得，这些生活中看似普通的东西，却可以用于我们的艺术创作中来。引导学生做个有心人，善于从不同角度观察生活，从中发现生活中可利用的一切物品，收集"原生态"素材。

实物版画

3. 大胆构思

生活中有很多的现有资源，能产生多元和更具价值的艺术创作效果。我们学校离博物馆很近，所以把博物馆作为我们的第二课堂，有的学生就对博物馆的藏品产生了浓厚的兴趣，借此机会引导学生大胆构思版画的表现方式，甲同学说结合邮票形式表现；乙同学说用独幅版画形式来表现。

独幅版画形式表现博物馆藏品 　　　　综合版画形式表现博物馆藏品

（二）教学的手段

改变传统教学以教师讲解、演示、学生听讲、看画的单一教学手段，而是根据教学

的设计、所选的主题、学生的构思等因素采取灵活多样的教学手段。例如在上博物馆藏品一课内容时,先让学生了解藏品的具体造型和纹饰以及价值,相互交换课前收集的资料,并交流所获得的信息与观点,通过先学后教、组织讨论、自主探究、教师引导、实验尝试等教学方式来引导学生大胆的创作。

版画与手绘结合表现博物馆藏品 　　　　版画与邮票结合形式表现博物馆藏品

(三)单元式教学安排

由于版画艺术操作的独特性,以单元式教学形式更能达成教学目标,所以安排了以下三个单元。

第1单元:用三课时完成鉴赏中学习和理解

任何一种艺术的形成与兴起都不是偶然的,版画有着深厚的历史性和创作的无限性。借助多媒体视频影片多了解版画发展的社会背景,了解版画大师的人生经历和创作灵感,带领学生参观版画作品展,从画面语言、创作背景、文化底蕴等方面鉴赏大师的版画作品,体验其思想情感。

引导学生关注美术馆及其他社会上的版画展览,开阔眼界,提升自己的品味。同时,借助网络多媒体技术,让学生欣赏中外版画大师的优秀作品,见识木刻版画、麻胶版画、丝网版画、水印版画、石膏版画、铜版画等各种各样的版画让学生明白版画艺术表现形式多种多样,不仅可以提高学生的眼界,还可以提高学生的创作思维。

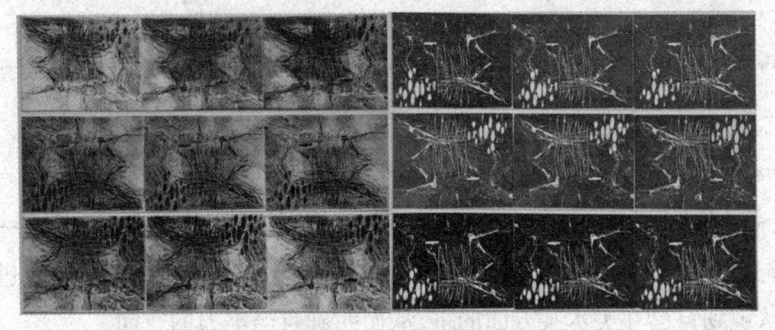

具有独特魅力的凹印和凸印版画

第2单元:用三课时完成团队合作体验的实践

每个学生对艺术的敏感和接受程度不一样,都存在个体差异,所以其表现出来的能力也就有差异性。应先以团队合作体验的形式进行,培养学生的团队合作精神,发挥学生之间的传帮带作用,"艺术来源于生活而又高于生活!"让学生表现从最感兴趣的题材或身边熟悉的题材为源泉,来激发学生的乐趣。如,我们生活在江南水乡,对水乡再熟悉不过了,学生尝试了多种表现方式来完成,效果非常好!

玻胶版独幅版画　　玻胶版独幅版画　　　　　综合版版画《水乡3》
《水乡1》　　　　《水乡2》

传统变革、推陈出新!大千世界是千变万化的,没有一种图像是永恒不变的,美术的表现形式是多元的,给学生一种开放性的态度去引导学生大胆创新,充分发挥自由的思维和表现方式来表达自己的艺术情感,以此创作出更有新意的作品,让作品充满感染力。

(四)教学评价

教学评价多元、多样,既关注结果,更重视过程。多做肯定的评价,通过激励方式,增强学生的自信,从而激发他们积极的创作情感,这不仅丰富了学生的艺术生活,还激励了学生走向成功。多创造机会让学生参加美术活动和比赛及展出,使他们得到锻炼,全方位地发展学生的个性,锻炼学生的创造能力。

1.作业评价①

专业因素	评价结果	非专业因素	评价结果
构图饱满	△△△△△	合作精神	△△△△△
色调特色	△△△△△	学习态度	△△△△△
创意独特	△△△△△	常规习惯	△△△△△

这种评价方式简单方便,最大优点是让学生及时根据自身情况对自己作业进行评价,帮助学生认识到自己在美术某方面的事,从而明确自己努力的方向。

学生作业

2.作业评价②

作品题目	主题	画面语言	技法	文化理解
《×××××》				
作者自述				
同学点评				
教师引领				

(五)教学评价原则

自由开放的版画工作室

　　1.面向全体学生原则。即着眼于全体学生,只要有兴趣的同学,都可以利用课余时间来做版画,有针对性地辅导有强烈的版画爱好和可塑性较强的同学。

　　2.学生发展性原则。即协助学生树立有价值的生活目标,充分发挥自己的潜能,获得最佳发展。

　　3.学生主体性原则。即以学生的需要为出发点,在整个教学活动中使学生始终处于主体地位。

4.整体性发展原则。即要树立"全人""全面""和谐"的理念,追求学生特长的整体的协调发展。

5.尊重与理解学生原则。即尊重学生人格与尊严、学生的选择,以平等、信任的态度对待学生。

二、版画课程的初步成效

1.形成特色

2016年4月《走进版画》课程被评为杭州市第九批普通高中精品选修课程;2016年11月《走进版画》课程被评为浙江省普通高中精品选修课程;2017年6月,我校版画社团被评定为萧山区第二届中学生优秀社团。2019年1月,区教育局为我校挂牌"萧山区美术骨干教师版画研习所"。2021年8月,在浙江美术馆现场快印1000份《版报》。

市精品选修课程 　　　　　　省精品选修课程

区优秀社团区 　　　　　　教师版画研习所

2.学生的发展

几年课程开设下来,育人取得十分明显的效果。在学习版画的过程中,学生不仅学习了当代版画的制作技巧,学生的创造性思维、动手能力、综合素质都得到了很大提高;同时也提升了审美素养和创造精神,形成了良好的艺术观念。甚至对学生的生涯规划都起到了良好的引导作用。如:王佳琳同学和

学生作品参加展览

李雨婷同学分别考进了版画系,并在大学期间参加了全国大学生版画作品展。

3.教师的发展

促进了教师本人的专业成长,通过本研究的实施,以及教师本人在去美院版画工作室的学习和实践,逐步促进了教学能力与质量的极大提升,也促进了教师的成长。不仅编写了《高中当代版画选修课实施之初探》教材(见下图);教师本人近几年撰写关于版画课程实施的论文获萧山区年会论文一、二等奖;2016年6月《走进版画》课程被评为杭州市第九批精品课程;2016年8月,教师本人的黑白木刻油印获萧山区总工会"喜迎G20萧山区职工书画作品创作展"一等奖;2016年9月教师本人的水印版画作品获萧山区文联"喜迎峰会"美术作品展优秀奖;2016年10月教师本人的水印版画获杭州市美术教师作品展三等奖;2016年11月《走进版画》课程被评为浙江省普通高中精品选修课程;2018年,教师版画作品入展纪念"改革开放"四十周年新时代·新气象·新作为——2018年浙江省版画展览;2021年,版画作品入展第六届全国青年藏书票暨校版画艺术展;2021年,版画作品入选2021浙江版画展。

自编选修课教材　　版画作品参加省展

4.学校艺术特色彰显

版画教育与研究的开展,为学生搭建了自我展示、相互学习、相互交流、相互促进的平台,学生根据自己的特长和爱好,发展自己的个性,在美术中找到了自我的发展方向,最大限度地挖掘自己的潜能并获得良好的发展,真正达到了育人的目标。同时,也为学校奠定了艺术特色的基础,浙江省教育厅课程组、杭州市中小学"学科课程群建设"推进会等对我校版画社团高度赞扬。

领导和专家来参观版画工作室

5.版画培训基地

《走进版画》课程带动了整个学校的知名度,萧山区教育局为我校挂牌"萧山教师版画研习所",萧山区教育局师训处设定我校为萧山区美术骨干教师的版画培训基地。

中国美院陈品超教授为社团学生指导 　　　　　中国美院方利民教授前来指导

三、版画课程的反思

在课程研究探索的道路上,经常遇到困难,我们团队还需要更多的努力和协作,不断研修和提升。其次,由于实施对象处于高中阶段,高考升学的压力很大,特别是时间上还是有些紧张,所以也在积极思考是否利用中午、周末返校等课余时间来辅导学生进行创作,从而进入更优化的探讨研究状态。

贺年卡版画

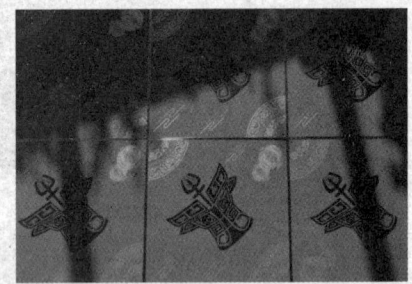

附:版画作品《重生》的制作流程

　　1.画初稿:简单的画稿,要注意镜像的原理。

　　2.转稿、润版、刻版:把画好的稿子转到木板上,然后在版上涂一层墨水,干了之后

用熨斗熨一层蜡上去润版,这样的木板刻起来相对润一些,木板不容易裂开。

3.上墨或色:底稿画好后,就可以开始在胶版上用带颜色的笔直接转稿了,或者用滚筒来回滚动使胶版表面均匀受墨。这个根据自己的画面需要着色,或者在版面上滚涂油墨时要尽量保证墨层薄而均匀,墨层太厚会影响印痕的清晰度。

4.印刷和调整:在受墨的版上,用绘画纸覆盖在受墨版上,通过版画机印刷或者滚筒即可完成。印刷好的作品,油墨还没有干,要置于晾画架上晾干。打样出来后会发现很多地方不如意,这时候你可以把版洗好再继续调整,直到自己满意为止。

5.版画作品的保存：版画作品一定要注意保存，否则，纸面容易变脏，发霉而报废，最好的方法是把版画作品用镜框装好挂在墙上。

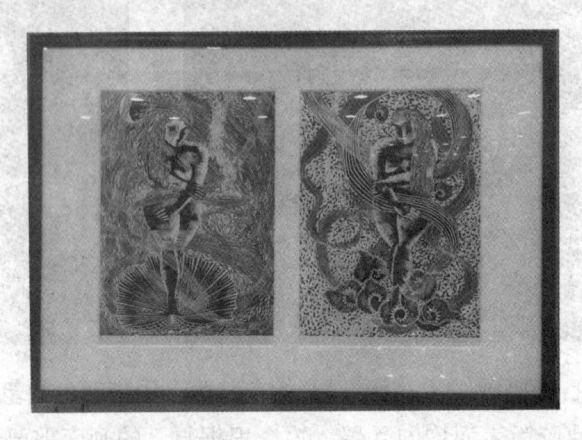

参考文献：

[1] 教育部基础教育司.美术课程标准解读[M].北京:北京师范大学出版社,2017.

[2] 龙念南,李永永.印迹之美[M].重庆:重庆出版社,2008.

[3] 罗恩菲德.创造与心智的成长[M].湖南:湖南美术出版社,2001.

[4] 中国美术家协会版画艺术委员会.中国版画[M].广东:岭南美术出版社,2013.

传承·传统·传拓
——核心素养下的传拓教学研究之初探

包怒涛

【内容摘要】 传拓艺术可称是国粹中的国粹,在诸多传统中国文化技艺的传承中有着无可比拟的特殊地位。对学术研究、艺术鉴赏、书法绘画的学习有着巨大的帮助,是博物馆、图书馆珍贵的文献资料,也是收藏家珍贵的藏品。传拓教学本意不仅在引导学生审美体验,还还原了历史的真、美化了道德的善,这有助于我们了解事物的真相,养成开豁胸襟的秉性,它还可以给人生不少慰藉和解脱生活的苦闷,同时可以帮助我们完善人性的品格,丰富和升华生命的内涵和深度。

【关键词】 拓印;育人;传统艺术

一、课题的现实背景及意义

(一)顺应新课程改革的需要

这一轮新课改中,提出了"核心素养",它是美术学科育人价值的集中体现,是美术学科育人目标的再思考。学生通过美术学习不仅掌握一定的美术表现方式,并解决学习、工作和生活中的问题;更重要的是了解美术与文化、继承与创新之间的关系,认识美术是如何为人类社会发展做出重要贡献的。

美术新课标指出在"拓展校外美术资源"部分,地方美术资源作为课堂美术课程资源的补充、拓展和延伸,可促使学校养成积极开发与利用社会性、自然性、本土性课程资源的意识。挖掘、筛选、开发本地区历史、人文、环境资源,寻找优势所在,找到整合点。先从学校周围的"社区、商店、民居、公园"等美术课堂资源着手,将美术教学的内容由单一的课本教材扩充到广大的社会生活的范围中。

(二)回归艺术教育本质

艺术教育在整个教育体系中发挥着不可替代的作用,直接影响着人类的生命追求和灵魂归宿。体现为人类与自然、个人与社会、感性与理性等多方面的融合统一。将以超越的态度现实地创造性地投入人类社会生活和自然界,实现经过艺术陶冶的人不仅具有鉴赏和创造美的能力,还可以建构真、善、美和艺术人生。

传拓艺术可称得上是国粹中的国粹,在诸多传统中国文化技艺的传承中有着无可比拟的特殊地位。其教学本意不仅在引导学生审美体验,还还原了历史的真、美化了道德的善,这有助于我们了解事物的真相,养成开豁胸襟的秉性。当学生练就成熟的拓印技法、具备了扎实的传统艺术技能,更好地学现代艺术,就能更好地服务他人,服务社会,拥有幸福的人生。

(三)传承传统艺术的需要

传拓,是我国一项古老的传统技艺,在中国已有1000多年的历史。其数量、内容之丰富可谓包罗万象,比如甲骨青铜、碑刻墓志、摩崖造像、钱币画像等。拓印复制各个文化时代的历史、地理、政治、经济、军事、民族、民俗、文学、艺术、科技、建筑等,常见的是用来复活历史、继承传统文化艺术、保存文物资料、提供临写楷模等。传拓也是中国特色社会主义现代化建设实践的需要,我们有义务、有责任来保护、传承好中国传统文化艺术遗产。

敦煌砖拓(中国美术学院何鸿教授作品)

二、国内外关于同类课题的研究综述

(一)国内外的拓印研究

拓印教学由于自身所具有的优势,理所当然地成为新课改下的闪光点,是一种能让作者在实践中感受乐趣、收获愉悦和成就的一种美术形式,是世界美术教育的发展趋势。2018年5月,在中国文化和旅游部全球联动项目——"中国文创产品展示周"巴黎首展上,拓印艺术闪亮登场,欧美人对这古老东方的技艺兴趣浓烈,纷纷体验。我国不少中小学校、幼儿园都有开设拓印课,形式多样,还可结合其他美术手段在拓片上添画或改创。选材上也非常广泛,以树叶、海洋生物为课题研究。GYOTAKU(鱼拓）被称为鱼的艺术印刷,已经成为国际性艺术形式,画廊和展览在世界范围内很盛行。

GYOTAKU（鱼拓）

（二）我校的拓印课题

近年来,我校美术教育步入良性快速发展阶段,不仅美术高考教学成绩一年一大步,我校的传拓课程经过几年时间的探索和实施,亦日趋成熟,有声有色,每学期选修课的报名人数总是人满为患。特别是拓印课程的创办老师作为萧山科协讲师团成员,每年暑假都被邀请去区图书馆、街道、各个社区进行传拓的公益讲座,并被评为讲师团优秀教师。

三、研究内容

本课程主要通过拓印碑刻、墓志、甲骨、陶器、青铜铭文、玉器花纹、瓦当、画像、铜镜、货币、铜器器形等课程的学习,引导学生掌握使用宣纸和墨汁,将碑文、器皿上的文字或图案,清晰地拓印出来。

对于不懂得赏析的观者来说,历史中的石刻、石碑、画像砖在很多人眼中是"不美""破""脏"甚至"丑",大众认为的美,其实是由他们所处的历史文化、道德规范、生活环境等因素影响的。所以要从美术的专业角度去欣赏这些作品,如形式构成、艺术语言；或者是否符合自然规律；是否体现出审美性。其次,我们要看作品是否赋予精神内涵以及作品在艺术史中所处的地位和作用等。

四、具体实践操作

（一）拓印方法的练习

1.扑墨拓法:先把要拓的物体尽可能剔刷清楚,用大小合适的宣纸盖上,把纸轻轻润湿,然后在湿纸上蒙一层吸水的布,用鬃刷轻轻敲捶,使湿纸贴附在该物表面；之后除去蒙上的那层布,等湿纸七八分干,用拓包蘸适量的墨,均匀地轻轻扑打,扑三四遍墨见黑而有光即可。

2.擦墨拓法:主要用于拓印碑石。先把湿纸铺在碑石上,用棕刷拂平并用力刷,使纸紧覆凹处,再用鬃制打刷有顺序地砸一遍。等纸干后,用笔在拓板上蘸墨,用细毛毡卷成的擦子把墨汁揉匀,并往纸上擦墨,不要浸透纸背,使碑文黑白分明,擦墨三遍就完成了。

3.蜡墨拓法:用松烟子和蜡调合,做成饼状大墨团,将薄而细的干纸贴在雕刻物的表面上,用压板或左手压住,用大蜡饼干擦,擦抹几次就可以了。这种拓法拓本欠逼真,通常不做正式资料保存。

4.镶拓法:先拓大字边缘,然后镶补完整的方法。如下图的《安乐佛》拓片,因为摩崖大字题刻很难拓,所以先从崖上把字边拓好,然后再补全上墨。此拓法对于高中的教学来说使用甚少,在大学的修复专业中使用会多一些。

5.响拓法：也叫影书或影摹。透明纸和范本重叠在一个透明传光的物体上，如叠在窗玻璃上，将透明薄纸平铺在碑帖上，借助光线映照而摹写，用笔双钩轮廓，然后用小拓包影拓，类似于选在拷贝台上操作。

（二）实施研究

1.实施策略

具体实施以社团形式开展拓印教学活动，由美术老师选拔想象力丰富、动手能力强的学生加入拓印社团，为学生搭建特长展示平台。

2.具体案例展示：以扑墨拓法拓印萧山博物馆元朝书法家赵孟頫的萧山县学重建大成殿记碑拓教学实践为例。

● 拓印过程：

第1步：教师示范，上纸之前，必须用毛刷清洁待拓的碑或版周围附着的灰尘、土垢，以免弄脏拓本；如拓体需用水清洗的，要等碑面干燥后方可进行下一步操作；如有油污泥封，可用小刀或清洁剂小心剔除，一定要保护好拓体。

第2步：用软毛刷先在碑上刷一层白芨水，必须涂刷均匀，否则黏性不匀，使拓纸与拓体的附着力不强而脱落。

第3步：将湿润的宣纸铺于碑上，再平铺一张布，用棕刷将宣纸平刷上待拓的碑、版上，将纸和碑体之间的气泡用刷子逼出来，使纸与碑面密切贴合，纸上不能有皱，需要刷得平实。

第4步：用鬃刷均匀地垂直敲打，让纸完全贴实在碑、版上，待拓体文字全部均匀凹入，字迹清晰显现，拓纸七八分干时就可以上墨了。

第5步：先把拓包上的墨色用另外一个拓包对拓均匀，然后从边缘空白处试打一下，如果晕墨，说明拓纸太湿；如果不晕墨，就从边缘处开始用拓包上下来回密集击

打,要掌握拓打,墨色及力度要均匀,不能左右斜打或过分用力,也不能专打一处或东一下西一下;先将碑体整体拓上一层淡墨,二至第三遍拓印上墨时再逐渐加深墨色,一般上三次墨就可以了。

第6步:最后从拓体上揭下拓片,拓片揭下后平面放置在纸上,自然晾干,不要暴晒,因为拓片晒太阳会出现凹凸不平及发硬的现象,会影响拓片的质量。

五、教学评价设计

评价是整个艺术教学的重要环节。通过评价,学校和社会可以验证此课程实施的可行性、有效性及其教育价值;老师可以掌握艺术教学计划和目标的实现情况,作为改进教学的依据;学生可以及时了解自己达到的能力和水平,促进学习;家长可以了解学生的学习进度和成绩,鼓励和支持学生的学习。学校可以为学生开展相对的校园展览或者网上展览,为学生做好生涯规划引导,做出自己特色发展。

(一)采用多元化评价

拓印美术教学本着社团的每个学生积极参与学习的原则,促使每个社团学生在各自的基础上获得不同程度的发展,或者统一尺度来衡量学生的创作水平。根据学生的梯度来分层教学,坚持"让每个学生都得到发展"的教育理念,坚持"以生为本"的管理思想,对学生采取多元的、发展性评价机制。

	A	B	C	D
技能表现				
构图表现				
创意表现				
浅谈收获				
实践应用				

（二）注重过程性评价

新课程指出，学科核心素养是学科育人价值的集中体现，是学生通过学科学习而逐步形成的正确价值观念、必备品格和关键能力。调动学生学习积极性，让学生全员参与，只有关注教学过程，才能有效地帮助学生形成积极的学习态度、科学的探究精神，才能注重学生在学习过程中的情感体验、价值观的形成。深化了新课标总的指导思想"以美育人"，拓宽了学生的发展空间，助益学生的人生规划；为不同兴趣和专长的学生提供进一步发展的平台。两个学期结束后布置学生写一篇小论文(二选一)。

1.浅谈扑墨拓法拓印在中国传统文化中的运用
请用1000字论述：
2.浅谈擦墨拓法拓印在中国传统文化中的运用
请用1000字论述：

六、课题研究成果

（一）学生的收获

1.学生得到有的放矢的培育，鉴赏美和创作美的能力得到了很大提高，同时也陶冶了学生的情操，提高了学生的精神境界。

2.了解了传拓艺术与中国传统文化之间的关系,认识到传拓是如何为人类历史发展做出重要贡献的。

3.通过教学,学生对历史有了更清晰的认识,了解到更多的人类与自然、个人与社会、感性与理性等多方面的关系,逐渐建构了真善美艺术生命、艺术人生的规划。

4.提高了学生的实操能力,掌握了拓印技能,通过欣赏美、感受美、创造美的实践过程,通过喜闻乐见,获得了积极向上、轻松愉快、富有情趣的学习状态。

(二)教师的成长

通过课题,老师根据现有的教学资源,深挖其内涵,结合本地文化艺术特色,对原教学进行提升和整合,初步形成特色社团。

1.课题阶段性成果以论文或总结报告形式出现。

2.课题研究结题,形成一篇终期成果报告或论文报告。

3.构建相对独立的有本校特色的校本美术课程体系。

4.组织师生参观学习"禹履草堂"拓印藏品,带领学生了解了最难的拓印——全形拓。

5.联合校团委开展丰富多彩的"拓印"沙龙活动。

6.每年暑假应萧山图书馆、萧山新华书店、各个社区邀请去做拓印讲座,传承拓印传统艺术,并被萧山区科协评为科普讲师团优秀教师。

7.拓印课程受到多地兄弟学校来参观学习。

参考文献：

［1］尹少淳.当代美术教育研究(第二辑)[M].安徽:安徽美术出版社,2014.
［2］张华.综合实践活动课程的国际视野[M].河北:河北教育出版社,2019.
［3］张道一.中国拓印画通览[M].南京:东南大学出版社,2017.

附件:部分学生作品

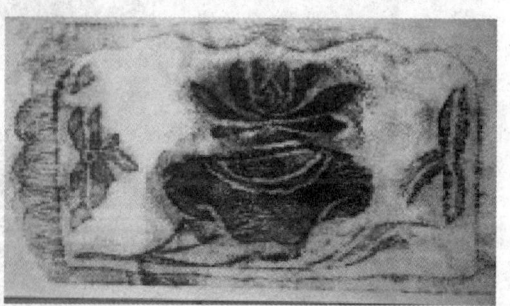

传承·传统·传拓

053

十一中学生体质健康状况调查研究

陈建芳

一、前言

21世纪经济社会快速发展,科学技术日新月异,教育也同步快速得到了发展。新时期,学校教育承担的任务是培养全面发展的高素质人才。蔡元培先生曾提出过"完全人格,首在体育"的教育思想。学校体育教育是学校教育的重要组成部分,它与道德教育素质教育紧密结合,同样肩负着为社会主义培养完全人格学生的使命。同时,学校体育是全民健身的焦点,是终身体育的基础,也是新时代体育教育的要求。

如何强健中学生的身体,更好地开展青少年体育教育是体育教育的着手点。本文希望从萧山十一中学校体育的现状开始分析,探索促进萧山十一中学生体育标准化、发展健康的有效途径,为萧山高中学校体育工作存在的问题和不足,提出相应的对策,为萧山十一中高中体育教学开展,促进青年学生教育管理工作提供参考依据。

二、研究对象与方法

(一)研究对象

本研究选择萧山十一中学生,分别以十一中学高一年级、高二年级作为抽样班级,每个年级男生、女生各取30名,总共120名学生作为调查对象。基于他们的身体状况和身体素质测试,试着去理解中学生体质健康状况;在此基础上,通过问卷调查,结合学生生活饮食习惯和锻炼等,探讨体育相关因素影响中学生的体质健康状况,为相关部门提供理论依据。

(二)研究方法

1.文献资料法

本研究在学校图书馆查阅了近20年学生的体质健康状况和社会因素的文献超过50篇,从网站下载信息,通过本文的研究,提供了理论和方法。

2.访谈法

根据本课题研究的需要,找学校领导、相关体育教师和学生进行访谈,了解中学生的体质健康,存在的不足,影响因素,以及如何改善中学生的体质健康状况和想法。

3.问卷调查法

根据研究需要设计了《萧山区十一中学体质健康状况调查问卷》,其中高一男生、女生各发放了30份问卷,共60份。高二男生、女生各发放了30份问卷,共60份。总共120份问卷。其中高一男生的有效问卷率100%,女生有效率94.5%;高二男生有效问卷率98%,女生100%。

问卷的内容主要涉及十一中学校的基本情况、体育教学、课余体育、学校体育硬件设施、《国家学生体质健康标准》、十一中毕业升学体育考试的组织情况等方面。

4.逻辑分析法

根据文献资料所提供的材料,发现萧山区十一中学生的体质健康状况所存在的问题,从而去分析、综合,总结性地概括学生所容易出现问题的原因,找到解决的方案,为十一中学生的身体素质情况做出明确的判断,并提供参考依据。

三、研究结果与分析

(一)萧山区十一中学生体质健康现状及分析

1.学生体质健康现状分析

表1 十一中学生体质健康状况统计表(2011)

指标	男	女
身高(cm)	166.31±7.74	158.16±6.3
体重(kg)	55.07±13.83	49.26±11.59
肺活量(ml)	3076.72±820.10	2437.46±540.82
立定跳远(cm)	203.02±23.18	161.10±18.04
1000米/800米(s)	273.96±40.81	259.38±38.72

(数据来源于十一中资料)

表中可以看出,从身体形态来看,大多数学生的身高体重标准在正常范围内,高一高二学生的身高水平均处于发育期水平,符合国家体质健康水平标准。而从体重来看,高中学生超重和肥胖率太高,基本上不符合国家健康体制标准,说明十一中的学生在体重这一块没有很好地控制,重心并没有放到体育锻炼上,因此,必须通过控制饮食和加强锻炼,预防肥胖。身高、体重是人体重要的形态学指标,身高、体重方面中学学生趋于上升,但营养过剩和运动不足是学生体重快速增长的主要原因,应引起各方面的注意。接下来,立定跳远的学生平均水平相比有一个增长的趋势,表明学生的力量和速度这方面的体质训练课程实施得很好,说明十一中的学生在保持文化课程良好的基础上,还能有课余的时间来维持体育锻炼,这是一个比较好的习惯。研究结果表明,学生的肺活量明显有所提高,这表明学生的呼吸功能增强,学生1000米或800米与国家健康体质水平相符合,显示学生的耐力素质提高了,表明学校在体育课程的中长跑项目上还是有成效的。以上分析,萧山区十一中学生的体质健康均值好于学生的平均水平。

研究结果表明,学生的立定跳远与全国学生的平均水平相比呈增长趋势,说明学生在力量和速度方面有所增强。肺活量反映胸廓的发育水平、用力呼吸能力和体育锻炼的水平,它是目前中国监测人群体质和评价人体生长发育水平的常用机能指标。研究结果表明,学生1000米或800米的成绩平均水平不错,但是女生的不及格率有点偏高,说明学生的耐力素质总体有待提高。身体形态方面:大多数学生的身高标准体重处于正常范围内,高中学生超重和肥胖率分别过高。对此,应通过控制饮食和加强运动来预防肥胖。从身体形态来看,男生身高、体重均高于女生,这主要与性别差异、营养、生活习惯和体育锻炼有关。综合来说,十一中学生的身体机能,运动机能和体能水平都是不错的,肺活量和耐力素质也处在上升趋势,近几年十一中学生的体育锻炼落实得比较好,然而总体水平进步的趋势不明显。

2.学生体质健康等级分布

根据《国家学生体质健康标准》的评价指标可将学生的测试结果进行体质等级评价。

表2　十一中学生《国家学生体质健康标准》评价指标与分值统计表(2011)

评价指标	分值
身高标准体重	20
肺活量/体重指数	20
立定跳远	30
1000米(男)/800米(女)	30

本研究共选取身高标准体重、肺活量体重指数、立定跳远、1000米(男)/800米(女)四项指标,评分后相加得到体质总分,进行体质总分评价等级。

表3 十一中学生体质评价等级人数百分比(N=120)

性别	优秀率	良好率	及格率	不及格率
男(N=60)	33.3%	41.7%	20.0%	5.0%
女(N=60)	31.7%	33.3%	21.7%	13.3%

结果表明,学生体质评价的等级百分比,男孩的优秀率(33.3%)和良好率(41.7%)高于女孩优秀率(31.7%)和良好率(33.3%),而通过率和不合格率低于女孩。结果来源于中学生的体质健康状况水平和良好率:(1)学生的身高、体重、肺活量和之前相比仍在上升,继续改善学生的营养状况;学生营养不良检出率没有明显改变。(2)学生身体健康问题:超重和肥胖检出率上升,肺活量检测率增加。然而,仍然存在一些问题,如学生的身体素质下降、肥胖学生增加等,这些现象,我们必须高度重视。针对这一现象制订措施如下:1.在工作中认真落实学生体质健康标准。建立健康第一指导思想,加强体育工作。2.正确积极的指导和严格的学生体质健康评价,鼓励学生积极锻炼。3.注意培养体育锻炼的兴趣和习惯。4.完善的制度和有效实施。(1)"每天锻炼一小时"为切入点,以确保教学目标的"健康第一"生效。(2)确定专业指导老师,保证落实"每天锻炼一小时"。无论如何在将来的工作中促进学校教育要树立"健康第一"的指导思想,切实促进学生积极参加体育锻炼,形成体育锻炼的习惯,提高自我保健能力和身体健康的水平,不断纠正和改变当前学生的体质健康状况的突出问题,使学生有一个健康的身体和健全的人格,提高学校学生的体质健康水平,充分发挥学校体育教育在素质教育中的作用。

(二)萧山区十一中学生饮食情况

表4 十一中学生饮食状况调查表

选项	人数	比例(%)
非常重要	32	24.23
比较重要	61	52.69
一般重要	11	9.62
不重要	16	13.46

众所周知,饮食对一个人的健康有较大的影响。这一点对于中学生来说尤为重要,因为中学生中大多数还处于长身体的中期阶段,因此没有良好的饮食和合理的饮食结构、饮食习惯对高中学生的身体会起到不良的影响。通过对学生的问卷及访问

调查发现,在校高中学生没有良好的饮食习惯。首先,是健康饮食的意识薄弱,大多不懂得系统、合理地安排自己的饮食结构和一日三餐。有62.31%的同学偶尔会在身体不适发出警报或有时间的时候才会注意安排饮食内容,有13.46%的同学对饮食内容无所谓、不关心,只有24.23%的同学对每日每餐的饮食心中有数。谷类、蔬菜和粗纤维食物食用较少,脂肪类、糖类食用较多。其次,一日三餐能够做到定时定量的只占统计人数的33.85%,不到调查人数的一半。通过访谈,我们还发现有相当一部分学生有晚上加餐的习惯,在学校住宿的学生有吃零食的习惯,在家里的学生还会有晚上吃油炸食品,如肯德基的习惯;另外一些女生也是不经常吃正餐,一方面为减肥,另一方面有些人以零食代替正餐。这些饮食方面的局限性对在校中学生的身体健康也造成了消极影响。良好的饮食习惯是不能忽略的,也是一个人健康体质的关键,学校的饭菜对于在青春期挑食的孩子们不能满足他们的需求,从而导致了学生的不正常饮食。

(三)学生参与体育锻炼的情况

表5 十一中限制进行体育锻炼因素调查表

选项	人数	比例(%)
学业问题	36	30.0
学校设施问题	24	20.0
没有运动的习惯 并且没有把此列为生活惯例	48	40.0
自己身体没有大恙 锻炼与否没太大关系	12	10.0

通过问卷调查,在校高中学生中男生经常参加体育锻炼的比较多,统计每周不锻炼的人数比例,男生要小于女生,而在每周锻炼1~2次、3~4次、5次以上的人数比例上,男生都明显多于女生。而影响高中学生体育锻炼的因素很多,调查显示:(1)许多人认为自己的人生正值青春好年华,精力旺盛,这让不少学生有种错觉,即"病不倒,垮不了,现在学习最重要,不练身体也一样"。这部分的人认为身体很好,锻不锻炼都没太大影响,占调查人数的9.62%。(2)调查中41.92%的同学都没有运动的习惯;(3)有29.62%的同学认为学习忙、没时间;(4)还有18.85%的同学认为运动设施不全,人均资源占有率低。然而,另一方面通过访谈发现,大多数学生更关注自己的学习,因此他们把更多的时间用于上网或者去图书馆、自习室等,使得他们没有太多时间去锻炼,更不用说形成体育锻炼的习惯。而大部分女生选择锻炼的主要目的是通过测试等。也有不少学生认为自己运动能力差、没时间、没必要,不如学习、看书。

(四)萧山区十一中中学生体质健康状况影响因素

1.学习情况及课余时间安排

运动可以促进血液循环,增强新陈代谢,从而增强体质。调查发现,多数同学都表示课业学习任务很重,从周一到周五,多数高中学生每人用在学习上的课余时间都在3个小时以上。

表6 学生平均每天坐姿时间、人数百分比

组别	数量	8小时以下	8~9小时	9~10小时	10小时以上
高一	N(60)	0	25	30	5
	%	0	42.7	50.0	7.3
高二	N(60)	0	5	30	25
	%	0	7.3	50.0	42.7

结果表明,高中学生每天的坐姿时间,平均而言,8~9和9~10小时,学校学生最主要的是在9~10小时,超过10小时,这表明十一中每天坐着的时间特别长。长时间连续坐姿更有害健康,研究还发现,大多数高中的课间休息十分钟到室外或做放松活动,如步行,高中30%~40%的学生经常还是待在教室里,放弃了户外运动。坐很长时间,运动时间太短。51.00%的高中学生,平均每天超过10个小时的坐姿,学生平均每天参加体育锻炼主要集中在约20分钟和30分钟左右,尽管双休日,学生也要学习或做其他的事情,然而,时间不应该是主要的障碍,没有很好的锻炼习惯和锻炼意识,不能够主动地、积极地运动本身应该是最直接和主要原因,这也从另一个侧面反映了家庭体育锻炼环境并不理想。学业负担过重,在户外的时间太少。当前教育改革,学校仍然倾向于单方面追求升学率,造成学生课业负担过重,进入一个更高的学校压力太大,导致学生学习时间太长,户外活动时间减少,缺乏体育锻炼,大约三分之二的学生参加体育锻炼一天不到一个小时。近70.00%的学生每天都花一个多小时做作业,近75%的学生在周末休息时间学习、看电视和玩电脑。对问卷调查结果表明,体育教师、学生目前健康状况不佳的原因,缺乏体育锻炼,占90.94%,居第一位,其次是作业太多,占48.78%,第三、第四个是睡眠不足和太少的时间去玩,分别占45.53%和43.90%。

2.课外体育锻炼情况

十一中现在校学生课外体育锻炼是限于集体跑操每天课间操,即使活动一周一次,学生的锻炼仍少之又少。虽然在每天的广播体操改成了课间跑操,但是强度还是未能达到学生的基本水平,应该根据男生与女生不同的强度而展开不同的跑操强度。只有少数学生课后积极锻炼身体。造成此现象的主要原因是学生的健康定位不准确,认为没有病就是健康,忽略了课外体育活动。学校没有发布相关规定或制度,确保实施课外体育活动要求,缺乏严格的组织和管理。

3.场地器材设施情况

目前萧山体校学生在我校训练,而学校的体育课和活动课都在下午进行,所以学生的活动场所就比较拥挤,这样就导致了设施和场地不够,学生会被班主任要求在教室自习,学生体质状况就受到了严重影响,篮球馆虽然有,但是仅限于学校校队的使用,学生很少使用。学校体育设施陈旧,面积不够。更少的室内场馆,在雨天基本不能正常开展体育活动,包括正常类也很难完成。缺少体育设施和设备,在很大程度上影响了体育教学手段、教学方法,并在某种程度上,挫伤学习的积极性与主动性,影响教师和学生的教学质量。

四、结论与建议

(一)结论

1.学生呼吸功能下降,如学生的力量耐力素质下降,以及学生的肥胖问题普遍偏高,虽然在身体形态方面有进步,但是我们要注意选择有一定的运动负荷,能改善学生身体素质的运动,引导学生积极参加锻炼耐力运动,如长跑等。

2.学生学业压力大,户外运动时间少。学生在周末根本没时间出去,学校的学习竞争压力大,学生每天的坐姿时间在10小时以上的占了42.70%,这导致一个学生在户外运动的时间少之又少。

3.体育场馆不足,场地设施器材未能满足学生的需求。对于十一中的学生来说,学校的体育场馆仅限于室内的篮球馆,而且是用来训练校篮球队的场地。在下雨天,学生基本上就没有活动场地,只能在乒乓球场地,这就导致了学生的体育锻炼得不到加强。

4.学生课外锻炼活动较少,在下雨天,在课余时间,甚至在国家节假日期间,学校所安排的课外体育活动以及比赛不能满足学生的体育锻炼的需要,学生主动去把运动锻炼当成一种生活方式的少之又少。

(二)建议

1.加强学生对体育锻炼的意识。学生本能地认为没有身体上的毛病就是健康,然而却不是。从根本上改变学生对体育锻炼的认识是很重要的,增强学生"每天锻炼一小时"的意识,提升学生的体质健康状况。

2.体育部门应高度重视和支持学校体育工作,应尽可能提供必要的体育场馆、设备设施。我们可以用各种各样的方式,弥补普通高中体育场地的不足。

3.增强学生体质和健康工作,要协调科学研究力量、科学事务和资金输入给予必要的支持。进一步丰富和完善系统的学生健康研究、长期系统地观察学生的体质健康状况和发展趋势。

4.创造美丽的体育环境。增加资金投入,以确保学校有计划地增加体育场馆设备和维护,为体育教学和课外锻炼创造良好的条件,以满足学生不断增长的运动需求。

参考文献:

[1] 陈明达.国内外体质研究简况及我国2000年体质研究工作设想[J].辽宁体育学科技,1985,(9):8-12.

[2] 沈高飞,李军,浦自.制约阳光体育运动可持续发展的因素分析[J].中国体育教育学报.2008(10):10-12.

[3] 中国教育新闻网.教育部关于2005年全国学生体质与健康调研结果公告,http://www.jyn.cn

[4] 中国学生体质健康网.北京市中小学生肥胖检出率达19.51%.http://www.lanmong.com

班集体中非正式群体的管理

陈涌光

每个班集体中都有由班主任组织起来的活动小组,如值日组等,属正式群体,还有一些由学生自发形成或组织起来的非正式群体。他们三五成群,志趣相投,交往频繁,关系融洽,或同村同行或共同学习或谈笑游戏,在这些活动中他们获得了友谊和快乐。可见非正式群体活动是正式群体活动的一个有益而必要的补充,对每个学生的身心发展也有着很大的影响。所以,在管理好正式群体的同时,我们也要重视和管理好班级内的非正式群体。

在我们高二(10)班有不少同学的个性都非常突出,于是就出现了四五个比较明显的非正式群体,而且开学不久后就表现出各个群体间的不团结,互相不喜欢,甚至互相扯后腿。这种现象我在过去两年的班主任工作中没有碰到,所以我只能摸索着处理,在处理的过程中学常常感觉到有点不知所措,而且效果不是很好,甚至与他们发生过较强的冲突。在每一次与他们交流后我都在反思,思考解决的方法,归纳如下。

一、态度要公正

班主任要公正热情地对待各种学生群体,不可偏爱正式群体,非难、歧视、攻击非正式群体,特别是不要对某些表现欠佳的非正式群体横加指责、挖苦讽刺或强行解散,也不要对其视而不见,漠然置之。因为这样会挫伤其成员自尊心,打击其积极性,有时还会促使其走向消极的一面,与班主任班集体产生隔阂甚至形成对立,以致于结盟形成团伙进行违法乱纪活动。这不仅使对他们的教育管理难度增加,也对培养良好的班集体极为不利。所以对班内的非正式群体特别是较后进的群体,更应尊重和关怀,引导他们健康发展。

二、管理要及时

对班内的各种群体应多观察勤了解，做到心中有数。要多对非正式群体进行正面引导，进行集体主义教育，使其与班集体目标一致，以为集体争光为荣。发现苗头，应及时了解情况，力争把问题解决在萌芽状态。对一些现象，如非正式群体成员学习成绩普遍下降；比吃比穿；不爱参加集体活动；一起旷课等，应引起足够重视。要尽快查明原因，及时对症下药，纠正错误行为，促其步入正轨。千万不可麻痹大意，很可能一时疏忽就会错过最佳教育时机，等到出现了大问题再去处理，工作就很被动了。

三、方法要讲究

有的班主任见几个学生常在一起不思学习屡犯校规，便失去理智对其大声怒斥："真是臭味相投，说！你们都干了些什么？"这样一来，结果也许只能是事与愿违。管理非正式群体切忌简单粗暴，而应采用疏导方法，要在了解情况，充分分析其需要与活动动机的前提下进行，这样学生才易于接受从而使管理行之有效。比如对于不愿参加集体活动的群体，可令其单独为集体完成一项任务，而后表扬鼓励，使其有一种成就感、满足感，逐渐会热心于集体活动；对优等生组成的群体在肯定优点后可指出不足及继续努力的方向；对一般或差生组成的群体可鼓励其向较好群体学习，并帮其分析各成员长处短处，鼓励其取长补短共同进步；也可在时机成熟时把非正式群体确定为班内的正式群体；也可把某非正式群体中有能力和威信的同学提拔为班干部。这样就使非正式群体与正式群体关系融洽，目标一致，为了集体的共同目标和利益，积极发挥各自的作用。

经过一个学期的努力，班中的非正式群体都能以班级利益为重，并且能发挥各自的积极作用。

如何培养孩子的兴趣

高建祥

【内容摘要】 兴趣是最好的老师。建立在兴趣之上的爱好会不知疲倦,持久并快乐地做下去。如何发掘和激发孩子的兴趣,本文从尊重孩子、引导探索、鼓励进步和技巧支持四个方面阐述家长培养孩子兴趣的方法。

兴趣是指一个人经常趋向于认识、掌握某种事物,力求参与某项活动,并且有积极情绪色彩的心理倾向。例如对绘画感兴趣的人,就把注意力倾向于绘画,在言谈话语中也会表现出心驰神往的情绪。

爱好是在兴趣的基础上产生的。如果一个人对某项活动发生了兴趣,就会产生参与这种活动的动机,继而参与这项活动。在活动中他感到有趣,于是就产生了对这项活动的爱好。这一过程可以这样表示:兴趣→动机→行为→爱好。

我想问家长朋友一个问题:如果天天让你去做你不喜欢的工作,你会有什么感觉?烦躁,痛苦。对不对?如果让你去做你不喜欢的工作,你就会对工作缺少热情,找不到工作的乐趣,常常失去动力,你当然不可能把它做好。

"兴趣是最好的老师"。一个人如果做他感兴趣的事,他的主动性将会得到充分发挥。即使十分疲倦和辛劳,也总是兴致勃勃、心情愉快;即使困难重重也绝不灰心丧气,而是去想办法,百折不挠地去克服它。如果让孩子去学他感兴趣的知识,学习的时间也许很长,但他丝毫不觉得苦,反倒像是在游戏。举两个身边的例子:

(1)萧中15届保送生孔××同学,4岁时,家长带他去琴行,他看着小提琴不肯走。后来到少年宫报名,老师们都认为他太小了不肯教。施老师看着感动就让他来跟跟。初中时获小提琴全国青少年冠军,高三的他还每天练琴至少一小时,进入北京工业大学后,获机器人比赛北京市特等奖、数学建模一等奖。

(2)萧中11届胡××同学,一模在学校排161名。但她坚持中国象棋,为了她,校园还专门开设象棋角。她先后获得了杭州市中学生比赛女子组第一名,全国赛女子组第四名,国家一级运动员等荣誉。2011年高考她最终排全省理科765名,清华大学给她降60分录取的机会。

兴趣是孩子持续学习的源动力。孩子坚持了兴趣的"正业",他会去深度研究;孩子坚持了兴趣的"娱乐",他能舒缓情绪,调节学习节奏,在后续的学习中进一步挖掘潜能。

通过对比中美的基础教育,不难发现:美国家长告诉孩子学习是自己的事,想学什么东西,让孩子自己去想,因而孩子一般学得主动、灵活、高兴。而中国的家长总是要事先给孩子做出细致繁琐的各种规定,该学什么,学多少,什么时候学,该怎么学等,中国的孩子视学习为功利,因而习惯于应付,学习是家长、老师的事情,是为升官发财找工作而学,学得被动、教条、无奈。

好的教育应根据"效法自然"的原理,从身体的感觉与形象的感觉开始,按人的成长进程的顺序依次是"躯体—情感意志—理性灵魂"的内在节奏进行。即:人在12岁以前主要是"躯体—情感意志"优势的成长,12岁以后主要是"理性灵魂"优势的成长。

西方教育倡导的是"先慢后快",中国造就的是"先快后慢"。如果把人生比喻为万米赛跑的话,刚开始就起跑快,拼命往前冲,也许会赢前面的3000米,但由于过早地耗散了孩子的元气与能量,就多半会输掉后面的7000米;西方的教育是从"躯体—情感意志"开始的,也许刚开始跑得慢,会输掉前面的3000米,但由于重视动作把握与形象把握的训练,打好了人生的基础,就多半会赢后面的7000米。因此,如果孩子的教育从兴趣开始,在理性灵魂之前培养兴趣。用理性灵魂激发兴趣,持续爱好,成功的结果力不可摧。

孩子有自己特殊的兴趣,没有谁比父母更能发掘他们的兴趣所在。家长要带孩子接触世界上各种奇妙的事物,通过学生的多样接触发现兴趣所在。因此,父母应该创造机会扩展孩子的视野。比如,当发现孩子遇上了一些令他双眼发光的事物时,这种兴趣就值得培养,父母应该鼓励他们去探索。图书馆、书店的阅读培养,博物馆、科技馆的体验培养,甚至日常交流、所见所闻的问题交流都是发现孩子兴趣的最佳途径。如小孩子特别爱问"为什么""这是怎么回事?"面对孩子千奇百怪的问题,有的家长则会显得不耐烦。然而,这些问题恰恰是求知的萌芽,家长应该耐心面对,用通俗易懂的语言为其解释。

生活中,有不少家长发牢骚:孩子喜欢玩,为什么就是不爱学呢?那么,我们该如何培养孩子的兴趣点呢?

(1)尊重孩子的选择

发现孩子的兴趣,首先要接受孩子,尊重孩子,观察孩子。在孩子兴趣的基础上,帮助孩子开阔视野,增加"游戏深度",便能对孩子的兴趣加以引导。让孩子尽可能地体验到成功的喜悦,是巩固兴趣的最好办法。其实,如果孩子能长时间全身心地投入某一件事情,正是其心智充分发展的契机。由此而形成的专注力,更是今后成功的重要基础。

家长要放心孩子的兴趣选择,只要是合法的劳动收入,家长都要支持。毕竟,各行各业都能成就非凡人生。

(2)引导孩子从兴趣中探索和思考

爱玩是小孩子的天性,一些益智游戏也能激发孩子对某一事物的兴趣。同时,因为孩子的年龄偏小,他对有兴趣的事情,一开始往往只凭好奇和热情。因此,家长要引导他从兴趣中探索和思考,从兴趣中获得科学知识,使其保持兴趣的长久性。对孩子的兴趣不闻不问无动于衷,是做家长的大忌。

(3)鼓励孩子的每一次进步

曾有一位家长让自己2岁半的孩子学绘画,原意是培养孩子的兴趣,可当家长看到孩子把小鸟画成了一个大黑疙瘩时,就忍不住说孩子"太笨了!画的是什么呀?"还有一位家长看到孩子在作文中不恰当的比喻时,就对孩子大加讽刺。家长这样的态度对孩子学习的积极性肯定有很大打击,因为家长是孩子心目中第一个有权威地位的评价者,他们特别渴望得到家长的肯定,可是家长们往往没有意识到这一点,经常毫不负责任地、轻而易举地摧毁了孩子的求知欲。

当孩子做得好时,应表扬孩子,当孩子做得不好或者失败时,要先发现孩子有创造性的一面,然后鼓励孩子,家长不要吝惜自己的赞美之词。如果家长总是"打击"孩子,有可能摧毁其兴趣和求知欲。

(4)给孩子适度的技巧支持

对于因学习困难而对学习不感兴趣的孩子,家长要耐心地帮助孩子找到困难的原因,帮助孩子掌握科学的学习方法,不要对孩子失去信心。

有的孩子在课堂上注意力不集中,课后作业就不会做,家长讲了几遍,孩子还不懂,家长往往就没有耐心和信心了,说孩子不用心,没有希望了,严重的还打骂孩子,这样就形成恶性循环,孩子越发对学习不感兴趣了。遇到家长讲了、孩子不懂的情况,家长要反思,我们是否没从孩子的角度去思考问题,孩子做不出是否因为缺少此年龄阶段的技巧。

同时,我们要注重教给孩子科学高效的学习方法,让孩子在学习中发现乐趣,学有成就,这是保持兴趣的动力源。

教育的过程就是"连哄带骗"的过程:带孩子尝试玩各种活动,并找到乐趣——家长的隐性引导,显性表扬固定兴趣——兴趣成就孩子美好的未来!

以孝德为核,"四育"为径,倡导孝德为人
——学校孝德德育体系的建构和实践

莫利崧

【内容概述】 本课题立足于学校实际,从当今中学生存在的问题和建构实施孝德德育体系的意义出发,以学校打造孝德德育体系的实践为原版,详细阐述了高中孝德德育体系构建的理论依据和原则;并从建构孝德德育体系的保障机制、学校孝德德育体系的构建和实施的"四育途径",即课程德育、课堂德育、特色德育、生涯德育等方面对德育特色课程体系的构建和实施的方法及策略做了完整的举例和论证。同时,总结了孝德德育体系以来所取得的成绩,并进行了深刻的反思。

【关键词】 孝德;"四育"途径;孝德德育体系

一、孝德德育体系构建的背景和意义

(一)创新德育范式的需要

一位中国驻德大使馆官员曾对我国学校德育工作提出过尖锐批评,他说:"人需要盐分,但绝不能让人'直接吃盐'"。本课题的设计就在于找到了这样一个载体,通过"四育"活动,即我校的四条大德育实施途径:课程德育、课堂德育、特色德育、生涯德育。通过这样一种"间接吃盐"的方式让学生在潜移默化中获得"盐分",让学生在孝德的氛围中,在孝德的熏陶下不知不觉地"悟道",不知不觉地进步和提高,从而达到荀子曾说的"蓬生麻中,不扶而直"的境界,促进学生自身精神的成长。

(二)促进学校发展的需要

选定以孝德为我校德育工作的核心是有地域原因的:我校坐落于箩婆河南岸,地处唐朝大诗人、书法家贺知章的故乡,从地域文化出发,我校选取"孝子贺知章"和"诗人贺知章"两个角度,提炼出"孝德为人"和"诗性人生"两大发展目标。其中"知章诗

文",则是十一中学生倾心模仿的"文"。本课题就是从以上"孝子贺知章"这一角度出发,提炼出"以孝德为核,倡导孝德为人"这一发展目标,通过"四育"途径,来实现立德树人这一教育根本任务,倡导学生孝德为人,培养学生良好的道德品质。在此基础上,从立德树人的根本要求出发,横向同社会主义核心价值观和学生发展核心素养相结合,把孝德作为我校德育工作的核心,从而确定三级德育序列目标:孝德为人、社会责任、家国情怀。在大德育理念的导引下形成四条实施途径:课程德育、课堂德育、特色德育、生涯德育。

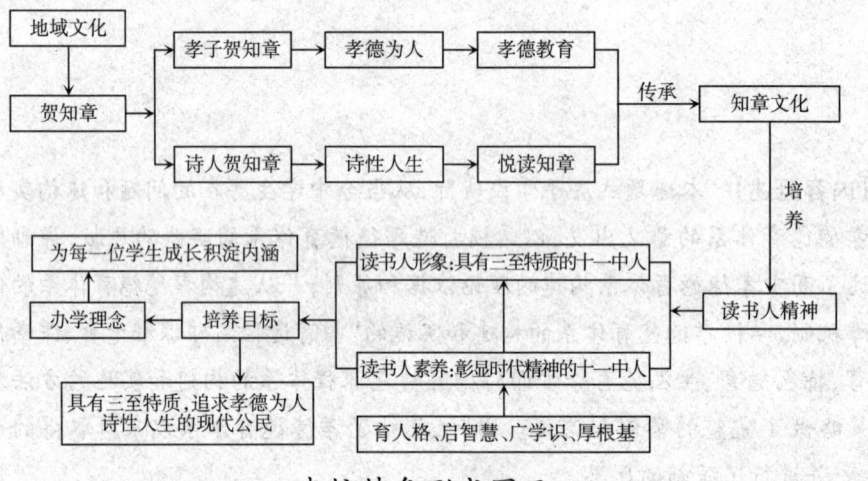

我校特色形成图示

本课题就是从学校的这一实际出发,从"顶天"(立德树人的根本要求)"立地"(结合地域文化资源)两个角度构建和实践学校德育体系。具体内容见附图。

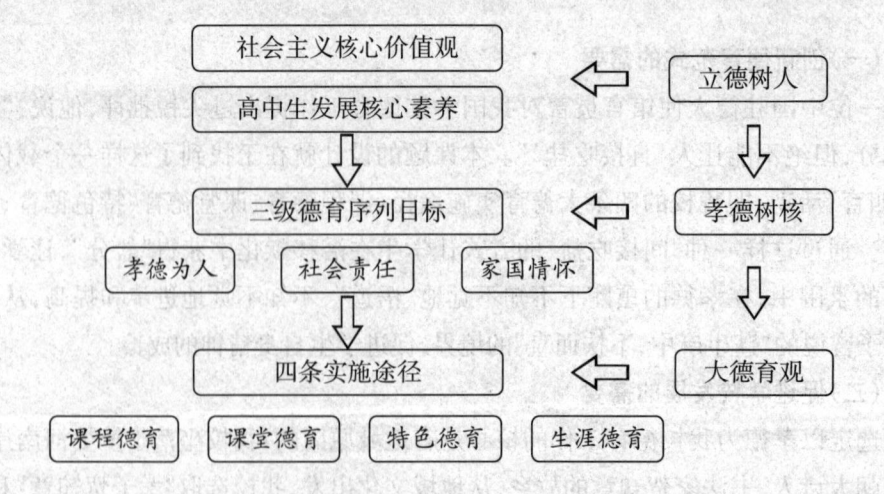

（三）学生健康成长的需要

我们把孝德作为切入点，把倡导孝德为人作为育人目标之一是从学生精神健康成长的原因考虑的。因为德育是有方向的。这一点归根结底的意思就是说价值观是有方向的。就好比跌倒的老人要不要扶的问题，等等。德育最起码是要告诉学生什么是该做？什么是能做？什么是不能做！这一点很重要。正是基于这样的思考，我们确立了把孝德作为一种学校德育的切入点或者也可以叫做原点，也就是说在孝德的基础之上告诉学生该怎么样！能怎么样！不能怎么样！

二、孝德德育体系构建的理论依据

①生活教育的相关理论

生活教育的理论是陶行知教育思想的主线和重要基石，陶行知的教育理论，主要包括生活即教育、社会即学校、教学做合一三个方面。主张教育同实际生活相联系，反对死读书，注重培养儿童的创造性和独立工作能力。所以本研究力图让学生在学习生活中"悟道"，注重说教和实践相结合。

②建构主义的相关理论

在行为主义、认知主义基础上发展起来的建构主义是教育心理学中的一场革命，它突出强调学习的建构性、学生的主体性以及学习的情境性。建构主义理论对学校道德教育的启示体现在把学生已有的道德观念、思维模式作为道德教育的出发点，尊重学生的主体地位，创设各种类似于真实的道德情境，提高学生在学习活动中的投入程度，注重道德教育的形成性评价和多元性的道德评价模式等几个方面。所以道德不是"教"会的，它是学生在与周围环境的相互作用中，在自己得到的生活实践中自我建构而成的。

③道德心理发展的相关理论

人的品德是在一定的心理背景下和活动过程中形成的、发展的，德育离不开心理学所揭示的心理活动形成及其规律的指导。所以，教师应充分认识学生的心理发展特点，充分顺应学生的身心特点和道德心理发展水平进行教育。

三、孝德的概念界定

所谓孝德，就是指尊祖爱亲的品德。它包括三个层次：

第一是"孝德为人"。"百善孝为先。"父母无私的爱并不希图什么回报，但做子女的却不能忘本，失去了一颗感恩的心，缺乏了孝敬父母的意愿和行动。"孝为德之本。"

第二是家国情怀。由孝敬父母衍生开去，就是博爱，就是学会爱他人，爱人民，爱祖国，爱人类。每个人出生在家乡故土，在祖国这个大家庭中成长，他都应该饮水思源、知恩图报,都应具有桑梓之情、赤子之心,长大后要报效家乡、报效祖国和人民。

第三是"社会责任"。由孝道推衍开去,一个正直的人,还应该明白自己肩负的社会责任:扶贫济困、除恶扬善,让世界充满爱,让社会充满真诚、善良和美好,让人们都生活在温馨和谐的环境之中。

四、孝德德育体系建构和实践的具体操作措施

(一)保障机制

1.人员和组织机构。成立了以校长为组长的课题研发实施领导小组,成员包括政教处、团委、年级部、总务处等,具体负责课题的研发实施。下设三个小组,德育体系研究小组、具体负责"三至"德育课程的设置与开发,德育体系的方案的起草与修改;德育体系实施小组、具体负责德育体系的落实与实施;德育体系保障小组,具体负责德育体系的后勤保障。

2.打造学校孝德文化地图。学校在传承贺知章的孝文化上做好工作,在利用学校周边环境的基础上在学校的教学长廊、石刻碑廊,现都撰刻了有关贺知章的故事和诗文,有关贺知章的孝文化已融入了校园的角角落落,突出了人文教育和德育的价值取向。同时在学校宣传窗内展示孝德活动的板报栏,全方位把校园打造成一本孝德教育立体教科书,让学生在浓厚的孝文化氛围中沐浴孝文化,走进孝文化。

附:学校孝德文化地图:

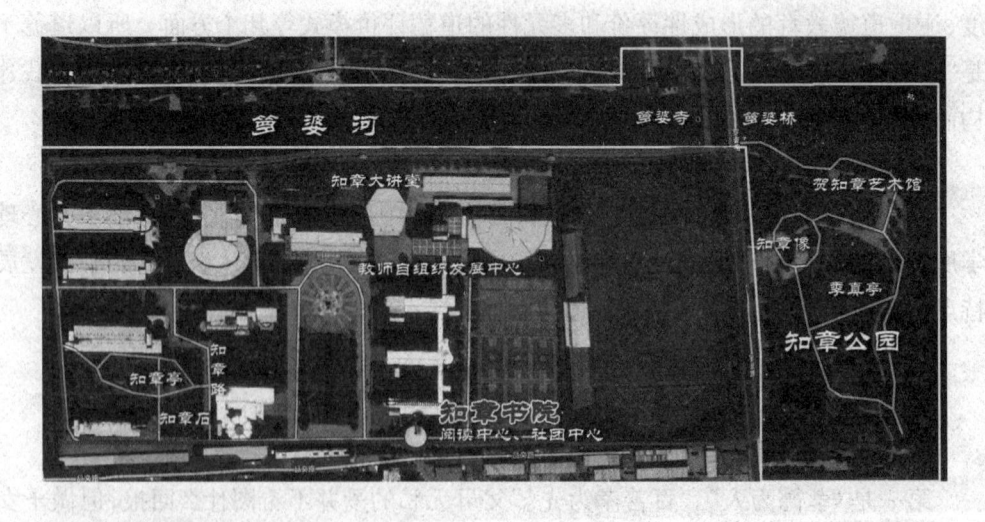

(二)"四育"途径

所谓"四育"指的是我校大德育的四条途径,即课程德育、课堂德育、特色德育、生涯德育。

1.课程德育

(1)课程德育的地位。课程是我校德育实施的主要载体,在学校课程体系建构的过程中,重视课程和德育目标的融合,课程体系图中的核心素养一列和学习力要素这一列都体现了我校的德育目标,在课程开发中加大德育课程的比重,我校现有德育类课程52门,属于学校总课程体系的重要组成部分。

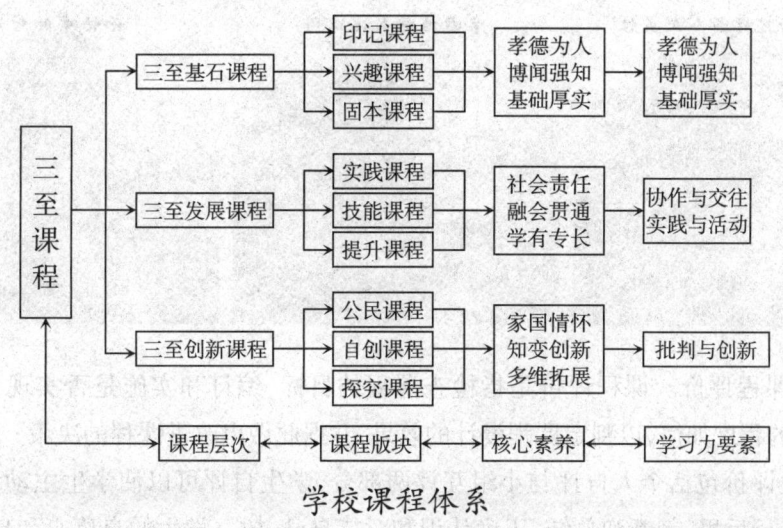

```
                    ┌─ 三至基石课程 ─┬─ 印记课程 ─┐   孝德为人        孝德为人
                    │                ├─ 兴趣课程 ─┤   博闻强知  →   博闻强知
                    │                └─ 固本课程 ─┘   基础厚实        基础厚实
         ┌─ 三至 ─┤                ┌─ 实践课程 ─┐   社会责任       协作与交往
         │  课程   ├─ 三至发展课程 ─┼─ 技能课程 ─┤   融会贯通  →   实践与活动
         │         │                └─ 提升课程 ─┘   学有专长
         │         │                ┌─ 公民课程 ─┐   家国情怀
         │         └─ 三至创新课程 ─┼─ 自创课程 ─┤   知变创新  →   批判与创新
         │                          └─ 探究课程 ─┘   多维拓展
         └────────── 课程层次 ←→ 课程版块 ←→ 核心素养 ←→ 学习力要素
```

学校课程体系

(2)课程德育的实施人员和时间。这类课程是学校开发的校本课程。在课程的实施方面,我们采用了课内和课外相结合,选修和必修相结合的办法保证课程实施的时间。比如《行孝扬善》课程中的"征集身边'孝德'人物故事"主要利用学生假期的时间完成相关学习任务,而《主题教育》《论语中的哲思》《中国传统文化选讲》《老子的思想和人文关怀》则更多地利用班团课和选修课的课内时间实施完成。实施主体为学校校本课程上课老师。

如学校的德育精品课程:《知章敬德》《行孝扬善》《安全技能》,彰显我校德育特色的精品课程。

如书院课程:《中国传统文化选讲》《论语中的哲思》《老子的思想和人文关怀》,彰显我校人文特色的德育辅助课程。通过传统文化的传承和人文素养的培养,提高学生的道德品质。

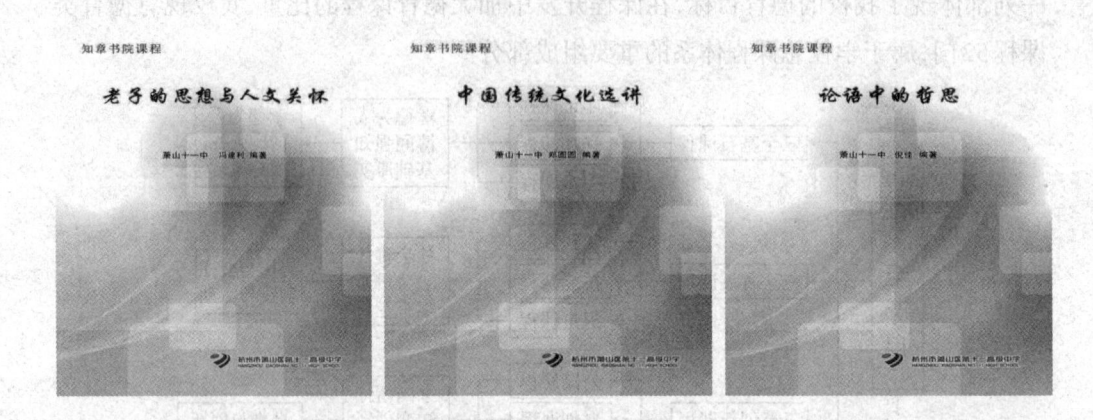

(3)课程评价。课程评价是指检查课程的目标、编订和实施是否实现了教育目的,实现的程度如何,以判定课程设计的效果,并据此做出改进课程的决策。

学生评价包括个人自评与小组互评两部分,学生自评可以使学生主动地对自己的活动进行反思、判断和总结,正确认识和对待自己,树立学生的自尊心和自信心;小组互评可以通过相互交流与比较,有利于发现自己的长处与短处、成绩与问题,相互取长补短,形成你追我赶的态势,促进学生的发展。两种评价相互结合,有利于对学生参与的活动作出全面、公正的评价。

我们发现,在德育课程中,学生的体验、收获是评价的关键,评价的终极目的不是检测学生学了多少知识,而是旨在帮助学生增强自信,获得成就感,使他们能够有效地调控学习过程,培养合作精神。将更多的注视点聚焦于学生的主观感受,学生之间的情感与合作。我们的评价主要包括:学习方案、资料卡片、访谈表、调查表、活动记录、学习日记等。

2.课堂德育

(1)学科德育渗透大纲。课堂是我校德育实施的主阵地,我校制订各个学科的德育渗透大纲,确定学科德育渗透点和学科德育实施方式。

(2)教育者的人格引领。教师的人格魅

萧山十一中语文学科德育渗透大纲

德育作为社会主义精神文明建设的重要组成部分,历来是学校教育的永恒主题,对培养青少年学生逐步形成良好的社会公德,法纪观念和文明习惯,逐步确立科学的世界观和人生观起着主导作用。在各个学科中都蕴含着德育材料,德育材料更是丰富而生动的,或真实生动地展现我们民族的优良传统,或热情讴歌我们民族的精神,或精彩地描绘美丽多娇的祖国山河,或深刻阐述生命意义……,因此,在具体的语文教学活动中,充分发挥语文教材优势,进行德育渗透,让德育与智育有机地结合在一起,使学生在获取知识的同时,也得到思想品德熏陶,促使青少年学生在学习中,不断提高自身素质。

一、在教学中,坚持文道结合的原则,让学生获得思想品德教育能更具体、形象

各个学科的知识都在一定程度上反映了人们的思想观点,思想形成了学科知识的内在属性,它们互相融合,互相渗透,脱离了教材,谈品德,德育是空洞的说教;反之,没有德育的教学,智育也是苍白的。因此在具体的教学活动中,为了更好地实施教学,落实教学目标,德育结合,文道结合是要的,对于具有丰富而生动德育教材学科的语文学科而言,这一点更是关键,语文教师可以通过介绍写作背景,指导朗读,引导学生欣赏,归纳总结等方式,让学生理解课文内容,掌握一定写作技巧的同时,能更具体形象地获得思想教育教学效果。学生在学习中,不单掌握一定的语文学习技能,而且在潜移默化中,逐渐确立正确的世界观、人生观。

二、在教学中,注意激发,培养学生真挚情感,使之成为积极向上的动力,也确保教学中德育渗透取得更大效果

在德育过程中,动之以情,既是小之以理的继续,更是持之以恒导之以行的基础,因而使受教育者获得真挚情感,仍是德育成功的关键,是提高德育渗透效果的保证。在于文学科

力对于学生健康成长有着极其重要的作用,具体来讲有真诚的爱心、高尚的品质、优雅的言行、渊博的知识等方面,要不断提升教师的人格魅力,使教师不光成为知识的引领者,更要成为道德的引领者。

(3)榜样激励见贤思齐。用身边的榜样激励学生,培养学生见贤思齐的上进意识,让学生找到学习的榜样,追赶的目标。

(4)团队合作同伴互助。在课堂上创设小组学习、分享交流等活动,在活动与交往中培养学生团队合作、互相尊重和互帮互助的精神。

3.特色德育

我校长期坚持三项德育特色活动:通过吾爱吾师话,培养学生感恩知义;通过阳光学子评选培养学生积极上进;通过孝心少年培养学生知孝行善。

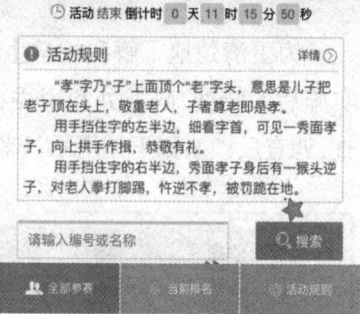

4.生涯德育

主要通过生涯德育课程培养学生的爱国敬业、诚信友善、积极进取、沟通合作、职业操守、职业尊严六种品格,由学校的专门生涯指导老师执教,排入学校课表。

五、孝德德育体系构建实施后的成效和反思

1.找到了一把打开德育教育的钥匙,使学校德育教育课程化

原有的德育教育存在随意性较大,应景、零散等情况。各种德育教育各自为政,

造成教育资源(包括人力资源)和时间的冲突与浪费,加重教师工作负担和学生的学习负担。此外,缺乏课程的保障,活动的目标很难得以有效实现;缺乏动力和生气,难以实现育人目标。通过这项工程将学校诸多内容不一、形式多样的德育活动按照课程理念加以整合,并逐步纳入学校德育课程框架,初步建立起有序列、有层次的学校德育课程体系。运用课程管理机制对德育活动进行统筹安排,有利于保障德育教育活动在学校教育中的重要地位,保障德育教育活动的正常运行、规范运行,克服了以往活动的盲目性和随意性。

2. 培养了学生的高尚品质,提升了德育效果

通过参观、考察、研究、汇报,在课程的学习中使学生在"三至"理念的氛围中,在寻孝、说孝、践孝的过程中不知不觉地"悟道",不知不觉地进步和提高,从而达到荀子曾说的"蓬生麻中,不扶而直"的境界。

303班程建浩同学在班级的主题班课课后的周记中写道:"孝为德之本。"由孝敬父母衍生开去,就是博爱,就是学会爱他人,爱人民,爱祖国,爱人类。每个人出生在家乡故土,在祖国这个大家庭中成长,他都应该饮水思源、知恩图报,都应具有桑梓之情、赤子之心,长大后要报效家乡、报效祖国和人民。由孝道推行开去,一个正直的人,还应该明白自己肩负的社会责任:扶贫济困,除恶扬善,让世界充满爱,让社会充满真诚、善良和美好,让人们都生活在温馨和谐的环境之中。

为更清楚地了解我校学生的思想状况和道德素质,培养良好的行为习惯,在课程实施后的转变,政教处和团委在实施课程的前后三年做了一份同样的关心集体的调查,调查反馈表如下图所示。(蓝色和红色分别表示课程开展前后的百分率)

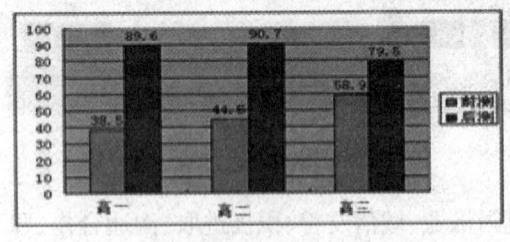

集体荣誉感实验前后对比图 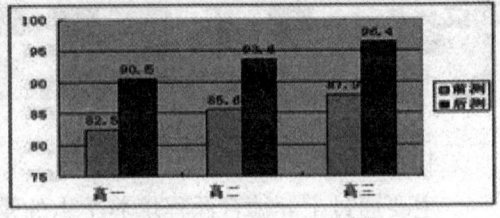　　学习责任心实验前后对比图

调查结果显示,实验前后,学生的集体荣誉感和学习责任心都有了很大的提高。

3. 以孝德为核心的办学特色逐渐彰显

近年来,学校围绕以孝德教育为核心的知章文化,开展了以培养学生"孝心、责任心、家国情怀"为目标的序列化德育实践。举行读孝书、讲孝道、行孝德的常规"三孝"

活动,注重体验,深入生活,感悟美德;同时搭建美丽学生评选、特色课程、主题班会、名生大讲堂、社区服务等平台,陶冶学生的情操,丰厚学生的心灵;学校每年开展的"师心握你手"活动、"吾爱吾师"活动、"阳光静远少年"评选、"三叶草"志愿者活动、寻找抗战老兵活动等已成为学校一道亮丽的德育风景线。学校重视创设校园活动,并注重活动形式的标识性或活动仪式的规范性,让每个仪式和活动都富有教育意义并深深打上学校特色的烙印。因为有了孝德文化这个载体,学校德育工作开展得有声有色,形成了"由校至家,家又至校,再及社会"这样一种渐次渗染、慢慢扩大的孝德文化圈,特别得到了家长、师生的认可。

参考文献:

[1] 沈茂德.关于德育观念与德育行为的追问[J].人民教育,2013(6):4.

[2] 周勇.魏书生班级管理经验解读与启示[J].中国德育,2008(4):4.

[3] 朱小曼.魏书生教育管理思想及其对现代教育的启示[J].人民教育,2009(13):2.

班级纪律差谁之过
——树立班级正气是关键

裴忠成

在论坛里看到这样一个主题:班级纪律差谁之过？这个话题也确实值得讨论,因为一个班级的纪律如何直接影响孩子的学习、习惯的养成……我认为这不是某一个人的责任,班级纪律好需要多方共同努力,树立班级正气是关键。

今年接手的这个班级,给我一个很明显的感觉——正气不足。比如在班干部的挑选过程中,我就遇到很大的困难。班上有几个各方面表现比较优秀的学生,但在班级管理这方面非常欠缺,主要表现为:遇到不良的行为首先想到的是明哲保身,既不会去制止也不会告诉老师。而班上一些有管理能力,号召力比较强的学生,自身正气不足,甚至会带头违反纪律。另外,还出现了班干部管理的时候有学生不听,还在背后说人家坏话,甚至诅咒班干部的情况。还有很多很多,让我真真切切地感受到,树立班级正气是非常重要的一项工作。通过一个学期的摸索,我认为可以从以下几个方面多下点工夫来树立班级正气。

第一、班干部队伍建设

让班干部形成一个团结的团体,让他们主导班级的风气和舆论,主动管理班级。我还注入全班一个观念:班级是你们自己的,不是某个老师甚至是班主任一个人的,毕业后走入社会,还能享受班集体温暖的是班级的每个成员,而绝不是老师！因此,班级管理应是我们每个同学自己的义务。

第二、正义学生话语权

多扶持班级里有正义感的学生,让他们有更多的话语权。对于故意捣乱的学生要利用全班同学打压。有次让大家在课堂上一起完成一道问答题,有位同学很快就无所事事,开心捣乱,发出不该发出的怪声。我问:"你做好了吗?"学生:"是的,绝对

OK。""好样的,这么快就完成任务了"。这时我又面对全班同学说:"这位同学已经把老师布置的内容写完了,而且据他说写得很OK。这里老师有个建议:是不是要把这位同学请黑板上来露两手呀?同意的请举手。"这下全班同学都举手赞同,而且还强烈要求他上黑板。我趁热打铁严厉批评他的行为,使他甚为难看。这时我把问题扩展到全班,责怪地说:"像这样的问题不仅仅是这位同学有的,在我们班上还有不少同学存在同样的毛病:喜欢与老师无理狡辩,搅乱课堂秩序,迟到旷课等现象特别的严重,像这样欺骗老师的行为将会……"趁机把问题扩大到学生的思想品德,学习生活,为人处世等人生道理上。

第三、分化后进生

确定后进生中可以首先转化的目标加以教育引导,将他们从过去的群体中分化出来,结交新的朋友,减少后进生团体的人数。先解决后进生中领头人物思想品德方面的大问题。建议多用情感交流的方法,和学生多交朋友,一个很差的学生对批评已经麻木,对表扬鼓励也多持戒备态度,但真诚的情感交流,倾听他们内心深处的苦恼,找出他们走到今天这步田地的根源,往往可以达到很好的教育转化效果。重要的是让学生明确地意识到你是在真诚地帮助他而不是在整他。

第四、教师合力

作为班主任不能总是以自己为中心,一定要在学生面前为科任教师树立威信,言语中既要强调专科的重要性,又要不失时机地宣传任课教师的闪光点,使孩子产生敬佩的心理。我们班就有一个同学不完老师的任务,而且还在上课的时候和老师顶撞,影响很差。这位任课老师没办法处理,只得求助于我。我和这位同学分析的他的行为,让他认识到自己的不理智,然后让他在全班公开向这位老师道歉,树立这位老师的威信,并借机宣传老师的优点。班主任教师对待自己班级的学生都有偏爱心理,但是对于学生的错误绝对不能护短,任课教师管学生一定要支持,更应该感谢。当然,任课老师自己也要维持好课堂纪律,不能认为反正我就是一节课,上完就走人啦,没有必要得罪学生和老师,这样最终只会导致学生越来越不尊重自己。班主任和科任老师之间一定要经常沟通,协调一致,齐抓共管,久而久之,良好的习惯就形成了,班级风气好了,有了正气班级课堂纪律还会差吗?纪律好了,学习也会随之好起来呀!

第五、以身作则

班主任自己也要以身作则,用实际行动树立班级正气。平时说话算数,诚实守信,不意气用事,不消极暴躁,用美好的心灵塑造学生。

只有树立了班级正气,做班主任的才会体验到工作的幸福和快乐,才会在春华秋实、桃李芬芳中悟出人生诗情画意的美丽。

于细微处见责任
——浅谈班级管理的点滴体会

邵灵彬

任何教育活动都是由一个一个的细节构成的。水滴虽小，可以折射出太阳的光辉；细节虽小，却能透射出教育的大理念、大智慧。我们常说的"细节决定成败"绝非虚言，要把学生的思想工作做到实处，必须从大处着眼，小处着手，关注细节，一个成功的班主任，一定是一个善于利用细节去感染、教育、管理学生的人。

有时，教育过程中班主任老师的某一个未被注意的细节，恰恰就像一缕阳光，可以穿越阴霾，在孩子的心灵折射出最美丽的光芒。从细节入手，能很快走进学生的内心。

有一学期我接手的是高一特长生班，学生普遍对学习丧失信心，态度不够端正。因为长期的行为习惯方面的问题，这一部分学生初中在班级大都属于不受老师关注或者经常受到批评的学生。所以，本学期开始的时候，我就想从平时的生活细节入手，关注学生，通过帮助他们改正那些坏的行为习惯来逐步使他们形成正确的学习态度。

通过一段时间的相处和观察，也渐渐地发现实际上同学们的心里还是装着学习的，只不过，很多同学缺乏自律，经常在确立目标或者下定决心之后很轻易地就放弃了，这也是导致学习成绩和行为习惯两方面都不是很好的重要原因。

一些不经意中流露出来的"小节"，往往能反映一个人深层次的素质。大人是这样，学生更是这样，因为他们不会掩饰，在他们的言行中，多的是真实，少的是虚伪。那些"坏学生""后进生"，老师往往很难发现他们的优点。但我们只要用爱心去体察，用公正的目光在细节中去发现。原来他们闪光的一面，有时就连我们许多优秀学生也望尘莫及。

如我班有很多同学，纪律差，又不太爱学习，但我发现他们很喜欢唱歌，喜欢车模、航模。于是就利用班团课的时间组织班级唱歌比赛，并让班级同学自己评选心目中的"最佳歌手",学校组织的车模航模活动,也都积极参加比赛,获得了很高的奖项。这样一来,无论是参赛者还是一般的同学都很开心,自信心很快建立起来,学习、纪律都有了明显的进步。

其实每个学生都有品德上的闪光点,我们往往缺乏发现,原因是我们忽视了细节。应该对这些细节加大宣传力度,并用放大镜耐心去寻找学生们身上的闪光点,像淘沙取金那样去挖掘他们身上好的素质,包容学生的缺点、错误并加以正确引导。我想不仅对于他们本人来说有促进作用,对于整个班集体来说教育意义更深远。

班主任要能走进学生的心里,与学生实现以心换心的交流,才有可能了解其奇妙的内心世界,并进一步调节自己的教育步伐和教育手段。和学生实现以心换心的方式方法很多,而关注细节,细心观察学生,就会发现一笑一颦,一举手一投足,无不流露着学生的思想情感。如果察觉到学生的异常情绪,能及时加以关注,那么学生往往会向班主任打开自己的心扉,诉说自己心中不想让外人知道的秘密,并希望得到班主任的理解和帮助。若班主任能利用好这一机会,以长者或者朋友的身份给其回应,细心答复学生的每一个问题,并在往后的工作中细心关注,为其排忧解难,学生将会对你信任有加,对你倍加敬爱,这种无声的语言换来的教育效应是许多当众的说教无法比拟的。

一次单元测试中,我批改女生徐某的试卷时,发现平时成绩较好的她这次考得非常糟糕。对此,我并没有简单地训斥,而是关心地问道:"今天是不是哪里不舒服?"没想到,此一问竟使她泪流满面。原来,周日上午因玩手机的时间过长与父母发生矛盾,一气之下就跑到外婆家,直到周一上学时也没和父母达成谅解,因她平时表现较乖,从没有和父母发生过矛盾,现在冷静下来后,觉得自己做得不对,处在深深地自责中,考试也没有精神。我没有批评她,只是对她说:"既然认识到是自己不对,还等什么,拿我的手机马上给父母打电话。"她与父母如何交流我没有过问,通过她打完电话后的笑脸,我知道问题已解决。事情虽小,但因为我发现及时,问题很快解决,才没有过多地影响她的学习。

老师为学生排忧解难,就是除去影响他们成长的杂草,这更需要注意细节。

同时,还要能够合理利用班级内部的资源,让学生时刻感觉到班主任在关注着他们。到了我们高一,当后面的黑板没有板报的时候,班级后墙的那块大黑板就闲置了起来。很多班级在上面贴各种试卷的答案以及各种通知。我想到是另一种利用的方式,在黑板上书写大标语,每一个月换一句励志标语,尽管大部分学生不会专门地去每天看,但我想,耳濡目染之下,这些标语会对同学们起到促进作用的。

我们常说"教育无小事,处处都育人",然而当我们要将这句话落实到实际教学中时,面对一个个教育细节,有时却往往茫然不知所措,有时则干脆忽略不计。比如黑板,教育教学规定中关于板书多是"要认真、清晰、讲究艺术"这些模糊性的要求。再比如"尽快记住每一个孩子的名字",教师是否能尽快记住新接手班级里每一个学生的名字?笔者曾对此进行了一项调查,发现即使是班主任,一个学期快结束了也有近一半人不能记住全班学生的名字。在最短的时间内记住学生的名字,看似是一个微乎其微的小细节,但它所蕴含的意义却十分丰富:要落实教育教学目标、提升教学效果,良好的师生关系是重要保障。它来自师生之间的互相尊重,来自师生之间高频率的接触,来自积极的沟通。记住学生的名字既是一种最基本的尊重,也是师生接触程度的一种外在指标。如果连学生的名字都不知道,我们又怎能奢望师生之间会有更深层次的沟通呢?

事实证明,在班级管理中,"小事"牵连大事,"细节"关系全局。把每一件简单的事做好就不简单,把每一件平凡的事做好就不平凡。只要班主任心中有学生,大处着眼,小处着手,融入学生中去,只有时时与学生在一起,才能时时刻刻地把握学生的动态,做到将错误熄灭在萌芽之中。现在一个班级的学生比较多,而且学生大都在15~16岁之间,正是容易出现问题的年龄段。班主任只有时时刻刻在学生中间,时时刻刻把握学生的动态,才能够及时的处理一些突发事件。这几年以来,我大部分的时间都在学校里,掌握了大量的信息,这对班主任工作是很有好处的。

朱永新教授在《新教育之梦》中说:"当今社会的竞争是以经济和科技为中心的综合国力的竞争,但归根到底是教育的竞争。而教育竞争归根到底又是决定于学生培养质量的高低。"教育是一个庞大而复杂的系统,它是由无数个细节聚合而成的,正像高楼大厦是由一砖一石砌成的一样。我想只要我们多关注平时的细节,多关注身边的平常事,多解剖自己、解剖案例,并不一定要出奇制胜,做平常人,思平常事,一样可以造就一个不平凡的班主任。

班级管理是一项长期、复杂而又繁琐的工程。这个工程虽然庞大而复杂,却也是由一个一个小细节组成的。细节虽小,却在其中隐含了教育的大道理。作为一个班级管理者——班主任,需要做一个有心而用心的人,一定要关注细节,并善于利用细节去感染、教育和管理我们的学生。相信,讲求细节的班主任,也将会成为一个成功的班级管理者。

知章书院：普通高中推进特色育人文化建设的设计与实践

屠立勇　吴建刚

一、问题提出

（一）审视：立德树人呼唤学校文化建设

新课改背景下如何实现"立德树人"？这是学校教育需思考的重大命题。我们认为文化育人是必由之路。一所成熟的学校需要有自己新时代的学校文化，以此进一步提升学校的办学质量、学校形象和学校品格，提升办学品味，提高育人成效。

（二）思索：我们学校的文化建设走向何方

我校北枕美丽的箩婆河，这里曾是我国唐朝大诗人贺知章的故里，千年文脉，源远流长。"知章文化"包含着形象元素、精神理念和内涵特质，有物质的、精神的，外在的、内在的，还有传统的、现代的……只有基于这样一脉相承的文化视野构建我校特色育人文化，才能如活水源远流长、生生不息。

（三）选择：建构特色育人文化是我们的必由之路

我校在构建特色育人文化上确立三大理论基点：彰显地域文化特色，注重传统文化传承，突出教育文化内涵。彰显了三大特色：孝德文化为核心的德育特色，阅读文化为核心的学习特色，社团文化为核心的生长特色。

二、研究设计

（一）概念界定

1. 特色育人文化：是指具有明显个性特色的学校育人文化，将本校育人文化中最具代表性、最精华的部分凸现出来，引领并促进学校各方面的发展。

2. 知章文化：知章文化内涵即孝德为人、诗性人生。我校从地域文化出发，选取"孝子贺知章"和"诗人贺知章"两个角度，提炼出这一文化内涵，在学生层面表述为：知章敬德，自主灵动。

3.知章书院:得名于唐朝大诗人贺知章,同时也取知章敬德意。知章书院以知章文化为起点,以孝德为核心,以传统文化为延伸,以阅读活动为抓手,以社团活动为助推,以文化建设创新求实重引领为理念,统筹学校文化建设,构建四大项目:阅读中心、社团中心、教师发展中心、知章大讲堂。呈现四大特点:在组织管理上突出学术性,在教学内容上突出拓展性,在教育形态上突出多元性,在教育方法上突出建构性。

(二)顶层设计和实践模型建构

1.我校特色育人文化的顶层设计

本研究追溯我校10多年办学历史,依托知章文化线索、现代教育理念和学生的核心素养追求进行校本化的综合探索,提炼出以"知章文化"为起点的特色育人文化体系。

(1)寻根而起:思考特色育人文化策略。我校以文化强校为办学策略,围绕知章文化来思考和确立学校的特色文化建设策略。

(2)顺势而为:探索特色育人文化路径。在多年探索实践的基础上确定环境创设、课程建设和活动设计三条特色育人文化建设路径。

(3)砥砺而行:构建特色育人文化体系。解读历史,追踪、梳理我校办学历史,逐步形成我校独具个性的特色育人文化体系:知章文化为核心,知章书院为平台,环境创设、课程建设和活动设计为路径,孝德文化、阅读文化、社团文化为价值指向。

2.我校特色育人文化的操作模型建构

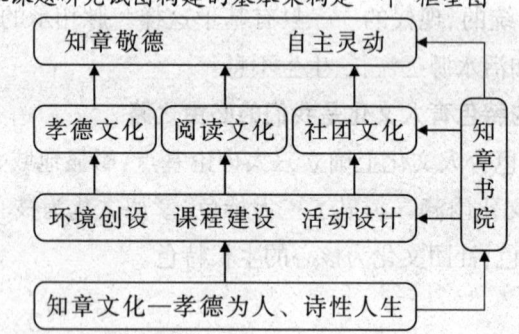

本课题研究试图构建的基本架构是一个"框型图"

```
        知章敬德      自主灵动
           ↑             ↑
    ┌────────┬────────┬────────┐    ┌──┐
    │孝德文化│阅读文化│社团文化│ ←→ │知│
    └────────┴────────┴────────┘    │章│
           ↑        ↑        ↑      │书│
    ┌────────┬────────┬────────┐    │院│
    │环境创设│课程建设│活动设计│    └──┘
    └────────┴────────┴────────┘
           ↑
    ┌─────────────────────────┐
    │知章文化——孝德为人、诗性人生│
    └─────────────────────────┘
```

我校特色育人文化建设的起点是知章文化——孝德为人、诗性人生,平台是知章书院,通过环境创设、课程建设和活动设计三条操作路径,培养知章敬德、自主灵动的学子,使他们身心两健、文明文雅、学识博厚、多才多艺、和谐发展,并主动拥抱文明、享受文化,生成新的文化积累、文化精神。

(三)研究目标

本研究基于地域,以知章文化为根,尝试在传承知章文化、挖掘区域优势的基础上推陈出新,形成品质发展的办学思路,推进学校特色育人文化创建。构建"知章文化"为核心的学校育人文化体系,培育素质全面、品学兼优的学生,探究学校特色育人文化创建的路径和载体。

三、我校特色育人文化建设操作实践

(一)孝德文化建设操作实践

1. 第一路径:环境创设

学校在传承贺知章的孝文化上做好工作,在学校的教学长廊、石刻碑廊,现都撰刻了有关贺知章的故事和诗文,有关贺知章的孝文化已融入了校园的角角落落,突出了人文教育和德育的价值取向。同时在学校宣传窗内展示孝德活动的板报栏,全方位把校园打造成一本孝德教育立体教科书,让学生在浓厚的孝文化氛围中沐浴孝文化,走进孝文化。

2. 第二路径:课程建设

我校构建孝德为人课程群,让孝德教育获得持续生长的生命力。课程开发中做到内容和形式的兼顾,内容上突出孝德,同时兼顾传统优秀文化;形式上突出孝德学习,同时兼顾实践活动。让孝德走进课程,走进课堂,学习孝文化在校园蔚然成风。

3. 第三路径:活动设计

设计德育活动序列:高一年级主题为古今孝道,高二年级主题为社会责任,高三年级主题为家国情怀。通过主题班会、故事会、演讲、孝心少年评选等形式,由孝及远,培养学生新时代的公民意识,让孝走进学生的内心,也让孝引领学生走向社会,在不断实践中让孝内化为信念。

(二)阅读文化建设操作实践

1. 第一路径:环境创设

我们提出"把学生领进来,把书送出去"的口号,所谓"把学生领进来",是指全天候开放图书馆,包括双休日和节假日,学生持学生证即可借阅,满足学生随时的阅读需求。所谓"把书送出去",即组建班级图书馆,在每个教室配备一个书柜,把图书馆的一部分书分散到班级书柜,便于学生借阅。在学校的各个空余位置,设立开放式阅读区,配备必要的阅读设施,将学校订阅的学生杂志和报纸,放于阅读区,让学生利用课余时间,随时取、随时读。营造学校开放的阅读氛围,让阅读变成常事。同时借助广播站、校园网、宣传栏等平台,做好阅读宣传和推荐。积极宣传"创建书香校园"活动,倡导学生读好书,好读书。

2. 第二路径:课程建设

从学校实际出发,坚持把知章文化、读书活动与新课程改革相结合,建设好悦读

知章课程群、学科阅读课程群,来促进学生学习方式的转变,增加学生的人文积淀。悦读知章课程群主要有《品知章诗文》《先秦诸子散文诵读》《唐宋诗词选读》等课程组成。学科阅读课程群建设有各学科阅读课程组成,学校为此开发了全学科阅读读本,从课程标准、学习内容、活动设计和学法指导等四个维度构建阅读读本,对重点知识进行诠释,为学生自主学习,掌握学科的重点知识提供有效路径,目的是让学生通过阅读读本来了解课程的目标、内容和掌握课程的学习方法。

3.第三路径:活动设计

我校坚持把阅读活动贯穿于校园生活的每日、每周、每月、每学期、每学年,让学生时时浸润经典文化,日日获得发展提高。通过设定阅读活动目标,开展读书活动,有意识地提高学生的欣赏品位和审美情趣。不断丰富阅读活动形式,提升学生学习兴趣。利用图书馆、网络,搜集自己需要的信息和资料,追求独立思考。

(三)社团文化建设操作实践

1.第一路径:环境创设

积极整合校内外课程资源,努力实现学生社团活动校本课程化,使社团活动成为学校课程设置的重要组成部分。不断规范社团机制,着力建设精品社团。学校每学年9月接受社团申报。社团申报分为教研组申报和学生申报两种形式。与此同时,学校努力推行社团年检制度,年检不合格的社团将根据实际情况限期整改或给予注销。在知章书院内装修学生活动中心一座,布置展示柜、社团工作区、社团活动区等功能场地,保证每个社团在学生活动中心有一个活动区域;加大投入,完善各社团场地布置,保证各社团配备专用教室或社团活动室。

2.第二路径:课程建设

我校现有29个学生社团,涵盖人文、体艺、科技、数理等类别,将创新性的社团活动与教学课程的成功结合,实现了社团活动的课程化设置,为广大社团会员及普通同学提供了一个更加符合自身兴趣和发展方向的平台,为我校社团建设又开辟了一条新的途径。在课程开发的过程中,引入课程群理念,形成以基础课程、拓展课程、实践课程为组合形式的社团课程群,扩大社团课程的教育价值。

3.第三路径:活动设计

在社团活动实施过程中,不断创新活动形式,或以其中任一要素为核心主题,拖带其他要素来达到融合,在这种方式之下,无论是以研究性学习为核心,还是以劳动技术教育或其他领域为核心,都要兼顾其他领域的要求;或从课程开发的三个维度(自然、社会、自我)切入,充分挖掘活动中所蕴含的自然因素、社会因素、自我因素。如我校的社团嘉年华活动,获得了学生和家长的好评,在社会上得到了一致的好口碑。

四、研究成效

(一)以知章文化为核心的学校特色逐渐彰显

1. 以知章文化为载体的特色德育深入师生之心。近年来,学校围绕以孝德教育为核心的知章文化,开展了以培养学生"孝心、责任心、家国情怀"为目标的序列化德育实践。因为有了孝德文化这个载体,形成了"由校至家,家又至校,再及社会"这样一种渐次渗染、慢慢扩大的孝德文化圈,特别得到了家长、师生的认可。

2. 以知章文化为特征的特色文化建设初见成效。学校"知章石""知章亭""箩婆桥"等成为校园文化建设中独特的亮点。有关贺知章的诗文和故事介绍在校园内随处可见,有关课程也深受学生喜欢。知章书院成为学生空暇时间最喜欢去的一处场所,四大项目扎实有序地推进,"孝德为人,诗性人生"已经根植十一中学生的心灵。

(二)以诗意悦读为底色的师生共发展

1. 以诗意悦读为底色的学生发展有后劲。因为悦读计划有序开展,知章书院、开放式阅读区、教室阅读空间等成为我校学生最爱去的场所。阅读经典、阅读读本成为学生阅读的重要内容。阅读课、悦读书社、品文之声广播站、汉字听写大会、诗朗诵大赛、知章大讲堂成为学生阅读交流的重要平台。阅读已浸润学生日常生活,并产生持久的影响。

2. 以诗意悦读为底色的教师发展善钻研。教师热爱阅读、喜欢研究、团队协作成为我校教师的一种自觉行为。教师发展自组织经常性举办教师读书会,交流阅读心得,开展教学实践,反思教学问题,研究解决对策。在教师发展自组织的基础上,学校又成立了特级教师工作站、教师成长营,通过"专家引领、组内研讨、循环跟进"为特色的校本教研培训,为全体教师的发展加油。

课代表队伍建设:班级学风建设的有效抓手

王彩霞

学风建设作为学校办学精神、治学成果的集中体现,是学生的学习面貌和成效的有效展现。调动力量来促进向上学风形成是每个班主任共同思考与探索的问题。那么,如何营造良好的班级学风,促使学生形成良好的学习生活风气呢?班干部队伍建设无疑是非常重要的一环。笔者发现许多班主任对于班级中课代表队伍建设却没有足够的重视,一些班主任甚至认为课代表只是帮任课老师送送本子、发发本子而已。笔者认为,课代表队伍建设在班级学风建设方面的作用不仅不能忽视,更应该使其成为班级学风建设的有效抓手。

课代表是怎样的班级职务?应该承担怎样的班级责任呢?笔者认为课代表一方面是科代表,即是全体同学在该学科学习方面的全面代表;另一方面应该是全班同学在该学科上成功学习的学习承包商,要带领全班同学实现对该学科的成功学习。因此,课代表就犹如任课老师的秘书,是任课老师的好帮手。

笔者对自己所担任班主任的315班进行了学风实践研究,减少了班级班干部的数量,只设班长、团支书、卫生委员,不设值日班长、纪律委员等,日常很多工作转由课代表担任,具体实践过程如下。

一、慎选:合理建构课代表队伍

选择课代表,是重要的第一步。课代表的选择直接关系到课代表队伍的战斗力和影响力。一个作风优良、积极进取的课代表队伍能在广大学生中发挥出很强的向心力和凝聚力,积极正面地推动班级学风建设和班级管理的开展。我们315班课代表是在学生自荐和民主选举的前提基础上产生的,把个人能力、作风表现作为硬性条件,由班主任把关。并不是本门功课成绩最好的学生就可以当课代表,本班课代表的人选一般要具备下列优势:1.要有工作的热情、要勤快。这点最重要,课代表做事一般都走在老师教学的前面。比如,布置预习作业,并且安排相应的1~2道题目检测预习,效果显著;2、要有较强的沟通能力;3、要有较强的责任心;4、本门功课不能太差。太差的话学生可能会不服,在检测出题方面也会碰到困难。

二、明职:更新理念,明确职能

课代表在一个班中职责应该非常明确的。他是一个信息采集员,对班级同学在学科学习上的情况有清晰的了解;他又是一个问题解决者,对同学们的学科学习问题进行力所能及的指导和解决;同时课代表还是任课老师和同学、班主任和学生之间的沟通桥梁,将同学学习的共性问题及时反馈给老师以实现老师更有针对性的指导,以及将老师的要求及时传递给同学以实现同学更高效的学习。班级学生对这门功课的学习状况、学生对任课老师的看法等情况,课代表都有最基层、最权威、最直接、最有参考价值的意见和建议。本班具体从以下几个方面充分发挥他们的价值。

1、心中有数:明确工作细则

在班级学风建设的过程中,必须加强课代表责任意识,明确课代表工作范畴。我们315班课代表工作比较细,具体职责主要表现以下几方面。(1)自修课由课代表管理,并做好安排;(2)填写《课堂情况登记表》;(3)不定时检查全班作业情况,并填写《作业检查情况表》;(4)协助老师登记平时各科考试成绩;(5)检查学生的《试卷分析表》;(6)填写《阶段性学习反思与计划》;(7)成立检测小组,组织好后进生、学困生的学习检测。

课堂情况登记表				
日期	科目	(^o^)		(~-~)	
		积极参与	点名表扬	上课睡觉	被点名批评

注意:各位老师好,为了配合您上好课,请帮助课代表在各栏填写相应的学生姓名,谢谢!

作业检查情况表科目:				
作业完成情况	未及时完成者	质量好	不认真	错误集中的题
姓名登记				

试卷分析表姓名：						
	语文	数学	英语	政治	历史	地理
满分						
实得						
自评						
经验、教训						

阶段性反思、计划						
	语文	数学	英语	政治	历史	地理
总结反思						
目标计划						

上述表格中,《课堂情况登记表》《作业检查情况表》每天都要填写,贴于教室后面展板上;《试卷分析表》和《阶段性反思、计划》一个月一次,一般以学校组织的月考为载体。对于班级科目后进生、学困生每周组织一次检测,人员由课代表询问任课老师后定,检测不合格的同学第二天要背书落实。本班不设纪律委员,班级自修课均由各学科课代表选定后安排完成本学课的作业或测试。

2、反馈及时:定期召开会议

对于课代表工作中的情况及班级学生的学习情况,班主任要做到心中有数,因此本班固定时间召开课代表会议。一开始每周一次,第三个星期开始一个月召开一次。例会主要完成4件事:(1)每个课代表发言,说说本学科存在的问题;(2)各科课代表讨论,如何解决存在问题;(3)各课代表提出下一个月的工作计划;(4)班主任总结。

3、制度引领:明晰考核制度

本班课代表等同班干部待遇,课代表奖惩班主任本着表扬的原则来处理,以便树立课代表在某一方面的"权威"。能表扬时,一定在班级大力表扬;需要批评时,一定要悄悄地进行。在315班课代表等同班干部待遇,对课代表评价和班级本门功课的年级排名挂钩,进行班级量化加分奖励。

经过一年的实践,我们315班的学风有了明显改善,成绩有了明显进步,对开学第一月的考试成绩与第二学期的二模考试成绩进行对比如下:

	语文排名	数学排名	英语排名	政治排名	历史排名	地理排名	总分排名	年级前100名人数
月考	4	6	3	2	5	6	4	19
二模	2	1	1	1	3	2	1	25

尽管在一年的研究时间中取得了一些显著的成效,但由于诸多主观与客观因素的影响,有许多不足留待在后续研究中进一步改进。如:课代表考核制度如何细化;如何创建师生共同体等。

综上所述,班主任如果在学科课代表的问题上能给予较多的关注,重视课代表在班级学风建设的重要作用,班风、学风将有一个较大的改观,班主任也不会那么"劳力劳心",能多放些时间在其他方面了,我们何乐而不为呢?

六频共振:后疫情时期高一新生心理安全场域构建

王彩霞

【内容摘要】 近年来,"心理安全"变得越来越重要,学生的安全状况已成为衡量"安全校园"建设水平的重要指标。特别是经过疫情,学生心理变得更加脆弱。在后疫情时期,如何构建高一新生心理安全场域是当务之急,否则学生的心理安全将存在巨大的隐患。心理安全场域构建的任务和目标繁芜复杂又多维,需要多频共振才能达到效果。本文立足高一新生的现状,以高一年级部作为承担者,从"视、听、读、谈、写、绎"等六环节推进,形成"六频共振",让高一新生"浸润心灵、梳理心绪、洗涤心境、敞开心扉、吐露心声、传递心语",构建心理安全场域。

【关键词】 六频共振 后疫情时期 高一新生 心理安全场域

调查发现,约20%的高中生存在不同程度的心理问题,主要表现在人际关系、情绪稳定性和学习适应等方面,如耐挫力差、考试焦虑、学习障碍、厌学症、青春期心理困惑等。这些心理问题严重影响了学生的身心健康。近年来,"心理安全"变得越来越重要,学生的安全状况已成为衡量"安全校园"建设水平的重要指标。特别是经过疫情时期,学生心理变得更加脆弱。经历过疫情中考,在初中经历过多次高危筛查又遭遇信息泄露的高一新生,心理上表现出极度的不安全感,对于身边的人和事表现出极度的不信任,不愿意沟通、交流,做事情、处理问题容易走向极端化。

心理安全是一种平静的状态,在与外界或自身交往时不受威胁,这个状态对自身而言相对稳定但又不同于他人。这种状态的形成,需要社会、学校、家庭多方努力,在后疫情时期,这一状态的形成显得尤其艰难且重要。本人认为,基于高中学校,构建高一新生的心理安全场域,形成心理安全关系网迫在眉睫。我校高一年级部经过研究探索,创造性地提出了在后疫情时期,"六频共振"的高一新生心理场域构建思路。

一、视——浸润心灵

环境造就人,润物细无声!

结合库特.勒温的"心理场"理论和布尔迪厄的场域理论,本人认为学生的心理安全场域构建,需要为学生创设积极心理的外部环境,使学生能够基于个人的生活、心理、情感体验等,形成稳定的、积极的心理品质,更加友好地与他人进行沟通、交流与协作。基于这一理念,我校高一年级积极组织和谐班级环境布置大赛,心育黑板报评比与汇展,温馨寝室布置大赛等活动,有针对性地为学生创建一个和谐、温馨、优美、整洁、活力、富有人文性、教育性、艺术性的在校生活空间,浸润学生的心灵,使其对学校产生像家一样的舒适感,让心有安放之所。

二、听——梳理心绪

声音,穿透灵魂;语言,抵达内心,于文字里静享生活,在聆听中感知心境,梳理心绪。这一特殊的后疫情时间,我校高一年级部在遵循学生认知规律的基础上,开展了针对高一生的"预见更好的自己,才能遇见更好的自己"的幸福女生课堂、"成为最好的自己,从现在做起"的魅力男生讲座,让高一新生在聆听的过程中梳理心绪,在人际交往过程把握度,建立起师生之间、同学生之间该有的信任感,形成心理安全关系网。同学们在聆听到的处事智慧中,为迷茫、洒脱的青春指明了前进的方向,帮助他们找准目标、做好规划、明确未来,在跌宕起伏的生活中真正悦纳自我。

三、读——洗涤心境

与书相约,感受阅读的愉悦;与阅读相守,感受思想的升华。

阅读,静下心来品读文章,体会字里行间流露出来的真谛,洗涤心灵,升华灵魂。我校高一年级部为高一新生打造了全方位的阅读阵地,包括:学生阅览室、班级图书角、开放阅读区、移动图书馆、平板智慧阅读等,除此之外还有每周推送、小说连载、好书推荐、文学沙龙等活动。高一各班每天傍晚5:30—6:00为心育晚读时间,一方面,组织高一新生阅读一些心理学方面的专业书籍,如《少女杜拉的故事》《青少年心理压力管理手册》《洛丽塔》等,使其对高一新生对于自己和主客观世界的关系有一个更加正向的认识。另一方面,采用我校心育工作室编制的心理健康教育校本教材,引导学生在阅读中学习正确看待和处理与同学、教师和家长之间关系的方式方法。

学生阅览室:周一到周五中午11:50—12:30开放;傍晚16:40—17:30开放。阅览室不仅提供纸质读本,同时也提供平板智慧阅读,让学生享受文化的熏陶,适应数字化大背景。

班级图书角：每班教室后设有一个书柜，每学期开学初，书院下发100本图书，放入书柜，学期结束收回。期间，班级图书每月流转一次，由101流转至102，102流转至103，以此类推，115流转至101。

开放阅读区、移动图书馆：灵活方便，更好地满足学生个性化需求。同时，我们每周在电子展示区还有好书推荐、新书速递活动，小作家成长营有原创小说连载，箩婆文学社有每周一期的主题好文推送。

我们营造全方位的阅读领域，让学生在一系列的自主阅读之中，开阔文化视野、敏感心灵触觉、净化精神家园，培养文化自觉和文化自信。

四、谈——敞开心扉

时光与你都很甜！以我之耳，听你之心！

沟通，是人际交往过程中很重要的一环，对高一新生来说，刚到一个陌生的环境，心理本就有点没着没落的，通过沟通建立彼此间的信赖感，产生心理安全感尤为重要，特别是在后疫情时期的心理更为敏感。该如何沟通才能让沟通的双方既能愉悦的交流又能达成预期的目标呢？我校在政教处组织，各年级部着力推进"非暴力沟通"的方式，致力于在师生之间、生生之间形成积极向上的沟通氛围。为此，我校每周日晚一开展班主任《非暴力沟通》一书读书交流会，分享阅读感悟，提升思想境界。

《非暴力沟通》读后感之注重观察（节选）　莫盈杰

书中说到暴力的根源在于人们忽视彼此的感受与需要，而将冲突归咎于对方——至少大部分暴力的根源都是如此，不论是语言精神或身体的暴力，还是家庭，部落以及国家的暴力，冷战期间，我们看到了这种思维的危险性，当年美国领导人把苏联看作是致力于摧毁美国生活方式的帝国，苏联领导人将美国人看作是试图征服他们的压迫者，双方都没有承认内心的恐惧。作为班主任的你，当看到班级里有只"猴子"或者说"妖精"在那里上蹿下跳、兴风作浪的时候，你是不是已经动了"杀念"。这种暴力式的概念早已在脑海里产生，接下去就是付诸行动的暴力式沟通。等沟通以后"猴子"被降服或者没有被降服，你可能以后对他的影响和态度就会一直保持这种暴力式的观念，这就是我们常说的戴着有色眼镜看人。而我们的学生也可能有"暴力"倾向，不仅仅指单纯用武力去对待同学。如发下来的作业传到自己的桌子上不往下传，后面的同学发现作业不见了问大家有没有见过，很多都会视而不见冷漠得令人发指。

在发生矛盾和冲突的时候，运用非暴力沟通，我们将更能专注于彼此的感受和需要，从而促进倾听、理解以及由衷的互助。

另外，在各班设置的心理委员，对有心理问题和困惑的学生给予力所能及的帮助也能及时、准确地向班主任反馈班上学生的心理状况，让教师能有针对性地进行心理疏导，将学生的心理安全隐患消灭在萌芽状态。

五、写——吐露心声

众所周知，写是吐露心声称非常重要的方式。写的方式适用于口头上说不清楚的事情、重要的事情亦可以做一个见证……

对于不善言辞，表达羞涩的高一新生，我校高一年级部开设了写的途径来让他们吐露自己的心声。心语信箱，静静等候；心情驿站，时刻开放，为师生之间的交流架起了桥梁和纽带。同时，针对后疫情这一特殊时期，高一年级部与心育办公室合作，针对高一新生组织了"心历成长故事"分享记录，让所有新生写出自己有成长过程中的高兴的心酸之处。这样做一方面可以组建立每个学生的成长档案，这一方面可以对刚入校的高一新生进行一次大规模的筛选，发现心理安全隐患，及时沟通和干预。

六、绎——传递心语

水尝无华，相荡乃成涟漪；石本无火，相击而发灵光！

释放自己，建立信心是心理安全场域建设的重要一环。我校搭建了清流剧社、课本剧大赛等平台，选择历史事件、文化故事中的心育元素，运用剧场情境，让学生选择典型片段，教师有意识地引导学生通过想象与扮演，有意识地再现并传递当时当事者的情绪、思想和社会行为，重在体会"此时此地此人"之感受，潜移默化地感受文化。在这一过程中，学生很好地放飞了自我、成长了自我、悦纳了自我。

一步一阶梯，厚积而薄发！"六频共振"的心理安全场域构建思路与心理健康密切相关，旨在共建一套科学有效的心理安全场域体系，为高一新生构建全方位立体化的心灵防护，帮助他们更好地融入集体、健康成长。

参考文献：

[1] 郭亚恒,郭俊汝.中职生心理安全问题调查与预防研究——以郑州市某学校为例[J].辽宁省交通高等专科学校学报,2020,22(1):4.

[2] 李昌祖,骆汉华.高校意识形态安全体系的基本架构和运行特征——基于场域理论的视角[J].教育学术月刊,2020(8):8.

[3] 姚小林.建构班级"合作力"心理场域的实践与反思[J].基础教育参考,2019(2):78-79.

运动的超市　生命的狂欢
——体育任务导学小组合作学习的实践思考

徐　龙

一、高中体育教学中存在的几个问题

(一)激发运动兴趣的持续性缺少有效手段

自本轮课改开始以来,在落实"激发学生的运动兴趣,培养学生体育锻炼的意识和习惯"这一课程理念时,老师们感觉比较困惑,课改之初更多的是迎合学生兴趣,往往是选择学生喜欢的内容或者游戏,学生喜欢什么上什么,学生爱玩什么让他玩什么。导致了教学的无序,忽视了体育课程的性质。当意识到激发学生的运动兴趣不仅是迎合学生的兴趣,更重要的是引导学生在知识技能的传授过程中体验运动的乐趣。因此教师们在教学内容的选择、教学方法的安排、学习方式的改变等,都十分关注学生的运动兴趣。但是高中学生处于人生发展的特殊时期,兴趣容易激发也容易转移,如何建立一个长效机制缺乏有效手段。

(二)学为中心关注个体差异较难落实

班级授课制的产生最大的考验就是关注个体差异,让每一个学生都有发展。特别是大班额班级占主流的现实情况下,传统的教学方式显然很难做到关注每一位学生的发展,要想关注到每一个学生的发展,我们必须在教与学的方式上有转变,在课堂教学的组织形式上有改变。

(三)自主、合作、探究的学习方式难以深入

新一轮的课程改革非常重视学习方式的多样性,尊重学生优化学习方式,十几年来对学习方式的优化大家进行了很多实践和探索,自主、合作、探究的学习方式是比较认可并被广泛应用的一种学习方式。但是由于接受式的学习方式在很长的时间占着绝对的地位,学生习惯了老师讲学生听的接受式学习方式,因此在采用自主、合作、探究的学习方式的过程中,首先要对学生进行与之相适应的学习习惯和学习能力的

培养,在小组合作的学习过程中如果离开教师的引导、小组团队意识的培养、明确的学习任务、有效的小组评价,那么小组合作学习只是一种形式。

二、构建以任务导学小组合作学习教学模式的研究

探索在目标的引领下,把教学内容、体育知识技能方法化,并把方法进行任务化的处理,根据技术的规律和学生个体实际设置多样化的学习任务。学生个体通过自主合作在完成任务的过程中进行技能、知识等学习,通过展示交流和教师的引导突破重难点,让每个学生都能在原有的基础上有提高。该模式在充分发挥教师主导作用的同时,重视学生在学习过程中的主体地位,注重培养学生自主学习、合作学习和探究学习的能力,在任务单的制订、发展性评价系统的建立上充分体现教师的教学以促进学生更好地学习和发展为目的。实现从"教师为中心"转向现在的"以学生发展为中心",从"让我学""让我练"转向"我要学""我要练",这样具有生命力的课堂,真正改变学生"热爱体育运动而不喜欢体育课"这一尴尬局面。试图把体育课堂打造成运动的超市,生命的狂欢,实现课程目标。

(一)任务导学小组合作学习的实践与分析

任务导学小组合作学习模式:在"学为中心、健康第一"理念的指导下,以任务单为载体,以三三流程为框架,以小组建设为支撑,以有效评价为保障,充分体现五大元素的一种教学模式。

1.以团队归属为核心指向的小组建设

小组建设是小组合作学习的前提和有效支撑,小组建设是否到位,小组成员的团队归属意识是否强烈直接影响着小组合作学习的效度。

(1)小组的组织形式

小组通常由5~6名学生组成,在构成上要求成员的性别、身体素质、智力水平、个性特征、家庭背景等方面有着合理的差异,使每个小组成为全班的缩影或截面,这样构建的合作学习小组是"组内异质,组间同质"。组内异质为互助合作奠定了基础,而组间同质又为在全班各小组间展开公平竞争创造了条件。教师根据每组成员的性别、性格、素质、能力等方面的比例结构进行组间平行微调,使同号的组员实力相当,水平和综合水平基本平衡。

(2)抓好小组培训

小组建设的目标是让组内所有成员能够为了小组的荣誉能够团结合作、积极向上、有良好的学习习惯和学习能力,小组长具有管理小组的能力。

在小组建设中,教师的重点应该放在小组的培训上,真正好的组长不是选出来的,也不是天生的,而是老师培养出来的。不要只注重小组长现有的能力,而忽略了

对人的潜能的开发与培养。要充分调动他们的主动性和积极性,这是小组建设成败的关键。要让他们知道当小组长是一次锻炼的机会,是他施展自己才能的舞台。这样他才能积极主动地去建设自己的小组,真正成为小组的主人。小组长的培训一般可以分三步走:

第一步:教师进行课前培训,其目的是更好地实现课堂学习目标,完成教学任务。

第二步:教师进行定期培训,每周在固定时间,与小组长交流,在进行思想教育的同时,进一步了解班级学生的动态、思想状况、学习状况及各小组存在的问题等,与大家商讨解决办法,帮助每一名同学进步,推动班集体共同提高。

第三步:教师进行不定期培训,根据教学工作的需要,随时召集学科组长及学习班长开会,了解体育教学中的问题,探讨解决办法。

2.以团队评价为主的评价体系

评价体系的构建是保障、是关键,也是本课题研究的重点。评价是激励不是甄别,及时公正、团队归属、多维评价是小组合作学习最持续的动力。评价的目的是通过评价激发每一位学生的学习主动性和积极性,促进组内成员的合作和小组间良性竞争。评价方式是个人与团队结合、过程与结果结合、态度和成绩结合的三结合原则。建立四级评价体系,并让所有的评价都能发挥其应有的作用。

(1)四级评价体系

一课一评:是整个评价体系的基础和前提,是客观反映每一位学生在课堂学习中的表现、在小组中发挥了什么样的作用,在每个任务完成过程中发挥的作用,目标的达成情况,小组的表现,等等。评价的主体侧重团队评价,同时采用"我为小组贡献多少"的个人评价,试图理顺了团队个人的关系。

一周一评、一月一评、一学期一评,在一课一评的基础上在不同的阶段分别评出周之星、月之星、学期之星和星级小组,学生星级分别由:"参与之星"主要维度是课堂学习是否积极主动参与,"合作之星"主要维度是学习过程中在小组合作学习中起着重要的作用,"进步之星"主要面向相对素质较弱学生,主要维度是进步较大的学生,"展示之星"主要维度是在课堂学习中积极参加展示的学生,"希望之星"主要是面向综合能力和表现较好的学生。

(2)评价结果的使用

有效利用评价结果,是发挥评价激励功能的前提,在实现这一模式的教学后,学期、学年的体育课成绩的评定主要根据这一评价。学期评价结果作为学生评优评先的必备条件之一,也是学生综合素质评定的重要指标。同时五星学生定时以表扬信的方式定时告知家长,并在学校的宣传栏、晨会上给予表扬,在初三保送中给予加分。这一系列评价体系的构建,大大促进学生积极参与自主、合作学习的主动性,提高了课堂教学的效率。

3.任务单的制订

任务单是学生自主合作学习的载体,任务单的质量直接决定着目标是否能够达成。因此任务单制订是重点也是难点,任务单的编制是把学习目标细化成方法,把练习的方法、手段、策略转化成任务的过程,这些方法供学生进行选择练习。在体育学科的学习过程中因为个体在身体素质、认知水平、运动经验等方面存在着较大的差异,要想实现面向每一个学生,在任务单制订中要遵循几个原则:全面性、自主性、层次性、合作性、趣味性,因此具体的任务(方法)必须多样有操作性。小组合作学习过程中,不同层次的学生能够找到相适应的任务,从而满足全体学生的需求。同时为了便于学生自学,老师制订的任务能够让学生通过小组合作或者老师简要的提示下能够实现。任务单可以分两大类:一类是技能的学习,技能类在学习目标的统领下,把学习的步骤和方法转化为任务,任务由简单到复杂,由技能的学习到技能的运用,每一个学生都能找到适合自己的任务进行练习,同时发挥有些学生的优势和作用,要求小组内进行合作和交流。另一类是发展体能类的任务单,教师布置任务,小组根据每个学生的实践,分配适宜的任务。如:

耐久跑练习的任务单:小组合计24圈(250米的田径场),小组成员6人组成,每个同学至少跑3圈,看跑完24圈哪一组快。

多种形式跳的任务单:小组利用垫子分别摆出两种以上发展立定跳远跳的高度和远度的练习方法,每一种方法全组至少练习3次以上。

评价标准:完成任务小组加5分,摆出两种以上并全组练习三次以上的多一种小组加2分。

排球垫球任务单:根据自己的实际可以按照顺序练习,也可以自主选择。

固定球垫球练习、自抛自垫、一抛一垫、两人互垫、垫球游戏,

本组练习中需要帮助的问题。

评价标准:

自垫3次及以上没人加1分,两人互垫每次加1分。

_____组

姓名	自垫3次及以上	两人互垫1次	两人互垫2次	互垫2次以上
合计		互垫次数最多		

4.任务导学小组合作学习操作流程

任务布置—小组合作完成任务—展示提高—总结

第一步：教师解读任务单，教师对任务单的要求、注意事项进行解读，明确目标，对涉及新学的技术或者在学生自主合作完成任务时难以完成的教师进行点拨式的指导，为学生完成提供保证。例如：在学习排球双手垫球技术动作时，老师对技术要领和要求进行简单的示范和讲解。

第二步：小组为单位进行任务的完成，学生在组长的组织下根据任务单的要求，在组长的组织带领下根据个人的基础和能力共同完成任务。

第三步：展示提高，通过小组展示，检查小组成员目标达成情况，并有教师、学生对展示着进行评价，指出错误或不到位的地方并提供改进的方法，并进行提高练习。

第四步：总结，对本堂课的学习情况进行小结、对各组情况进行通报。

（二）成效与展望

经过近两年的实践，目前的体育课堂初步实现了"运动的超市，生命的狂欢"的目标，在体育课堂学习中每一位学生都能找到适合自己的练习，学习的主动性和积极性大大提高，小组内合作意识浓厚，组间竞争激烈，课堂生命质量大大提高。学生们不仅在课内为了实现个人的价值、小组的荣誉尽情地参与运动，这样的激情和习惯还延伸到课外，课间、课外校园里经常会出现很多同学，为了自己的小组在努力，优秀的学生在不厌其烦地教，薄弱的学生为了不拖小组的后腿而努力练习。正因为学生主动性的提升，团队意识的提高，大大激发了学生学习的内驱力，学生的交往能力不断增强。在体质健康抽测、体育中考中都取得了优异的成绩。

在实践的过程我们把自主学练、小组合作、展示交流、团队归属和多维评价作为五大核心要素，而这五大要素相辅相成、相互制约，是决定我们实验能走多远的关键。

1.自主学练是解决学习的自主性

任务单是学生自主学练的有效载体，在任务单中每位学生都能找到适合自己的任务，为了个人和小组会积极地投入练习，教师通过学生的自主学练能够及时地了解学情，并适时给予引导，同时也有足够的练习时间。

2.小组合作是解决学习的全面性

小组合作是在自主学练的基础上，为了完成小组的任务，组内成员的相互合作，相互帮助的过程，先学会的同学教掌握慢的同学，能力强的同学帮助能力弱的同学，帮助他人的同学在教的过程中自身也得到了提高，因此在小组合作的过程中，全体同学积极参与，在各自的基础上都有进步，解决了学习的全面性。

3. 展示交流是解决学习的深刻性

展示交流是各小组把本组的学习成果、目标的达成情况在班级内进行展示，在其他组和老师的点评和纠正下，突破学习的难点，同时也能增强学生的自信和交往能力。

4. 团队归属和多维评价是解决学习的持续动力

团队归属是小组建设的核心，是激发学生运动兴趣的根本，每个组员只要有了团队的归属感、荣誉感，就会热爱自己的团队，为了自己的团队而付出，而评价是小组建设的有效保障，当评价做到赋予每个量化分数教育内涵和成长内涵，激发学生团队归属感和集体荣誉感，让每一位学生为了小组的荣誉而学习。从而形成积极、良性的小组竞争体系。

学困生转化

俞顺钢

没有教育理论作指导的教学是盲目的教学。首先我们要认真学习新课程标准，用新的教育思想、教育理念来武装自己的头脑，探索教育教学的新路子，充分运用教育心理原理来开展教学，使大多数学生对学习产生极大的热情，基础知识的掌握也更加牢固，成绩也有了明显的提高。

一、运用情感原理，唤起学生学习的热情

列宁曾说过："没有人的情感，就从来没有也不可能有人对真理的追求。"在教学中，我们要善于运用情感原理，把广大学生吸引到教师周围。教师要有正确的教育思想，要始终坚信："没有教不好的学生，只有不会教的老师""没有差生，只有差异""只要下工夫，每一个学生都能教好"，学生学不好，不能责怪学生，教师首先要自己找原因，教师的责任就是从不懂到教懂，从不会到教会。学生回答不好教师提出的问题，教师首先要检查自己的教学工作有没有漏洞，教师发现学生作业中有普遍性错误，不要急于讲评，可以利用作业批改激励法来激发学生的学习动机，让学生自己去改正，然后再给学生评分。要让学生认识到，作业做得差的学生，通过老师的鼓励和自己的努力同样可以做好。从而激发他们的学习热情，坚定自己的学习信念。

课堂上教师亲切和蔼的语言是增进师生感情，沟通师生心灵的重要途径。当一个学生因没有答上一个简单问题而感到局促不安时，教师轻轻地对他说"请坐下"，一个"请"字，没有责怪，没有讥讽，表现了教师对学生的理解和尊重，学生会从心理感受到教师对他的关怀爱护，尊师之情油然而生。当学生对教师的讲话表示疑惑时，老师说"我们再来分析一下，好吗?"完全是商量的口吻，没有教师的威严，体现了师生之间平等民主、互相尊重的关系。

二、运用活动原理，变被动听为主动参与

学困生往往有一些坏习惯，比如上课注意力不集中，爱交头接耳开小差，有时为了应付老师布置的作业，课下东问西抄，这不仅对学生无益，而且还会危及其他同学。针对这种情况，我们教师不应该采用硬性压制的手段，而要运用活动原理，让学生成为学习和生活的主体。正如全国优秀教师、洋思中学校长蔡林森所说："概念、定律、道理由教师嘴里讲出来就不值钱了，一定要让学生通过自学、讨论，去感受、去体会、去发现。"对学困生从"不让说"到"敞开说"，因势利导，鼓励学生在课堂上畅所欲言，让学生在教师指导下参与教学过程的讨论。为了给他们"敞开说"创造条件，教师把前后相邻的四名学生编成一组，注意各组生源的搭配和组长的带动作用。教师思考提问，让学生小组讨论，学生在小组里发言热烈、活跃，有争有论，有时教室里好像有点"乱"，但这种"乱"却一改过去学生被动听讲、课堂气氛呆板局面，特别是差生表现出前所未有的参与意识。这正如法国教育家第斯多惠所说："一个真正的教师指点给他的学生的，不是已投入了千百年劳动的现成的大厦，而是促进他们去做砌砖的工作，同他们一起建造大厦……，如果使学生习惯简单接受或被动的学习，任何方法都是坏的，如果能激发学生的主动性，任何方法都是好的。"

三、运用成功原理，变厌学为乐学

学困生由于在学习中屡遭失败，使他们心灵上受到了严重的"创伤"。有的学生自己认为脑子"笨"，不是"学习的料"，甚至失去了学习的信心和勇气，要克服这种心灵深处的"伤痛"，最有效的办法就是给他们创设成功感，让他们也能体会到成功的欢乐。

在教学中，重视运用成功原理。在组织课堂教学时，给学困生创设成功的机会，提问较易回答的问题，采取低起点、小步子、多活动、快反馈的方法，即以大多数学生一下就可以达到的水平为教学起点，将教学目标按由易到难、由简到繁、由已知到未知的原则分解成若干递进层次，把学生的挫折降到最低限度，使学生有能力自觉主动地参与教学活动，把握住学困生的每一次，哪怕是微不足道的闪光点，让学生在成功的喜悦中形成乐学的氛围，使每个目标层次做到快速反馈、激励评价。

四、运用合作原理，变个人努力为团队精神

学困生由于成绩差，总觉得低人一等，他们不愿与人交往，不愿将自己的内心世界向别人袒露，时间久了，就会出现闭锁心理。因此我们要运用合作原理，培养他们的合作意识与团队精神。①在课堂教学中，利用学习小组，让学生共同研究、讨论问

题,互相启发、互相激励。②在活动课上将学生分成小组,让每一个小组围绕一个主题进行计划拟定、探究研讨,共同克服困难,完成活动任务。③组织课外学习小组,课外作业让学生合作完成。④让学生以小组为单位办数学手抄报,培养他们的分工协作能力。

有一位老师说得好:"一个苹果换一个苹果,手里还是一个苹果;一种思想换一种思想,脑中就有两种思想。"在排座位时,让优秀生和学困生搭配同桌,便于课堂上"兵"教"兵",也便于课后"一帮一,一对一"。这也让他们真正体会、明白了"比、学、赶、帮、超"五个字的新内涵。比,不但是比知识,还要比学习方法,比速度质量。要同别人比,也要和自己的昨天比,更重要的是比做人。学,要有方法,有目的,学会从大局出发。赶,要向着自己的目标赶,去努力去奋斗,从哪儿倒下就得从哪儿爬起来。帮,就是互相帮助,共同进步。你在帮助别人过程中,自己也在不断进步。超,就是超越别人,超越自己。

五、运用创造原理,变呆板的学习为创造思维

学困生一般不愿自己动脑筋,一切知识总是老师的硬性"灌输",为了改变这一现状,我们根据青少年具有强烈的好奇心这一特点,运用创造原理,引导学生遇到问题如何观察、分析、思考和训练,尝试获得创造成功的体验,采用了"问、想、做、评"的创造思考教学模式。

(1)问:就是问题,创设问题的情境,鼓励学生提出问题,尝试新的解题方法。

(2)想:就是思考,鼓励学生思考、想象,并给学生一定的思考时间。

(3)做:就是活动,运用各种活动方式,让学生从"做"中学。教师在课堂教学中,多设计一些活动方式,如让学生看书自学、动手操作、动眼观察、动脑思考、动口交谈,让他们亲身感悟知识的产生和发展过程,从而让学生将思维过程展现出来。

(4)评:就是评价,对学生进行创造性思维活动,及时予以鼓励、表扬,让学生体验到创造带来的乐趣,看到自己有进行创新、创造的能力,增强进行创造的自信心和决心。

总之,任何事物都是处于运动、变化之中,学困生只是相对的。充分运用心理原理来指导教学,对学习有困难的学生,给予特别关心,课下加强个别辅导,扶正他们已"扭曲"的心理,从而让每个学生都拥有成功的机会,让每一个学生都能学好,让每一个学生的心底都有一片蓝天。

高中生物理学习的心理障碍探析及策略研究

朱 烽

【内容摘要】 物理是中学阶段难度相对较大的学科,许多学生在学习物理的过程中,产生了不同程度、不同类型的学习心理障碍导致其学习困难,成绩下降,严重的还产生厌学情绪。本文对高中学生学习物理的心理障碍问题进行探析,并针对这些问题提出相应的对策,坚持"三从、四重、八导",把握学生的心理状态,调动学生学习物理的积极性和创造性,使学生真正领悟和体会到学习物理的无穷乐趣,进而爱学、乐学、会学、学好。

【关键词】 学习心理障碍;三从;四重;八导

高中物理作为自然科学最基础的学科,"是一门研究和探索客观世界,从量变到质变的分析客观世界的科学,具有很强的概括性、抽象性、逻辑性和应用性",对发展学生智力,培养学生能力,"特别是在培养人的思维动手能力方面,具有其他任何一门学科都无法替代的特殊功能。"许多学生在学习物理的过程中存在着不同程度的心理障碍。严重影响了学生学习物理的兴趣,对物理知识的理解和掌握。因此研究和探析学生物理学习的心理障碍,针对其学习心理障碍寻求积极有效的对策,正确疏导,是众多物理教师的心愿,也是提升学生物理学科核心素养的重要保障。

高中生物理学习的心理障碍,是指影响、制约、阻碍中学生积极主动和持久有效地学习物理知识、训练创造性思维、发展智力、培养物理自学能力和自学习惯的一种心理状态,其主要表现有以下几个方面。

一、知难而退心理

研究发现个人在经历失败和挫折后,会产生无能为力的心理状态和行为。由于物理学科本身难学,许多学生在学习物理时因为经常遭遇学习上的困难和失败,他们会因此而对物理学习失去了信心,失去了兴趣,怀疑自己的学习能力;他们在情感上心灰意懒、自暴自弃,害怕学业失败,并由此产生了焦虑及其他消极情感,在行为上逃避学习。这些学生往往把学生习成绩差归因于智力低、能力差这些稳定的不可控的因素,因而对学习失去信心,对未来成功的期望感到渺茫,甚至放弃努力。

二、短暂注意心理

物理本身是极具魅力的学科,但由于课堂教学任务太紧,很多教师上课时往往简单地对学生进行知识点的灌输和习题演练。物理课变得枯燥乏味,一些学生对课堂内容注意力集中的时间短暂。特别是毅力不足的同学,缺少坚持的动力,受到外界干扰,陷入多动和冲动状态,其注意力就会经常性的偏离课堂。而物理是一门逻辑性非常强的学科,注意力一旦分散就会失去因果联系,就跟不上节奏,使学习物理难上加难,更觉得物理课枯燥、难学,更加不能集中注意力,形成恶性循环最终导致部分学生见物理就头疼、回避,丧失了学习物理的勇气。

三、急躁冒进心理

1. 未弄清题意,未认真读题、审题,没弄清哪些是已知条件,哪些是未知条件,哪些是直接条件,哪些是间接条件,需要回答什么问题等;

2. 未进行条件选择,没有"从贮存的记忆材料中去提缺题设问题所需要的材料进行对比、筛选,就急于猜解题方案和盲目尝试解题;"

3. 被题设假象蒙蔽,未能采用多层次的抽象、概括、判断和准确的逻辑推理;

4. 忽视对物理问题解题后的整体思考、回顾和反思,包括"该物理问题解题方案是否正确?是否最佳?是否可找出另外的方案?该方案有什么独到之处?能否推广和做到智能迁移等等"。

四、思维定式心理

定式心理即人们分析问题、思考问题的思维定式。在较长时期的物理教学过程中,在教师习惯性教学程序影响下,学生形成一个比较稳固的习惯性思考和解答物理问题程序化、意向化、规律化的个性思维策略的连续系统——解决物理问题所遵循的某种思维格式和惯性。不可否认,这种解决物理问题的思维格式和思维惯性是物理知识的积累和解题经验、技能的汇聚,它一方面有利于学生按照一定的程序思考物理问题,顺利地求得一般同类物理问题的最终答案;另一方面这种定式思维的单一深化和习惯性增长又带来许多负面影响,使学生的思维向固定模式方面发展,分析问题和解决问题的能力得不到应有的提高等。

五、偏重结论心理

偏重物理结论忽视物理过程,这是物理教学过程中长期存在的问题。从学生层面看,同学间的相互交流也仅是对答案,比分数,很少有对物理问题过程的深层次讨论和对解题方法的创造性研究,至于思维变式、问题变式更难见有涉及。从教师层面,也存在忽视物理问题的解决过程,结论的形成过程,解题方法的探索,对学生的评价也重视"结论"较少顾及"物理过程"。学生对定义、公式、定理、法则的来龙去脉不清楚,知识理解不透彻,不能从本质上认识物理问题,无法形成正确的概念,难以深刻领会结论,致使其思维的方法和习惯得不到训练和养成,观察、分析、综合等能力得不到提高。

此外,还有自卑心理、自谅心理、迷惘心理、厌学心理、封闭心理,等等。这些心理障碍都不同程度地影响、制约、阻碍着中学生学习物理的积极性和主动性,使物理教学效益降低,教学质量得不到应有的提高。

如何引导中学生克服物理学习的心理障碍,增强物理教学的吸引力?主要从"三从、四重、八导"几方面着手,把握学生的心理状态,调动学生学习物理的积极性和创造性,使学生真正领悟和体会到学习物理的无穷乐趣,进而爱学、乐学、会学、学好。

做好"三从",从学生的自身需要出发。

1. 从学生的知识基础出发

有学习心理障碍的学生其知识基础不是很扎实,不能和其他学生类同教学,要根据学生的群体差异和个体差异结合教材设计切合所教学生的教学方案,因材施教。

2. 从学生的自我心理出发

学习的原动力是来自内心的,只有从心理上有学习物理的需要,有学好物理的信心和动力就肯定可以把物理学好,因此要注意保护好学生的学习心理。教师在教学过程中要更多地运用激励教学,激发学生思想、情感和行为,增强其学好物理的勇气和必胜心。

3. 从学生的发展需要出发

教学要与社会发展相结合,让学生更好地适应社会发展的需要。教师在教学过程中要积极开展研究性学习,注重对学生能力的培养和知识的应用,做到学以致用。

六、加强"四重",提升学生物理学课核心素养

(1)重基础

就是教师要认真钻研大纲和教材,严格按照大纲提取知识点,突出重点和难点,让学生清楚教学内容的知识结构体系及其各自在结构体系中的地位和作用。

(2)重实际

①教师要深入调查研究,了解学生实际,包括学生学习、生活、家庭环境,兴趣爱好,特长优势,学习策略和水平等;

②物理教学内容要尽量联系生产生活实际;

③要加强实践,使学生在理论学习过程中初步体验到物理的实用价值。

(3)重过程

揭示物理过程,既是物理学科体系的要求,也是人类认识规律的要求,同时也是培养学生能力的需要。"从一定意义上讲,学生利用物理过程来学习方法和训练技能,较之掌握知识本身更具有重要的意义"。

①要揭示物理问题的提出或产生过程;

②要揭示新旧知识的衔接、联系和区别;

③要揭示解决问题的思维过程和思维方法;要对解题思路、解题方法、解题规律进行概括和总结。

总之,要"通过学生自己的活动来揭示获取物理知识的思维过程,进而达到发展学生能力的目的"。

(4)重方法

①要重视教法研究,既要有利于学生接受理解,又不包办代替,让学生充分动脑、动口、动手,掌握物理知识,掌握物理过程,掌握解题方法;

②要重视学法指导,即重视物理方法教学。物理学法指导范围广泛,内容丰富,它包括指导学生阅读物理教材,审题答题,进行知识体系的概括总结,进行自我检查和自我评定,对解题过程和物理知识体系、技能训练进行回顾和反思等。

多途径,全方位开展"八导"引领学生。

(1)学科价值引导:要让学生了解物理的学科价值,懂得为什么要学习物理知识。

①让学生明白物理的悠久历史;

②让学生明白物理与各门学科的关系,特别是它在自然科学中的地位和作用;

③让学生明白物理在工农业生产、现代化建设和现代科学技术中的地位和作用;

④让学生明白当前的物理学习与自己以后的进一步学习和能力增长的关系,使其增强克服物理学习心理障碍的自觉性,主动积极地投入学习。

(2)爱心引导

关心学生、爱护学生、理解学生、尊重学生,帮助学生克服学习上的困难。特别是对于物理成绩较差的学生,教师更应主动关心他们,征询他们的意见,想方设法让他们体验到学物理的乐趣。

(3)兴趣引导

①问题激趣:"问题具有相当难度,但并非高不可攀,经努力可以克服困难,但并非轻而易举;可以创造条件寻得解决问题的途径,但并非一蹴而就";

②情景激趣:把教学内容和学生实际结合起来,创设生动形象、直观典型的情景,激起学生的学习兴趣。此外,还有语言激趣、变式激趣、新异激趣、迁移激趣、活动激趣,等等。

(4)目标引导

教师要有一个教学目标体系,包括班级目标、小组目标、优等生目标和后进生目标,面向全体学生,使优等生、中等生和后进生都有前进的目标和努力的方向。目标要既有长期性又有短期性,既有总体性又有阶段性,既有现实性又有超前性。对于学生个体,特别是后进生和尖子生,要努力通过"暗示"和"个别交谈"使他们明确目标,给他们鼓劲。

(5)环境引导

加强校风、班风和学风建设,优化学习环境;开展"一帮一""互助互学"活动;加强家访,和家长经常保持联系,使学生有一个"关心互助、理解、鼓励"的良好学习环境。

(6)榜样引导

教师要引导学生树立心中的榜样,一是要在教学中适度地介绍国内外著名的物理学家,引导学生向他们学习;二是要引导学生向班级中刻苦学习的同学学习,充分发挥榜样的"近体效应";三是教师以身示范,以人育人。

(7)竞争引导

开展各种竞赛活动,建立竞争机制,引导学生自觉抵制和排除不健康的心理因素,比、学、赶、帮争先进。

(8)方法引导

在物理知识教学、能力训练的同时,要进行物理思维方法、学习方法、解题方法等的指导。

总之,中学生物理学习的心理障碍是多方面的,其消极作用是显而易见的,产生的原因也是复杂的。与此相应,引导中学生克服心理障碍的方法也应是多样的,没有固定模式。但只要物理教师能不断加强教育理论的学习,及时准确地掌握学生的思维状况,改进教法,做到想学生所想,想学生所疑,想学生所难,想学生所错,想学生所忘,想学生所会;用自己的思路引导学生的思路,用自己的智慧启迪学生的智慧,用自己的情感激发学生的情感,使他们真正成为学习物理的主人,让素质教育在物理教学这块园地中开出鲜艳的花朵,结出丰硕的果实。

以本为依

林氏本心

整合：明关联之要，守文本之义
——谈群文阅读整合的有效性

郑圆圆

【内容摘要】 统编教材正式在浙江落地，无论是整本书阅读，群文教学，还是任务群的处理，都是新的尝试。既然是尝试必然会出现各种问题，需要我们在实践的过程中修正。本文通过对教学实例的分析，从课程资源的整合要考虑文本的价值优先，课程资源的整合需跳出单元文本组合的拘囿，课程资源的整合应尊重单篇文本的独立价值三个方面谈群文阅读整合的有效性。

【关键词】 群文；整合；文本价值

关于课程整合与关联，大多一线老师都有畏难情绪。整个的课程整合需要一种宏观的思维，需要更广阔的视野。所谓"整合"，就是整理、组合，整合的对象往往是学习资源、学习实践、学习内容、学习方式、学习目标、学习评价等，要运用联系的观点，辩证的思维进行整体思考。老师们自己要有相应的学科核心素养才能引导学生深度思考。所以能不能够整合，如何有效高效地整合，就是对我们老师最大的考验，因为课程整合本身就是一种思维的发展和提升。

近日，聆听了几位老师有关"爱情"议题的群文阅读，心念欲动，想就课程资源整合的有效性谈谈自己粗浅的几点思考。

一、课程资源的整合要优先文本的价值关联

思考源于本学期伊始，本校一位老师的课堂实例：将毛泽东的《沁园春·长沙》和郭沫若的《立在地球边上放号》、闻一多的《红烛》进行比较，分析在朗读节奏、情感及意象有何异同？

课文	朗读节奏与情感	意象	寓意
《沁园春·长沙》	朗读情感豪迈、昂扬与奋进	多组多个意象：独立(人)、万山、层林、漫江、百舸、鹰、鱼、浪、飞舟	面对"万类霜天竞自由"的壮丽秋景，毛泽东抒发了昂扬向上的青春激情，表达了雄视天下的凌云壮志。
《立在地球边上放号》	呼唤、自由宏阔、雄起奔放的情感	一组多个意向：巨人、白云、北冰洋、太平洋	赞美摧毁旧世界、创造新生活的雄强之力。
《红烛》	有浓重的浪漫主义和唯美主义色彩，情感丰富，情绪四扬三抑	单个意象：红烛(蜡炬)	赞美红烛的奉献精神，表达青春的困惑与希望，对理想的坚毅追求等。

纵向看，没有什么问题，横向看，三个比较点，"朗读节奏和情感""意象""寓意"。我们在这个比对中发现值得关注的问题：为什么把这三首诗组合进行群文阅读？这个群文阅读到底有何关联点？难道仅仅是因为编者把这三首诗编辑在同一个人文主题的单元中？

群文阅读被专家们定义为：围绕一个或多个议题选择一组文章，而后师生围绕议题进行阅读和集体建构，最终达成共识的过程。我们一直探索如何用一个或多个具有开放性和可议论性等特点的议题俗称关联点，勾连起多个文本的阅读。任何的群文阅读都是关联点之上的比较，没有同就无所谓异。我们发现这三首诗在三个维度上的比较其实都是不一样的，如果换成另外主题是青春激扬的三首诗，是否也可以做这样三个方面的比较？

同样的问题，出现在另一位老师《相怜相念倍相亲——〈静女〉与〈鹊桥仙〉之比较》的公开展示课中，这节课从两首诗的改写存在体裁上的不同作为切入口，首先赏读两篇就这两首诗词改写的文段，追问为何改编的体裁会不同，到两首诗的写作风格有何区别？进而对两首诗的情感、内容、创作者、表达技巧四个方面进行了比较，具体见表格：

篇目	情感	内容			语言形式	创作者	表达技巧
		人物	地点	事件			
《静女》	欢乐甜蜜	"我"静女	城隅	约会赠物	动作记叙抒情	平民	近、绘线、翔实、显……
《鹊桥仙》	爱情坚贞	牛郎织女	银汉	相会	议论抒情	文人	远、议点、略意、隐……

最后落脚在形式方面,概括为"相同的题材＋不同的语言形式(表达技巧)＋不同的体裁"。

笔者对这样的整合存在质疑,选择这两篇文章进行群文阅读,仅仅是因为统编教材必修上的编者把它们编在一个单元里?如果换成另外主题是"爱情"的两首诗,是否也可以就这五个维度进行比较,最后也能得出相同的结论:相同的题材的诗词会有不同的语言形式(表达技巧)和不同的体裁?

议题虽然具有开放性和可议论性的特点,是否就可以开放到无边际可循,是否可以从任意角度切入选定议题,随便抓几个点定几个维度就可以进行比较讨论探究?我们会发现并不是所有文本的对比阅读都是有效的资源整合,资源整合要追求的是文本价值优先,而不是文本顺序优先。

二、课程资源的整合应跳出单元文本组合的拘囿

基于以上思考,我们尝试适当跳出单元文本组合的拘囿来整合课程资源。比如有老师对课内文本资源《静女》和课外文本资源《子衿》的整合,创设一个"学校艺术节需要拍摄一部关于'爱情'的微电影"的真实情境,在这个真实情景下安排了四个子任务,任务一:梳理与比较——拍摄的前期准备,在梳理诗歌内容的基础上,从演员、拍摄时间、场地、服装道具等几个方面做好拍摄的前期准备;任务二:阅读与鉴赏——分镜头脚本的创作,通过对分镜头拍摄内容的讨论交流,探究诗歌具体细节;任务三:表演与评价——分角色演出,小组交流,根据剧本,分配导演、演员、旁白、配音等任务,表演展示;任务四:表达与交流——撰写节目串词,艺术节主持人衔接前后节目的需要,请为微电影的展示写一段串词,约150字左右。通过学习任务群勾连起两个文本的整合点。找到内容上的关联点,《静女》和《子衿》都讲述男女相会的爱情故事,男女之间以物传情;叙述上的关联点,《静女》从第一人称男子视角进行讲述,《子衿》从第一人称女子视角进行讲述,虚实结合;描写上的关联点,两者运用生动的细节描写描绘人物,刻画痴情男女的神态与心理。围绕典型的学习任务群从诗歌内容的梳理,到文本细节的揣摩,到诗歌人物形象的分析再到跨媒介的评价测量来勾连文本,统整教学资源,实现课内外文本资源的有效整合,让语文学习变成学生自发性的生成过程。

笔者在教授统编教材第三单元《琵琶行》这篇课文的时候,也做过类似跨单元的整合,这篇文章传统的教学一般关注两个点,一个是关于音乐的描写,一个是白居易和琵琶女的人物关系。笔者思考可不可以把《琵琶行》里面白居易和琵琶女之间的人物关系延伸到相类似的文本和其他文本产生勾连,于是有了这样一个议题的诞生:比较《琵琶行》白居易和琵琶女、《念奴娇》苏轼和周公瑾、《赤壁赋》苏轼和客/曹操的人物关系。这样三组人物关系同时出现,是否能产生这样一点联想:《琵琶行》里的白居

113

易、《念奴娇》《赤壁赋》里的苏轼都是诗歌里面的"主体人物",是情感抒发的主体。但诗人情感的抒发不都是"显"的,中国古典诗歌绝大部分喜欢隐形抒情也就是间接抒情,所以可能在诗歌或者文学作品中找到一个人物来投射情感,我们把"琵琶女""周公瑾""曹操"或者这里的"客"概括为"投影人物"。另外,不同文本中的投影人物还存在一定的区别,比如白居易和琵琶女之间的关系,命运相同,情感相似,课堂完成任务的过程中,和学生一起讨论命名为"正向投影",而苏轼和周公瑾之间则是"反向投影"。由此提炼出"投影人物"实际上是诗人情感和人生价值的投影。通过这样的整合,我们还可以把篇章里概括出的联结点迁移到其他篇章来用。这时候的资源整合不仅停留在文本整合伊始跳出单元的限制,更是在之后找到它整合的价值点,包括情感价值、内容、语言、技巧。在这样的整合后,我们还可以把我们所整合的内容迁移到其他的层面,学以致用。

三、课程资源的整合应尊重单篇文本的独立价值

如果要整合,首先找到足够的整合理由和整合价值,如果不能整合,仅仅因为浅层面的文本贴近,顺序贴近,非要把它们圈在一起,导致画虎不成反类犬。

如果事先没有考虑好整合价值点是什么,那不如好好学习落实单篇文本,同时必须关注经典文本的独立价值。朱自清写《荷塘月色》的时候,压根没有想过后人会拿自己的这篇文章跟《故都的秋》做比较阅读,跟《金岳霖先生》做群文阅读。所以每篇文章,都有它自己的独立价值,不是非得拿出来跟其他文章做一个群文的组合。我们在课程整合中要关注文本的独立价值,需要微观思维和创新思维,需要学生沉心静气进入文本的毛细血管,去感知文本的脉搏和心跳,而不是40分钟一堂课,让学生研读几篇文本,无法合理安排精读或范读,反而导致教学目标的虚化和模糊,从而失去阅读教学的初衷和目的。同时,文本的独立价值,包括但不仅限于遣词造句、细节描写、结构之美和文本多元化解读等,需要师生们慢慢品,深深悟!

阅读需要厚积薄发
——高中三年整本书阅读教学实施方案

王杏芳

【内容摘要】 整本书阅读教学是在传统教学之外的一种新型阅读教学模式。整书阅读能帮助学生培养良好的阅读兴趣，提升他们的核心素养，最终成为一个会读书、爱读书、文化底蕴深的新人。探讨整书阅读的特点和价值，对高中三年阅读书籍的规划和教学探究，将有助于语文阅读教学之课改，有助于我们发挥最大的群体阅读优势，促进学生综合分析能力和阅读能力的发展。

【关键词】 整书阅读；核心素养；实施策略

一、课题的现实背景

《新课标(2017版)》中也提出了整本书阅读与研讨的任务群，被碎片化与浅阅读教学困扰的老师们，对新课标提出的新举措也是非常认可，因为整本书阅读教学是在传统教学之外的一种新型阅读教学模式，整书阅读首先能帮助学生培养良好的阅读兴趣，并且能使学生在语文综合素质方面有质的突破。探讨整书阅读的特点和价值，对高中三年阅读书籍的规划和教学探究，将有助于语文阅读教学之课改，有助于我们发挥最大的群体阅读优势，促进学生综合分析能力和阅读能力的发展。而新型教学模式的出现同时也带给一线老师操作上的很多困惑。

二、对核心概念的操作定义

"整书阅读教学"是一种以整本书为阅读内容，由老师或学生制订阅读目标和任务，在规定的时间内综合运用多种阅读方法，自行合理安排阅读活动，最后教师进行集中点拨提升的一种教学模式。整本书阅读扩大了学生的阅读量，增加了学生的阅读时间,提高了学生的阅读要求,提升了学生思维的广度、深度和力度,提升他们的核心素养,最终成为一个会读书、爱读书、文化底蕴深的新人。

三、课题研究的内容

(一)读什么?

鲁迅说:"时间就像海绵里的水,只要愿意挤,总还是有的。"在紧张的学习环境里,也需要保持一份静心来阅读,因为"读书是人类进步的阶梯"。笔者对学生的高中三年整书阅读做了整体规划,安排了一学期阅读三篇经典:

高一上学期:《乡土中国》《呐喊》《女神》
高一下学期:《雷雨》《家》《边城》
高二上学期:《子夜》《围城》《水浒传》
高二下学期:《西游记》《红楼梦》《三国演义》
高三上学期:《欧也妮·葛朗台》《哈姆雷特》《老人与海》

而每本书阅读指导课时间设置为4—5个星期,一般可以分为四个阶段。

第一阶段:导入

兴趣是最好的老师,所以在让学生爱上一本书前激情有趣的导入必不可少,那么怎样导入才会让读者对它"一见钟情"呢?不妨从以下几方面试试:

1.讲讲作者和相关书评导入。

2.利用图片来导入。

导读课过程如下:

激情导入 → 相关内容增趣 → 布置阅读任务

第二阶段:推进(三周)

第三阶段:主题交流

第四阶段:延伸活动

(二)怎么教?

针对以上几个环节,笔者提出以下几条策略。

1.依据学科特点,要注重提升学生阅读素养

(1)提高语言运用能力

提高语言运用能力是语文教学的目标之一,我们只有先立起了标,才能从本上去做文章,也就是说掌握了语言运用能力,才能更好地言其他。

提高语言运用能力,还是要认清语文学科和其他学科有着本质区别。语文学习与其他学科一样,都有自己的目的性和目标,而且目标不止一个。作为语文教学者,我们要分清主次,认识轻重缓急,抓住其独特性,这是我们语文教学者的基本功,也是基本要求。教师在组织阅读教学时,不仅要督促他们掌握文本内容和主题等,更要布置提升他们语言运用能力的话题进行课堂的研讨。

(2)提升思维品质

在整书阅读教学中我们要努力找到思维品质提升的有效手段。举一个简单例子就是我们可以提示学生多问问自己:"我读懂了什么;为何没有搞懂,是什么原因;这样表达好不好,我换个效果怎样;作者这样写对不对"等等。这样的"见识"促发了思辨思维的提升,提高学生的批判意识。

2.依据学情特点,要重视学生的阅读体验

阅读是学生在校学习乃至走上社会都不可或缺的重要环节。这种阅读体验可以发生在阅读教学的各阶段,比如,推进过程中让学生自主阅读,自己去感悟,教师适当引领可以有,但是不要越俎代庖,否则会妨碍学生的阅读思考;主题交流课上让学生谈谈个性化的体验和感悟,思考与收获,这主要体现在对文章思想的深层理解,对反映的涉及社会问题的思考,学生阅读中遇到的困惑,督促学生完成必需的阅读等,让学生在学、老师在教中互动,共同欣赏文本的美好;在阅读教学课堂中,教师还应提前做好功课,设计好教学方式,设定好教学要达到的效果,引领学生往更高处探幽。

3.依据阅读指导,去培养学生自主能力

在推进阅读过程中老师只是一个引领者的角色出现,所有的任务都让学生自己通过阅读去总结完成,老师只要做些篇目的推荐、时间的安排、任务的分配等工作,有时对学生进行适当的指导和提示。

4.依据整本书特点,教给学生阅读的方法

这样整本书的阅读更需要掌握阅读的方法,老师一定要花点时间指导他们有效阅读,让学生会阅读,比如缩记法、目标学习法、问题探究与读书笔记和心得笔记,即读后感等。除此之外还要掌握几种最基本的读书方法,"粗读""精读""批注""对比""浏览与跳读""目录学习"等。比如,交给学生粗读六步法,可以让学生快速判断作品有关信息。以上的阅读方法笔者花了整整一节课时间进行专门指导,上课内容涉及方法指导和实战演练。

5.依据整书阅读实施过程,教师要给自己定要求

(1)课程目标要明确,选课要科学,过程设计要优化。

(2)教师观念的改变

①要学会做"加减法"。

②老师要学会舍得"放手"。

6.依据延伸拓展内容,组织好群文阅读

(1)保持选文原貌

编入教材中的文本有一个特点:要求主题明确、意义积极鲜明,有时删减过度也在所难免。但"延伸阅读"中被选入的文本,可以尽量保持作品的原汁原味,不要随意换、改原文的文字风格等,每一个存在,可能都有它存在的价值,都有可能成为我们去寻找的宝藏。

(2)丰富选文类型

延伸的选文安排不仅有神话、故事、寓言、散文、童话、诗歌、小说、传记等丰富的文学作品;也包括了实用文体,这类文体重在信息的获取和使用,与我们生活息息相关却被长期边缘化,例如新闻报道、演讲、说明书、广告、通告等。此外,多种行文特色和叙事风格的作品也可以包含其中,可谓文化的万花筒。

(3)明确、多元选文线索

线索要明确指的是延伸的文章目的明确地编排在一起:或引发学生的认知冲突,或要学生了解某一流派、某位作家的风格,或是要学生运用阅读某类文本的方法,或丰富学生的多元理解,或强化学生理性认识。

线索要多元指的是现行教材"主题教学"中,组文线索偏重人文(对自然的关爱、对生命的唱吸、对未来的希冀、对正直的歌、对弱小的同情等),而在延伸的群文阅读中,文章组合线索的选择可以更加多维度,也可以更自由。例如,把老舍文章编排在一起,以"作者"为线索,探究"京派作家"的行文风格;把神话编排在一起,以"体裁"为线索,重点培养学生的想象力;把"线索结构"的故事放在一起,着眼于谋篇布局的文章大视野;把同一主题(主张)或者相反主题(主张)的文章编排在一起,即以"观点"为线索,锤炼学生的辩证思维能力。"线索"的丰富性不仅考验着编选者的视野和对阅读教学的理解,同时由于很难在一堂课内完成一次群文阅读,所以它更多的是在45分钟课堂内去引发,在课堂之外去延展。

(4)要实施深度学习

《深度学习及其意义》一文中对其有为更清晰更明确的诠释:"深度学习是指在教师引领下,学生围绕群文阅读中具有挑战性的学习任务,积极参与、体验成功、获得发展的有意义的学习过程。深度学习,不是把知识平移、传输、灌输给学生,一个重要的标志就是能将教学内容转化为学生能够进行思维操作和加工的教学材料,成为学生学习的对象。即由教师提供蕴含教学意图,能够通达教学内容的知识、思想、情感态度价值观的学习媒介('媒介'是什么?一般而言,是指那些指向性的问题),学生对此进行深度操作、加工,以问题深加工实施深度学习。"(北京师范大学郭华教授)

四、成效

1.走进文本,爱上阅读。如何理解呢?学生各有各的喜好,所有的文章也不是大家千篇一律地都喜欢,包括经典名著。我们主要做好阅读的引导与能力的培养工作,让他们懂得阅读的必要性和对阅读能力的提高,从而让学生在不断地阅读中发现书的这些魅力,从阅读中学到更多的知识,渐渐地喜欢并爱上这类书。

2.传承传统文化后继有人。中国五千年文化博大精深,传统文化的传承需要后继有人。而语文的功力就在于培养这样的传承后继者。但从继承传统文化的高度而言,当务之急还是提高学生的阅读能力。传统文化的传承,是多方面的工作,但作为教学者,我个人认为,整本书阅读要优于单篇短章式的文选型教材阅读,其中的原因相较于上述四点,更好理解。比如读《水浒传》《呐喊》《边城》《雷雨》等经典名著,同教材节选的相关篇目相比,哪一个能让学生获得更多的教养和感悟?答案自然是前者。

提升学生的核心素养,让阅读发挥最大效应。阅读虽然看上去是一个简单的行为,但它的重要意义和深远影响是巨大的。整本书阅读扩大了学生的阅读量,增加了学生的阅读时间,提高了学生的阅读要求,提升了学生思维的广度、深度和力度,提升他们的核心素养,最终成为一个会读书、爱读书、文化底蕴深的新人。

参考文献:

[1] 岳乃红.主题阅读和儿童的文学教育[J].语文教学通讯,2014(3):2.
[2] 许双全.管窥"群文阅读"的课型特征及操作肯綮[J].四川省群文阅读项目启动会手册,2018.

以学生主题意义理解和探究为主线的单元整体教学设计实践

南亚萍

【内容摘要】 以学生主题意义理解和探究为主线的单元整体教学设计,设定学生主题意义理解和整体表达能力发展为主线,整合性输出活动为核心素养融合发展的落脚点,通过解析语篇内容、语篇类型框架和语言技能框架提炼主题意义,设计聚焦主题的问题链和具有整体性、关联性和延伸性的课时教学活动,通过不断复现、丰富和拓展主题语言和主题信息及多轮主题意义理解和表达的学习活动,实现基于主题语境、指向英语学科核心素养的单元整体教学目标及课时目标。

【关键词】 主题意义;语篇;问题链;英语学习活动

一、问题的提出

普通高中英语课程是通过具体的语言学习过程逐步实现育人价值的。在必修、选修性必修和选修的各个阶段课程中,单元教学承载着课程内容的六要素,以及学科核心素养的具体目标任务。基于主题以探究为目的的单元教学路径,是以主题意义探究为主线,以英语学习活动观为指导,以语篇分析为依托的单元整体教学。以学生主题意义理解和探究为主线的单元整体教学设计,设定学生理解主题意义和整体表达能力发展为主线,整合性输出活动为核心素养融合发展的落脚点,通过解析语篇内容、语篇类型框架和语言技能框架提炼主题意义,设计聚焦主题的问题链和具有整体性、关联性和延伸性的课时教学活动,通过不断复现、丰富和拓展主题语言和主题信息及多轮主题意义理解和表达的学习活动,实现基于主题语境、指向英语学科核心素养的单元整体教学目标及课时目标。

二、基于主题以探究为目的的单元整体教学设计思路

1. 关注主题意义，避免无主题意义和碎片化单元教学设计

学生对主题意义的探究是学生学习语言的最重要内容，也是教与学的核心任务，直接影响学生语篇理解的程度、思维发展的水平和语言学习的成效。以三大主题语境为依托，培育和发展英语学科核心素养，是引领单元教学目标制订与学习活动开展的关键。

2. 研读教材语篇，探究语篇关联及单元课时的子主题

具体语篇意义的解读和表述是探究主题意义的主要途径，也是学生发展学考核心素养的关键。深入研读教材是实施课堂教学和达成教学目标的重要前提。在单元教学整体设计之前，教师要通读并分析全册教材，理解教材编写的意图，了解学生发展现状和国家课程标准之间的差距，然后确定单元教学的重点和教学目标，再对单元教学目标进行分解和细化，确定每节课的课堂教学目标，厘清知识的内在联系，把握教学的具体要求和重难点，逐步把单元目标要求转换为可检测的学生行为表现。

三、基于主题以探究为目的的单元整体教学设计实践

1. 单元整体教学设计主题提炼

本案例为高中英语人教版（2019）必修第二册 Unit 4，单元话题为 History and Traditions。本单元以历史和传统为主题展开，通过了解多个国家的悠久历史和文化传统等内容，引导学生理解英语语言、世界重要文明的历史文化内涵及其蕴含的思维方式，积极思考历史、文化和传统的重要性及现实意义，探索历史与现实的辩证关系。Student Book 包含的九个板块内容详见教材。

2. 单元整体教学设计统领要素

本单元教材内容以多模态语篇的形式呈现，包括图片、名言、音频、视频及介绍信语篇、演讲和邮件等。这些语篇都围绕着历史与传统的主题，从不同的视角对主题进行拓展。基于九个板块的语篇的类型、体裁、视角和语篇之间的关联进行分析，以及语篇的语言知识、语言表达知识和语篇框架结构的解读，在单元语篇整体价值的利用和分析的基础上提炼出单元整体教学设计的统领要素。

3. 单元整体教学设计聚焦主题的问题链

在分析和整合教材提供的九个板块之后，单元主题历史和传统被分解为三条路径：中国的历史和传统、英国的历史和传统以及其他一些国家的传统，并在 Listening and Speaking、Listening and Talking、Reading and Writing 以及 Reading for Writing 这

四个板块中体现了中外文化的理解和沟通。教材从外国历史和传统、中国历史和传统、中外历史和传统交流三条路径,从文化理解、语言认知和交际拓展三个维度对主题进行探究,明确单元教学的核心任务。

单元主题:人与社会——文化理解、语言认知、交际拓展

单元话题:History and Traditions

核心任务:在围绕主题引领的单元板块解析和整合的基础上,本单元的教学设计的核心任务是在探究关于各国历史和传统文化的多模态语篇的基础上,掌握相关文本的语篇结构、内容要素和语言特点,制作介绍某地传统文化和习俗的海报,并能写信向自己的外国朋友推荐有中国历史文化特色的城市。

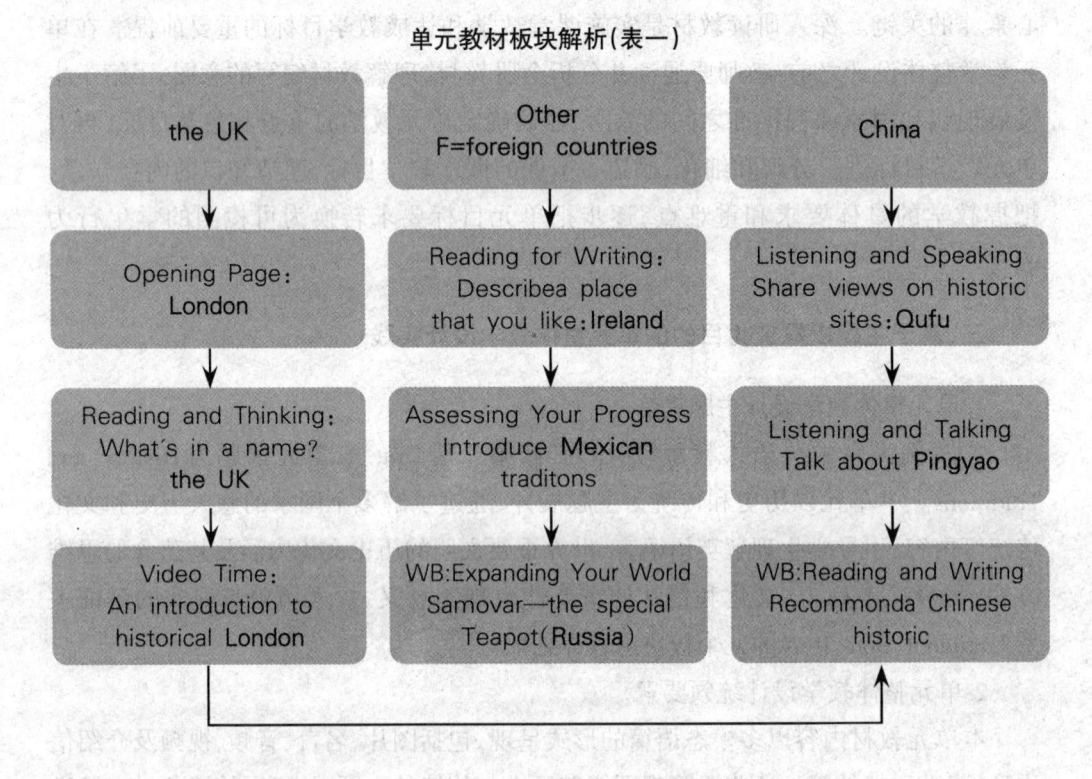

单元教材板块解析(表一)

the UK	Other F=foreign countries	China
Opening Page: London	Reading for Writing: Describe a place that you like: Ireland	Listening and Speaking Share views on historic sites: Qufu
Reading and Thinking: What's in a name? the UK	Assessing Your Progress Introduce Mexican traditons	Listening and Talking Talk about Pingyao
Video Time: An introduction to historical London	WB: Expanding Your World Samovar—the special Teapot (Russia)	WB: Reading and Writing Recommond a Chinese historic

考虑到本单元的历史和传统这一主题的多样性和差异性,以及在现实生活中的交际性和拓展性,在单元整体教学设计中共九个板块整合为七个课时,每一课时都创设了围绕历史和传统这一主线的子主题,并形成了围绕单元话题、聚焦课时子主题的相互关联的问题链。基于学生理解和探究主题的问题链,有助于教师积极创设和单元主题密切相关的课时语境,充分挖掘主题承载的文化信息,定位促进学生思维品质发展的关键点,设计有整体性的、综合性的、又相互关联的语言学习和思维的活动。

单元设计中基于子主题的问题链(表二)

课时1 • Is London a modern city or a historic one?

课时2 • What do you know about the history, traditions and present situation of the UK?

课时3 • How will the foreigner understand Confucius' ideas and historic sites in his hometown?

课时4 • What will the foreign tourists feel when they visit the Chinese historic city, Pingyao?

课时5 • Do you know how to describe a place that you like?

课时6 • Can you write a letter to your foreign friend to recommend a Chinese historic city?

课时7 • Would you like to make a poster to introduce the traditions of a country, city, village, or of your own family?

4. 聚焦主题的单元整体教学设计目标描述

在主题意义的引领下，教师要围绕课程内容各要素，根据学生的实际水平和学习需求，通过单元教学内容的整合、语篇统领要素的分析和聚焦主题的问题链的提炼，确定符合学生发展现状的单元教学目标，梳理并概括与主题相关的语言知识、文化知识、语言技能和学习策略，分配具体学时计划，设计学习活动任务，细化教学目标，在教学活动中拓展主题意义，并达成单元教学目标。

聚焦主题的单元整体教学设计目标描述(表三)

1.探究历史和传统的重要性与现实意义	
1.1 依据标题、图片、摘录或概述预测语篇内容、了解不同国家的历史和传统文化；	学习理解类
1.2 能够从地图、海报、音频、视频等多模态语篇中获取相关的文化信息；	学习理解类
1.3 能够理解学习历史和文化传统对于了解一个国家或地方的重要性；	应用实践类
1.4 理解并能交流对特定历史文化名胜古迹的观感；	应用实践类
1.5 能够理解相关国家悠久历史和特色传统的文化内涵和现实意义，思考历史和现实的辩证关系；	迁移创新类
1.6 能够结合自己的生活和所学知识，积极传播中国文化，讲好中国故事。	迁移创新类

续表

2. 分析语篇结构、文本逻辑、内容要素和语言特点	
2.1 阅读记述英国历史及地理概况的说明性文本,通过标题和主题句有效获取和梳理信息。	学习理解类
2.2 阅读和理解景物描写文段所蕴含的深层含义和作者情感,分析其语言特征和修辞手法。	学习理解类
2.3 能够注意积累英语习语,并在听和读的过程中,能够通过上下文推测英语习语的含义。	应用实践类
2.4 通过观察、朗读和模仿等方法复习和巩固连读的发音规则,理解语音和语义在语篇层面的有机结合。	应用实践类
2.5 能够观察和归纳过去分词作定语和补足语的语法功能。	应用实践类
2.6 能够对熟悉地点的景物进行比较生动、细致的描写。	迁移创新类
2.7 归纳介绍历史和文化传统的语篇的结构、内容和语言等方面的特点。	学习理解类
3. 撰写关于历史和文化传统的介绍性语段和推荐信	
3.1 正确运用相关词汇和过去分词描述参观历史文化名胜的活动及感受。	应用实践类
3.2 模仿 Beautiful Ireland and its traditions 框架和语言介绍一个自己喜欢的地方。	迁移创新类
3.3 制作并展示介绍某地的传统文化的海报。	迁移创新类
3.4 向外国友人写信推荐一个中国历史文化名城。	迁移创新类
3.5 从语篇结构、文本逻辑、内容要素和语言特点等方面修改并展示文章。	迁移创新类

5.基于英语学习活动观的单元课时教学活动设计

在单元教学活动的整体设计中,教师应以英语学习活动观为引领,创设服务于单元教育目标的具有综合性、关联性和实践性的英语学习活动,每一个学习活动都围绕聚焦单元子课题的问题链展开。

基于英语学习活动观的单元课时教学活动设计(表四)

课时	语篇内容	段落活动		侧重目标	评价任务
学习活动一	Opening Page Reading and Thinking(1)	段落一	1. Read the Opening Page picture and name the buildings 2. Read and understand the quote 3. Discuss the importance of history and traditions of a country	1.1 1.2 1.3	1.2 1.3
		段落二	1. Read the map and the title to get the general idea 2. Scan to get the structure 3. Skim the passage and sort out the information	1.5 2.1	
学习活动二	Reading and Thinking(2) Video Time	段落一	1. Retell the history of the UK referring to the Union Jack 2. Retell the invasions according to a timeline 3. Discuss the questions in groups	1.2 1.3 1.5	1.5 2.7
		段落二	1. Watch a video clip of London and finish the exercises 2. Discuss and share ideas	2.6 2.7	
学习活动三	Listening and Speaking Pronunciation	段落一	1. Share background information of Confucius 2. Listen and finish the exercises	1.2	2.3 2.4
		段落二	1. Learn about English idioms in conversation 2. Think about Chinese equivalents	1.4 2.3	
		段落三	1. Learn the linking sounds 2. Mark the linking sounds and repeat after the recording	2.4	
学习活动四	Discovering Useful Structures Listening and Talking	段落一	1. Observe and conclude the useful structure 2. Use the structure to express feelings and situations	1.2 1.4 1.6	2.5 3.1
		段落二	1. Listen and finish the exercise 2. Talk about a visit to a historic tourist destination	2.3 2.5 3.1	

125

续表

课时	语篇内容	段落活动		侧重目标	评价任务
学习活动五	Reading for Writing	段落一	1. Read the text and discuss the questions 2. Analyze the descriptive paragraph	1.5 2.2 2.6	2.2 3.2
		段落二	1. Describe an interesting, exciting or surprising place 2. Evaluate your partners' draft with the checklist 3. Present you writing		
学习活动六	Reading and Writing（WB）	段落一	1. Discuss the questions 2. Read the text and answer the questions	1.4 1.6 2.7 3.4 3.5	2.7 3.5
		段落二	1. Analyze the contents and features of the 2 emails 2. Write a letter to recommend a Chinese city to your foreign friend		
学习活动七	Expanding Your World（WB）Project	段落一	1. Read the text 2. Give a brief introduction to the Russian tradition	1.1 1.6 2.7 3.3 3.5	2.7 3.3
		段落二	Give a speech to introduce the Mexican tradition with a poster		

6. 关于单元整体教学目标的反思与评价

　　清晰、具体、可操作的单元教学目标同时也应具备可检测性。单元目标的反思与评价，有助于检测教学目标的科学性和可达成度，可用于调整和改进教学目标设计，并引导学生开展自主评价并积极调试学习进程。

单元整体教学目标的反思与评价（表五）

单元目标	反思与评价
1.探究历史和传统的重要性及现实意义	对历史和传统是否有深刻的认识？
	思维是否具有逻辑性、创新性？
	语言表达是否清晰流畅？

续表

单元目标	反思与评价
2.分析语篇结构、文本逻辑、内容要素和语言特点	是否能够结合语境揣摩习语的意义？
	是否能归纳介绍历史和文化传统的语篇的结构、内容和语言等方面的特点？
	过去分词作定语和表语的运用是否准确？
3.撰写关于历史和文化传统的介绍性语段和推荐信	是否准确运用了相关词汇和过去分词描述参观活动和感受？
	是否能有效开展合作学习？
	是否参考了所学语篇并有所创新？

四、反思

从学习的视角来看，学生对语篇理解的深度、语言学习的成效和思维发展的水平取决于学生对主题语境的理解和对主题意义的探究的深度。在主题探究活动的设计上，教师要创设拓展主题意义的语境，设计与主题相关的综合性语言学习和思维活动，探究主题承载的文化信息，深化学生对主题的学习、理解和认识，挖掘学生思维品质形成和发展的关键点，培养学生整合语言知识和语言技能的语言理解和表达能力。

参考文献：

[1] 梅德明,王蔷.改什么？如何教？怎样考？——高中英语新课标解析[M].北京:外语教学与研究出版社,2018.

[2] 梅德明,王蔷.普通高中英语课程标准(2017年版)解读[M].北京:高等教育出版社,2018.

寻点联文　串珠缀玉
——专题化群文阅读的实践与思考

吕红娟

【内容摘要】 在大力提倡群文阅读的背景下，怎样寻找专题进行阅读教学；在专题阅读中的过程中，如何整合文本进行纵深探究，都是摆在广大教师面前的切实课题。本文从群文阅读中聚合点的确立到深入，探讨专题化群文阅读的操作模式及纵深走向，并思考群文建构的操作要点与价值。

【关键词】 群文阅读；聚合点；深入点；专题化

如何培养学生更广阔的视角和更深层的思维，以养成综合的语文核心素养，既是新课改的目标和指向，更是广大教育者不得不深入思考的重要课题。在这一背景下，打破单篇教学，构建群文阅读，是当下较为普遍的做法。

群文阅读，关键在于如何"群"。如何在中心文本之间建立教学的聚合点，并拓展形成更大范围内的专题化群文阅读，实现知识的拓展与延伸，笔者在教学实践中进行过一番尝试。

一、寻找"聚合点"

群文阅读得以建构的前提，是在不同的中心文本之间建立起教学的聚合点。这个聚合点的确立，可以有不同的路径。

以《一个人的遭遇》和《流浪人，你若到斯巴……》为例。这两篇课文都是以第二次世界大战为题材，所以很多教师就借"战争"的话题构建起了文本间的群文阅读。

但是，仅凭"战争"的话题显然太过空泛和老套。那么，如何在两篇课文之间建立起新的聚合点，进行卓有成效的专题整合阅读呢？

在备课的过程中，我看到单元导言中有这样一段文字："在你翻开这一页的时候，世界上的枪炮声仍然没有平息，仍然有无辜的人在流血……"突然间灵光一现，便设计了如下一个预习作业:两篇课文中,有哪些无辜的人流了血?

这一设计,表面上是引导学生关注《一个人的遭遇》中的几个人物,其实是为《流浪人,你若到斯巴……》中的主人公形象做铺垫。

不出所料,学生在预习中对第一篇课文给予了更多的关注。通过自主梳理文中的人物,学生对课文有了初步的了解。对"谁是最无辜的人"这一内容的探究,学生也给出了较为丰富的答案。有《一个人的遭遇》中的"安德烈·索科洛夫"、像"伊林娜"这样的无辜群众,以及小小年纪便饱受战争摧残的"凡尼亚"等等。

而对"《流浪人,你若到斯巴……》中的'我'是否无辜?"这一问题,课堂争论也逐渐进入了白热化阶段——

> 观点一:作为法西斯的走狗,文中的"我"不辨忠奸,稀里糊涂地上了战场,最后流了血,成了重度残疾,只能说恶有恶报。他是法西斯阵营中的一员,像《一个人的遭遇》中的阿拿多里、伊林娜,以及凡尼亚的父母,等等,全是死在那个"我"这样的人手里。所以他的流血受伤并不无辜。

> 观点二:在整个过程中,"我"一直是不清醒的状态。我只是被当局进行了头脑洗礼,最后充当了战场上的棋子。而且,文中的"我",对学校的法西斯教育有表现出厌恶的一面,但在长期的浸染感染下,丧失了自我的判断力,逐渐变成了法西斯的工具。从本质上来说,他其实也只是无辜群众中的一员,或者说无辜懵懂的学生。

在上述教学实录中,学生依据文本,对"我"是否无辜进行了激烈的探讨。期间教师适时引导学生关注主人公走上战场背后的深层原因,即"麻木的民众被诱骗上了战场"之实质,将课堂探讨引向了更深的层面。

由此可见,"聚合点"的选择,须从教学的实际需要而来,而衡量的关键在于能否引领教学走向纵深。

二、挖掘"深入点"

鉴于课堂已触及"民众迷失/觉醒"的话题,教师适时引导学生进行阅读的深入,即建构了以"文学中的民众"为专题的群文阅读探究,其中涉及的篇目有《祝福》《一滴眼泪换一滴水》《药》《孔乙己》等。

课堂教学中,选取《祝福》和《一滴眼泪换一滴水》为重点探究篇目。探究的内容依次如下。

1.归纳:整理每篇文本中的"民众"形象,思考这些"民众"的觉醒程度。

篇目	民众		表现	觉醒程度
《祝福》	鲁镇的人们	女人们	过祝福节时的劳作、对祥林嫂的态度（"笑容却冷冷的""鄙薄的神气""陪出许多眼泪"）等	未觉醒
		柳妈	"不耐烦""钉住她的眼"、建议捐门槛等	未觉醒
		长工	"淡然的回答"等	未觉醒
	祥林嫂		反抗二嫁、诉说阿毛的故事、捐门槛、询问魂灵的有无等	有一丝怀疑
	"我"		"说不清""我"的愤懑等	觉醒却软弱
《一滴眼泪换一滴水》	观刑的大众		"有等候观赏公开行刑的习惯""大笑"、咒骂、扔东西、不给水喝等	未觉醒
	卡西莫多		在克洛德的唆使下，劫走爱斯梅拉达、"听之任之""默不作声""像动物的咆哮""第一次流出的眼泪"等	被爱的举动唤醒

2.审读：《祝福》一文中，当鲁镇的人们听到祥林嫂有关阿毛的故事时，"女人们却不独宽恕了她似的，脸上立刻改换了鄙薄的神气，还要陪出许多眼泪来"，思考：她们流的眼泪，是怎样的眼泪？鲁镇的人们同情祥林嫂吗？

3.合作探究：结合《祝福》审读样式，学生进行小组合作探究：《一滴眼泪换一滴水》中，观刑的民众为何仇视卡西莫多？卡西莫多最后流的泪又是怎样的泪？

经过前面的探究，学生能非常迅速地对中世纪民众作出了群体解读，即愚昧的麻木的群众，把别人的受罪当成娱乐，对别人的痛苦落井下石，背后的阴暗、变态心理，是不觉醒的人们的典型。

4.课后自读品悟：通过总结"不觉醒的民众"的具体表现形式，学生在课后自读《药》《孔乙己》等文章，进一步总结归纳"麻木民众"的表现和特点。（略）

至此，师生在教学实践中，已完成了鲁迅所说的"永远的喜剧的看客"这一群体的解读。这时候，学生再回过头去审视《流浪人，你若到斯巴……》中的那个"我"，很容易就发现，那个可悲可叹的"我"，正是愚昧、麻木的民众的升级版。作为民众，因缺乏清醒的认知，经过法西斯头脑大清洗后，就彻底沦为了反动的工具，自己也变成了悲哀的存在。"我"之所以成为"我"，就是自我的迷失，即自我人格的丧失。

三、构建"专题化"

在上述的研学阶段之后,学生对"迷失自我的民众"有了较为系统的认知和研究,专题化阅读拓展研究已初建构架。在此基础上,师生再次深入文本的背后,归纳特征,总结规律,进行更深层面的探究,即:民众人格迷失的根源到底是什么?大致的过程如下。

1.统筹梳理:将所学篇目的民众按迷失程度排序,并探究迷失的缘由

民众代表	身份	迷失的表现	迷失的缘由
《流浪人,你若到斯巴……》中的"我"	底层民众(学生)	沦为杀人工具而不自知	被某种思想毒害而不自知(军国主义/封建迷信)
《药》中的华老栓等	底层劳动者	以革命者的鲜血为"良药"	
《祝福》中鲁镇的人们	底层劳动者	祥林嫂死亡路上的推动者	个人阴暗心理,落后思想影响(封建礼教/封建迷信/中世纪愚昧思想等)
《孔乙己》中的"短衣帮"等	底层劳动者	从更弱者身上找满足	
《一滴眼泪换一滴水》中观刑的民众	底层劳动者	以他人的痛苦为自己的乐趣来源	

从表格中可见,形成民众冷漠(人格迷失)的原因,有个人的原因,但更多的是社会人文,或者说政治统治的原因。民众的冷漠麻木,究其根本,实则是一种制度性冷漠,或者说是遭受隐秘的精神暴政的产物。

2.深入研讨:该以怎样的姿态看待这样的民众

鲁迅《呐喊》自序中有这样一段话:"凡是愚弱的国民,即使体格如何健全,如何茁壮,也只能做毫无意义的示众的材料和看客,病死多少是不必以为不幸的!"你是否认同?请从"如何看待人格迷失的民众(看客)"的角度,写一篇800字的文章。

学生文章片段摘录:

……看客心态展现的是一种无聊、冷漠的自私心理。自己受苦,不知道剖析缘由,反倒怨天尤人;别人有难,非但不施以援手,反倒从中取乐;那么,当这个社

会遭受劫难的时候呢？我们还能奢望这些冷漠的灵魂团结一致，携手向前吗？不可能。

——《可怕的"看客"》

……所谓的看客，也许并不是青面獠牙的大恶人，他们的额头上，也没有"冷漠"这些字样。他们可能就是我们身边的人，也许甚至就是我们自己。成为看客的背后，是弱者心态使然。他们拿比自己更弱的人的对比，以获得心理的优越感。……民众迷失的人格，从哪里找回？……从呼唤人性开始吧！……

——《看客背后的人性》

……爱斯梅拉达用一滴水浇灌卡西莫多干渴的灵魂，从此世上多了一份良善，少了层冷漠。无论是中世纪的法国民众，还是二战期间的德国学生，抑或是封建社会中的中国看客，均是不被当作"人"的生物。唯有人格尊重，方有"人"之热情。……

——《用爱的琼浆唤醒沉睡的灵魂》

从读到析，由析到悟，经悟到写，是"主题化"探究不断深入的过程。从学生的习作片段中，我们可知，很多学生已完成对"迷失人格的民众"这一文学群体的深入解读，至此，也就实现了本次专题化群文阅读的纵深延展。

四、几点思考

1.通过聚合拓展，提升阅读探究能力

如果仅仅为了追求篇目的堆砌，则失去了"群文"的初衷。聚合拓展，目的在于引领学生不断深入地提升阅读探究能力。本次专题阅读中，以点带面，拓展阅读篇目，探究民众人格迷失的根源，并完成"读—析—悟—写"渐次深入研讨过程。这一路的学习与探究，源于"战争"，贯穿于"民众"，落脚于"文化根源"，实现了知识的整合深入和阅读探究能力的提升。

2.借助专题阅读，构建完整知识系统

专题化群文阅读展开的前提，是寻求合适的聚合点。本次专题阅读，从"'我'是否无辜"为切入点，围绕"民众"的话题，展开了一次专题阅读的拓展之旅，实现了"民众"群体解读、"看客"人格迷失根源等探究，完成"从战争中窥探人性，从人性剖析中探求共性，从共性探究中触及文化根源，从文化根源解释战争中人性的表现"这样一个环形知识体系的建构。

3.群文阅读不能完全取代单篇教学的知识点落实

如果把群文比作华美的珠串,那么其价值衡量就不能脱离单颗珍珠的圆润与光泽。因此,群文的过程中,教师也不能忽视单篇教学的知识点落实。否则,所谓的珠串其实也只是华而不实的廉价品。

参考文献:

[1] 《普通高中语文课程标准》(2017版).

[2] 查婺波.基于解决学生疑问的群文阅读[J].中学语文教学参考,2018(10):3.

[3] 李方顺.依据文本 聚焦主题 有效整合——整本书阅读教学策略探微[J].中学语文教学参考,2018(7):48-50.

[4] 李瑶.群文阅读教学操作模式探析究[J].内蒙古师范大学学报(教育科学版),2016(8):3.

[5] 王媛.从鲁迅小说到今天生活中的"看客现象"[J].科教导刊,2015(10).

《红楼梦》整本书阅读教学的思考与实践

陈佳楠

【内容摘要】 新课标将语文核心素养进一步凝练升华,且将"整本书阅读"置于18个学习任务群的首位。在此背景下,如何让学生从"这一篇"开启"整本书"的阅读,指导学生从"点"到"面",化"零"为"整",最终形成"胸中有书""心中有术"的阅读习惯,从整体提升学生的语文核心素养,成为笔者思考与实践的一个重要方向。

【关键词】 核心素养;整本书阅读;《红楼梦》

一、问题提出

《课标》2017年版将"整本书阅读与研讨"置于18个任务群首位,成为课改新亮点,再次明确了"多读书,好读书,读好书,读整本的书"的阅读要求。笔者力求深入解读整本书阅读与核心素养提升之间的联系,结合自身必修与选修课程的教学实践,积极探寻着整本书阅读的教学策略。

二、理论背景

"整本书阅读"是相对于篇章阅读而言的,是以整本书为阅读目标,让学生能制订阅读计划,合理安排阅读时间,根据内容灵活地切换精读、略读、泛读等阅读方法的一种阅读方式,力求通过真实情境中的阅读,发展语文学科核心素养。

中华民族五千年的历史与文明都凝聚在了一本本经典著作中,无论是启蒙的《三字经》《百家姓》《千字文》,还是"四书五经""经史子集",都以完整的典籍形式保留和传承,启迪思想,浸润心田。在真实生活情境中,人们接触和阅读的也往往是一整本的书。

作为"整本书阅读"思想的集大成者,叶圣陶先生认为单篇短篇的课文容易使学生的视野受到限制,从而对字数多、体制长的著作望而却步,也不利于个人魄力的凝聚,而"读整本的书"恰好可以弥补这一不足,让学生"心志可以专一,讨论可以彻底",还能养成高质量的读书能力和习惯。

三、实践策略

整本书阅读教学内容多、时间长、跨度大,因此单靠一点落实、一次阅读、一节课教学无法解决实际的问题。笔者将《红楼梦》分成了四大专题进行了教材的编写,节选合适的片段,将课堂的精读教学与课外的泛读学习紧密联系,科学布置读写结合的写作练习。

1. 课内与课外相结合

美国B.R.布格尔斯基在《应用于教学的学习心理学》一文中提到:"讲授每一堂课都应从容易的、有关联的教材开始,注意潜在学习的可能性,设法改变诱因,促使这种潜在学习表露出来。"整本书的阅读教学还是要突出课堂教学,即课内是主阵地,课外是课内的补充和延伸。

目前各地陆续开始重视对经典名著的考查。可是,课堂教学内容只关注从原著中截取的节选片段,无法使学生形成对小说原著的完整认知,无法准确回答高考选题中具有整体意识的问题。

例如:2017年北京卷(1)"大观园是《红楼梦》中人物活动的一个主要场所,正是这样一个众姐妹诗意生活着的世外桃源,造就了贾宝玉力求摆脱世俗的叛逆性格。"这道题是以选择题形式让学生判断对误。(2)"从《红楼梦》林黛玉、薛宝钗、史湘云、香菱中任选一人,用一种花比喻她,并简要陈述你的理由。"

大观园在各种节选片段中都有细致描绘,但是与贾宝玉性格形成因果,需要整本书阅读后的发散思考。如果不曾感兴趣地自主阅读《红楼梦》中的诗词曲赋,每一个女子与相应的花就无法一一对应,更谈不上陈述深刻。于是,如何在课堂上将各种版本教材中的节选片段,以一种整体意识来进行教学与拓展,值得我们深入研究与实践。

2. 精读与泛读相结合

整本书阅读关注阅读方法和策略,着眼于一般阅读能力的养成,如整体感知、品味语句、概括中心、理清思路。

教师在课堂上往往采取以精读的方式条分缕析、抽丝剥茧,品读字句、揣摩字里字外的含义,分析句间段间章回间的关系,鉴赏写法,培养学生理解、想象、分析、综合、比较、概括、判断等思维能力。指导学生利用课余时间以泛读的形式,围绕某一专题或问题,浏览全书,梳理发展脉络,寻找情节线索,不求过多地进行细致阅读。

整本书阅读的目的主要在于丰富阅读视野,提升阅读品位,养成阅读习惯,形成良好的阅读素养,追求一种"手不释卷,卷不离手""腹有诗书气自华"的读书境界。《红楼梦》精读"众人谈论金麒麟",领略简洁的语言中彰显的人物个性;精读"元妃省亲""刘姥姥逗笑众人",品味朴素语言中散发的浓郁氛围;精读"湘云醉卧"的经典片段,感受雅俗共赏的语言风格;精读"宝玉挨打"的情节,感受清淡的语言中藏有的深厚社会内涵。

以《宝黛初会荣禧堂》的经典教材环节为例,穿插精读与泛读的阅读方法,梳理贾宝玉和林黛玉之间的感情变化过程。

【第一回】"只因西方灵河岸上三生石畔,有绛珠草一株,时有赤瑕宫神瑛侍者,日以甘露灌溉,这绛珠草始得久延岁月。只因尚未酬报灌溉之德,故其五内便郁结着一段缠绵不尽之意。"也就是说,宝黛神界的前生就有施恩报恩的不可分解的缘分,人世中宝黛之间的情投意合,是一种夙缘和宿命。

【第五回】"其中因与黛玉同随贾母一处坐卧,故略比别个姊妹熟惯些。既熟惯,则更觉亲密;既亲密,则不免一时有求全之毁,不虞之隙。""求全之毁、不虞之隙"这八个字成为宝黛钗感情纠葛的关键,而"金玉良缘"和"木石前盟"有明显的预示意义。

【第二十三回】忽又想起前日见古人诗中有"水流花谢两无情"之句,再又有词中有"流水落花春去也,天上人间"之句,又兼方才所见《西厢记》中"花落水流红,闲愁万种"之句,都一时想起来,凑聚在一处。仔细忖度,不觉心痛神痴,眼中落泪。《西厢记》在黛玉心中还引发了"风乍起,吹皱一池春水"的波动。这感受何其沉重,她不仅仅是恍然明白了一种感情,更有痛苦在其中!

经过脉络梳理,明白宝黛爱情是从两小无猜的"亲密""熟惯"之情发展而来的,甚至有前生的"木石前盟"作基础;相爱不与任何世俗观念相关涉,包括"金玉良缘"和门当户对;而宝黛爱情的实质乃是彼此珍惜且在人生观、世界观方面高度认同契合的"知己"。

3.整体与专题相结合

既然是整本书阅读,核心词就是"整"字,整本书阅读的首要任务是读完整本书、体验整本书,让自己的心灵在书中走一遍,走过书中的跌宕起伏,穿过书中的重重迷障,再回到书海的岸边,回望自己在书中的整个阅读历程,对整本书的内容有一个完整的了解和印象。但是,这样阅读主要重在体验,侧重学生的感性认识。因此,可以适当寻找几个探究点作为专题,让学生以较理性的思维再读书本,深入分析书中的这些点,只有整体与专题相结合,学生对整本书的认知和体验才能更立体、更完整。

著名红学家周汝昌先生说:"曹雪芹创造出一个前所未有的多点、多角的笔法,即用多一笔,可以将《红楼梦》看似零碎琐杂、没有头绪的实践建立关联,以专题的形式进行研究。"

笔者从谱系、人物、诗词、文化四个选点进行专题探究。从"冷子兴演说贾府"章回引出了"人物谱系"专题;从"千红一哭、万艳同悲"的命运线索,介绍了主要人物的生平与性格;从"红颜未衰身先逝"的经典判词,导入了作者"判词唱曲"的设计专题;从各个章回中出现的"历史剪影"画面,深入探讨了百科全书式的"民俗文化"专题。

其中人物专题课时安排最多,从金钏之死、杨妃扑蝶、金莺微露意等多个章节去认识一个丰富的宝钗;从进贾府、葬落花、为诗赋等去理解一个立体的黛玉;从赞黛玉、戏贾瑞、弄权术、哄贾母等明白一个多面的凤姐……从而综合立体地去理解人物形象,深入全面地理解作品主题。

运用整体意识,从整本书出发,抓住整本书的主线,窥探全书的魅力,领会整本书立体综合的艺术生态。

4.阅读与写作相结合

课堂有许多问题是值得学生课下继续思考的。受课堂时间和空间的限制,课堂上会遗留一些没有完成或者没有讨论尽兴的问题。教师可以深入挖掘这些遗留问题,以写作方式指导学生课下进行深入研究与探讨。

例如:寻找曹雪芹生平和他在创作《红楼梦》的生活状态,学生在书中选取自己印象最深刻一段,分析曹雪芹生平与《红楼梦》之间的关系,写一篇关于曹雪芹与《红楼梦》的读书报告。每一个学生都可以根据自己阅读体验任选一个研究点,形成自己对作品独特见解。

例如:在大观园各馆和人物之间,寻找意象的暗喻主题。如从"潇湘馆翠竹"入手,探究林黛玉性格中的文化品质。《红楼梦》作为诗化的小说,使用意象来塑造人物形象的艺术手法高明且熟稔。不同于意象"言志"的象征化,小说往往借助历史典故与神话传说去阐释人物形象与命运暗示。"潇湘妃子泣竹""巫山神女情节""绛珠仙草还泪"联系起来,形成"竹"意象中林黛玉的爱情观与命运感。那么,贾宝玉、薛宝钗等呢? 可以将自己的阅读感受,结合自己对中国古代意象象征的理解,任选一点研究点切入。

四、实践反思

美国学者莫提默在《在如何阅读一本书》中提出读者在阅读前要回答四个问题:1.这本书整体讨论内容是什么? 2.这本书是从哪几个方面叙述的,怎样表达的? 3.这本书内容有道理吗？是全部有道理吗？还是部分有道理？4.读完这本书,你能从中收获什么启示？这四个问题同样适用于我们在阅读任何整本书时考虑,并且贯穿于整个阅读过程的始末。

《红楼梦》是一部精彩的人生之书,是一部必读之书。所谓必读,是就精神生活而言,即每一个关心人类精神历程和自身生活意义的人都应该读,不读便会是一种欠缺和遗憾。《红楼梦》之于我们,正如通灵宝玉之于宝玉,呵护着我们脆弱而纯洁的心灵。

参考文献:
[1] 杜慧敏.宝黛爱情发展轨迹寻踪[J].现代语文,2011(3):37-40.
[2] 赵彩玲.高中整本书阅读教学模式研究[D].上海:华东师范大学,2017.
[3] 李倩倩.略论"读整本的书"[D].长春:东北师范大学学报,2013.
[4] 彭丽丽.高中生整本书阅读的现状及策略探究[D].新乡:河南师范大学,2017.

精准·多元·系统·拓展
——"主题化"群文阅读的思考与研究

吕红娟

【内容摘要】 本文针对群文阅读教学实践中存在的诸如缺乏有效整合、忽视目标定位、脱离学生实际等现状,结合现行高中语文教材的编排特点,主张实施以单元为依托又不以单元为禁锢的"主题化"群文阅读,秉承"主题"精准、文本多元、知识系统、思维拓展等实践原则,在教学实践中切实培养学生的语文核心素养。

【关键词】 群文阅读;主题;核心素养

一、群文阅读怎么"群"?

2017版新课标明确提出了"核心素养"的概念,并提倡通过建立学习任务群,整合学习素材,采用多种方式展开专题研究或专题研讨,引导学生深入、全面地思考,培养学生开放性、批判性和深刻性的思想和见解。在这样的思想指导下,打破单篇教学、注重教育资源的整合与深入已是大势所趋,群文阅读顺势走红。群文该怎么"群"?如何借助群文阅读提升学生的语文核心素养?面对纷繁复杂的教学实际,教师必须深入思考并不断实践总结,拨开各类所谓"群文阅读"蒙眬的面纱,还原群文阅读的真正模样,探究群文阅读模式下的真实教学和有效教学。

1.缺乏有效整合的"野生"群文

部分教师没有深入把握群文阅读的实质,把"群文"等同于多篇文本的简单叠加,而不注重群文整合的主题选择,群文阅读形同虚设;也有的老师只是根据现有教材的单元设置安排,多篇文本简单熔于一炉,不注重有机编排和整合,文本与文本之间联系薄弱,甚至使群文阅读成了变相的碎片化阅读。这些简单粗暴的所谓"群文阅读",没有精细的文本整合,更缺乏有效的梯度建构,流于形式而不关注其教学目的及有效性，与新课改所倡导的教学理念相去甚远，犹如野生之杂草，松散杂乱，难以成就沃野千里。

2. 忽视目标定位的"浅层"群文

从单篇教学到群文阅读，并不仅仅是教学内容的扩充，更是教学目标的提升。群文阅读追求的是1+1>2的效果，因此，群文阅读在教学目标的设定上应该统观整体，从单篇文本的教学目标上合理推进，寻求更深层的教学效果。以苏教版必修二"和平的祈祷"的专题单元为例，如果教师仅仅以单元为群文，以篇章内容为教学的全部，那多半会将教学的目标定位于"剖析战争的残酷"上，就不免空泛和老套，教学的深度也必然很受限制；而如果教师能深入研读文本，挖掘教学的重难点，找到群文的联系点，在此基础上，精选阅读篇目展开主题式阅读与探究，将阅读的广度触及古今中外，探究的深度由"战争"下潜至"人性"及"民族"等层面，那群文的价值就能更上一层楼。

3. 脱离学生实际的"虚假"群文

曾经听过一节包括《兰亭集序》《逍遥游》等文本在内的群文阅读教学课。授课教师在简短的文本介绍后，就组织学生开展"生命中的洒脱与羁绊"小组合作探究活动。结果可想而知，学生连单篇文本的内容都不甚了解，群文角度又从何探究？因此，群文阅读中，无论是主题的选择还是篇目的编排，都必须贴合学生的实际。难度太低，所谓的"群文阅读"终将只是多篇文本的低效叠加；难度太高，教学过程也只能是虚无缥缈的空中楼阁。

基于以上现状与认知，我们必须考虑群文阅读何以成"群"的关键。多篇文本之所以能组成群文展开阅读，必须要有一个内在的"黏合剂"，笔者将其称之为群文的"主题"，即群文阅读探究的中心议题（台湾学者赵镜中语）。

现今使用的高中语文教材（以苏教版和人教版为例），均按不同的专题进行了规划，旨在引导师生注重专题内文本之间的整合与提升，如果只是就单元设置而开展群文阅读，则教学的针对性和有效性就很值得商榷。教师应根据教学和学生的实际，以单元为依托又不以单元为禁锢，适时调整群文阅读的篇目和主题，构建符合教学实际的"主题化"群文阅读。

二、"主题化"群文阅读之实践原则

群文阅读必须遵循一定的教育规律，精选群文的主题，建构系统的学习体系，注重多文本阅读为学生带来的包括学习能力和思维品质在内的综合性的素养变化。因此，教师必须着眼于激发学生的内在学习需求，引导教学在更广阔的视野中促进知识点的有效落实。在具体的教学过程中，应遵循一定的实践原则，搭建合理的教学框架，来实施旨在提高学生语文核心素养的有效教学过程。

1."主题"精准化

群文阅读教学的前提,在于确定文本之间可以聚焦的核心"主题"。"主题"的选择,决定着群文的教学方向。在群文阅读中,"主题"的数量并不局限于单个。随着阅读的梯度推进,"主题"也可以渐次深入。

但是,尽管"主题"可供选择的角度多样,但每一个"主题"的设定,我们还是主张宜"小"而"精"。切口小,挖掘方能深;选点精,教学才更具价值。以苏教版必修一第一单元"向青春举杯"单元为例,该单元分"吟诵青春""体悟人生"和"设计未来"三个版块,尽管这些版块之间互有联系,但如果我们只是简单地以版块标题作为群文的主题展开阅读,这样的群文阅读就会十分松散,篇目与篇目之间的建构也缺乏有机的整合。但如果把群文的"主题"更精细化,比如设定为"'青春的意象'群文阅读"等兼具方向明确和主题突出的群文方式,教学的重点和效果更易达成。

2."文本"多元化

群文阅读中的"文本",是由"主题"串联起来的多个文本组建成的群文,有别于单篇文本的阅读拓展,更不是碎片化的简单叠加,而应选择多元化的文本,建立起具有关联性和延伸性的阅读系统,即在各篇教学内容的整合过程中,寻求群文系列的整体教学体系。如以《沁园春·长沙》为中心篇目的群文阅读,精选了古今中外各类有关青春的典型诗作形成青春诗歌赏读,并以相关论文资料加以辅佐,构成了"诗歌里的青春"群文阅读,具体如下:

文本	作者	体裁	创作年代	学习方式	青春意象	青春解读
《沁园春·长沙》	毛泽东	词	1925	课堂研读	万山、层林、江、舸、鹰、鱼等	青春的活力与激情
《相信未来》	食指	现代诗	1968	小组合作探究	蜘蛛网、炉台、灰烬的余烟、美丽的雪花……	青春的迷惘与信念
《青春》	席慕容	现代诗	1979	拓展阅读	云影、群岚、发黄的书等	青春的珍贵与依恋
《中国现代诗歌的青春意象》	刘玲	论文节选	2014	课外阅读	略	青春的赞美与感伤
《苔》	龚自珍	古诗	清代	拓展阅读	苔、牡丹	青春的定位与自尊
《青春》	[美]塞缪尔·厄尔曼	外国诗	1917	拓展阅读	桃面、丹唇、柔膝、深泉、天线等	青春的理想与锐气

3."知识"系统化

相比单篇阅读,群文阅读在扩充知识容量的同时,更应考虑知识的梯度性和群文的系统性。因此,在构建群文和组织教学的过程中,教师必须充分考虑借助文本组合需达成的有序完整的知识体系。因此,教师要合理编排,选择各有联结又能相互渗延,相对独立又相得益彰的学习文本,构建有梯度系列化的群文知识体系。比如,苏教版必修二"和平的祈祷"单元,以《流浪人,你若到斯巴……》一文为基点,围绕"民众的人格迷失"为主题,建立起包括《一滴眼泪换一滴水》《祝福》等在内的群文阅读体系,同时呈现《人格建构——宗白华的民众教育观》(田智祥)、《"自救"和"他救"的双重变奏——对二十世纪上半叶知识分子和民众关系的阐释》(何勇)等文章关键段落,引导学生由浅入深梯度性探讨民众人格迷失的缘由,探究人格建构的方法与途径,完成了"从战争中窥探人性——从人性剖析中探求共性——从共性探究中触及文化根源——从文化根源解释战争中人性的表现"这样一个环形知识体系的建构(如下图)。

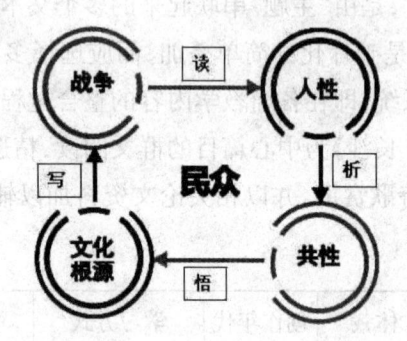

4."思维"拓展化

群文阅读在拓展学生思维层面,具有比单篇阅读不可比拟的优越性。因此,如何巧妙地将多篇文本有机地结合起来,并在组合的过程中引领学生向展开思维的翅膀,向知识的更深处探究,是群文阅读指向提高学生素养极其重要的一个方面。在《罗密欧与朱丽叶》的学习过程中,可以把"朱丽叶"的形象分析置于"文学作品的爱情女性形象"里,开展"文学作品中的爱情女性形象解读"的群文阅读,拓展学生思维。具体设置为:学校"文学周"将要开展"中外文学作品中的爱情女性小专题比较研究"研讨活动,在林黛玉、薛宝钗、崔莺莺、杜丽娘、祝英台、安娜·卡列尼娜、简·爱、苔丝狄梦娜(《奥赛罗》)等候选对象中,你会把朱丽叶和谁/哪些人编为同一小组展开研究?请说说编组的理由(即小专题研究的主题)。这样的探究活动,以点带面,引导学生从个别作品的人物形象解读扩展至古今中外众多的文学作品,在宏大的视野中完成从人物性格的探讨,拓展至包括性格差异与文化成因、人物性格与时代背景,以及莎士比亚的人文恋爱观等在内的知识建构和思维升格。

三、"主题化"群文阅读之思考

在具体的教学实际中,我们应追求群文阅读对于学生学习视野的拓展,阅读品质和学习习惯的提升,最终致力于学生语文核心素养的提高。但是教学是一个在言语实践中不断完善和丰富的动态过程,是一个合作探究、比较思辨的集体建构历程。"主题化"群文阅读不是为了形成"主题化"而刻意生硬拼凑。因此,我们提倡的"主题化"阅读教学,是力求在教学资源整合的基础上,寻求教学内容的深入,目的在于引导学生进行纵深的拓展学习和深入学习,以期达到教学的横向拓展和纵向提升。

"主题化"阅读的教学重点在于在帮助学生建构完成知识框架的前提之下,拓展阅读层面,深化思维逻辑,实现知识的横向拓展和纵向深入。但是有时候,某些篇目基于其知识点的复杂性或者知识结构的完整性,有必要就单篇展开独立阅读;有时候,多篇文本的组合也可以根据学生的学习兴趣或者学习需求而自主合作完成。因此在具体的教学操作中,对于"主题点"的思考,以及"主题化"阅读的纵深走向,应根据具体的教学实际而灵活处理。

参考文献:
[1] 张占营.课后"1+X"群文阅读范式及实施策略[J].语文教学通讯·初中,2020(6):3.
[2] 许友超.古诗文群文阅读教学例谈[J].中学语文教学参考,2018(8):3.
[3] 赵闯东,吕俊文."定篇互联"下的《荷塘月色》教学策略[J].中学语文教学参考,2018(6):4.
[4] 富晓丽.群文阅读,切实提升阅读素养[J].课外语文,2017(2):1.
[5] 张萍.群文阅读教学:概念、范式与价值[J].上海教育科研,2016(4):75-78.

以《苏东坡传》为例的整本书阅读指导策略

郑圆圆

【内容摘要】 整本书阅读,学习任务和目标繁芜复杂又多维,不如教材中单篇课文明确而且集中,面对整本书阅读教学盲目化、无序化等问题,寻找适切的阅读指导策略是当务之急。本文从规划课程空间和课程方案两方面进行实践,以《苏东坡传》整本书的阅读为例,将阅读指导策略分为"自读、思考、讨论、写作、拓展"五个环节推进。

【关键词】 整本书;阅读;课程空间;课程方案

《普通高中语文课程标准(2017年版)》中提出了"整本书的阅读和研讨"的任务群,并将其纳入必修和选修课程。在阅读教学方面,当前语文教育对整本书阅读教学重视程度越来越高。但在之前的课堂阅读教学中,大基调是教师进行简单的名著名篇的导读,学生基本上是以课外自读的形式完成教师布置的阅读任务,也没有开设相关的必修课程,教师对整本书的阅读不重视,在实际的阅读指导教学中流于表面形式,缺乏系统的操作策略与针对性的指导。如今整本书阅读活动开展看似热烈,实际上真正静下心来看完整本书的学生却很少。尤其是在长篇经典名著的阅读上,这样的情况尤其突出。即便有少部分学生坚持看完了"整本书",也是单一维度地了解了简单的故事梗概,更不用谈鉴赏品味名著细节,思考其间情感内核。面对高中整本书阅读教学出现的盲目化、无序化等问题,作为教师选择怎么样适切的阅读指导策略,才能提高学生在阅读整本书时的自主性和积极性以及学生对经典作品的鉴赏品评的能力,是现今高中整本书阅读教学的重难点。

再者,中学语文教学陷入"课时主义",老师总是怕课上不完,考试升学应试的压力,老师不舍得从课堂上拿出足够的时间组织学生开展整本书的阅读与欣赏,梳理与探究,表达与交流等一系列活动,要打破这个固有的观念。因为无论教什么,只要是对学生的发展有意义,那就是我们语文教学的价值。

一、整本书阅读完整的课程周期

整本书的阅读，什么时间读？首先要规划相对独立完整的课程周期。计划约三周的课程方案，大致分为三个课时阶段。

第一个课时阶段，自主阅读。老师提供一些材料，让学生把前期自主阅读过程中碰到的自己无法解决的问题整理出来或者老师布置读书任务，学生自主挑选自己感兴趣的角度通过不同的形式梳理文本。前期自主阅读的目的是学生在获取个人解读经验的前提下跟老师有一个相比较对等的话语平台。

第二个课时阶段，课堂教学。主要围绕着主题的深度探究来展开。教师把学生的梳理出的主题，归类整合成教学问题，然后在课堂上围绕几个核心的主题进行一种有价值的探讨，让大家各抒己见，畅所欲言地表达，课堂教学这一周，可以用5个课时，按照主题式的方法，一节课讲一个主题，一节课研究一个问题，把它读透。所谓的"整本书阅读"并不是一字一句地把整本书讲读，而是要带领学生通过对典型主题或问题的探究，获得典型的个体经验，通过对一些有难度、有挑战性的主题或问题深度探讨和理解，来帮助学生确立阅读这本书的高度，学生的思维能力得到训练，那么在课下，他便可自由发挥，自己进行拓展阅读。

第三个课时阶段，拓展延伸。组织学生根据课堂讨论过的主题进行选题，比如，阅读《苏东坡传》，同时尝试阅读各种各样的文献或者不同的译本，在这样的基础之上，让学生选择感兴趣的，又能够驾驭的研究主题。围绕这一个研究主题，查阅文献、阅读文本、跟同学探讨、跟老师交流，写研究鉴赏报告，举办"苏东坡诗选"朗诵大赛，《老苏在黄州》的话剧排练、《我眼中的苏东坡》的主题演讲，有多元化的选择，只要学生能用他擅长的方法展示他前面两周的阅读和课堂教学的学习成果即可。

二、整本书阅读规划的课程方案

有了整体的时间规划，就该考虑：怎么来读这些书？"整本书阅读"是怎么阅读？课程规划就是在哪一个时间段，要进行整本书阅读，要达成怎样的总体教学目标？在这三周的时间里，分成几个阶段，每一个阶段用什么资料？每个阶段目标和要求是什么？每个阶段给学生的任务是什么？每一个阶段考核学生评价学生的方式是什么？每一个阶段，老师上课还是指导，老师干预的形式是什么？最后一阶段学生呈现的成果，成果的标准化要求是什么？

把书交给孩子们阅读，不是没有节制、没有引导、没有调控、没有管理的放羊。在思考如何推动孩子深度阅读的策略的过程中，三个课时阶段主要围绕"自读、思考、讨论、写作、拓展"这五个环节来推进。"思考"是在"自读"的过程中独立思考、自发性的品味揣摩，整理出自己在原生态阅读过程中的疑问，以问题的形式梳理出来，或者可以是以思维导图的形式梳理全文或者部分自己特别有思考的篇章。"讨论"是师生一起合作解决疑难并分享个人思想成果的环节，然后通过"写作"把我们的思考固化下来，最后深化"拓展"，以不同的形式呈现思考，用更宏大的视野关照这部作品以及作者，等等。

我们在每一个课时阶段设置合适的课型把阅读层层推下去。

(一)以"读、思"为核心的阅读课

以《苏东坡传》为例，我们安排在第一个课时阶段的自主阅读中完成"自读""思考"两个环节，利用课余时间做自主阅读，但是需要"雁过留痕"，每个学生都可以以自己的方式在自读的过程中留下阅读的痕迹，比如摘抄名句名词，赏析喜欢的篇章段落，并作适当的批注，也就是先作读书笔记，然后再梳理问题。在《老人与海》的整本书阅读操作过程中，笔者采用的自读方式是梳理阅读疑难问题，全班40位同学，一共提出了81个问题，可以说这些问题涵盖了这部小说的每一个细节。在自读《苏东坡传》，主要采用了绘制思维导图的方式，自己选定感兴趣的主题进行思维导图的绘制，比如：苏东坡的爱情、苏轼治水伟业、苏东坡的美食之旅、人生如梦画贬官、坎坷论苏轼、跟着苏轼"游"天下等。

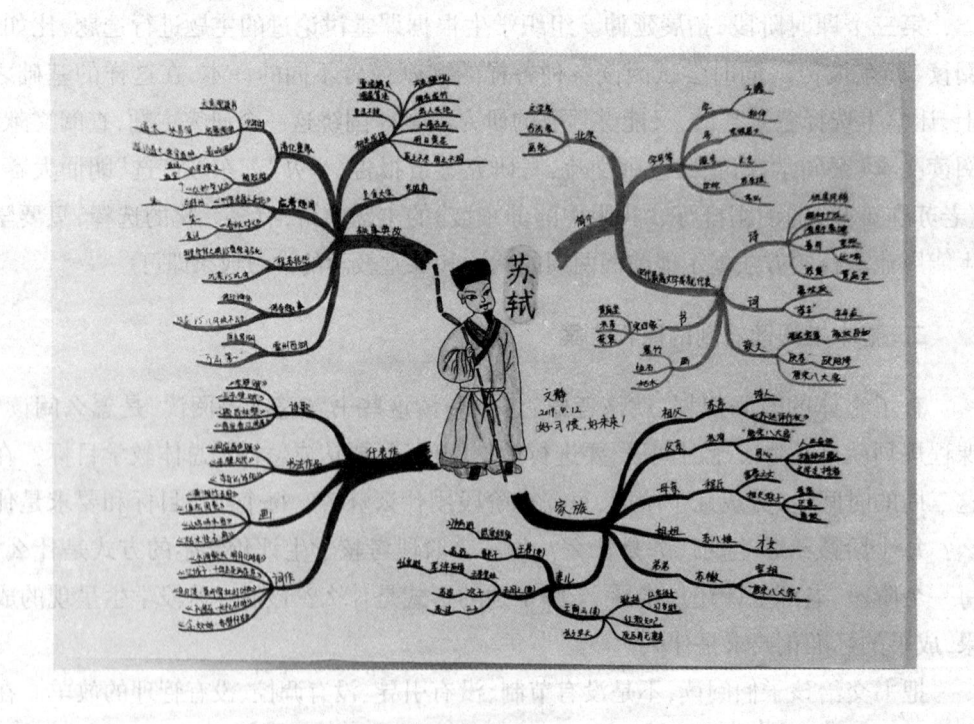

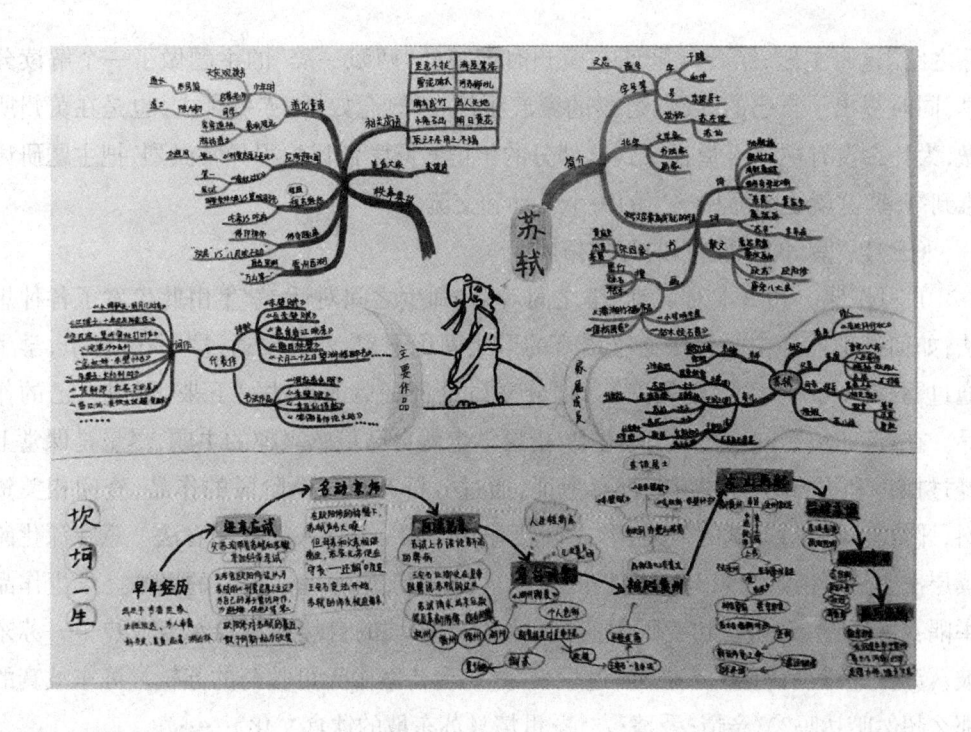

（二）以"引、论"为核心的主题研讨课

把梳理的主题做一个大致的分类，开始整本书阅读第二个课时阶段的推进，可以以讨论和引导的课型完成"讨论"的环节。

1.讨论课。学生在第一个课时阶段通过思维导图梳理出来的主题，老师再认真筛选，整合出有价值的主题和整本书的核心问题，可以称之为"统括整本书的主题研讨"，当学生对"整本书"达到了精读熟读的程度，并能在有限范围内进行有理有据的解析，那么就是对"整本书阅读"在深度和广度上的推进，由此提升学生初步的学术研究能力，达到高层次的"整本书阅读"。我们把《苏东坡传》自读思考后学生自己梳理出的25个主题，整合成五个核心主题：①苏东坡精神蜕变历程；②苏轼人物形象的多面性；③苏轼作品复杂的情感；④苏轼作品的语言风格；⑤豪放派词风何以体现。在讨论课上分小组进行讨论分享，可以一节课解决一个核心主问题，通过讨论消除困惑，分享自己的观点和想法。

2.引导课。课堂前，学生和著作做了交流，课堂上学生和学生围绕核心主题做了交流，那么老师和学生、著作之间的一个互动桥梁就需要"引导"这种形式来体现。教师要依据自己既有的文化视野、认知水平，对作品作出自己的领悟和解读，作为平等的阅读主体介入到学生的阅读生活中，以激发学生的阅读兴趣，激活学生的阅读思维，提升学生的阅读品味。如何漾起一池涟漪？老师的阅读引导就显得尤为重要了，学生对此有所期待也有所争论。以《苏东坡传》为例，笔者在引导课上就"苏东坡的成熟之路"这个主题,结合他贬谪在黄州时期写的"两赋一辞"的主题做了一个解读分享,同时提出了自己的问题:著名的豪放派代表作《念奴娇·赤壁怀古》也是在黄州所做,为什么没有被林语堂收录到这部分的传记?同学们讨论得异常激烈,把主题研讨推到高潮,这就是老师和学生的一个互动和交流。

(三)以"写、说"为核心的写作拓展课

1.写作课。和书本对话,同学之间对话,师生之间对话,学生由此生发了各种想法,如何把他们心中的想法通过语言的形式固化下来,就需要通过"写作"环节,学生通过写作思考,形成了自我认知,把分享讨论释疑后的想法写下来,形成自己的作品。在《苏东坡传》的整本书阅读中,指导学生就自己最感兴趣的主题,尽量是课堂上经过探讨和提升过的主题进行再考证,通过分析苏轼各个阶段的作品,查阅相关资料,评价林语堂对苏轼的描述,形成自己对苏轼某一个深入领域的看法。意在深化阅读层次,拓展阅读角度,培养资料的搜集整合能力,培养理性探究的思维。学生作品举隅:《林语堂、余秋雨和我眼中的苏东坡》《苏东坡的自然观》《治水专业户——苏东坡》《苏轼的诗酒文化》《东坡之"逆生长"》《乌台诗案中无可救药的苏轼》《苏东坡真的那么超然旷达吗?》《亲情·爱情·友情·世情》《苏东坡的饮食文化》……

2.拓展课。要深化学生立足作品形成的认知,还需要拓展延伸,因此链接资源,让孩子通过自主选择自己阅读的呈现方式站在更高的立足点上,站在更宏阔的视野上来观察作品,思考作品。组织学生要交流和汇报自己的作品,教师总结学习过程和学习成果。整本书阅读,如果仅仅是"读书""写文章",并不是对语文能力的全面训练,还要训练"听"和"说"。"你说我听,我说你听",把自己的作品精炼成PPT或发言稿,让学生在班里做主题发言,"百姓足,君孰与不足?百姓不足,君孰与足?"我们"以学定教",尽量让学生多说。在第三个课段,把学生们根据不同的选题,分成几个组,组织汇报。对"说"的同学的要求要有时间观念,要精心准备,准备的内容要有条理,有观点,图文并茂,说话声音洪亮,态度端庄,吐字清晰,富有感情,要照顾听众的感受;对"听"的同学的要求要及时记录问题,做提纲,尊重发言同学,博采众长,班级就是个学习的共同体。整本书阅读的"读、写、听、说"不仅训练了学生的语文能力,其实也训练了学生的交际修养。

参考文献:

[1] 余党绪."整本书阅读"之思辨读写策略[J].语文学习,2016(7):6.

[2] 曹勇军.在经典阅读实践中探索整册书阅读的方法[J].中学语文教学,2017(2):4-7.

[3] 王栋生.不靠"热",靠理性的"韧"——我看"整本书阅读"[J].中学语文教学,2018(1):4-6.

[4] 黄厚江.整本书阅读教师要先读[J].中学语文教学,2017(10):3.

"学术类著作"整本书阅读的实践研究

郑圆圆

【内容摘要】 "学术类著作"整本书阅读推进离不开自主阅读、课堂教学和拓展延伸三个环节,与三个环节相应,可以设计"读、思"为核心的阅读课、"论、引"为核心的研讨课和"写、延"为核心的拓展课三种课型。阅读课鼓励学生原生态阅读,在此基础上指导学生进行梳理、整合;研讨课是对学生提出的主要问题进行研讨,引导学生进行探源式思考;拓展课设定适当的评价标准,以写和延的方式引导学生深度阅读。

【关键词】 整本书;课型;原生态阅读;探源阅读

整本书阅读的推进大致上不外乎有三个流程。1.自主阅读。目的是让学生在获取个人解读经验的前提下跟老师有一个相比较对等的话语平台。为了达到这个目的,教师可以引导学生把自主阅读过程中碰到的自己无法解决的问题整理出来。2.课堂教学。教师把学生的问题归类整合成教学问题,然后在课堂上围绕几个核心的主题进行一种有价值的探讨,在思辨中提升思维。3.拓展延伸。组织学生根据课堂讨论过的主题进行选题,围绕这一个研究主题,查阅文献、阅读文本、跟同学探讨、跟老师交流,最后形成研究鉴赏报告,或以文章的形式,或用PPT口头报告形式。

当然,这三个流程不是孤立的,需要有贯穿始终的脉络,这就离不开教师在整个过程中的节制、引导、调控和管理。为了实现这个目标,我们认为应该相应地设计如下三种课型:"读·思"为核心的阅读课、"引·论"为核心的研讨课和"写·说"为核心的拓展课。这三种课型怎么操作,下面结合学术类著作《乡土中国》的整本书阅读作具体阐释。

一、"读、思"为核心的阅读课

这个课可以不占用课堂时间,安排在每天的午读或晚读半小时,老师规定好阅读篇章和阅读任务。"读"是"自读","思"即"思考","读"是基础,"思"是关键。要有思则要求学生"雁过留痕",比如摘抄相关核心概念,给感兴趣的文字作批注,梳理喜欢的篇章段落论证结构,笔者把《乡土中国》的阅读课安排在国庆长假以及十月份每一天的晚读半小时,学生按章节顺序阅读,梳理14个章节中作者用以指称乡土社会的概念和与之相对应的指称其他社会的概念,同时学会用XMind软件绘制相关章节的思维导图,在此基础上提出自己的困惑。

在这个课型里,有几点值得注意。

1.让学生进行不带"前见"的原生态阅读

教师可以进行适当地介绍费孝通以激发阅读兴趣,提供适当的方法以指引学生阅读,但应避免给予学生知识前设,使学生带着"前见"去阅读,应让学生调动自己的生活经验和阅读经验去阅读,从而获取原生态的阅读体验。学生在阅读《乡土中国》的过程中会发现自身的认知和费孝通关于乡土社会的很多观点间有很大的时代鸿沟,通过阅读学术论著拉近这道鸿沟的过程就是学生修正自己阅读经验的过程。完成《乡土中国》的初读后,笔者再补充陈心想先生《走出乡土:对话费孝通〈乡土中国〉》和郑也夫《评〈乡土中国〉与费孝通》里面的相关篇章进行思辨探究的补充阅读,加深学生对论著中核心概念的理解。

2.指导学生多元化的梳理和整合

梳理,就是要运用"分类""统计""排序"或"列表"等方法去进行"爬梳整理"。整合,就是把零散、杂乱的东西,通过寻求其内在的共性特点或规律,将它们重新组合成一个更有效率更有价值的整体。费孝通先生基于田野调查的丰富积累,从典型现象提炼一系列重要概念,并进行理论阐释,所以读懂《乡土中国》这部学术论著的关键是梳理并理解这些核心概念。我们在阅读过程中绘制了《〈乡土中国〉概念梳理表》通过筛选文句,理解概念,寻绎概念间的联系,构建《乡土中国》的篇章结构,并用绘制思维导图等方法梳理全书的逻辑思路,进而把握全书的主要内容和学术创见,理解其价值。

3.教师要及时把学生的梳理整合成果整理成教学问题

学生的梳理和整合以及学生在原始阅读状态下提出的疑难问题是重要的教学资源,把学生梳理的主题和提出的问题整理分类,整合成各个角度适切的主题,下一课型才能高效进行。我们通过独立梳理和合作讨论的方式,把《乡土中国》的14个章节梳理整合为6个主题,下一课型重点围绕以下6个主题推进。

乡土本色,礼俗社会——主题研读之《乡土本色》
时空阻隔,文字无用?——主题研读之《文字下乡》《再论文字下乡》

续表

私心根源,差序格局——主题研读之《差序格局》《系维着私人的道德》
家族绵延,情感定向——主题研读之《家族》《男女有别》
礼治秩序,以权为尊——主题研读之《礼治秩序》《无讼》《无为政治》《长老统治》
社会变迁,名实分离——主题研读之《血缘和地缘》《名实的分离》《从欲望到需求》

二、"论、引"为核心的研讨课

"论"是学生之间就前阶段阅读所产生的核心问题展开讨论,教师是组织者;"引"是教师根据自己的阅读成果或学生中比较深入的见解,引导学生深入思考,教师是参与者。"论"和"引"可以是一个议题的两个环节,也可以是不同议题的前后两节课,"论"是开放的,"引"是提升的。

学生提出的问题,老师再认真筛选,整合出有价值的主题或整本书的核心问题,当学生对整本书达到了比较熟悉的程度,并能在有限范围内进行有理有据的解析,那么学生的讨论则是在深度和广度上的推进,通过分享自己的观点及推理过程提升学生初步的学术研究能力。相对而言,教师依据自己既有的文化视野、认知水平,对作品作出自己的领悟和解读,比学生站得高些,即使如此,也应作为平等的阅读者发表看法,如果学生中有见解深刻的,教师则应放低姿态,充分鼓励学生展示才情。

在这个课型里,有两点值得注意。

1.对"悬而未决"的问题应专门授课

在交流讨论的基础上,把学生悬而未决的有研究价值的问题又特别感兴趣的问题梳理出来作为课堂教学的主题,进行专门授课,以满足学生求索的愿望。比如"时空阻隔,文字无用?"这一主题的研讨课上,笔者和学生之间重点探讨了"乡土社会需不需要文字?"和"乡土社会需不需要文字下乡?"这两个只有二字之差的问题,学生在初读过程中没有弄懂"文字下乡"和"时空阻隔"两个概念,产生认知上的混乱。经过课堂讨论明确,由乡土社会乡土性的基层决定,在封闭狭窄的熟人社会因为时空无阻隔,所以毋需文字。学生在讨论中运用文本中所获悉的材料、文献中所查阅到的信息再辅以他个人的理解,充分表达自己的观点,提升"鉴赏和审美"的能力。

2.用"探源式思考"的方式展开讨论

讨论就要关注学生的质疑能力,反驳和补充解释文本观点的能力,据此,我们用"探源式思考"的方式组织学生展开讨论,帮助学生达成对问题的深入理解。学生的探究可能是错误的,但是每一个错误思维的背后,都有其教学价值。在"家族绵延,情感定向"这一主题研讨课上,重点讨论了:孟子提出的"男女授受不亲"影响了几千年来中国封建社会的男女相处模式,对于这个问题你怎么看?学生能够用"探源式"的方式逆向思考,得出了相当有见地的结论:不是孟子的儒家思想束缚了封建社会中国男女的天性,影响了乡土社会男女的相处模式,而是乡土社会的社会特性注定了有这样的文化,所以不是孟子的思想影响了乡土社会的人们,而是乡土社会创造了孟子。

三、"写、延"为核心的拓展课

和书本对话,同学之间对话,师生之间对话,学生由此生发了各种想法,如何把他们心中的想法通过语言的形式固化下来,就需要通过"写作"环节,学生通过写作思考,把分享讨论释疑后的想法写下来,形成自己的作品。要深化学生立足作品形成的认知,还需要拓展延伸,因此链接资源,让学生通过自主选择自己阅读的呈现方式站在更高的立足点上,站在更宏阔的视野上来观察作品,思考作品。那便是"延"。在《乡土中国》的整本书阅读中,指导学生就自己最感兴趣的主题,尽量是对课堂上经过探讨和提升过的主题进行再考证,查阅相关资料,形成自己对《乡土中国》某个章节或者主题或者核心概念深入的看法并成文。

在这个课型里,有两点值得注意。

1.写:抓其一点,细细评说

在阅读、提问、讨论、听讲的基础上,撰写鉴赏研究性文章,抓其一点,有理有据即可,不必面面俱到。比如,学会写一段鉴赏评论文章《探源"嫁出去的女儿泼出去的水"》《借〈红楼梦〉探"差序格局"》《觉新婚姻悲剧的必然性》《从〈白鹿原〉看祠堂的基本功能》《〈红楼梦〉家族中的"男女有别"》《〈礼治秩序〉中关于"礼"的辨析》等,培养学生对学术性文章布局、结构的能力,严密的逻辑,以提升语言的建构与运用。

2.评:有固定的评价标准

学生写鉴赏评论文章,老师对此应该有一个评价的标准和尺度。(1)心有戚。所读之文是心之所动,则所撰之文必含心之戚戚。应把真实的发现写下来。(2)文有证。鉴赏评论文章,文中所有的理论,立论的依据都要明晰。(3)理有据。要有清晰的逻辑思路,要有充分的理据。

3.建立深度阅读领域

把阅读"这一本书"作为起点,开启"那一类书"相关作家作品或相关论述、主题的阅读。选一个点,帮助学生在不同的文章文本之间建立有效的连接,做一个"地图式学习"。

开展"拓展阅读"。以《乡土中国》为理论支撑,可以拓展阅读一系列的家族乡土小说,加深对乡土社会基层特性的核心概念的理解,如陈忠实的《白鹿原》、林希的《九姨太》《吴三爷爷》、老舍的《四世同堂》、韩少功的《爸爸爸》、贾平凹的《浮躁》等。

开展"群文阅读"。推荐当代学者陈心想以"对话"《乡土中国》的形式解读中国过去几十年里社会结构的变迁，生产关系、社会关系、情感关系的变化的《走出乡土：对话费孝通〈乡土中国〉》以及郑也夫的《评〈乡土中国〉与费孝通》。

在浩瀚的文学海洋里，纵横穿梭，游刃有余地去观察和发现，来获得新的启迪。我们引导学生拓展阅读，深度阅读，帮助学生建立起深度的阅读领域，同时让学生们在不同领域之间建立起有机的联系，应该有研究价值与意义。

参考文献：
[1] 余党绪."整本书阅读"之思辨读写策略[J].语文学习，2016(7):6.
[2] 曹勇军.在经典阅读实践中探索整册书阅读的方法[J].中学语文教学，2017(2):4-7.
[3] 王栋生.不靠"热"，靠理性的"韧"——我看"整本书阅读"[J].中学语文教学，2018(1):4-6.
[4] 黄厚江.整本书阅读教师要先读[J].中学语文教学，2017(10):3.

整本书单元学习任务链的设计与实践
——以《红楼梦》人物性格研习为例

陈佳楠

【内容摘要】 整本书阅读是每一个读书人应该具备的姿态和能力,却是每一位教书人最束手无策、缺少借鉴的任务与考验。笔者以选修课程、专题研究、沙龙讨论等形式,进行了《红楼梦》部分专题的阅读教学。本文以人物性格研习为例,浅谈自己"定专题、配任务、给方法"的阅读范式,向学生提供多角度、多形式、多层次的学习"任务链",帮助学生参考、选择并完成"通读全书"的任务。

【关键词】 立专题;配任务;给方法;任务链

《普通高中语文课程标准(2017版)》提出"整本书阅读与研讨"学习任务群,旨在引导学生通过完成任务,阅读"整本书"并带动与之相关的系列书目的阅读。笔者力图站在"整"的方向,立路标、配任务、给方法,将阅读任务群细化到每一个课堂任务,设计出一条有趣、有效、有用的"学习任务链",在"整本书阅读"和"学习任务群"之间搭建起立德树人的桥梁,实现"学一本,会一类"的"新课标"精神。

一、问题提出

作为课改最大亮点,"整本书阅读"力图扩大阅读量,提高阅读要求,提升思维的广度、深度和力度,最终使学生到达"眼中有文,心中有数"的阅读境界!

但是,在"快餐化""碎片化"的信息时代,我们的专注度被一点点地剥离,我们习惯于追求速度、时间和便捷,习惯于观看小视频、阅读小短文。在这样的"碎片化阅读""浅阅读""伪阅读"氛围下,读不下去"整本书"是目前我们很多人的常态,我们基本上变成了只有长度和宽度而没有深度的"平面人"。

《红楼梦》是中国古典小说的巅峰之作,成为广大青少年的必读书目。草蛇灰线的手法、众体皆备的语言、错综复杂的情节、汇集百科的文化等，都是我们进行专题研究与探讨的方向。正如温儒敏教授所说，经典阅读会有困难，不能"就易避难"。那么，"难"在哪里呢？笔者面向全校学生做了一个简单的调查问卷，了解学生整本书阅读的动机、问题和建议，梳理出了阻碍学生整体阅读的三大因素。

1. 内容复杂，兴趣淡然。没有充分的阅读时间、整本书篇幅长、人物体系繁杂、情节琐碎复杂、主题多元不明等因素，使学生很容易读不进去和阅读不到位。

2. 指导缺位，方法茫然。当遇到问题时，近乎一半的学生倾向什么都不做，将问题置之不理，不了了之。久而久之，阅读习惯不持久，处于茫然状态。

3. 评价单一，积累惨然。老师们更多时候关注"阅读的内容""阅读的量"，忽视"阅读的能力""阅读的质"。再者，由于单一的考试评价方式，同学们整书阅读"走马观花"，阅读与表达脱节，阅读积累惨然。

二、理论背景

1. 整本书阅读概念

"整本书阅读"是运用个性化的阅读方法，融入文本与作者展开对话，得到文学审美的体验，掌握一定的阅读经验，为终身阅读奠定基础。整本书阅读是时代的呼声，是教育的渴求，是学生在成长过程中必须接受的一项精神洗礼。

2. 学习任务群概念

"学习任务群"即以任务为导向，以学习任务为载体，整合学习情境、学习内容、学习方法和学习资源，引导学生在运用语言的过程中提高语文核心素养。围绕某个语文学习任务点，完成一系列完整的语言实践活动，而不是完成毫无关联的碎片式学习。

三、策略与实践

"整本书阅读"因阅读时间不充分、篇幅宏大、课时有限、方法复杂等，成为一线教师践行新教材的巨大挑战。笔者从个人兴趣出发，以选修课程、专题研究、沙龙讨论等多种形式，先行尝试了《红楼梦》部分专题的教学实践。立足文本，扎根文化，尝试定专题、配任务、给方法的范式，帮助学生探究内容与写法，实现"将厚书读薄，将薄书读厚"的阅读效果。

下面，笔者以《红楼梦》人物性格研读为例，设计学习任务活动，辅助以相应的思维方式，引导学生从人物整体评传、类别比照、诗词品鉴、剧本演绎、思想探究等方面，探究人物性格的表现、区别、变化、根源等，提升阅读思维的广度、深度与力度。

(一)思维推导：一座红楼一世界

思维导图是一种"观其大略，不求甚解"的浏览。主要方法是：阅读封面、标题、作者简介,了解作者及其主要著作;阅读目录、前言、内容摘要,大致了解本书的主要内容;对全书进行扫描式阅读,大致了解本书的基本结构。

主任务一:制作阅读《红楼梦》的思维导图

以"如何阅读一本书"为框架,引导学生为之"添枝加叶",快速且自主地梳理包括五个标题、曹雪芹介绍、时代背景、语言特色、人物性格、文章主旨、阅读方法、学术价值等问题,将此图不断细化与完善。明确本期阅读的"预期",即分析人物性格复杂性,并进入下一步的任务布置。

本任务通过制作思维推导的阅读方式,将鸿篇巨著进行宏观梳理,思考"人物复杂性格"形成的背景、原因、关联、根源、价值等。

(二)目录管窥:红楼故事憾千古

《红楼梦》的故事情节错综复杂,学生在研读时应该"眼中有回目,心中有情节",对一百二十章回,从篇幅、塑造人物、情节发展、表现主题等维度综合考量,筛选出影响红楼的十大事件,并陈述理由。

主任务二:评选"影响红楼的十大事件"

本任务通过目录管窥的阅读方式,利用章回的文体特点,通过120回目录,让学生简单回顾红楼故事,并根据一定的线索,筛选出主要事件。了解人物复杂性格形成的内在关联,人物悲剧命运的不可避免。

(三)关联融合:葬花听雨伤无垠

主任务三:记录林黛玉的朋友圈

子任务1:确定林黛玉"微信朋友圈"的要素。

子任务2:阅读《红楼梦》第三回《贾雨村夤缘复旧职 林黛玉抛父进京都》,为林黛玉拟一则朋友圈相册的记录。

子任务3:自由选择《红楼梦》某几章回,继续为黛玉拟几则朋友圈相册的记录。

这个活动很受学生欢迎,当然随之也暴露出很多问题。首先是人物与朋友圈朋友的匹配关系,这里隐含着一个梳理人物关系的阅读要求。错误的产生需要教师补充一堂《如何发好一个"红楼"朋友圈》的课,指导学生从背景、人物关系、人物性格等方面重新审视,修正原稿。

(四)连类对照:左钗右黛出神韵

连类对照是在阅读过程中自觉地将一些具有一定联系的人物、事物、场景、事件等对比参照,研究其相似点和不同点,并分析其异同的原因。《红楼梦》中较多使用了前后对称、前后对等、同类层叠、前后相属、以此衬彼等连类思维,例如钗黛对举、熙凤与李纨、袭人与晴雯、迎春与探春、邢夫人与王夫人、周姨娘与赵姨娘等,身份与位置大致相等,但是性格、气质、品德、才能,或是在智力、情商层面,却悬殊明显。这种特意设置的对举,既展示了艺术上的对称美,又对人物序列起到了平衡、稳定的作用。

主任务四:辨析"钗黛合一"观点

子任务1:整理归纳宝钗、黛玉二人形象,完成表格。

子任务2:理解"钗黛合一"。

小说中最动人、最强烈的冲突应该是"木石前盟"与"金玉良缘"的对抗。本着"不懈质疑、质疑有据"的原则,结合文本章回,质疑林黛玉和薛宝钗的性格差异,辩论爱情上的"钗黛"抉择。几乎不需要笔者的引导,学生便自动分成了宝钗派和黛玉派,寻找比较点进行对照,说话间能闻到浓浓的火药味儿。

本任务通过连类对照的阅读方式,引导学生从感性上升到理性,能更深层次地探寻《红楼梦》的主要人物形象特质及其内在的创作根源。

(五)批注吟咏:吟桃咏棠愁万端

在人物形象塑造方面,除了采用个性化的语言描写、动作描写、心理描写外,还重点采用了"诗词"的形式。《红楼梦》中大观园儿女名下的诗作,既反映了他们日常生活的风流雅趣,也可见各人率真之性情。本任务是从诗词语言、技巧、思想等角度,分析人物的心路变化历程,证实"诗如其人"的语言特色。

主任务五:解读贾宝玉的诗歌成长史

宝玉的叛逆思想并非天生,在特定的环境中萌发、成长、绽放。学生比较阅读《四时即事》《咏白海棠》《芙蓉女儿诔》,边读边批注,质疑思考,发现他的性格、思想的成长和发展过程。

本任务的批注阅读是一种简单、方便的阅读方式,在文本的空白处通过批语的形式来对诗词文本加以注释阐释或者写出自己的阅读感受。通过这些温暖纤细的诗句,我们好好感受一个少年的情怀。想一想:同龄的我们失去了什么?收获了什么?又该怎样成长?

四、专题小结

上述人物性格专题学习任务链的设计,引导学生在项目任务的驱动下,高度参与,知行融合,观点碰撞,最终有效促成学生对《红楼梦》人物复杂性格的深度理解。"思维导图"任务指向了人物与其他阅读要素的关联,"红楼大事件"任务指向了人物性格与命运的因果,"黛玉朋友圈"任务指向了对小说人物形象和人物关系的解读,"宝黛爱情剧"任务指向了人物感情线索的思考,"贾府调查报告"任务则指向了人物、社会、时代的共趋分析。

《红楼梦》整体阅读的课堂时间是有限的,笔者试图通过一些"知行合一"的专项任务,将课堂无限延伸。在一个个任务解决的过程中,在一个个成果展示的环节中,学生共享成果、分享喜悦,拥有"读过"的经历,留存"记录"的痕迹。下一节,我们继续分享红楼故事!

参考文献:

[1] 晋广娟.部编本高中语文小说整本书阅读研究[D].石家庄:河北师范大学,2020.

[2] 蒋雁鸣.《红楼梦》思辨读写教学实践初探[J].语文教学通讯,2018(12):3.

[3] 高翀骅.基于主题深度学习的任务群教学[J].语文教学通讯,2018(9):3.

[4] 俞晓红.《红楼梦》情节质点的连类观照[J].曹雪芹研究,2020(2):10.

文言文教学传承传统文化的实践研究

陈佳楠

【内容摘要】《中国诗词大会》风靡华夏,掀起了一股传统文化的复兴潮,也激发了笔者对高中语文文言教学的重新思考。寻找"文言"与"文化"的契合点,挖掘文言内容、丰富教学策略,润物无声地让学生成为传统文化忠诚的继承者和传播者,成为笔者深思与实践的课题。本文从诵读文本、析言品文、知人论世、体验演绎、点评写作五方面入手,探究文言教学传承传统文化的策略与效果。希望以春风化雨的方式,将传统文化与民族精神浸润学生的心田。

一、问题提出:一触即发,复兴传统文化

丁酉年新春,"赏中华诗词、寻文化基因、品生活之美"的《中国诗词大会》风靡全国。可谓"忽然一夜清香发,散作乾坤万里春",传统文化迎来了一场复兴。这档节目实实在在地唤醒了国人内心深处的文化期待,以高度的文化自信打开了文化传承的密码。

作为一线教师,我更加坚信"语文"中蕴含的文化力量,相信学生们对语文文言经典最虔诚的渴望。而我需要思考并实践的是如何挖掘文言教材内容、丰富教学策略,契合文言教学与传统文化,润物无声地让学生成为传统文化忠诚的继承者和传播者。

二、现状分析:相濡以沫,契合文言与文化

(一)文化浸润课堂

近几年呼吁语文教育回归"中国化",全国中小学教材中文言篇目大幅增加,旨在引导学生知道过去、了解现在、正视将来,找寻自己的文化时间轴。可是,文言文教学自身一直处于尴尬的境地,教师一味串讲,学生死记硬背,教与学的体验都变得生硬死板,枯燥无味。文言比重日益增大的趋势与教学模式的一成不变,形成强烈矛盾。

或许,传统文化浸润课堂可以成为文言教学活力再现的一条生路。

(二)文言传承精神

当今社会外来文化的侵入,传统文化的断裂,造成了国人信仰危机、道德危机、文化危机等精神缺钙现象,引发了一系列的社会问题。人们愤慨国人素质的下滑和信仰的缺失,期待语文教育能收复精神失地。文言作为文化的衍生,文明的记录,成为传承传统文化最适合的载体。《烛之武退秦师》中赤胆忠心的爱国主义,《归去来兮辞》中与世无争的淡泊品格,《陈情表》中乌鸦反哺的崇孝思想,《廉颇蔺相如列传》中海纳百川的包容精神……只要文言流传,文化可以不巧!

三、实践策略:春风化雨,传承文言与文化

(一)诵读文言,感悟文化

从蒙学到经学,古代学子们在反复诵读中,出于口,入于耳,了然于心,直接而迅速地感知语言的优美。诵读,是语文课的第一教学法,读出韵味,读出形象,读出情感,读出思想。

现代文言教学的现状是教师串讲翻译,学生记笔记,经常把诵读的时间"节省"掉了。语文课上没有或少有读书声,缺少了语文味。不如让学生潜心诵读,在润物无声中体悟语言文字的美,接受审美熏陶和文化浸濡。

古人云"读书破万卷,下笔如有神""操千曲而后晓声,观千剑而后识器",潜心涵泳、感受声律、捕获形象、揣摩文化,让学生在不知不觉中经历一个由感到悟的过程。当然,在诵读的过程中需要教师诵读的指导,要注重诵读的升降缓急、声调的高低、语气轻重。

经过节奏、语气的把握与情感的分析,诵读使陌生的课文变得熟悉,使深奥的文章变得平易,把"躺"着的文字,用声音"立"了起来。本节课用了大量时间作朗读指导和朗读训练,但是读后的讨论变得轻盈,理解变得深刻。

(二)析言品文,挖掘文化

汉字是中国的脊梁,承载了华夏五千年的厚重历史。引导学生品读文字、理解本义、挖掘现象,进而探索其隐含的传统文化现象,这是一个渗透传统文化的时机。

在文言中"言"的分析中,我们可以从文化的高度和深度来梳理文章中的文化内涵,力求从整体上有一定深度的观照,以期夯实基础,挖掘文化意蕴。

(三)知人论世,解读文化

孟子说,诵其诗,读其书,知其人。"知人"是指知道作者的身世、生平、性格、志趣、思想等。"论世"是指联系评论作者所生活的时代。

文言教学中,教师对文本的解读多半停留在作品内容本身,侧重于"言"的解题。

文言练习中，对课文内容理解的相关题目普遍得分率低。书、人、世的关联解读，或许是把文章读懂读透的另一种途径。教材中光照千古的文学名篇，赫赫有名的文坛大家，不是简单的一个名字符号，而是一段与众不同的经历，一种古今认同的精神。"知人论世"是一种教学方法，更是一种阅读方式，将这一个个用灵魂行走于文字间的人，定格于年轻的生命，沉淀于文化的长河。

中学阶段同学们对苏轼的作品接触不少，但是认识依然零碎而表面。笔者以苏轼为专题，以人生经历为线索，将几首代表性诗文比较阅读，使学生对苏轼有一个更整体更深刻的认识。

围绕苏轼诗词比较、性格变化、文人共性的品鉴，学生对苏轼诗品与人品的了解更加系统而全面。从教材中苏轼的作品出发，适当引申相关作品，围绕苏轼起起伏伏的人生经历，学生便能品味出"豁达"两字中蕴含的悲凉、愤慨、释然、洒脱、达观等人生况味。

文化是国家与民族之魂。语言文字是民族文化的重要部分，也是打开文化的一把钥匙。没有传统文化皈依，心灵注定永远荒芜。

(四)体验演绎，诠释文化

文言文语言简练，意蕴深厚，加上距离现代生活较远，而学生的古代文化积淀又有限，使得文言文有时候显得"面目可憎"。笔者认为可以将遥远而平面的古代文言，改编成现代舞台剧，再加上学生自己设计的背景、服装、灯光、音效等。学生在体会表演带来的乐趣的同时，更加身临其境地体验传统语言和文化的魅力。

游戏式的方式激发了学生强烈的学习兴趣，将静态的训练解读变成动态的体悟感受，古典的"言"注入了现代"文"的思考，把传统文化精神的传承落到实处。

(五)评论写作，积淀文化

高中流行"三怕"，即"一怕文言文，二怕周树人，三怕写作文"。虽然有点言过其实，却可见学生对文言文与写作的畏惧。挖掘传统文化精神，巧用文言素材，融入写作，需要指导，训练学生把文言从孤立单一的串讲模式中提炼精华。

课内文言蕴藏着丰富的素材资源，是揣摩写作的标本，是激发想象的触媒，是征引材料的宝库。活学活用课文素材，再加上一些连缀成文的方法，何愁写起作文来不左右逢源呢？在高中阶段不可能读万卷书，却可以最大限度地调动积累的课本素材。在历年高考作文中，许多佳作都引用、化用或巧用了课本中的材料，使作文别有洞天。

节选自《史记》的《廉颇蔺相如列传》就是一篇杰出的传记作品，成功塑造了智勇双全的蔺相如、知错能改的廉颇、知人善荐的缪贤、人尽其才的赵王等人物。《史记》作为一部英雄谱、一部名人录，启迪智慧，引人深思，鼓舞读者向善、坚强。通过对人物评论的习作，我们可以从不同角度和话题来更加深刻地解读人物，积淀中华民族的人文精神。

"厚积薄发"，有丰厚的积累，有大量的知识储备，才能写出精彩的文章。广泛地文言阅读，涉猎古今中外，开阔视野之余，在写作时予以运用，引经据典，移花接木，可以让文章散发出厚重的历史质感和浓郁的文化气息。

四、总结经验：千淘万漉虽辛苦，吹尽狂沙始到金

关于文言文教学与传统文化的契合实践，从案例设计到教学尝试，笔者的经验在一步步积累与丰富。克服"字字落空、句句翻译"的言而无文的弊端，通过阅读、写作、活动，以文带言的方式，让学生理解文字、欣赏文学、传承文化，更好地实现了文字、文学、文化的融合。

明文意。效法古代教学，在日积月累的强化诵读中，同学们对佶屈聱牙的句子，生僻古奥的词语，克服了畏难情绪，追求"一字未宜忽，语语悟其神"的境界。忽然发现，学习生僻字成为学习文言的又一突破口。

学审美。同学们对文言作品中经典的人、事、景、物的故事，通过读、品、演、评、论等，通过文、音、画、情、韵等特性的体味，对经典文言解读更加丰厚。文言，不仅只有眼前的艰涩，还有文化的远方。

塑精神。一个汉字就是民族的'全息码'，每一篇文言就是一部分的文化史。同学们了解了传统文化现象，汲取了民族文化智慧，最重要的是对民族精神的认可与内化，成为自身的信仰与追求。

契合文言与文化，我们从文字、文学和文化的视角进行学习，更好地实现了文言文的认知价值、审美价值和文化教育价值。

五、反思不足：任重道远，不畏浮云遮望眼

面对文言与文化结合实践过程中存在的诸多状况，笔者实践至今，思考至今。

"文而少言"需避免。在设计教学时，笔者有时候不自觉地依照自己喜好，加入或者过多加入"人文性"的内容，而弱化了学生对字句法的落实，一不小心将文言文教学推向另一个极端。有"言"无"文"太枯燥，有"文"无"言"太空洞，"文""言"并重最是真。曾有人预言说文言文教学不是"死于章句"，就是"废于清议"。这话虽夸张了一些，但一针见血地指出了文言文教学的两大弊病。

"文化系统"需构建。传统文化体系庞大、内容丰富，笔者在文言教学实践过程中，在选择文化切入点时既灵活又随意。笔者思考应该将文化的契合点有效整合，建立系统的文言文化知识体系，从文体的文化特点、作者的文化特性、具体的文化内容

(天文历法,地理域志、称谓礼仪、科举职官、精神内涵)等方面分析编排。

"与时俱进"需谨记。传统文化处于文化多元、信息多元的现代环境之中,一以化之、全盘灌输必不可取。例如"日出而作,日落而息"可以理解为勤劳善良,也可以理解为安于现状、不思进取的思想。我们只有站在时代高度,辨证取舍,汲取精华,清除糟粕,才是正确地发挥优秀文化的作用。

人可以在一夜之间成为土豪,不会在一夜之间成为文豪。传统文化的传承浸润是一个日积月累、潜移默化、循序渐进的过程。"张嘴就显中国风,抬手就是古典范",任重而道远!

参考文献：

[1] 罗婕.高中文言文传统文化教学的方法研究[D].重庆:西南大学硕士论文,2009.

[2] 张蒙.高中文言文中的传统精神文化教学[D].长春:东北师范大学硕士论文,2013.

[3] 刘雪峰.传承文化:高中文言文教学的重要使命[D].重庆:重庆师范大学硕士论文,2012.

[4] 张斌.浅谈语文新课程教材素材的活用[J].现代语文(教学研究版),2011(2):1.

[5] 刘艳.高中文言文的教学[D].济南:山东师范大学硕士论文,2015.

[6] 武秋芝.试谈文学作品教学中"知人论世"方法的运用[J].现代语文(文学研究版),2007(11).

[7] 王秀枝.高中文言文教学中加强传统文化教育初探[D].石家庄:河北师范大学硕士论文,2008.

高阶思维在高中英语单元话题阅读课中的应用和探究

杨华芳

一、引 言

随着高考英语的改革,提高学生语言综合素质,塑造可持续性发展的人才成为高中英语教学的首要任务。无论是课堂教材,还是英语高考卷都体现着两个特点:开放性和生活化,这就要求学生在具备扎实的语言积淀的同时,也应该具有较强的创造性和辩证性思维能力。

"英语应当为思而教"。高中英语单元话题阅读课是整个单元教学的重心,传统课堂绝大部分聚焦于对知识点的记忆和理解,或者句型和语法的应用,但却忽视了培养学生分析、综合、评价三个高阶思维。本文试图通过探讨如何以课文单元话题教学为依托,在实际教学中培养学生的高阶思维,有效激发和培养学生的创新意识和思辨意识;同时探讨如何通过一系列教学设计,达到高中英语单元阅读教学的优化。

二、理论依据

1. 思维品质的内涵

《普通高中英语课程标准》(教育部,2018)对思维品质做了如下定义:思维品质指思维在逻辑性、批判性、创新性等方面所表现的能力和水平;思维品质体现了英语学科核心素养的心智特征。

2. 高阶思维定义

美国著名教育学家布鲁姆把思维过程具体化由低到高分为六个层级:知识、理解、应用、分析、综合、评价。而后Anderson等对其进行了改进,新的六个层级分别为记忆、理解、应用、分析、评价和创造。前三个被称为低阶思维,后三个被称为高阶思维。

三、单元阅读课堂高阶思维教学环节的设定

基于对高阶思维的理论理解,结合多年的教学实践探索,笔者把单元阅读课堂高阶思维教学环节做了以下几个设定,并进行了应用和进一步的探索研究。

1. 分析:分析文本的篇章结构;分析语言的隐含之意;分析文本衍生之义
2. 评价:评判语篇中作者的情感态度和价值观;评价自我语言习得
3. 创造:迁移语篇知识,生成自己的作品

四、基于高阶思维英语阅读课的教学实践

现以人教版第一模块单元教学实例出发,从课堂活动和课堂提问两个角度,具体阐述高阶思维在阅读课中的应用和探索。

(一)立足三个维度,提升分析思维

1. 梳理文本,分析文本结构

篇章结构是文本的骨架,是凸显文本主题的方式和谋篇布局的手段。引导学生识别文体,有助于培养学生对语篇特征的敏感性;要求学生分段并概括大意,有助于培养学生分析篇章结构,高度概括的思维能力。浙江英语高考卷中的 Summary writing 一题中,试卷提供一篇350词以内的短文,要求学生基于该短文写出一篇60词左右的内容概要。这一题型的一个出发点旨在考查学生的高级思维能力,并结合自身的语言素养和能力,生成自己的作品。因此教师要利用平时的课堂教学,从高一开始,着力培养学生找中心句、中心段,分段,甚至用自己的语言概括文章中心的分析能力。

总支,梳理文本结构,培养学生篇章结构分析能力,是高中文本教学的非常重要的一个环节,教师可以通过多种教学设计引导学生,帮助学生提升文本分析思维。基于文本,培养学生概要能力,要成为一种教学常态。

2. 赏析句子,分析语言隐含之意

高中生在阅读文本或解答阅读理解题时,语言方面往往局限于英语翻译中,答题时往往局限于从句子或段落中寻找答案。因此笔者认为教师在阅读课教学时,要从语言本身出发,从多方面,尤其是修辞方法和情感词汇两方面引领学生赏析好词好句,分析语言隐含之意,鉴赏语言内涵,体会语言之美,从而帮助学生逐渐脱离被动阅读和浅层次阅读的不良状态。

(1)关注修辞方法

修辞手法是为提高表达效果,通过修饰、调整语句,运用特定的表达形式以提高语言表达作用的方法。比喻能使抽象具体化,拟人能使物人格化,夸张能突出特征、引起共鸣,排比能增强语势。在英语文本中常见的四种修辞方法:比喻、拟人、夸张、

排比,教师在课堂教学中务必让学生体验、分析、习得,并运用到自己的写作中去。

(2)关注情感词汇

在叙述性文本中,人物的情感特征和人物品德的分析是分析语言隐含之意的常见教学环节。通过对情感词汇的显性分析和隐性分析,更能彰显文本立意,突出中心,使人物栩栩如生,也能帮助学生更好地理解文本,带着情感朗读和理解。笔者认为情感词汇不能仅仅限于形容词,它也应该包含能表现人物情感和性格的动词、副词、连接词或者强调句、祈使句、倒装句等特殊句型。

通过分析文本中情感这一个环节,不但活化了课文内容,而且能使主人公人物形象栩栩如生,让学生们学以致用,并产生进一步阅读的渴望。语言文字本身包含着丰富的文化信息,因此,教师应帮助学生在阅读中细细体会特定词语后面的道德倾向和文化意蕴,深切理解和感受语言文字的内涵和魅力。

3.深入阅读,分析文本衍生之义

教师的工作之一是"育人"。英语教师同样可以利用单元文本,利用辩证性和批判性思维,引导学生,教育学生。在课堂上,教师引导学生深入阅读,分析作者写作意图,让学生成为真正具有辨证分析能力,并成为具有文化素养的人。

以模块一Unit 3 Journey down the Mekong为例。文中第三自然段有这么两句话引起了笔者的注意。1.From the atlas we could see that the Mekong River begins in a glacier on a Xizang's mountain.2.We were surprised to learn that half of the river is in China.3.At last,the river enters the South China Sea.众所周知,南海主权归属一直是世界热点,提出分割海域的国家有越南、菲律宾、马来西亚等国家,而中国是最早并持续对南沙群岛行使主权管辖的国家。学生对南海可能了解不多。因此笔者从the South China Sea中China一词出发,有意识地利用地图和视频进行了这一块内容的补充。事实证明,学生们对中国地理和历史非常感兴趣,同时也培养了他们的爱国情怀。

总之,教师在审读教材的时候,要时时注意文本语言中的深沉含义,分析文本衍生之意,进行德育教育的渗透,并努力剔除不符合本国学生价值观、人生观的语言材料。

(二)基于两个能力,提升评价思维

笔者认为,高阶思维中的评价思维主要包含两个方面:(1)评判语篇中作者的情感态度和价值观;(2)评价自我语言习得。在实际教学中,笔者就如何提升自我评价思维进行了探索和研究。

1.课堂留白

在阅读课中,笔者建议每堂课预留三到五分钟的时间,通过多种教学手段进行评价。语言习得评价可以通过句子翻译、文章缩写填空等方式;情感价值习得可以通过问题设置、小组讨论等方式就文本中的人物情感、文化观念、人文礼仪等进行评价和反思。

2. 错题反思

让学生摘录错题,反思错题,有助于学生自我语言习得评价,有助于提高学生思维的深刻性、逻辑性和批判性。把错题摘录后,学生往往会得到一份正确的答案。经过一个阶段以后,教师可以收起全班的错题本,摘录其中的高频错题,整编成试卷,再次检测。同时学生需要对自己知识点掌握进行自我评价:什么题我已经掌握了？什么题我第二次还会错？我存在什么知识漏洞？我应该怎么弥补？学生可以把反思写在错题本上,教师可以及时指导。错题本和错题反思本是自我语言习得评价的比较实用的教学手段和方式,在提升自我评价思维的同时,也能激发学生积极主动的学习。

（三）迁移语篇知识,提升创新思维

传统教学中,学生的思维往往因循守旧,受思维惰性和刻板的影响较大。教师要引导学生善于摆脱习惯的影响,让他们活学活用,并创造出自己的作品。教师可通过设计一些训练题,让学生一题多解,最大限度地学习、复习、巩固、运用已学语言,培养学生举一反三、触类旁通的创造性思维能力。

当然这些教学活动要求教师认真备课,以单元整体教学为出发点,并在具有一定的课堂掌控能力的前提下而设计。在实际课堂教学过程中,教师要重视技巧点拨,讲究训练策略来开发学生的想象力。

下面笔者以 M1U4Using language A Letter of Invitation 为例

笔者在课堂上讲解了邀请信写作策略、常用句型、字词和写作注意事项,并欣赏了课文中的一份邀请信。由于课堂40分时间的限定,在课堂上教师主要侧重文本的理解和句型的操练。但为了激发学生写作兴趣,巩固课堂内容,笔者特意设置了一个开放型的任务:几年以后,请写一份结婚邀请函给英语老师,邀请她参加你的婚礼。因为话题新颖生活化,学生们发挥了丰富的想象力和创造力,其结果让我大出意料,简直可用"惊艳"来形容。课后,经过仔细评阅,我把最好的15份邀请信函贴在墙上展示,反响强烈,受到了学生的一致欢迎和好评。

当然,语篇知识的迁移使用,除了文字手段以外,也可以用视频录制、小报绘制、英语戏剧等多样化方式,开发和提升学生的创造性思维,衍生出自己独特的作品。

总之,英语应当为思而教,把语言习得应用到实际生活中去,并具备自己的辩证性和创造性思维才是英语教学的最终目的。所以,教师要把学以致用这一理念放在教学首位。

五、结　语

思维品质指思维在逻辑性、批判性、创新性等方面所表现的能力和水平。教师在阅读课堂的教学设计活动时要尊重学生思维发展的规律，并以培养和提升学生思维品质，尤其是把提升学生高阶思维能力作为教学的最终目标。让文本问题化，问题思维化，思维活动化，是英语阅读课堂追求的理想化模式！要达到这种理想化模式就要求英语教师做到以下几点。

1. 文本解读到位

教师在研读文本的同时，要从多维度出发，设置高质量的问题，提升思维品质，并寓教于学，帮助学生开拓国际视野，树立正确的人生观和价值观。

2. 活动设计到位

活动设计应该以学生为中心，以思维为核心，引导学生展开比较、分析、概括、评价、创新等课堂活动，而不仅仅是简单地活跃课堂氛围，要努力提高学生课堂的参与度。

总之，阅读是语言和思维交互作用的过程。英语阅读教学是培养学生高阶思维能力的有效途径。教师要注重学生语言能力的培养，要始终关注语言和思维两者的统一，从低阶到高阶，通过各种问题和活动的设计，搭建好思维解题，使阅读教学的过程也成为思维开发的过程。

参考文献：

[1]　教育部.普通高中英语课程标准(2017年版)[S].北京:人民教育出版社,2018.

善用阅读材料　助力写作发展
——核心素养下阅读理解促进写作能力发展的研究

柳　婷

【内容摘要】 阅读理解和书面表达是英语高考试卷中重点考查的题型，旨在考查学生综合语言运用能力。但在日常的练习中，往往被分隔成两个完全不同的部分进行训练。笔者希望能通过善用阅读理解材料，提取有用部分，如体裁结构、语言特点、写作素材等为写作训练提供语言基础。结合写作过程中的词汇、段落、篇章和句法表达等语言运用技巧，进行训练，促进学生书面表达能力的发展，增强文化意识，提高思维品质，全面发展学习能力。

【关键词】 核心素养；写作；语言素材

一、研究背景

党的十九大指出：要全面贯彻党的教育方针，落实立德树人的根本任务，发展素质教育，推进教育公平，培养德智体美全面发展的社会主义建设者和接班人。面对我国高中阶段教育基本普及的新形势，教育部将课程标准进行了修订，使之成为既符合我国当下英语教育实际情况，又具有国际视野的，体现中国特色的普通高中课程体系。

《新课标》中凝练了本学科的核心素养，更加强调提高学生运用知识解决实际问题的综合能力。新高考改革也相应地在考查内容和考查题型上进行了改革，对学生的能力提出了更高要求。

在高中英语教学中，写作的日常教学占有非常重要的位置。新高考改革，试卷中书面表达所占的分值提高至40分。写作教学一直备受教师重视，可教学效果却不那么理想。一方面，学生的词汇量，文化素养以及写作技巧与写作能力有密切的关系。另一方面，教师所采用的教学方法也会影响到学生的写作兴趣及对写作方法、写作策略的掌握和应用。

此外,高中教师对学生的阅读训练也非常重视。但是对训练后的讲评却研究不多,就题讲题是常态。这就直接导致了在教学实践中的低效现象。不仅仅是讲评的低效,还有阅读材料利用的低效。教师对完型、阅读题只校对不讲评,或逐题讲解,毫无针对性,或满堂灌。学生被动接受,缺乏自主思考的过程。主体作用得不到发挥,学生解题积极性不高,做题质量没有保证,直接影响成绩。

随着新高考改革的推进,试卷考查方向也发生了变化。试卷中阅读理解材料跟课本比起来,文笔更优美,内容更新颖,更结合生活实际,比较能引起学生的兴趣和共鸣。如果能好好利用起来,就在一定程度上弥补了教材中普遍存在的故事性资源缺乏。

二、理论依据

建构主义理论强调了个体或学生在学习中起到的重要作用。建构是互动的结果,是人与人之间交往的结果。Richard Badger认为,语言的发展是客观经验与天生能力相互作用的结果。维果斯基(Lev Vygotsky)的"最近发展区理论",布鲁纳(Bruner)的"发现学习理论"和杜威(Dewey)的"经验性学习理论"都说明了这一点。

传统的成果写作教学法、体裁写作教学法和过程写作教学法有各自的优势和缺陷。Richard Badgert和Good ith White两位学者对比分析了三种方法的优劣,融合了三者的长处,弥补了不足,提出了过程体裁写作教学方法。这是一种综合性的教学模式,它充分体现了从传统的以"教为中心"转变为现在主流的"以学为中心"的实质。这也遵从了《新课标》中多次强调的学习过程应该以学习者为中心的理念。"以学生为中心,培养学生把写作看作是一个动态的,需不断修改提高的心理过程。"是过程体裁法的一大特点。

三、具体实施步骤

笔者从学生平时的练习中选取一些记叙性的语篇为素材,将文本分析、语言品味和读后续写有机结合起来。引导学生全面解读语篇中的内容、主题和线索,摘录重点词汇和表达,学习写作技巧。在理解文本的基础上进行仿写。在熟练掌握技能后再进行创造性写作,融合了学生的知识学习和技能发展,提高了学生读后续写的写作能力。同时,把德育渗透在教学中,引导学生树立正确的人生观和价值观。接下来,笔者就以一次练习为例,具体讲讲操作步骤。

1.文本阅读

阅读是学生语言输入的主要方式之一。笔者对一次仿真训练中的语篇进行精读。第一阶段,我们把主要精力设定在阅读策略的培养上。

Comprehending(原文见附件)

善用阅读材料 助力写作发展

Task 1. Read the passage and answer the following questions.

Question 1: When did Ally's father die? Did she miss her father? Find evidence to prove that.

Answers: Her father died last summer. She missed her father very much.

Evidences:

1) She sank slowly into her father's favorite chair and stared at…on his desk.

2) Ally…, looked at her father's picture on the bookcase.

3) Ally smiled. "I miss you, Dad," she said softly.

4) After her mother left, Ally reached for the first photo album she and Dad had put together.

5) Ally smiled, remembering the excited look on his face…

6) Ally leaned her head back and closed her eyes, letting her mind wander. She loved thinking about the times she and Dad…

Question 2: How did Ally's father feel when he read the news about the wood warbler in a local newspaper? Find evidence to show that.

Answers: She was excited.

1) Ally smiled, remembering the excited look on his face when he first showed her the pretty bird.

2) "I can't believe someone spotted this little guy way up here in New Jersey," he'd said, his eyes sparkling.

…

Task 2. How did Ally's feeling change?

When	Ally's feeling	Evidence to show her feeling
her father died	in great sorrow	her own tears were still frozen inside her heart
she thought about her father's death	angry	It wasn't fair, Ally thought, frowning. Dad was young and had never been sick. Why had his heart suddenly stopped?
she recalled her father	mixed feelings happy but at the same time upset	Ally curled herself up in the worn leather… Ally smiled. "I miss you, Dad" She thought softly. She loved thinking about the times she and Dad… If only I could get that good feeling back, she thought, sighing.

171

续表

When	Ally's feeling	Evidence to show her feeling
she was in the woods	relaxed, contented, joyful	Their sweet songs echoed… Familiar smells of the earth rose up to greet her Ally felt content for the first time in a long while…
she spotted the wood warbler	excited, grateful, relieved	An excited feeling bubbled up inside of Ally as she searched the sky. Ally blinked back tears. "Thanks, Dad," she whispered…

设计意图:通过文本中的细节描绘的表达,找出主人公的情感变化。以情感变化为线索,帮助学生理清故事发展的方向。情感线索往往是语篇的暗线。让学生学会找出文本中的情感线索,能锻炼学生合理展开想象。

Task 3.Further thinking

Q:What's the theme of the story?

A:I'll always miss our times together,but I feel better now.

Try to cheer up when our beloved ones died.We can miss them but never drown ourselves in sorrow.

设计意图:学生通过对主题的挖掘,正确理解文章所要传达的正能量。帮助学生在读后续写练习中紧紧围绕主题,使结构紧凑,内容不跑偏。同时,帮助学生树立积极、阳光、正面的人生观和价值观。

2.写作技巧

文章阅读感受的好与坏,不是因文章中用了几个高级词汇,写了几个高级表达,几个从句等决定的。而是要看这篇文章的字里行间中所体现的内容是否生动有趣,细节描写是否到位。因此,第二阶段笔者设计了一些任务,来帮助学生去学习、体会文章中出现的几种写作技巧。

Skill 1.Show,rather than Tell

一篇可读性强的文章,也就是好的文章能让读者喜欢阅读,通过文中的语言、动作、心理活动、面部表情、眼神等体验整个故事的发展,而不是通过作者直接的说明和概括。通过引导,让学生去了解作者是怎样通过丰富的描写,在读者心中描绘出一幅幅生动形象的画面,让读者身临其境,而不是重复一些空洞的词汇来进行说明。

Q:When you display a certain kind of emotion,think about how does this emotion affects your body language?

- What would your face be doing?
- What would your mouth be doing?
- What would your eyes be doing?
- What would your feet be doing?
- What would your hands be doing?
- What would your heart be doing?

原文中,我们可以找到下列句子

How to show sadness:

- "Nothing will ever be the same again," Ally whispered. (words)
- ...her own tears were still frozen inside her heart. (feelings What would your heart do?)
- She sank slowly into her father's favorite chair... (action)
- Ally curled herself up in the worn leather chair and... (action)
- If only I could get that good feeling back, she thought, sighing. (thoughts+action)

How to show excitement:

- Ally smiled, remembering the excited look on his face when he first showed her the pretty bird. (facial expression)
- An excited feeling bubbled up inside Ally as she searched the sky. (feelings What would your heart do?)

Skill 2. The Use of Adverbs

- She sank slowly into her father's favorite chair..
- Ally blinked back tears. "Thanks, Dad," she whispered slowly lifting her camera and taking careful aim.

Skill 3. Figures of Speech

- Familiar smells of the earth rose up to greet her. (personification)
- She could almost hear her father's laughter in the gentle breeze as she listened for the sweet-sweet-sweet song of the special bird. (onomatopoeia)

3. Applying writing skills

从心理语言学的角度来讲,只要是结构化的语言输出,就必然需要先在头脑中进行规划。这一阶段,教师则需要设计一些有针对性的题目,辅之以一定的策略,来帮助学生有组织地去提取词汇、时态、句式等,积极有效地促进学生进行语言输出。经过学习后,学生的文章明显条理更清晰,在逻辑性、连贯性和可读性上提高不少。文章如下：

题目：Tony had a little dog when he was a kid. They grew up together, went everywhere together and were best friends. However, as the dog grew older, he got seriously ill. Tony had no choice but to practice euthanasia(安乐死) to him.

Write a short paragraph of about 80 words to describe how Tony felt and what he did after the dog died.

> Tony sanked slowly into his bed and curled himself up, looking at the photo which was taken when he touched Lucky and laughted happily. "I miss you, Lucky." he said softly and couldn't help crying. Then he stared at the door, remembering everyday when he went back home, Lucky would wag its tail cheerfully with its eyes sparkling. And he would give Lucky a big hug and patted him on the head. He also recalled the happy time when he walked Lucky and they ran after each other. And he felt a flood of warmth when he thought of the company by Lucky during the lonely days. Countless sweet memories surged through his mind. After that, he decided to write all these sweet memories down in memory of Lucky.

> Tony sank slowly into his favorite chair and thumbed through the album containing dozens of Buddy's photos. All sweet memories came crowding in. Buddy would lick its feet and wag its tail when he came back from school; Buddy would run loose around him cheerfully when he was taking a walk in the nearby park; Buddy would lie at his feet noiselessly when he was reading... Tony felt seized by a burst of sadness, his heart aching and tears streaming down his cheeks. "I'm sorry, Buddy. How I wish you were still with me!" Tony murmured to himself.

4. 反思整理

把原始阅读文章中的写作技巧应用于写作，把语篇知识的笔记、摘录的语言素材，分类归档，以待后用。这样能让学生把相关知识进行梳理，帮助学生发现不足。

同时也有利于激发学生的写作热情。让学生在自己的点滴进步中体会到成功的喜悦。对于教师而言,也能够从学生的材料中发现教学中存在的问题,及时改进,从而提高教学质量。

四、思考与启示

英语写作的关键就是写什么和怎么写。传统写作教学模式往往是:教师出题,学生写作,教师批改。我们往往花费了大量的时间和精力在写作上,但效果却不怎么理想。在日常教学中,我们对于学生的写作思路的养成上还远远不够,却错误地把注意力集中在避免一些语法和语义的错误上。强调语法的正确性,则使得学生花费很多时间,在写正确的句子上。可是学生的写作实际,却是用词不够准确地道,文章不够顺畅,逻辑性不够强,可读性不够高。

通过利用真题、仿真题中的阅读、完形等阅读材料,处理分析,结合写作训练,对材料善加利用、模仿,学习语篇结构、词汇、句式和修辞。让学生在不断地模仿、修正、改良中提高写作水平。而这一过程又有别于传统的枯燥练习。让学生愿意去尝试,乐于去尝试,主动内化为自身的知识。

当然,在实际的操作过程中还是存在很多问题的,比如说材料的选择、内容的把握、对学生进行引导的方式方法的选择等等都还不够成熟。只能在接下来的教学教研过程中,通过不断尝试、摸索,慢慢完善,以期最终能形成一套适合学生学情的完整体系。

参考文献:

[1] 教育部.普通高中英语课程标准(2017年版)[S].北京:人民教育出版社,2018.
[2] 任永东,张建.论过程体裁法在高中英语写作教学中的应用[J].中国教育学刊,2014(5):4.
[3] 俞红珍.英语教材"二次开发"的途径[J].中小学英语教学与研究,2007(11):5.
[4] 王琛蕾.基于过程体裁法在高中英语写作中的研究[J].海外英语,2014(24):4.

附:

A Sweet Song

"Nothing will ever be the same again," Ally whispered. She sank slowly into her father's favorite chair and stared at the small American flag on his desk. It was the flag which Chief Russell had given to her after the funeral last summer, when he hugged her and told her how proud the Police Department was of her dad's work for them. His tears had warmed Ally's cheeks; her own tears were still frozen inside her heart.

Ally looked at her father's picture on the bookcase. Dad was sitting in the middle of a stream, wet through but grinning proudly. "I miss you, Dad, "she said softly.By this time last year she had already taken dozens of pictures. Ever since she could remember, she and Dad had been a team, searching the woods behind the house each weekend for a glimpse of the special wood warbler(林中莺).

Ally reached for the first photo album she and Dad had put together. On the cover a tiny orange bird with blue gray wings and sharp black eyes peered out of the photo her father had clipped from a local newspaper. Ally smiled, remembering the excited look on his face when he first showed her the pretty bird. "Ally, I bet if we search real hard, we'll see this little guy together some day."

They'd never spotted the warbler, but her father had an amazing way of making each outing seem special. Staying with Dad, Ally felt comfortable "If only I could get that good feeling back"she thought, sighing.

Staring at the bird, suddenly, she knew exactly what she had to do. Grabbing the little flag, she placed her camera around her neck and hurried outside. Ally stuck the flag among the flowers in the garden. Please let me see the warbler, she murmured to herself. She gave her worried Mom a kiss and then set off into the woods.

Familiar smells of the earth rose up to greet her. Some things never change, Ally thought. Quickening her pace, she hurried to the rock by the stream where she and her father used to sit and eat lunch. She sat on it, with her face toward the sun. Overhead the sky was filled with birds busily diving to gather dried grass to place in their nests. Their sweet songs echoed throughout the woods. Ally felt content for the first time in a long while. She could almost hear her father's laughter in the gentle breeze as she listened for the sweet-sweet-sweet song of the special bird. All too soon, the sun disappeared behind thick gray clouds.

Determined to start out again the next morning, she was about to head home when a ringing birdsong floated down to her. It was prettier than any she had heard before. An excited feeling bubbled up inside Ally as she searched the sky. A flash of orange dashed down and rested on a nearby branch. For a moment Ally couldn't believe her eyes, but it was true. The tiny wood warbler just sat there, looking around, as if it were waiting for something. Ally blinked back tears. "Thanks, Dad, "she whispered slowly lifting her camera and taking careful aim. Things will be different without you. I'll always miss our times together but I feel better now.

基于思维品质培养的高中英语读写教学案例探析

余秋萍

【内容摘要】 依托教材设计教学活动是落实思维品质培养的有效途径。笔者基于思维品质培养的需要,以人教版必修1 Unit4 Earthquake的阅读文本为材料,探究培养学生思维的灵活性、逻辑性、深刻性、应用性和创造性的实现途径,并引导学生阅读写作两大技能互相促进。

【关键词】 高中英语;思维品质;阅读写作技能

一、英语学科核心素养与思维品质的内涵

随着新一轮课程改革的推进,普通高中英语课程的具体目标是培养和发展学生在接受高中英语教育后应具备的语言能力、文化意识、思维品质、学习能力等学科核心素养(教育部,2018)。其中,思维品质是心智特征,主要指思维的灵活性、逻辑性、深刻性、应用性和创造性等思维特点,要求学生能辨析语言和文化表现的各种现象,梳理、概括信息,建构新的概念,分析、推断信息的逻辑关系,正确评判各种思想观点,创造性表达自己的观点。课堂教学作为课程改革的主阵地,除了培养语言文化和学习策略,还必须关注学生思维品质的发展。

二、思维品质培养在英语教学中的现状

思维品质培养在英语课堂教学中没有得到充分重视,教师对训练思维方面的关注远远不够。在不少一线教师的课堂中,阅读教学侧重于让学生提取文本表层信息和细节,碎片化的任务设计缺乏思维的深度,忽视了学生自主思考意识的培养。教师在写作教学中强调套用句型或者单纯给予写作要求,设计脱离文本,不能促进学生有效输出。

依托教材设计教学活动是落实思维品质培养的有效途径。笔者以人教版必修1

Unit4 Earthquake 的阅读文本为材料,探究培养学生思维的灵活性、逻辑性、深刻性、应用性和创造性的实现方法,引导学生提升阅读写作两大技能。

三、以提升思维品质为核心的英语教学的实现方法

(一)活用语篇解读方法,培养思维灵活性

语篇文本解读一般包括对语篇的标题、作者、文本、结构、语意、语言、策略等方面的解读与探究。目前的英语教学普遍对文本理解表面化,提取信息浅显,忽视思维能力深层次发展。教师需要引导学生进行多维度、多方法、多层次的理解。

1.感知直观信息,积极预测主旨

采用头脑风暴的手段,引导学生利用标题、图片等信息积极预测主旨,激活学生背景知识和兴趣,有助于学生发散思维和联想思维的培养,经历"感知—预测—获取"的思维活动过程。

T:Please take a look at the pictures and the title A Night The Earth Didn't Sleep and guess what the text might be about.

2.梳理衔接方式,抓住语义线索

文本句子或段落间的衔接和线索能够帮助解析行文逻辑关系。学生通过对此类信息进行分析、比较、概括,锻炼思维的严密性和灵活性。

T:Please have a look at the sentences in Paragraph 3 "But how could the survivors believe it was natural? Everywhere they looked nearly everything was destroyed." Tell what might be talked about in Paragraph 2 and Paragraph 3.

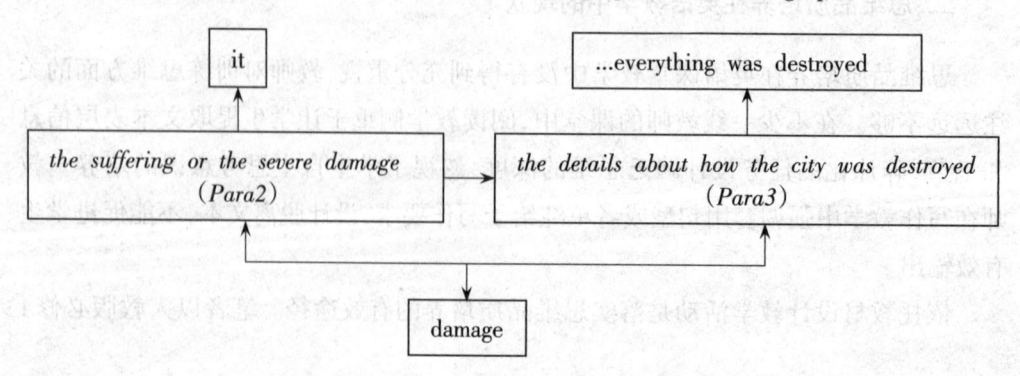

```
        it                              ...everything was destroyed
         ↑                                       ↑
  ┌──────────────────┐            ┌─────────────────────────────────┐
  │ the suffering or │            │ the details about how the city  │
  │ the severe damage│────────────│         was destroyed           │
  │     (Para2)      │            │            (Para3)              │
  └──────────────────┘            └─────────────────────────────────┘
           │                                    │
           └──────────────┐      ┌──────────────┘
                          ↓      ↓
                        ┌──────────┐
                        │  damage  │
                        └──────────┘
```

(二)循序渐进性设问,加强思维逻辑性

问题是重要的思维工具,教师设问要关注学生思维活动的内容和层次,有针对性、层次清晰、由浅入深地设问,帮助学生理解信息,激活逻辑性思维与深层思维。

按照布鲁姆的认知目标分类,教师提问也可以分为展示型问题、参阅型问题和评估型问题。三类问题在表现形式上和认知层次上表现不同的特性,对学生的语言能力有不同的要求,对发展学生不同的思维能力起着不同的作用。

1.读前巧问,体现情境

读前环节,教师可以创设情境,在开放式的设问环节中,让学生互相讨论和自由联想,实现信息理解和话题导入,引起思维共鸣。播放关于地震的记录短片,通过一些形象具体的图片及英文字幕解释再配上背景音乐,营造身临其境的氛围。

T: After watching the short video, how do you feel about the earthquake? What impresses you most?

S1: I am shocked by the destructive power of the earthquake.

S2: I feel sorry for the people in Tangshan.

S3: I saw tall buildings crack and fall down. A number of people were trapped and buried in the bricks. The city was completely destroyed by the earthquake and people were shocked.

2.读中追问,注重探究

在阅读过程中,教师可以多设计一些思索性的问题,帮助学生理解文本的深层内涵。教师在引导学生了解大地震威力的时候,可以追问 Which sentence describing the damage of the earthquake impresses you most in the text? 学生能得出 All of the city's hospitals, 75% of its factories and buildings and 90% of its homes were gone. 教师追问写作手法,继续追问这个数字形式的作用(体现了地震的巨大摧毁力)。通过不同层次的设问,学生走出浅层思维,发挥想象力,拓宽课堂教学中思维的广度。

3.读后设问,拓展思维

在执教中,笔者在梳理了唐山大地震的基本内容后,以时间为线索,提炼出了一条记叙发展主线。教师设问:The author talked about the signs, the damage and the rescue of the Tangshan earthquake. If the story did not end, what could be discussed later? 学生在得出可以谈谈唐山市的重建问题后,教师让学生探究重建措施。再给出续写段落的首句,接着教师追问如何写第二段的内容 Based on the logic of the given sentences of the two paragraph, "With so much damage, recovery was not easy." and "Sometimes we cannot avoid the disasters, however...", what will you write in the following? 设计有针对性、层次清晰、由浅入深的问题,训练学生逻辑性思维与深层思维。

(三)有效利用思维导图,强化思维深刻性

阅读给予我们的材料一般是以文字形式为主。为帮助进行有效信息转化、概括和建构,教师可以利用表格、图像、思维导图等形式将抽象信息具体化。教师将教学内容以直观的形式表现出来,能加深学生对主题的理解,关注不同段落之间的关系与层次,增强学生对文本的解读能力,培养学生思维的逻辑性和灵活性。

在充分研读文本材料后,教师通过思维导图(如图3),让学生迅速浏览课文,概括段落主旨大意,加工语言信息,学生对故事脉络的发展及结局可以进行合理推断。思维导图可以帮助学生释放创造力和想象力,融入文本创设的语境。

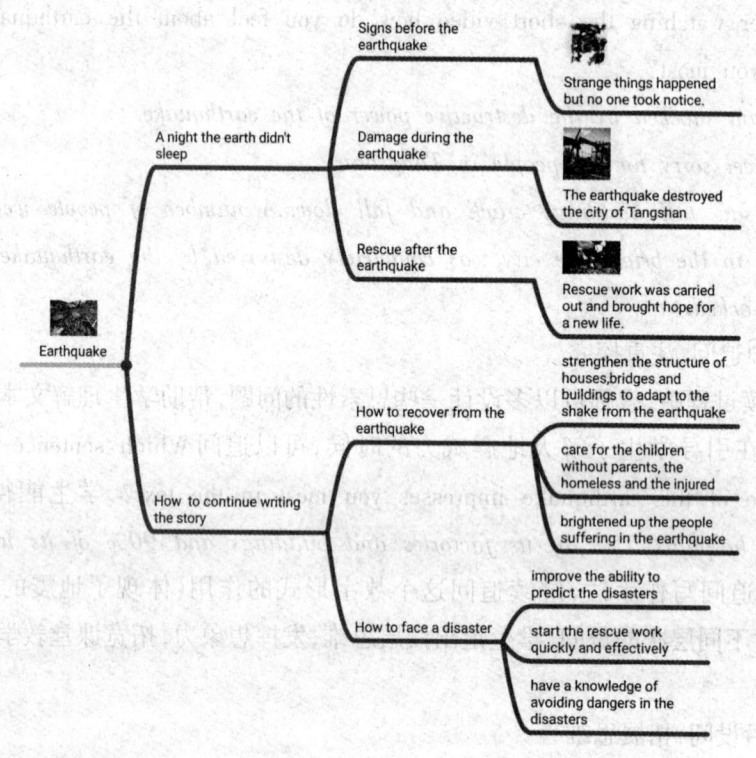

```
Earthquake
├── A night the earth didn't sleep
│   ├── Signs before the earthquake
│   │   └── Strange things happened but no one took notice.
│   ├── Damage during the earthquake
│   │   └── The earthquake destroyed the city of Tangshan
│   └── Rescue after the earthquake
│       └── Rescue work was carried out and brought hope for a new life.
└── How to continue writing the story
    ├── How to recover from the earthquake
    │   ├── strengthen the structure of houses, bridges and buildings to adapt to the shake from the earthquake
    │   ├── care for the children without parents, the homeless and the injured
    │   └── brightened up the people suffering in the earthquake
    └── How to face a disaster
        ├── improve the ability to predict the disasters
        ├── start the rescue work quickly and effectively
        └── have a knowledge of avoiding dangers in the disasters
```

(四)鉴赏话题性语言,提升思维应用性

1.充实话题库,激发学习兴趣

在文本解读的基础上进行语言解读,充实语言水平,开扩视野,运用已学话题性语言积极表达,形成自己的情感态度价值观。引导学生做好核心话题语言的提炼,并多角度创设该话题下的真实情境,通过读与写实现话题语言的循环提升。

T: Which words, phrases or sentences can be borrowed from the text when you are to write a composition about earthquake? Read and appreciate the language listed and tell the functions of using the verbs, numerals, the rhetorical devices.

Words	Phrases	Sentences
crack, burst, ruin, suffering, extreme, injure, survivor, destroy, useless, shock, rescue, trap, disaster, bury, shelter, damage, frightened	at an end; cut across; lie in ruins; be injured in...; be shocked at; the rescue workers; be trapped under the ruins; dig out the trapped; bury the dead; put up shelters for survivors	①The chickens and even the pigs were too nervous to eat. (The adverbials strengthen the feeling) ②In fifteen seconds a large city lay in ruins. (The number makes the language convincing) ③The army organized teams to dig out the trapped and to bury the dead. (The verbs give a vivid picture)

2.挖掘文本内涵,引起情感共鸣

语言是意义的表现形式。语言的精妙使用能准确体现写作意图,达到写作目的。阅读过程中,关注语言结构的特殊风格,挖掘和探究表达意图。

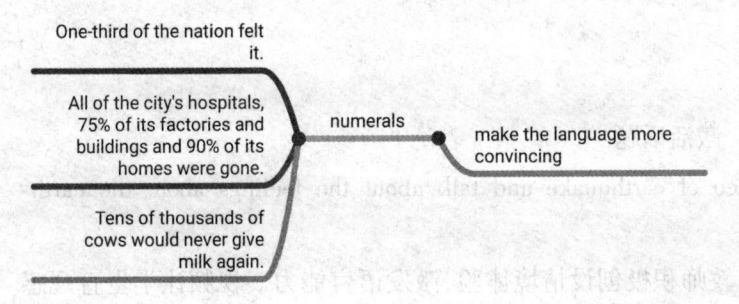

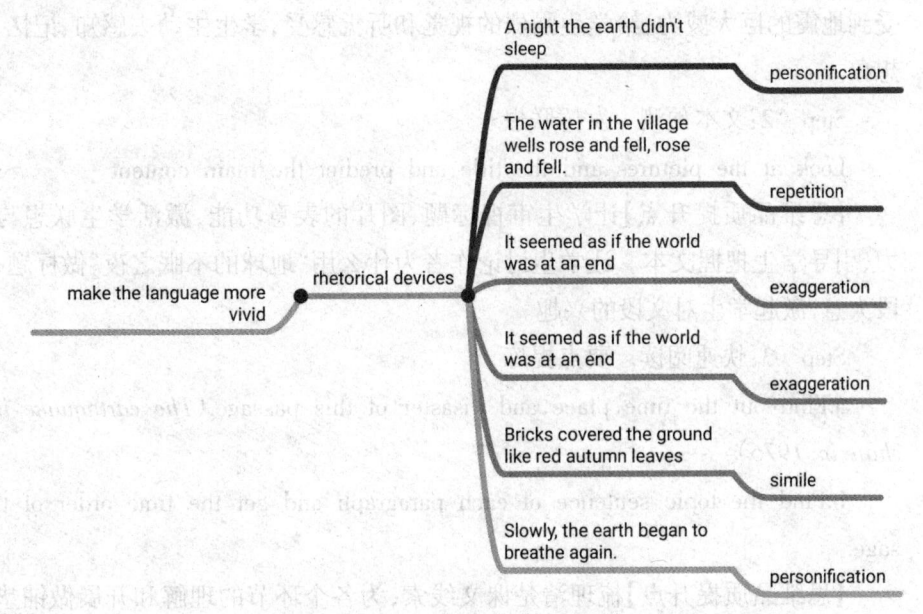

- numerals — make the language more convincing
  - One-third of the nation felt it.
  - All of the city's hospitals, 75% of its factories and buildings and 90% of its homes were gone.
  - Tens of thousands of cows would never give milk again.

- rhetorical devices — make the language more vivid
  - A night the earth didn't sleep — personification
  - The water in the village wells rose and fell, rose and fell. — repetition
  - It seemed as if the world was at an end — exaggeration
  - It seemed as if the world was at an end — exaggeration
  - Bricks covered the ground like red autumn leaves — simile
  - Slowly, the earth began to breathe again. — personification

该文章借用了大量的数字、数据以及多种修辞手法来描写唐山大地震的惨烈,给学生真实感和震撼感。教师带领学生对词句结构、修辞手法、写作技巧等方面(如图4)细细探究,感悟文本语言,以便日后在习作中借鉴。

(五)情境化设计活动,激活思维创造性

以教学活动串联学习内容,以活动驱动学习过程,以活动促进语言与思维发展。指向培养学生学科核心素养的教学,实现对主题意义的探究(王蔷,2016)。活动是学生认知建构、情感培养、思维发展和学习能力形成的基础和媒介,情境有助于新旧知识产生联系。

在阅读教学结束后,教师要求学生想象自己是唐山市市长,谈谈你对唐山震后重建的规划,并想象面临灾难时应该怎么对待灾难。

Q1:Suppose you are the mayor of the Tangshan city after the earthquake, what will you do?

Q2:Suppose you are faced with a disaster, what attitude do you have towards it now?

四、教学过程

Step 1:读前导入 激活话题

Enjoy the short video of earthquake and talk about the feelings about the earthquake.

【思维品质提升点】教师积极创设情境体验,激发语言能力。视频让学生直观感受到地震的巨大威力,给学生强烈的视觉和听觉感受,学生主动去感知、记忆、思考和想象。

Step 2:文本预测 发挥联想

Look at the pictures and the title and predict the main content

【思维品质提升点】让学生审视标题、图片的表意功能,激活学生联想与预测能力,引导学生把握文本。让学生讨论作者为什么用"地球的不眠之夜"做标题,预测文段大意,激起学生对文段的兴趣。

Step 3:快速阅读 要点提炼

a.Find out the time, place, and disaster of this passage.(*The earthquake in Tangshan in 1976*)

b.Find the topic sentence of each paragraph and get the time order of this passage.

【思维品质提升点】梳理清楚课文线索,为各个环节的理解和开展做铺垫。用思维导图的形式,整理出不同段落之间的关系与层次,增强学生对故事脉络发展的理解,培养学生思维的逻辑性和灵活性。

Step 4:文本细读,语言品味

Q1:What were the strange signs before the earthquake?

Q2:What damage was caused to the people, the infrastructure, the animals and so on?

Q3:How was the rescue work carried out?

Q4:What does the sentence "Slowly, the city began to breathe again" mean?

Q5:Which sentence describing the damage of the earthquake impresses you most in the text?

【思维品质提升点】通过对阅读材料的精心解读,设计有针对性、层次清晰、由浅入深的问题,引领学生训练逻辑性思维与深层思维。

Step 5:巧用文本,深层思考

Q1:The author talked about the signs, the damage and the rescue of the Tangshan earthquake. If the story did not end, what could be discussed later?

Q2:Which words, phrases or sentences can be borrowed from the text when you are to write a composition about earthquake?

Q3:Based on the logic of the given sentences of the two paragraph, "With so much damage, recovery was not easy." and "Sometimes we cannot avoid the disasters, however, ……", what will you write in the following?

【思维品质提升点】在阅读课文后,教师给出十个关键词(earthquake, rescue, children, injured, suffering, disaster, happen, ruined, homeless, slowly),要求学生根据给出的段首句进行逻辑推理与分析,考虑故事的逻辑发展走向,培养从阅读到写作的思维能力。

Step 6:合作讨论 独立写作

(Sample: *With so much damage, recovery was not easy.* Fortunately, the government and Chinese people were not defeated by the **earthquake**. Shortly after the **rescue** work, the government should take action immediately and strengthen the structures of houses, buildings and bridges to adapt to the quake. **Children** left without parents, the **homeless**, and the **injured** were properly cared for. Much was done to brighten up the people **suffering** in the **disaster**. Though it took time, the **ruined** city **slowly** took on a new look.

Sometimes we cannot avoid the disasters, however, human should try their best to face the challenge.It is urgent to improve the ability to predict the natural disasters. Once a disaster occurs, we should quickly and effectively start the rescue work.Besides, we need to have a knowledge of the skills of avoiding dangers in the disaster. After 40 years, we are still striving to prevent the tragedy from **happening** again.）

【思维品质提升点】写作作为一种语言输出形式,能体现出学生的思维能力和语言表达能力,是培养学生核心素养的重要方式和手段。学生将讨论的结果再次经过思考以文字形式表现出来,有机结合语言的模仿和内容的创新。

五、教学反思

1.有深度的思维信息输入是前提。教师只有精心设计和利用文本阅读这一环节,通过综合性阅读信息的输入,帮学生梳理脉络、归纳信息、构建意义,强化阅读理解,增强人际互动,才能促进思维转化和文字领悟。

2.读写之间的问题链是支架。为了实现读和写的自然过渡,教师应该设计缜密的问题链,从文本中读出续写应遵循的原则和包含的逻辑关系,让续写有的放矢。

3.有逻辑有创新的内容输出是保障。教师要引导学生在发挥想象力的同时,注意回扣原文、聚焦原文内容的暗示,揣摩写作思路。学生能够有效迁移文本重要信息,在写作中同时注意内容和思维,有逻辑有创意。

参考文献:
[1] 教育部.普通高中英语课程标准(2017年版)[S].北京:人民教育出版社,2018.
[2] 王蔷.促进英语教学方式转变的三个关键词:"情境""问题"与"活动"[J].基础教育课程,2016(3):45-50.

促素养落地,助素质生根
——论基于核心素养下的先行学习在高中历史教学中的有效落实

李泽慧

【内容摘要】 本文通过课堂的实践探究,研究出绘制地图法、史料研读法、导图构建法等适合学生先行学习的模式,从而有效地落实时空观念、史料实证、历史解释等核心素养,提高学生学习主动性,增强课堂实施有效性。

【关键词】 先行学习;核心素养;模式探究。先行学习,顾名思义是让学生自主先行一步学习,给学习者在新知识学习前提供一个较好的固定点,从而帮助他们确立有意义学习的心向[1],这个过程强调"以生为本",需要在教与学的过程中发挥学生的主体作用,在这个过程中不仅仅要求学生争取"学会",更要求学生"会学"。

先行学习模式重视核心素养的真正落地,它要求提前设定的探究问题既要能激发兴趣,又要能有效落实知识点,要求学生自主地发现知识、掌握概念、原理和规律等,提高学生的学习主动性。本文通过课堂的实践探究,尝试探讨先行学习的有效模式,推动核心素养在高中历史教学中真正落地生根。

一、先行学习模式举例

我们在实际的课堂教学中,通过多方面的阅读、探究、实践,总结出以下几项有助于帮助学生进行先行学习的模式,结合课堂实际,试举例如下。

(一)地图定点法

比如,在学习新民主主义革命的时候,以往的教学方式下学生对时间的印象往往不够深刻,结合考试题型来看,这部分内容又极容易考地图题,所以综合时空观念,我用一张中国地图作为先行学习的尝试,让学生按照事件的进展,在地图上对事件进行标注,运用地图可以加深印象,特别是战役的路线进程也可以一并梳理。

五四运动(北京、上海)——中共成立(上海)——国民党一大(广州)——北伐(北伐路线的绘制)——南昌起义(南昌)——汉口会议(武汉)——秋收起义(湖南江西边界)——井冈山革命根据地建立(江西)——中华苏维埃共和国成立(江西瑞金)——长征(长征路线绘制)——内战爆发(解放区)——千里跃进大别山(鄂豫皖边界)——三大战役(辽沈淮海平津)——百万雄师过大江(南京)——新中国成立(北京)

通过地点去记忆历史事件之间发生的顺序,比纯粹记忆时间会更有空间感,由点及面,更容易进行联系,更能帮助学生体会其中深意。

(二)史料研读法

文艺复兴这课是高中思想史教学中的重点和难点,但书本中对于其核心——人文主义却没有明确的定义与解释,对人文主义者的思想诉求缺乏史料的补充,这令学生对人文主义的具体内涵缺乏深层的理解,只停留在了最表层的记忆。所以,史料的补充与研读就显得尤为重要。

我在先行学习阶段,先向学生们给出了典型的人文主义代表者伊拉斯莫的人物介绍,并截取了他在作品《愚人颂》的关于"愚人"和"贤人"的描述片段,通过让学生们阅读有关内容,使其体会人文主义者的思想。通过史料研读,可以为学生构筑起生动的贤人形象,使学生能够认识到贤人和愚人的精神世界其实是完全截然相反的。

在先行学习阶段有了对中世纪人们精神世界的认知,课上再去探讨为什么人们精神世界会被禁锢,哪些人在禁锢思想,人文主义者追求的精神世界的面貌就会更加容易理解。

(三)核心元素导图建构法

当我们碰到时间跨度大的专题时,利用导图建构能够使学生对整个时间段的历史有个宏观上的把握,比如我们在讲中华文明起源与秦汉统一这一单元时,从史前文明一直到汉代,时间跨度极大,利用核心关键词,提前建立时间导图,能够帮助学生打破课与课之间的界限,加深对纵贯历史知识的感知和理解,从而提升课堂教学的历史感。

时期	政治	经济	文化	民族关系
新石器时代	禅让制	原始农业		
夏	世袭制			
商	内外服制度	井田制	甲骨文	
西周	分封制和宗法制	井田制	礼乐制度	
东周	诸侯争霸,变法	铁犁牛耕	百家争鸣 《诗经》《离骚》	华夏认同观

续表

时期	政治	经济	文化	民族关系
秦	皇帝制度、三公九卿制、郡县制	统一货币与度量衡	统一文字、焚书坑儒	民族交融 统一多民族国家
汉	郡国并行、内外朝、察举制、刺史	盐铁官营	儒学独尊	北击匈奴 丝绸之路

二、之所以要"先"与之所以会"行"

科学合理地运用落实先行学习这一教学策略,能够有助于优化高中历史课堂的质量,提升历史教学的有效性。接下来,我们将结合教学实际简要谈谈先行学习在历史教学中的必要性以及其之所以可行的原因。

1.打破传统导学模式,真正发挥学生学习主动性

历史学科有其特有的属性,其时间跨度大、事件冗杂、意义影响众多等教学难点一直以来困扰着老师与学生。以往的教学过程中对历史事件分析模式过于传统,有时偏离学情,让学生学得很僵化,记得很僵化。

先行学习,并不是主张简单地在课堂展开之前增加一个或多个用来铺垫体验、熟悉内容的学习环节,其主要的目的是在引导学生先去尝试学习和自主探究发现,在教学前期就形成学生自己的知识网络,并与之前的知识进行串联,搭建知识桥梁[2],以及在自主学习过程中产生各类问题,这些学生自己思考的问题,更贴近实际,有针对性地解决好这些问题,能够更好地提升课堂质量,促进学生成长。

因此,通过绘制地图进行思维定点,研读关键史料形成问题、疏通难点,利用核心关键词进行导图建构,都不是纯粹的照搬书本的内容,都需要学生在熟读整节课或专题的基础上,进行自我整理与归纳。这样的方式,能够有利于真正发挥学生学习的主动性。

2.打破传统的说教方式,推动核心素养的真正落地

先行学习,在导学法这种教学模式的基础上更多强调学生的"发现"。虽然,先行学习的操作性在理科教学中操作性更强,但其实如果能进行合理引导和有效控制,在文科教学中依然能起到良好的作用。这就要求教师在先行学习阶段设置具有可操作性的问题,对学生进行合理引导,在学生自我的知识网络范围内促进他们进行合理"推理",从而有效地培养核心素养,提升教学质量。

比如在时空观念素养的培养中,让学生通过绘制地图,自主梳理新民主主义革命的整个事件,使其在这个过程中既了解了历史事件发展的先后顺序,同时更有了空间

上的认知,这也符合培养学生对事物与特定时间及空间的联系的要求。在时间导图的建构过程中,帮助学生跨越大时段,提取核心信息,打通整个专题,找到各子篇目的共性,用理科教学中提取公因式的方法在宏观上对这一段历史进行把握。

科学合理地运用先行学习的教学模式,可以在课程开始之前对课程进行有效预热,通过关键史料与合理的方法对历史课堂进行"暖场",从而激发学生的学习性和主动性,增强课堂的专注度和历史感,推动核心素养培养的真正落地

3.打破传统的照本宣科,实实在在提升教师的教学能力

近几年浙江历史选考的命题趋势告诉我们,核心素养的落实尤为重要,高中历史考试,已经不再是死记硬背就能拿高分了,传统的"背多分"模式早已成为过去。新时代的历史教学,要求在完整地记忆基础知识的基础上,更多关注学生的思维能力,而这种思维能力的形成,主要就靠平时的历史教学积极落实核心素养。

所以,无论是在课堂教学过程中,还是在课前预习时,抑或是课后复习环节,都需要融入核心素养。那么,在这个知识预热、形成、巩固、输出的过程中,通过先行学习的模式进行课前"暖场"就显得尤为重要,如果能够依靠学生的自行学习和探究发现得出一些结论,远远比老师讲解、学生强记来得印象深刻,并且这种思维能力的培养才是解题的万能钥匙,如果能够科学运用,或许比授人以渔还能更进一步。

因此,对于历史教师而言,如何运用好这一模式,便成为有效提升教学能力的问题之一。换言之,在课前的准备中,结合课程内容能够合理地运用好各类方法,寻找关键史料进行多角度推理,充分考虑学生会提出的各类问题,在反复锤炼、反复提升中,教师对课堂的掌控能力、教学技能都能得到切实的提高。

三、教师的"先"与学生的"行"

如前文所述,先行学习的模式,要求学生在课程开始之前根据教师的合理引导提前进入学习状态,这个过程是提升学生自我学习能力的过程,更是考验教师专业技能、备课能力、教学方法等教学能力的过程。因此,要让学生在课前学习能够"行",就要促使教师在课程准备过程中能够足够"先"、足够"行"。这就对教师提出了一些要求。

教师要能够整体把握各个章节的共性和不同章节的个性,总结出一个共性模板,并且要注意体现核心素养。同时,现有的教材有时对事件背景的介绍材料不多,对事件的影响多是总结性的语句,缺乏推动学生产生认知的关键性材料。所以教师要学会寻找、甄选能够说明问题的关键性材料,同时从多角度提取有效信息。

我们认为,在先行学习阶段,教师对于史料的选取和问题的设计要注意以下两个方面。

1."史料真实且新颖",目的是落实史料实证和历史解释这两大核心素养

在先行学习阶段更多的是希望激发学生的兴趣,引发其了解历史事件的探究精神,但是如果为了论证结论而编造史料,则无法真正落实史料实证和历史解释。而史料新颖这个特点若因为史料选取得太过普通又无法达到探究效果。

2."问题巧妙且稳妥",目的是落实史料实证、历史解释、唯物史观、爱国情怀这四大核心素养

所谓巧妙,就是既要能激发学生求知欲望,又要"开而弗达",不是直接提供结论。而稳妥就是要充分考虑学情,同时结合考情。根据以往考试题目,我们发现在先行学习阶段要有意识地培养学生的概括能力和分析能力,同时要注意在研读史料的过程中让学生自行得出结论,培养其对史料的敏感度和对书本结论性语句的理解度。

针对不同课目的特点和需要,利用不同形式的先行学习模式开展教学,不仅要促进学生主动积极学习,同时对整节课要做到宏观上的把握,还要促使学生的预习作业落实到位,可以检测和量化。在这个过程中,要求教师不断地充实自己,提升专业素养,多角度考虑问题,提高自己对书本的把握和对史料的有效选取能力,同时注重学生课前心理的建设,学习科学合理的设计教学问题。

先行学习,这既是一个让学生在课程前期学会自主学习的过程,也是一个让教师在课程预备时期学会备课、学会教学的过程,总之,要让学生"行",教师就要足够"行"、足够"先"。

参考文献:
[1] 宋丽.对先行组织者教学策略的思考[J].才智,2018(20):1.
[2] 李小坚.先行组织者在高中历史教学中的使用[J].中学历史教学参考,2007(7):32-34.

浅谈高中生物阅读教学方法

胡忠兴

【内容摘要】 新课程背景下,教师的观念和教学方式皆发生了巨大的变化,新的教学模式不断涌现,并取得较好的效果。本文在实践的基础,介绍了通读、精读、疑读、较读、并读、联读等具体的生物阅读教学方法,旨在培养学生阅读能力,提高学生阅读水平,从而提高学生解决问题的能力。

【关键词】 阅读;生物阅读

自2017年浙江省的近几次生物选考命题中,选择题和选修模块出现信息背景阅读材料,要求学生读懂文字,筛选信息,才能判断选项正确与否。要求学生具备阅读文字、转化信息的能力,并在已经习得教材知识的基础上,进行有效迁移与重新建构。

阅读教学的主要任务是培养学生的阅读习惯和阅读能力,教给学生阅读的方法,激发学生的阅读兴趣,通过方法的指导,提高学生的阅读能力。在教学过程中,尝试使用了以下的阅读方法。

1.通读——总结归纳法

知识内容简单且易于理解和掌握的教材或材料可用此法。具体做法:首先指导学生通读全文,领悟要点,归纳知识结构。总结的形式根据内容可用条文、表格或线索结构式。这种方法既能让学生学会提纲挈领的归纳方法,又能训练学生养成动手的好习惯。其次,在学生阅读学习后教师提出问题,引导学生掌握知识间的内在联系,完善知识结构,提高阅读效率,增强求知欲。最后,对于学生归纳总结的知识结构可以评比,选出优秀的通过展出以示鼓励。使其有成就感增强阅读兴趣和主动学习的欲望。并通过巩固训练测评其阅读效果。如:细胞中的糖类和脂质;细胞的衰老和凋亡;细胞的癌变;基因工程及其应用;共同进化与生物多样性的形成;群落的演替;生态系统的信息传递;生态系统的稳定性;生态环境的保护整章内容,均可采用此法。

例如：

资料一：1935年，美国科学家联合英国科学家在非洲大陆对11270种植物进行了调查，以了解这些植物的变异情况，结果发现在过去的7年间，98.7%的植物都曾发生过突变；单就其中任何一种植物而言，在自然状况下，发生一次变异的概率为1/1988。

资料二：右图是基因突变的一个示意图，根据示意图概括基因突变的特点。

资料三：

例1：我国科技人员用^{60}Co产生的γ射线照射水稻萌发的种子，从中选育优质高产抗病虫害强的新品种。

例2：从1945年爱尔兰科学家弗莱明发现青霉素以来，世界各地科学家用紫外线照射的方法处理青霉，将青霉素的产量提高了几千倍，价格下降到原来的几万分之一。

通读以上材料，同学们很快归纳出结果，为学生提供足够的阅读材料，引导学生通读材料，归纳、总结材料的关键特征，从感性认识上升到理性思维，最终总结出基因突变的特点和原因。教师提供的材料为学生创设了一定的阅读情境，通过材料激发学生的探究欲望，发挥学生学习的自主性和主体性，使学生在分析、解释材料的过程中实现学习的自我构建和自我生成。

2.精读——关键特征法

对教材（材料）中的重点和难点采取摘要精读法，先让学生对重点句群精读细读，重点落实，使其明确听课目的，提高学习效率。在反复阅读的过程中找规律，由教师适时引导，师生一起归纳总结，经过多方思维、多角度探求、全方位总结、精炼提纯、深入加工、高度概括，培养了学生主动思维能力。

如："同源染色体"的概念：配对的两条染色体，形状和大小一般相同，一条来自父方，一条来自母方，叫作同源染色体。这段文字学生读过之后，仍然不能做出正确判断。因为他们总是忽视"配对"二字的含义，过分重视"形状和大小"，而且"一般相同"被简化为"相同"，使概念包括的范围发生变化，判断出现错误。在学生学习该概念时，指导学生仔细阅读"配对的两条染色体"强调"配对"，并进行详细的解释，说明这是判断的依据；而形态、大小、来源等则是对配对的两条染色体的解释说明。同时让学生对"配对"二字进行重点标记，认真研读。

通过以上事例，学生对于教材中出现的重点概念，难以理解的知识点，尝试着多读、精读，把握精髓，留下心得体会，阅读能力逐渐提高，学习效率也得到提升。

3.疑读——解决问题法

第一,抓住文本中的"可疑"之处,引发学生心中的疑惑,将疑惑转化为问题,培养质疑的意识,提高质疑的能力。教师应根据学生的实际情况,或多或少地对教材(材料)中值得质疑的内容,如章节的题目、内容的重点词等,作适当提示或暗示,以增强质疑的针对性。

第二,正确对待学生的疑问。对学生的问题要进行质量评价和有序梳理,利用有价值的问题。

第三,解决学生的疑问。要利用学生的问题,引导学生在阅读中解决问题。教师要为学生搭建一个"发现问题—多元发现—互动对话"的学习平台,让学生带着问题解读文本,发现新知,建构意义。

教师引导学生学习单倍体的概念时,不直接给出定义,而是让学生根据已有的知识经验进行判断,教师"有意"让学生经历一个错误的过程,引起学生的认知冲突,激发学生的探究欲望和质疑意识。对于学生出现的疑问,教师进行评价,激励学生并提供恰当的阅读材料,让学生通过自己的努力,解决疑问。在整个过程中,教师起到了引导者的角色——既没有直接告之结论,也没有急于否定回答,而是让学生通过阅读材料去探索、反思、发现,最后获得对概念的正确理解。

4.较读——求同求异法

比较是在分析和综合的基础上对两种及两种以上容易混淆的相关事物进行对比的方法。它往往和观察、分析、综合等活动交织在一起,是一种复杂的思维活动。通过比较,帮助学生弄清知识的本质以及知识之间的相互关系。

(1)求同比较

对性质相近或相同的事物所具有的特征加以比较,在比较中寻找事物的共同点。比如:叶绿体和线粒体的比较,通过阅读比较知道,两者的相同点有:都具有双层膜结构;都含有少量核酸,遗传上具有相对的独立性、自主性;都与能量转换有关,均能形成ATP;内部发生的化学反应有水的参与和水的生成。这些相同之处将两种细胞器联系在一起,也将学生对光合作用、细胞呼吸两个生理过程的复习联系起来,加强学生的领会及记忆。又如:动植物有丝分裂的相同之处比较、哺乳动物精子和卵细胞形成过程的相同之处比较等。

(2)求异比较

将阅读学习的知识搜集到一起比较,形成反差,留下比较深刻的印象。

比如:《遗传与进化》中的"遗传的中心法则",将遗传信息的传递和表达进行高度的概括,但学生往往不能准确把握复制、转录、翻译这三者的关系。表现在,遇到如"一条多肽链有 n 个氨基酸构成,则控制其合成的基因中有多少个脱氧核苷酸"一类问题时,学生的答案往往是3n而不是6n。针对这种现象,在教学过程中,请学生将以上3个知识点列表比较,在比较中轻松、愉快掌握知识。

过程＼项目	模板	原料	场所	产物
复制	DNA	游离的脱氧核苷酸	细胞核	DNA
转录	DNA	游离的核糖核苷酸	细胞核	mRNA
翻译	mRNA	游离的氨基酸	细胞质	多肽链(蛋白质)

又如:种群增长的"J"型和"S"型曲线,学生阅读曲线图,会发现"J"型曲线开口无限向上,无K值(最大值),产生的原因是环境资源无限、没有天敌、种群数量持续增长;而"S"型曲线有最大值,形成的原因是环境资源有限,有生存斗争,种群数量增长到环境容纳量(K值)就不再增长。

通过求异比较,学生的阅读效果会显著提高,阅读的兴趣会被激发,从而对生物的学习,会积极主动起来,解决问题的能力也会相应提高。

5. 并读——图文协同法

图文并读是生物教学较为常用的阅读方法。教材中附的插图和图解,往往是教材的重点难点。这些插图和图解把抽象难理解的文字叙述内容加以形象化、具体化、条理化,却常被学生忽略。在教学中要指导学生识图读图,图文结合、以图促文、图文并重,运用图文对应阅读能很好地帮助学生理解和识记文字上的叙述,培养学生观察能力、直觉思维能力、空间想象能力和解题能力。高中生物课程分为必修和选修两个部分。必修部分包括"生物1:分子与细胞""生物2:遗传与进化""生物3:稳态与环境"3个模块;3个模块共有插图图解约237幅,每幅图片都蕴含着丰富的信息,并与教材中的文字相互对应,或作为直观解释,或激发学生学习兴趣。

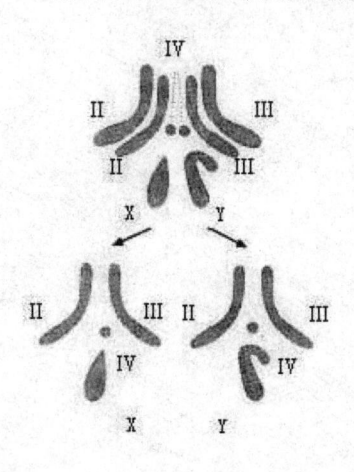

例如:左图解为"雄果蝇的染色体组图解",阅读左图并结合书本文字"细胞中的一组非同源染色体,在形态和功能上各不相同,携带着控制生物生长发育的全部遗传信息,这样的一组染色体,叫作一个染色体组。例如雄果蝇精子中的一组染色体就组成了一个染色体组(图5-9)。"——"生物1:分子与细胞"P86-87,将阅读"染色体组"的概念时难以理解的"一组非同源染色体"与"左图的:Ⅱ、Ⅲ、Ⅳ、X或者Ⅱ、Ⅲ、Ⅳ、Y"联系起来,给学生直观的印象,理解起来变得容易;同时,学生在阅读

图解的过程中,体会到图解中上下图之间的关系,从中学习到一种解决问题的思维方式。

图文并阅不仅提高了学生掌握知识的效率,而且延长了知识在脑海中留存的时间,有利于将所学知识转化为长期记忆。因为图片的刺激要比文字强烈,结合文字详介,可以达到强化知识,帮助记忆的效果。

生物阅读教学从设计的构思,主题的确立,结构的成形,风格的形成,无不打上鲜明的个性特征。提供给学生一个自由展示自我的平台,有助于个性化学习和发展,有利于培养学生对生物良好积极的情感。

参考文献:
[1] 李兴贵,等.新课程数学阅读教学新论[M].成都:四川大学出版社,2006.
[2] 王中敏.语文新课程教学例谈[M].北京:语文出版社,2003.

基于语言技能的概要写作实践之问题及对策

刘伟伟

【内容摘要】 概要写作这种题型,需要学生理解语篇,获取要点,简要表达,这都离不开学生熟练的语言技能。本文以学生的概要写作习作为例,通过分析学生在概要写作中的理解性和表达性问题,阐述了教师如何基于语言技能开展概要写作教学。即如何运用语言技能帮助学生理解文本宏观、微观结构和句间逻辑关系,梳理并准确表达词句,从而帮助学生形成概要写作之学习策略,全面提升语言技能。

【关键词】 写作;概要写作;语言技能

一、引 言

教育部2018年出版的《普通高中英语课程标准(2017年版)》(以下简称《课程标准》)明确规定,课程内容中的语言技能包括理解性技能和表达性技能,要求学生在不同类型的语篇依托下,理解语篇和对语篇做出回应。这一题型要求学生:阅读原文,理解要义,抓住关键概念和细节,提取主要信息,还要会把握语篇中的逻辑关系;相应地反馈在试卷上的是学生的梳理,能选择适当的语篇类型,根据需要使用准确的语法和词汇。简言之,需要阅读者在不改变原文中心思想、体裁和结构的前提下,用简明、精确的语言对一篇文章的主要内容进行概括与浓缩。

这是与《课程标准》一致的课程内容和教学方式,突出了"语篇""整合"等指向学生学科核心素养发展的英语学习活动。同时这种调整势必会对英语教学造成一定的影响。因此,概要写作结合了阅读理解和书面表达两者的题型特点,是阅读理解和书面表达的一座沟通桥梁。

二、问题及分析

笔者所带高中学生英语水平相差比较大;据近期的一次考试统计,及格率为42%;70分以下11人,低分率13%。他们的概要写作平均分只有9分。这就反映出写作虽然得到了老师和学生的足够重视,但仍然是学生的"软肋",学生理解内容尚有难度,需将篇章浓缩成精炼的几句话,再用精美的句子描述出,这可真是难上加难。

老师对写作训练自身准备不足或认识有偏差,长期使用传统的阅读和写作手法,翻译教学为主,英汉互译、单纯地词汇解释和延伸;学生学习写作模式单一,盲目相信所谓的"作文模板"或"高级词汇",以模仿和背诵为主。总之,现实情况就是缺乏一种有效的概要写作教和学的方法。

以上两种情况总的来说,都和学生词汇量以及短语的积累有关。接下来,笔者通过自己的教学实践——学生的习作中挑选出有代表性的几篇,来分析他们在概要写作中所出现的理解和表达方面的问题。

1.理解性问题:主要体现在学生在逻辑思维、梳理能力的缺失;对于语篇类型、语篇结构以及语篇衔接等语篇知识的缺乏。这也是学生对于文本的感知、体会、处理感受的过程,进行下一步写作的基础。

(1)关键细节或者次要细节(key or minor details)——不能准确把握文章的主题,或者在呈现要点环节不全面不准确。

Nowadays, many health problems caused by stress—on physical health,—emotional health—result in depression.—本篇习作有两个错误:一是第三个压力的危害,本来应该是对精神方面的损伤,这是概括型的结论,但是该学生误将支撑性的细节"depression"看作是结论。这是作者讲事实来支撑自己的观点和结论。

(2)体裁和结构不明——改变了原文的体裁和结构,分不清是议论文还是说明文,混淆了文章的写作风格,所撰写的文章结构违背了作者原来的结构和逻辑。

Too much stress is harm to human.For example,—physical—and so on...Moreover,—emotions.—Besides,—mental illnesses.—All in all, too much stress is bad to ourselves,—本篇习作不清楚文本特征。说明文首先要明确说明对象,现象或问题,关注其表现、举例、成因、解决建议或措施。该学生对于说明对象是明确的"stress",但是在下个环节应该关注其表现的时候,却直接出现"for example"这种列举的词汇,这是和原文结构不相符合的地方,去掉的话就效果好了许多。

2.表达性问题:主要体现在学生的词汇、句型、语法的运用有困难(单词有限的词汇量;掌握的句型过于简单;语法知识的欠缺)。

(1)复制(copying)——简单地复制原文中的个别单词、短语或整个句子。

Stress is a common health problem in our lives, but <u>too much stress will affect our numerous physical</u> on heart, respiratory, stomach and so on. Anyway, <u>under stress emotions also be affected</u>. And <u>long-term stress can cause many serious mental illnesses</u>, even put its at risk. Stress influences us seriously, <u>so reduce stress: stop the world and rest</u>.

本篇习作画线词句是原文长句中的个别片段,完全依赖原文词句,没有自己的行文逻辑,"他们把抄下源文的语言信息作为学习语言的一种重要方法"。

(2)拼凑写作(patch writing)——近似复制的做法。

Nowadays, much stress will be harmful to our health. Firstly, stress—physical problems seriously. Secondly, —emotions. Last but not least, —mental illnesses. In order to our health, we should to reduce stress.

整篇文章只是在搭架子,形式做得不错,有比较好的逻辑关系的连接词;还囊括了各个要点。但是拼凑的痕迹太明显,就像是在写提纲。

三、提升语言能力的训练,调整策略,摸索应对措施

一篇好的概要应该是short、true and fair意思就是要短小,但是必须是客观的、公正的,要准确地表达文章的内容;同时要考量学生所运用的语法结构和词汇的准确性和丰富性;以及文章词句相互之间要有逻辑连贯。

1.理解角度。语篇结构以及语言特征、关键字词的定位、宏观和微观的逻辑关系、常见的指代关系以及细节与要点的选择和取舍等都是要重点关注和解决的难题。

(1)语篇类型结构

本篇文本是典型的说明文体,是就一种社会现象"stress"给人带来的三种伤害:physically, emotionally 和 mentally,进行分析原因、解释后果,并提出作者自己的建议。其篇章类型可用以下图示表明:

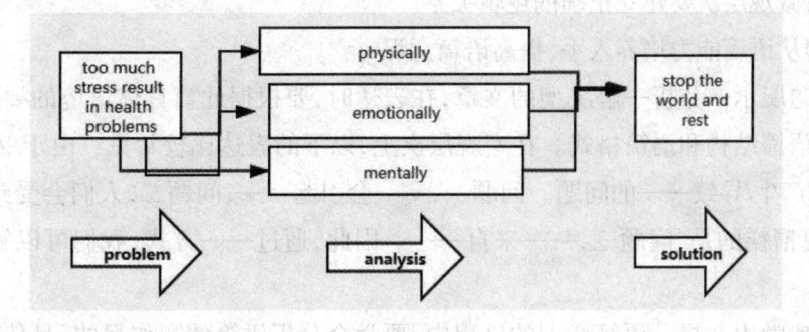

```
                    ┌─ physically ─┐
too much stress ────┼─ emotionally ─┼──→ stop the world and rest
result in health    └─ mentally ────┘
problems

  problem    →    analysis    →    solution
```

(2)关键字、词、句的定位

本文篇章结构比较典型，属于问题-解决模式，所以提取关键词采用基于篇章模式。问题部分笔者提取了以下关键词："stress, causes, results in, physical, emotional, and mental health problems"；分析部分的关键词："affect；解决部分的关键词：reduce stress"。

(3)段落之间、句子之间的逻辑关系

由语篇类型结构图可知：首段和下文是总分关系；第二段和第三、四段之间是并列关系；最后一段和上文是分总关系。

学生在提取关键词的过程可以运用一些衔接和连贯知识来理清句子之间的逻辑关系，高频使用的实词(frequently used notion words)，上义词(superordinate)，逻辑连接词(logical words)。

以上三种判断逻辑关系的方法适用于中间部分，对于"压力对于健康影响的"具体分析环节。比如说，反复出现的实词"the heart, the stomach"；上义词"respiratory system, feel anxious; mental illnesses"；逻辑连接词"also, for example, So"。

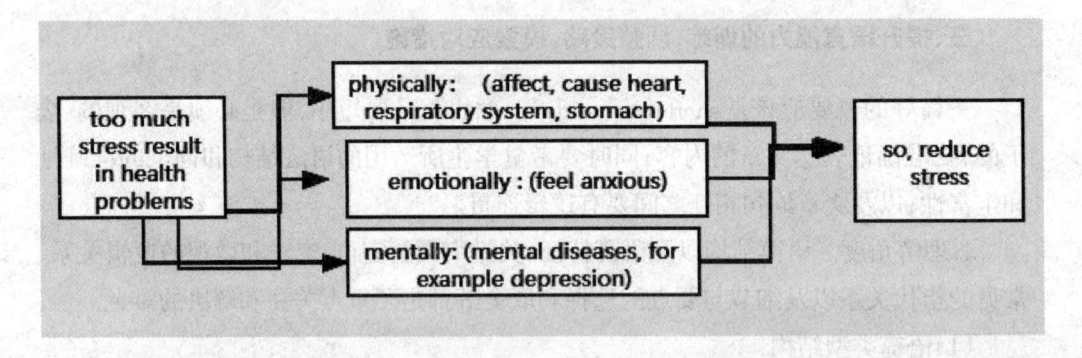

```
too much                  physically: (affect, cause heart,
stress result  ──────→    respiratory system, stomach)
in health      ──────→    emotionally: (feel anxious)        ──────→   so, reduce
problems       ──────→    mentally: (mental diseases, for              stress
                          example depression)
```

2.表达角度。教师要从写作思路的角度去剖析文本的动态生成，使阅读和思考的过程更加丰满，在帮助学生自由写作时，知晓如何合理地删选文本中的内容，梳理主次，从而根据题目要求创造新语篇。学生在表达时，宏观层面要考虑语篇类型的正确与合理；微观层次要建立正确的逻辑关系。

(1)从语篇能力培养入手，提高语篇意识

问题展示—分析—解决型的文章，在表达时，要根据此篇具体语境的要求，设计合理的语篇结构和语篇格式。在宏观层次上，以下的表达比较常见："由于/因为——会出现/产生/导致——的问题。问题一，——会引起——；问题二，人们会受到——的伤害；更糟糕的是，问题三，——来自——。因此，通过——方式，我们可以解决——问题。"

当然学生在提升语篇意识的过程中，要学会分析语篇的写作目的，是传递信息，还是陈述事实，或是提出想法。然后归纳出此类语篇的必要组成部分：本篇在找寻关键词时,"压力"产生的三种"问题",以及作者的解决方案是一定要出现在文本里的;至于这些"问题"的"原因"或"结果"则是可选组成部分;三种"问题"的排列顺序可按照文中编排的顺序,遵循并列结构的原则。

(2)从词汇和语法结构的角度整理和积累,改进语言表达

①正确解读文本,运用简洁词汇

本文语篇主题以"stress"对人体健康的影响展开说明,所以学生要贮备围绕此类会对对方产生影响的同义词汇,用于写作中的paraphrase:包括正面和负面的,以下是具体的例子。表示"负面"的词"suffer,destroy","harm,do harm to,be harmful to,damage,worsen;reduce,decrease"。表示"正面"的词"in favor of,be favorable to,benefit,be beneficial to,do good to,avail;increase,boost,enhance,improve,cultivate,stimulate,encourage"。

②准确分析篇章逻辑,选择精确词句

本参考范文中,表示"前因"的词(组)有 contribute to;cause,lead to,result in,bring about,give rise to,account for,表示"后因"的词(组)owe to,result from,due to,owing to,as a result of,because of,on account of。表示"排比关系"的衔接词(组):"primarily,emotionally,what's worse"。另外常见的有"而且"等衔接两者的词组:"in addition,besides,additionally,furthermore,moreover,worse still"。

表示"因果关系"的句式:"causing problems of——"(现在分词作结果状语)。类似的表达方式有"which causes problems of——"。表达"阐述某一问题"的句式:"某一问题+产生影响的动词+分词+例子""介词+某一问题+人+人的感受动词"和"问题引起的结果+前果后因的动词+某一问题"。

以上两种改进语言表达的途径可以归纳为同义替换手法,是指用单词、词组或其他各种句式、结构来进行替换,实现表达的多样化和丰富性。

③依据语法结构,变化准确词形

本语篇中,三个核心词汇"身体、情绪、心理",根据不同的搭配结构,学生要学会选择不同的词形。比如:分别表达为"physical problem""physically""physically healthy""emotionally""emotional diseases""problems about emotion""mental diseases""mentally healthy"。在写作时要根据语法规则,以及所组成的词组搭配,选择相应的名词、形容词或副词,以上除了对表达对象的多种形式外,在传达作者观点时也可以使用多种词形,以此来丰富写的内容。比如,在表达"对身体有害"时可以选择动词、名词或形容词,分别表现为"harm the well-being of bodies""does harm to the health of bodies""is harmful to the safety of bodies"。在表达"感到焦虑"时学生的词汇储备也可以囊括这几种词形,具体如下"feel anxious""suffer from the feeling of anxiety"。

在平时的教学中,尤其是在处理新课的词汇时,老师对出现的生词进行词性转换讲解,学生可根据英汉互译的方式进行词汇积累,理解不同的句子成分要使用不同的英语词性,从而理解英汉表达在词汇和语法结构上的不同之处。

四、结　语

教师在平时的教学中从学情出发,不管是教材内容,还是在阅读材料中出现的,或是课外拓展好的文本,都可以提供给学生,根据学生在习作中暴露的读和写的缺点,开展有针对性的教学,重视培养学生的语言技能中理解性技能,避免浅读、浅教、浅学,这是所有的基础。同时,依据不同学生的问题采取有效的策略,设计相应的课后练习,有步骤地、阶段性地解决难题,让学生不再谈概要写作色变,真正提高表达性技能。当然,提升绝非一朝一夕就能实现的,还需要师生共同抓基础、补短板、强表达,最终实现语言能力的提升。

参考文献:

[1] 盛海燕.概要写作中换说法的实证研究[J].北京化工大学学报(社会科学版),2010(2):5.
[2] 钱玉琴.提高英语读写能力的有效手段——概要的写作训练[J].芜湖职业技术学院学报,2007,9(4):2.
[3] 教育部.普通高中英语课程标准(2017年版)[S].北京:人民教育出版社,2018.
[4] 何亚男.高中英语写作教学设计[M].上海:上海教育出版社,2018.

民族传统体育项目引入高中体育选项课的研究
——以萧山区为例

宣卓丹

【内容摘要】 我区高中进行体育选项课教学已经走过十多个年头,体育选项教学也出现"疲态",急需注入新的内容和活力。我国民族传统体育项目有民族性、地域性、传统性、交融性、多样性等特点,还具有趣味性、娱乐性和艺术性等特征。在高中体育选项教学中,因地制宜地引入民族传统体育项目可以丰富高中体育选项教学的内容,有利于学生参与体育活动的积极性,有利于民族传统体育文化的传播与发展。

【关键词】 高中;体育选项;民族传统体育

一、前　言

我国高中阶段的课程改革从2003年就开始了,到2004年高中体育选项课教学在全国全面开展实施,其主要目的是改变体育课堂教学中的竞技化教学,提高体育课堂教学质量,发展学生身体素质,充分体现学生的主体地位,注重学生情感体验与体育兴趣的培养,进而形成终身体育意识。我区高中进行体育选项课教学已经走过十多个年头,经过这些年的实践和改进,体育选项教学取得了可喜的成效。但随着时间的推移,体育选项教学也出现了"疲态",选项内容"老三样"、教学方法单一化等问题尤为突出。特别是在教学目标从原有的健康第一和终身体育的目标向落实"核心素养"的转变中,对我区高中体育选项课教学提出了新的要求和挑战,在这一背景下,迫切需要为体育选项教学注入新的内容和活力。

我国是一个多民族国家,各少数民族因居住环境、地理位置、历史发展、文化背景等不同,在长期的生活和劳动中形成了自己民族独特的体育运动项目。据《中华民族传统体育志》记载,我国55个少数民族的传统体育项目多达六百七十多项。这些民族传统体育是我国体育事业重要的组成部分,对提高各族人民的健康水平、增强民族凝聚力、促进民族团结起着重要的作用。

随着体育课程改革的不断深化,为传统体育项目进入高中体育课堂提供了良好的条件。在高中体育选项教学中,因地制宜地引入民族传统体育项目不仅可以丰富高中体育选项教学的内容,为学生提供更多体育教学资源项目的选择,更为高中体育教学的改革注入新的内容和活力;提高了学生参与体育活动的积极性,使学生的身心得到锻炼和发展,而且能丰富高中生的课余生活;同时也保护和传播了少数民族传统体育项目,弘扬了少数民族传统体育文化。将民族传统体育引入高中体育选项教学具有重要的意义,值得我们在体育教学中去开发和利用这些项目。

二、民族传统体育项目的内涵与特点

我国的民族传统体育是中华民族灿烂文化的重要组成部分,它是指一个或几个特点的民族在一定范围内开展的、具有浓厚民族文化色彩和特征的传统体育活动。民族传统体育是由各民族创造的为获得增强体质的技能而进行的竞技娱乐和教育的一种综合性文化形态,是各民族以身体运动为基本方式的一种动态过程的复合体,是民族文明进步所形成的一种传统的文化生活方式,具有各民族自己的特征。

我国民族传统体育项目的特点主要有民族性、地域性、传统性、交融性、多样性等,最显著的特点是民族性和地域性。此外民族传统体育项目还具有趣味性、娱乐性和艺术性等特征,是大家喜闻乐见,具有广泛群众基础的体育活动。

三、民族传统体育项目引入高中体育选项课的可行性分析

(一)民族传统体育项目吸引力强

我区地处东南沿海,境内没有少数民族聚集区,普通民众对少数民族的传统文化、风俗、体育等了解得比较少,基本都是通过媒体网络知道和了解一些我国少数民族的传统体育项目,更没有亲身体验的经历。传统体育项目拥有丰富的文化资源和其自身独有的特色,高中生对新鲜事物的求知欲,会驱使他们愿意去了解和接触这些传统体育项目。目前高中开设的体育选项课内容基本以篮球、排球、足球等比较常见的项目为主,如果能在体育选项课上增设一些有民族特色的传统体育项目,对我区的高中生来说,无疑是很有吸引力的。比如:传统武术的太极拳、八锻锦、五禽戏等,娱乐健身性比较强的陀螺,协作竞技型的板鞋竞速等,都可以开设选项课,让学生自由选择。

(二)民族传统体育项目内容多易开展

我国少数民族传统体育项目数量众多,种类丰富,每一种都是在少数民族不同的

发展演变中形成的具有本民族特色的运动项目,可根据高中学生的身心特点和高中体育选项教学目标要求进行项目的选择。为培养同学之间沟通合作精神的,可以选集体类项目,如板鞋竞速、民族健身操等;为培养学生进取精神的,可以选择竞技性强对抗性强的项目,如民族式摔跤、独脚斗牛等;为发展学生兴趣爱好的,可以选择简单易学趣味性强的项目,如跳花绳、踢花毽等。

许多民族体育项目的技术难度不大,对场地、器材和设施的要求也不高,因此比较容易开展。比如苗族的踢毛毽,只要有毽子在哪里都能踢;还有打陀螺比赛等,这些项目对活动对象、活动场地、活动器材等都没有严格的要求,体现了民族传统体育项目容易开展。

(三)有利于激发学生参与体育活动的积极性

在高中体育选项教学中引入民族传统体育项目,对提高学生学习体育的积极性和主动性,培养学生的体育兴趣具有积极的作用。传统体育项目引入体育选项课,是对以球类、操类为主的体育选项教学内容和模式的创新。兴趣是最好的老师,很多学生对少数民族项目充满向往,有浓厚的学习和参与的兴趣。高中男生一般喜欢对抗性和技术性强的运动项目,可以选择摔跤、射弩、拔河、抢花炮等。女生喜欢趣味性、娱乐性强而运动强度小的运动项目,可以选择跳竹竿、掷鸡毛、踢毽子、抛绣球,等等。学生在学习少数民族体育项目的课堂中,会更加积极地参与其中,在学习运动技术的同时,能更深刻体会到运动带来的快乐,也能促进学生参与其他运动项目的积极性。

(四)有利于体育选项教学内容的丰富和补充

把传统民族体育项目引入到高中体育选项课中,可以丰富体育选项教学的内容。学生不仅能选择常规的体育选项内容,也可以选择具有民族特色的传统体育项目,在学习各项运动技能的同时还能学到少数民族优秀的传统体育文化。

当前我国中学体育课程改革,要求学校体育课程建设全面化,丰富体育课程内容,凸显时代性和民族性,要具有学校的特色,这一改革的要求为民族传统体育进入高中体育课堂提供了依据,民族传统体育特有的项目和功能恰恰是我们高中体育选项教学所需要的内容,是对体育选项教学内容的丰富和补充。

(五)有利于民族传统体育文化的传播与发展

我国是一个历史悠久的多民族国家,中华文明源远流长,少数民族体育文化是各少数民族宝贵的历史文化遗产,是中华文化的重要组成部分。然而,随着时代的发展与变迁,很多少数民族的学生对本民族的历史文化的了解越来越少,更何况是地处沿海地区的汉族学生呢,这对弘扬和传承少数民族传统体育文化是极为不利的。在这样的背景下,将传统体育项目引入高中体育选项教学是保护和传播传统体育文化的一种很好的方法。通过这样的方法,让更多的年轻人能感受到传统体育文化的魅力,从而引申传统民族文化的传承和保护,少数民族传统体育文化能否普及和深入人心,关系到民族体育的兴衰和中华文化的传承和发展。在高中体育选项教学中,切实有效地开展传统体育教育,使民族传统体育与现代体育互相补充和交融,对我们的高中生认识和理解灿烂文明的民族体育文化,树立民族自信心和自豪感,增强民族凝聚力具有非常积极的作用。我们的高中生将来步入大学、走进社会,若具有的良好民族传统体育知识和技能,也可以使其成为民族传统体育文化的继承者和传播者,这对民族传统体育的发展具有重要的意义。

四、民族传统体育项目引入高中体育选项课的选取原则

(一)尊重项目属性和特征原则

民族传统体育项目其独特的民族性和地域性是吸引我们学生的重要原因,因此在项目选择上要选取有民族代表性和地域特色的项目。同时在项目引入和开发上要充分尊重传统体育项目的性质和特点,结合项目的民族文化背景,有序开发,切不可盲目行事。

(二)集体项目优先原则

中国传统文化中非常注重集体主义和爱国主义,而体育精神也强调团结协作、顽强拼搏,因此在民族传统体育项目的选择上要注重集体项目优先选择,引导和教育学生要有集体意识和大局观。通过集体项目的练习和比拼,让学生在交流、合作、对抗、拼搏中体验成功的喜悦和失败的感觉,提高学生团结协作的精神和社会适应的能力,促进学生的全面发展。

(三)趣味性原则

兴趣是最好的老师,只有对一项事物感兴趣了,人们才会愿意去了解、去学习、去掌握。体育课程改革在强调发挥教师主导作用的同时更注重强调学生的主体地位,因此在选择民族传统体育项目时,要以学生为主体,充分考虑学生的兴趣爱好,针对不同阶段、不同兴趣的学生开发出趣味性和娱乐性强的项目,以此满足不同学生的需要。

(四)简单易学原则

高中生已经处于生长发育的高峰期,学生之间的身体素质存在的差异性非常大,体现在运动能力上的差异性也非常大。目前高中选项教学内容多为篮球、足球、排球等技术要求和身体素质要求都比较高的项目,对一些身体素质较差的学生来说,学习难度偏大,项目选择存在困难。因此,在传统体育项目上要选择技术要求低、简单易学的项目,从而面向和满足大部分学生的身体需求,这样有利于提高学生的学习兴趣,达到锻炼身体、促进健康的目的。

参考资料

[1] 中国体育博物馆.中华民族传统体育志[M].南宁:广西民族出版社,1990.

[2] 易剑东.体育文化学[M].北京:北京体育大学出版社,1999.

[3] 崔乐泉.论民族传统健身体育与全民健身运动[J].山东体育学院学报,1998(4):44-50.

[4] 吴地,华岩.郑州市中学引入少数民族运动会项目的可行性研究[J].运动精品,2019(8):48-49.

在论述文教学中提升学生的逻辑思维能力

刘长胜

【内容摘要】 在论述文阅读教学、写作教学中,要加强发展并提升学生的逻辑思维能力。学生发挥主体作用,积极进入"认识逻辑思维阶段";学生在教师的引导下,逐步进入"运用逻辑思维阶段"继而逐渐进入"掌握逻辑思维阶段"。

【关键词】 论述文教学;认识;运用;掌握;逻辑思维

一、概念界定

在高中论述文教学中,如何进一步提升高中生的逻辑思维能力,我们要深刻理解和掌握《普通高中语文课程标准》(2017年版),(以下简称《课标》)关于这方面的要求。《课标》中明确阐述:"能够辨识、分析、比较、归纳和概括基本的语言现象和文学现象,并能有理有据地表达自己的观点和阐述自己的发现;运用基本的语言规律和逻辑规则,判别语言运用的正误,准确、生动、有逻辑地表达自己的认识;运用批判性思维审视语言文字作品,探究和发现语言现象和文学现象,形成自己对语言和文学的认识。"

笔者从中提炼出发展学生逻辑思维的三个阶段:认识逻辑思维阶段,激发学生写作论述文的兴趣,引导学生形成写作论述文的动机;运用逻辑思维阶段,创设符合论述文教学要求的写作情境,引导学生逐步建立论述文写作知识链,帮助学生建构论述文写作的意义。发展逻辑思维阶段,为了使论述文写作知识建构更有效,教师在教学过程中培养学生自主、合作、探究的能力,并对学生在此过程中进行引导,使学生朝着有利于提升逻辑思维能力的方向发展。

二、教学策略

(一)认识逻辑思维阶段

1.创设说理活动,激发学习兴趣

笔者有意识地把逻辑思维训练引入到日常口语教学活动中,创设说理情境,激发学生兴趣。比如利用好"课前五分钟",特意从《焦点访谈》中选取一些具有两难性、语境式的话题给学生,调动其自我思考能力;比如把网上一些热点评论提前印发给学生阅读,进行思辨讨论;比如举行微型辩论赛,围绕热点话题,即兴调动学生的知识储备进行表达与分享。除此之外,笔者也经常性地给学生提供一些诸如《开讲啦》《央视主持人大赛》等视频片段,让他们充分感受到流畅的语言与睿智的思辨结合的魅力。

2.利用课外阅读,建构知识体系

在教师的引导下,学生通过阅读论述文写作相关书籍,运用小组合作的方式,总结出如下知识链。

要素	逻辑	内 容	原则
论点	概念、界定	一篇文章一个中心论点,几个分论点,论点解决"要证明什么"的问题	正确、鲜明、新颖
论据	判断、推理	证明观点的材料,包括事实论据、理论论据,解决"用什么来证明"的问题	确凿、典型、新鲜
论证	立论、驳论	运用事实论据和理论论据来证明论点的方法	归谬、演绎、类比
结构	认识、掌握	立论结构:并列、正反、递进、顺序;驳论结构:先破后立、边破边立、先立后破	清晰、严谨、有序
论述	揭示本质	论述过程中能有效地将观点和材料联系起来,揭示论述的本质	思辨、说理
语言	抽象思维	文章论述过程中体现论述文的文体特征	准确、清晰

(二)运用逻辑思维阶段

朱熹《观书有感》曰:"问渠哪得清如许,为有源头活水来。"教师只有在论述文写作教学中加强逻辑思维训练,高中生论述文写作的活水才会款款而来。那么教师就要做一个大自然的搬运工。

3.在理性思辨中感悟个体的成长

(1)认同国家理念,关注时政要闻

虽然每年每套高考作文题的材料不同,但命题者在努力地把国家最近几年发生的重要事件作为高考作文的材料,比如2018全国卷Ⅰ:2013年"天宫一号"首次在太空授课……2035年努力实现社会主义的现代化。再如2019全国Ⅱ卷:1919年……中国青年继续奋斗。

把时政要闻、国家热点作为高考作文命题材料的现象,前几年略有点"犹抱琵琶半遮面"的感觉,2019年就显而易见了。高考作文的材料,从任务驱动型的时事到共识共知的时政,传达出明显的命题意图,希望学生在高一到高三的学习过程中,关注时政要闻,积累时政素材,认可国家理念,担负国家使命。

(2)传承中国精神,唤醒文化自觉

文化传承与理解是语文学科四大核心素养之一,同时也是近几年高考作文材料的命题趋势之一。从2017年全国卷Ⅱ作文材料的中华名言名句,到2018年浙江卷作文材料"干在实处、走在前列、勇立潮头"的浙江精神,再到2019上海卷的"中国味"。以上三套作文题跨度三年,命题者都在引导考生从单一文化事件、文化事实,思考和反思一些当代文化现象。因此,教师在阅读教学和写作教学中,要积极引导学生深度吸收中国的传统文化,在审题立意时从中国传统文化的角度,审视单一文化事件到文化现象,在作文写作中传承和弘扬中国文化和中国精神。

(3)融入个体生命的社会反思

对于个体生命的意义和价值,对于人生的经历和感悟,考生一定有很多感慨,高考命题必然关注。从2017浙江卷"人生要读有字、无字、心灵三本书"到2019年浙江卷"创造生活的作家如何思考读者",主题指向十分明确,在拷问学生个体生命的社会反思、社会价值。

由此可见,身边生活、生命成长、时代使命,是近年来高考命题的大趋势。需要学生在学习和成长中有方向有方法地吸收:纵向规划自己的职业生涯,横向扩展自己的人生格局;在领悟个体生命成长时,融入对生命价值、社会价值、国家未来的集体反思。

4.在对比思辨中建立框架结构

论述文的结构分为:并列式、正反式、递进式(是什么、为什么、怎么样、意义)、顺序式(材料作文中已规定分论点的顺序,比如2017年浙江高考卷中读有字之书、无字之书、心灵之书)。我们应该如何巧妙地利用这四种结构呢?

比如笔者在课堂上和同学分析课文《劝学》的结构。第一步判断,笔者先引导学生向并列式结构的方向分析,那么中心论点自然就是"学不可以已",分论点就是"君子博学而日参省乎己,则知明而行无过矣"和"君子性非异也,善假于物也",第三段内容则是在论证结束后作者荀子对求学人在学习方法、态度上的指导和期待。

第二步判断,引导学生先分析这篇文章的中心论点到底是什么,有的学生自然就分析是"劝学",接下来和学生一起从这个中心论点出发,分析《劝学》的结构,结论是"递进式":第一部分,为什么劝导你学习(学习的作用)——"君子博学而日参省乎己,则知明而行无过矣"和"君子性非异也,善假于物也";第二部分,怎么样学习(学习的方法)——学习的态度、方法。

第三步选择,总结分析《劝学》的结构,这篇文章到底是什么结构?选择并列式和递进式都可以,也可以比较分析两种结构。

通过以上三步骤的分析,学生学会了灵活运用论述文的结构,无形与有形中锻炼了学生的思维。不仅仅是《劝学》这篇文章,比如《师说》的结构是递进式套着正反式:第一步判断,正反式——正面第一段(从师的必要性、原则,教师的作用),反面第二段(批判今天的师风、学风),正面第三段(以孔子为例,正面论证中心论点),写作的缘由(余嘉其能行古道);第二步判断,递进式——为什么(学者必有师)、写作的意义(余嘉其能行古道);第三步选择,到底是正反式还是递进式,因师因生而异。

(三)发展逻辑思维阶段

作为一名语文教师,要具有一双慧眼,合理开发和利用有效的教学策略,才能满足新课程标准下的论述文写作教学的需要,才能更大程度更有效地提升学生论述文的写作素养和发展学生的逻辑思维。

5.依托教材文本,增进逻辑思维的深刻性。

我们手头上的教材是最好的写作范例,笔者对教材进行开发。从论述文写作的角度,引导学生以教材为范例写论述文,学生从熟悉的教材中去尝试,愿意接受,容易理解,从而吸取论述文写作的知识,提高写作能力。

(1)逻辑知识

世界上的任何现象、事件,无论是自然界的,还是社会生活中的,无论是物质的,还是意识的,它们都是一定原因下的结果,绝不是无缘无故产生的。

事物发展是普遍联系的,一个结果的出现不可能仅一个原因,需要我们多角度分析结果产生的各个原因,而且原因之间也有一定联系。

(2)文本链接

六国论
苏 洵

六国破灭……是又在六国下矣。

①六国灭亡的原因有哪些?这些原因之间的关系是什么?
②作者在立论之后运用了几处假设论证,你如何看待?

(3)借鉴运用

1682亿元交易额再次刷新纪录……整个生态链条都被强大的科技创新力量所驱动所串联。

面对网购,你持有什么样的态度?

①对网络购物狂欢这一现象,请用一句话简洁地表述你的观点。

②网络购物狂欢的原因有哪些?

③网络购物狂欢,你认为主要原因和次要原因分别是什么?主因和次因之间的关系是什么?

④探究网络购物狂欢原因背后的情感因素。

(4)模拟写作

①用一句话写出第一个分论点。

②模拟苏洵第二部分分论点的论证思维,写一段250字左右的文字,做到为我所用、自圆其说。

分论点一:＿＿＿＿＿＿＿＿＿＿＿＿＿＿＿＿＿＿＿＿＿＿＿＿＿

分论点二:＿＿＿＿＿＿＿＿＿＿＿＿＿＿＿＿＿＿＿＿＿＿＿＿＿

教材内的每一篇论述文,都是论述文写作教学的有效资源。只要合理开发运用,就会发挥教材最大的光和热。学生对教材也是熟悉的,在熟悉的教材中感受新意,学生内心的写作欲望便油然而生。

6.拓展教材文本,推进逻辑思维的灵活性

为了让学生更好地掌握逻辑思维在论述文写作中的运用能力,笔者认为可以结合教材中的论述类文本,让学生逐步掌握论证方法。比如《师说》用来讨论概念界定和对比论证,《劝学》用来讨论类比论证,《六国论》用来讨论因果论证、假设论证,《拿来主义》用来讨论归纳论证、类比论证、对比论证,《美美与共》用来讨论演绎推理。这些文本不仅有发人深省的观点,还有娴熟的论证方法,更有整体的内在逻辑,是论述文逻辑思维运用的范例。

王宗炎先生说过:"语言是表达思想的手段。思想不合逻辑,语言就不可理解,思想有逻辑性,语言就顺理成章。"议论文写作是一种高级的逻辑思维活动,一篇好的议论文不仅需要具备足够的思想深度,也需要具有丰富的思维宽度。因此,教师在论述文阅读教学与写作教学,甚至其他教学方面,要努力成为学生写作论述文的引导者,成为学生在写作过程中提升逻辑思维的帮助者。

参考文献:

[1] 教育部.普通高中语文课程标准(2017年版)[M].北京:人民教育出版社,2018.

[2] [瑞士]皮亚杰(J.Piaget)[J].建构主义.
[3] 胡勤.文类、文体与作文评价[M].杭州:浙江教育出版社,2016.
[4] 张朝霞.给写作一个有效的支架[J].中学语文教学参考,2018(12):56-57.
[5] 黄明勇.在理性思辨中感悟个体生命成长[J].中学语文教学参考,2018,727(28):73-74.
[6] 陈欢.高中议论文写作十七讲[M].合肥:北京时代华文书局,2018.

为诗词教学插上想象的翅膀

赵媛华

【内容摘要】 鉴赏古诗词教学,一直是教学的难点,而传统教学中,高中阶段的古诗词教学比较零散。在高考复习中,因为古诗词知识点繁多而收效甚微。在新课程改革下,诗歌教学有了必修和选择性必修5个单元,这为学生系统学习古诗词提供了一个平台,有力地改变了这一局面。随着教材改革,传统的诗词教学模式也应该有所改变。本文将结合具体的教学实际,谈谈诗词教学中贯穿短文改写的诗词教学模式的尝试。

【关键词】 诗词鉴赏;新课程;新教材诗词短文改写

高考复习中,古诗词鉴赏的复习一直是让老师和学生头疼的专题。一方面因为古诗词语言的凝练性及表达的含蓄性,学生理解起来有一定的难度;另一方面它涵盖的知识点众多,诸如古诗词的种类、流派、风格、结构、内容、手法、语言、意象、情感以及诗词考题的类型,等等。

苏教版教材中虽然也收录了不少古诗词,但是因为比较零散,不利于学生建立系统的知识体系,到了高三备考复习,依然掌握不好。再加上高考的诗词鉴赏习题仅设置了六分左右的分值,于是诗词鉴赏习题的复习成为高三老师及学生心中的"鸡肋",不复习不行,好好复习也难以见效。

随着新课改的实施及统编教材的落地,必修和选择性必修教材中都以单元的形式安排古诗词内容,这就为解决高考诗词鉴赏复习存在的问题带来了契机,为学生系统地掌握古诗词鉴赏方法提供了一个平台。本文将结合笔者的教学过程,浅谈新教材背景下诗词教学的一些尝试。

一、新教材中诗词内容之特点

之所以在传统的高一、高二教学过程中,学生不能构建起诗歌鉴赏的知识体系,其关键在于教材选材不够系统。教师教学过程中迫于教学进度的压力,没有办法对诗歌鉴赏进行系统指导,只能进行单篇的学习,学生吸收的知识是零散的,即使到了高三也很难将繁杂的知识构建成体系,自然不利于学生培养自身的古诗词鉴赏能力。而新教材按照单元的形式囊括"诗""词"两种文学样式甚至还涉猎戏曲。"诗"中以唐诗为主,间插了一首《诗经》和《古诗十九首》中的诗以及一些著名诗人的代表作,比如曹操的《短歌行》等;"词"中以宋词为主,间插并序、引等歌行体,还包含了一曲汤显祖的《游园〈皂罗袍〉》。这样的分类不仅便于学生了解诗词的发展,还便于学生掌握"诗""词""曲"这些文学样式,同时又可以将唐诗与宋词及元曲进行比较,便于学生掌握它们的特点。其次选材上,编者选取了典型诗人词人的作品,并且涵盖了诗词基本的题材,比如"田园风光""咏史怀古""羁旅乡思""咏物抒怀""离情别绪""感时伤怀"等,而且在风格上也有意进行对比排布,比如浪漫与现实、豪放与婉约等。这样有利于教师在教学过程中进行比较教学和探究教学,同时也有利于学生以此为大框架来掌握诗歌鉴赏的相关知识。

新教材为我们培养学生诗歌鉴赏能力提供了系统性的教材,形成了专题学习,而传统的"教师分析,学生听课"的教学模式早已过时,现在的单元模式有利于群文教学和任务群的落实。因此教学过程中,教师一方面要注意诗歌鉴赏知识系统性的培养,授课过程中要构成一定的框架,增加学生知识储备,逐步提高鉴赏诗词能力;另一方面要开创新型的教学模式,调动学生的主动性和参与性,引导学生自主探究,并且能自主组织语言对诗词进行赏析。在这一教学目标的指引下,本人尝试在教学过程中一边帮助学生积累基础知识,一边引导学生进行诗词改写短文训练。

二、改写短文教学模式之尝试

所谓改写短文,即要求学生在理解诗词的基础上,立足于诗词文本,将诗词改写成短文。

(一)基础培养——文本解读

要把诗词改写成短文,首先要理解诗词的文本。在这方面应该进行"知人论世""诗歌语言分析""意象积累""手法理解"等四个方面的基础培养。

1.知人论世。人们常说"文史不分家",诗词受其所处时代的影响,我们要在特定的历史时代背景、事件中去赏析诗词。宋代诗论家严羽就第一个提倡断代论诗,这就表明历史背景对鉴赏诗词有着至关重要的作用。例如同样是唐代的边塞诗歌,不同时期表现的思想内容是不一样的。唐代初期,边塞诗的主导风格是郁勃,中唐的主导风格是苍凉,晚唐的主导风格是萧飒。如果学生能够对一定的历史事件有一定的了解,这对于他们理解诗歌是有很大帮助的。其次从诗人个体来说,诗人经历、思想的不同，其创作风格、语言特点也不同。例如同是以蝉为写作对象的诗歌，因为各自的经历不同，李商隐的《蝉》、虞世南的《蝉》、骆宾王的《咏蝉》表现的主题却是不一样的。其实学生主要需要掌握三个朝代的历史：唐、宋、元。诗人的数量虽然繁多，但是教材所选的都是代表性的诗人，对于培养学生掌握鉴赏诗词能力有非常大的帮助。因此在预习过程中，要有目的地培养学生搜集积累相关的资料，教师在前期的授课过程中也应该对唐宋元三个时代、对文学起重要影响的历史及事件做一个系统的介绍，逐步培养学生"知人论世"的意识和能力。

2.诗歌语言分析。诗词是语言的艺术，准确地了解诗句的含义才能理解诗词内容。但诗是押韵的，而且语言比较精炼，尤其是近体诗因为句数有限制，更主要的是由于要讲究平仄对仗，为了加强艺术感染力，因此就产生了与散文以及古诗都很不相同的句法特点，它们所反映的又是古代的社会生活和古人的思想感情，因此对于诗词的语言特点，如押韵、平仄、对仗、句法以及诗词的结构都应该做一个阐述，便于学生对诗歌的文本进行准确解读。

3.意象。意象是古诗词中用来表现诗人的主观情感，而借助的客观事物形象。这些进入诗词中的事物形象，已经不仅仅是现实生活中的事物，更是含有作者之意的形象。袁行霈在《中国古典诗歌的意象》中说："意象是融入了主观情意的客观物象，或者是借助客观物象表现出来的主观情意。"准确把握意象，是进入诗词意境、体会作者思想感情的关键。新教材所选诗词有很多用到了意象的表达，有利于学生积累掌握。例如在"风急天高猿啸哀——伤时感怀"这一诗歌题材中，教材中相继出现"渚""飞鸟""落木""长江"等肃杀落寞的意象，此时教师可以连带补充"鸿雁""杜鹃""兰舟"等其他意象，让学生进行比较，然后总结归纳。

4.手法。诗歌的艺术手法是诗歌鉴赏习题中的重要知识点也是难点，对于诗歌艺术手法的理解要结合具体的诗句进行分析品味。在新教材的教学中，对于诗词中的艺术手法，教师可以采取同类并举，异类相比较方法，结合具体的诗句进行分析品味，通过这样反复的联系、比较，帮助学生掌握诗歌鉴赏的艺术手法。

（二）诗歌拓展——展开想象和联想

在积累以上基础后，学生已经提高了一定的鉴赏诗词的能力，接下来就要进一步培养学生把自己变成一个主动的欣赏者、审美者，对诗歌进行拓展。

1.展开想象。《语文课程标准》在学科核心素养与目标中明确提出："在阅读与鉴赏、表达与交流、梳理与探究活动中运用联想和想象，丰富自己对现实生活和文学形象的感受与理解，丰富自己的经验与语言表达。"在诗词学习中，调动学生的想象力十分重要。别林斯基说："在诗中，想象是主要的活动力量，创作过程只有通过想象才能够得到完成。"展开想象，即引导学生对诗词进行反复玩味，让学生在准确理解诗句的基础上,借助本身的知识经验,去想象和感受极其凝练、含蓄而又富有启发性的诗句所表现的形象与情味。"根据诗句所规定的'再造条件'来进行'再造想象'是欣赏中的重要环节"。展开想象能够帮助学生理解诗歌中凝练的遣词,例如《鹊桥仙》中"纤云弄巧,飞星传恨,银河迢迢暗度。"学生借助本身的生活经验,通过想象,一幅天上云彩变换,流星划过,遥远无垠的银河横亘在夜幕中的画面便能真实地再现在学生的脑海中,学生就很容易理解"暗度"的意思,从而理解两情至死不渝时不必贪求朝暮的道理。展开想象,进行画面再现,有利于学生充分把握诗歌的氛围和意境。例如《声声慢》中"寻寻觅觅,冷冷清清,凄凄惨惨戚戚",学生在充分理解诗句后,便能够构建一幅图画:一位伤心的女子在寻觅着什么,她望着菊花枯黄遍地和飞过的大雁,端着一杯淡酒,找到的却是天气的寒冷和内心的凄楚孤独,一个人听着雨打梧桐独坐到黄昏,更显愁苦凄凉。通过这样的改写,整首诗歌的情感就很容易把握了。

2.引发联想。诗词具有"言有尽而意无穷"的特点,是一种引发力较强、留下余地较大的艺术,因此欣赏者在感受诗词所表现的形象时,还要进行恰当的联想。宋代司马光在《续诗话》中说:"古人为诗,贵于意在言外,使人思而得之。""诗词欣赏中产生联想的情况相当复杂,但大致可归为两类,可以称之为预期的想象与非预期的想象。"我们需要对学生进行培养的是"预期想象"。所谓"预期想象"是指在写诗的时候已经期望欣赏者能循着作者的意图去进行联想,是作者所要表现的诗词内容的有机组成。例如《归园田居其一》中"少无适俗韵,性本爱丘山",诗句中的开场白营造了一个热爱自然的人,学生脑海中一番联想,再结合后面的诗句,一个隐逸自然、回归田园的诗人形象便跃然纸上了。

3.拓展成文。写作过程中,还要引导学生将表现意境相近的诗句相互联系,相互印证。例如李煜《虞美人》"问君能有几多愁?恰似一江春水向东流。"可以联系李清照的"只恐双溪舴艋舟,载不动许多愁。"或者李白的"白发三千丈,缘愁似个长"等诗句辅助理解,并可以在写作中通过引用拓展。

三、总结

经过一年多的实践,通过把诗词改写成短文的教学模式,对于学生诗词鉴赏能力的提高大有裨益。此外我还摸索出了结合诵读、竞赛、观摩、探讨等形式使课堂多样化。但是在改写过程中,学生需要理解意象,分析手法,并且还要在写作过程中灵活运用,这些问题呈现出了一定的难度。但是这条路径在欣赏诗词时调动了学生的想象和联想能力,为诗歌教学插上了想象的翅膀,不仅提高了学生诗歌作答的语言能力,还训练了学生的写作能力。但是目前这种模式还不是很成熟,我希望能够进一步验证并得到推广。

参考文献:

[1] 教育部.普通高中语文课程标准(2017年版)[S].北京:人民教育出版社,2018.

[2] 袁行霈.中国古典诗歌的意象[J].文学遗产,1983(4):9-15.

萧山区高中教师体育锻炼行为的研究

宣卓丹

【内容摘要】 为了解萧山区高中教师体育锻炼的基本情况,本研究以萧山区8所高中共347名教师为研究对象,得出以下结果:萧山区高中教师对体育锻炼有一定的需求,但选择的项目多为对锻炼场地和器材没有特殊要求的,同时运动强度又不大的项目。在体育锻炼行为上存在每周锻炼次数少、锻炼持续时间短、运动强度低等不科学、不合理的现象。在体育锻炼行为上有显著的性别差异性。

【关键词】 高中教师;体育锻炼

一、前 言

随着社会的不断进步,人民生活水平的不断提高,人们要追求更好的生活品质,拥有健康的身体和健康的精神状态是获得高品质生活的基本要素。科学已经证明,适当的体育锻炼有助于提高健康水平。

高中教师作为普通大众的一分子,也渴望拥有健康的体魄和心理状态。高中教师的教学任务比其他阶段的教师更为繁重,工作量已经远远超过规定的时间和空间。繁重的教学任务,使得高中教师的健康出现了各种问题,同时,大部分高中老师几乎没有真正意义上的业余时间,更不用说参加体育活动的时间了。

本研究主要以调查萧山区高中教师体育锻炼的种类、强度、频率、持续时间等运动要素,即表现直接体育锻炼的信息为主。体育锻炼行为则由体育锻炼频率*持续时间*强度来表示。

本文试图通过对萧山区普通高中教师体育锻炼行为的研究,了解萧山区高中教师的体育锻炼情况,分析和研究萧山区高中教师体育锻炼项目、锻炼行为是否科学合理。使教师了解体育锻炼对自身健康状况的影响,为提高教师健康水平,制订科学的锻炼方法和手段提供理论依据。为正确组织和引导教师进行科学有效的体育锻炼提供建议，尽可能使萧山高中教师健康状况得到改善。

二、研究对象与研究方法

(一)研究对象

萧山共有8所高中(不包括职业高中)，其中4所重高4所普高。根据实际情况和研究需要，以8所高中在职教师为调查对象，每所学校分发45份调查问卷，进行抽样调查。本次调查共发放问卷360份，回收问卷360份，问卷回收率100%。经整理，有效问卷为347份，有效率96.4%。

(二)研究方法

1. 文献资料法

根据研究目的和研究内容的需要，查阅了萧山区及以上相关部门颁布的与研究有关的公文、决策、指示、法规等。利用互联网查阅了《CNKI博硕学位论文库》等资料，收集关于教师体育锻炼方面的文献，了解相关领域已有的研究成果与不足。

2. 问卷调查法

问卷主要包括两大部分：第一部分是基本情况部分，包括性别、年龄等。第二部分是体育锻炼现状部分，从体育锻炼种类、频率、强度和持续时间做调查。根据前人已有的相关研究，结合本课题研究目的和内容情况设计而成。

3. 数理统计法

数理统计法主要运用在对调查问卷所得数据的整理与分析。采用SPSS22.0统计软件进行定量资料的分析与处理。采用描述性统计、方差分析对体育锻炼行为进行整理、分析。

三、结果与分析

(一)萧山区高中教师的基本情况

根据研究的目的和研究的特点，本文以性别、年龄作为人口结构特征纳入本次研究的调查和分析的范畴。

从性别角度来看：回收问卷347份，男性人数144人，占总数的41.5%，女性人数203人，占总数58.5%。女性比例高于男性。

从年龄角度来看：根据实际情况，以10年为年龄区间，分为4组，其年龄段分别为30岁以下，30～39岁，40～49岁，50～59岁。萧山区高中教师年龄段人数最多的为30～39岁，比例高达63.1%，其次是40～49岁，占17.3%；再次是30岁以下，占12.4%；比例最少的是50～59岁的，仅占7.2%。

(二)体育锻炼行为的调查结果与分析

1.体育锻炼的强度

调查结果显示:萧山区高中教师在参加体育锻炼时,选择大强度的人数为57人,占16.4%;选择中等强度的人数为92人,占26.5%;选择小强度的人数为198人,占57.1%,超过半数。在各个年龄阶段上,强度选择从大强度到小强度呈现阶梯式上升趋势。由此可见,萧山区高中教师在参加体育锻炼时的强度选择上偏小,不够科学合理(见表1)。

表1 锻炼强度统计表

锻炼强度	N	%
大强度	57	16.4%
中等强度	92	26.5%
小强度	198	57.1%

2.体育锻炼的次数

调查结果显示:萧山区高中教师每周参加锻炼次数在3次及以上的人群仅为22.8%,男性人数高于女性,说明经常参加体育锻炼的高中教师偏少,尤其是女性;每周锻炼次数在2次及以下的却占77.2%,女性明显高于男性,说明萧山区高中教师对体育锻炼的重要性具有较高的认识,但缺乏行动。具体结果见表2。

表2 每周锻炼次数统计表

锻炼次数	N	%
每周5～7次	18	5.2%
每周3～4次	61	17.6%
每周1～2次	110	31.7%
不定时	158	45.5%

3.体育锻炼的持续时间

调查结果显示:萧山区高中教师每次锻炼持续时间不定时的最多,有115人,占33.1%;其次为每次锻炼时间在31～60分钟之间,有113人,占32.6%,两者相差无几。每次锻炼时间在10～30分钟之间的有74人,占21.3%。61～90分钟的有31人,占8.9%,90分钟以上有14人,占4%。不少研究者认为每次运动持续时间在20～60分组之间对提高心血管系统机能和有氧工作能力较为适宜。由此可见,萧山区高中教师在每次锻炼持续时间上不够科学、合理,有待改正(见表3)。

表3 锻炼持续时间描述性统计表

锻炼次数	N	%
90分钟以上	14	4%
61~90分钟	31	8.9%
31~60分钟	113	32.6%
10~30分钟	74	21.3%
不定时	115	33.1%

4.体育锻炼行为的差异性分析

(1)体育锻炼行为的性别差异性分析

通过对体育锻炼行为的性别差异性分析得出:锻炼强度上,萧山区高中男教师要大于女教师(得分越低强度越大),差异性非常显著($P=0.000<0.001$);锻炼次数上,萧山区高中男教师平均每周次数为3.33次,女教师平均每周为2.97次,差异性非常显著($P=0.000<0.001$);在锻炼持续时间上,萧山高中男教师要比女教师长(得分越低持续时间约长),差异性非常显著($P=0.000<0.001$)。可见,男性教师比女性教师的体育锻炼行为更加合理(见表4)。

表4 体育锻炼行为的性别差异t检验

体育锻炼行为	男性			女性			t值	Sig
	N	平均值	Sd	N	平均值	Sd		
强度	144	3.28	1.056	203	3.81	.881	-4.911	.000
次数	144	3.33	.908	203	2.97	.842	-3.778	.000
持续时间	144	3.38	1.171	203	3.93	1.060	-4.475	.000

(2)体育锻炼行为的年龄差异性分析

通过体育锻炼行为的年龄差异性分析得出以下结果:在锻炼次数上30岁以下与50~59岁年龄段有显著性差异($P=0.014<0.05$),30~39岁年龄段与40~49岁年龄段有显著性差异($P=0.042<0.05$),30~39岁年龄段与50~59岁年龄段差异性非常显著($P=0.007<0.01$)。其余年龄之间在锻炼次数上均无显著性差异。在锻炼持续时间上30岁以下与40~49岁年龄段有显著性差异($P=0.031<0.05$),30~39年龄段与40~49岁年龄段有显著性差异($P=0.034<0.05$)。其余年龄段之间在锻炼持续时间上均无显著性差异。在体育锻炼强度上,各年龄段之间均无显著性差异。

由此可见,随着年龄的增加,在体育锻炼次数和持续时间上有所减少,这与人随着年龄增长,体力下降是分不开的,符合自然规律。而在锻炼强度上没有差异性的体现,说明萧山区高中教师体育锻炼强度较小,不够科学、合理。

四、结论与建议

(一)结论

1.萧山高中教师具有较强的体育锻炼意识,但每周锻炼次数少、锻炼持续时间短、运动强度低、体育锻炼行为不科学、不合理。

2.萧山高中教师的体育锻炼行为性别差异性显著,男教师在体育锻炼强度、持续时间和频率上都要比女教师更科学、更合理,体育锻炼更有效。

3.萧山高中教师随着年龄的增加,在体育锻炼次数和持续时间上有所减少,各年龄段之间在锻炼持续时间和频率上存在显著性差异,而在锻炼强度上没有显著性差异,表明萧山高中教师的体育锻炼强度偏小,不够科学、合理。

(二)建议

1.学校应增加对体育事业的投资,以方便更多教师进行体育锻炼;学校相关部门应多组织教职员工进行体育活动和比赛,引导教师多参与体育活动;允许教师在完成教学任务后可利用学校的体育设施进行体育锻炼;高中教师自身也要养成科学锻炼的习惯,进行合理、有效的体育锻炼。

2.学校要加强对高中教师体育锻炼的科学指导。组织培训一批能够指导教师科学锻炼的指导员,对教师进行指导和帮助,帮助他们根据自身的实际情况制订适合自己的锻炼计划,并提供具体的锻炼方法,对教师在锻炼过程中所遇到的问题给予及时的解答和指导,使体育锻炼更加科学、合理、有效。

3.教育的上级部门应加大对学校体育资金的投入,为教师的体育锻炼提供更好的物质保障。同时也要发挥纽带作用,加强学校与其他体育部门的联系与交流,使得他们在技术、资金、场地等方面给予学校更多的支持与合作,从而能更好地改善学校教师的体育锻炼条件,提高对体育锻炼的兴趣。

参考资料

[1] 朱华剑.无锡市高校教师体育锻炼与健康现状的研究[D].苏州:苏州大学硕士学位论文,2009.

[2] 冯宇鸿.石家庄市区普通中学教师体育健身活动现状与影响因素分析[D].石家庄:河北师范大学硕士学位论文,2007.

[3] 葛新.北京高校青年教师身体健康状况与体育锻炼的研究[D].北京:北京体育大学硕士学位论文,2006.

[4] 黄若男等.长桥街道中小学教师心理健康状况及影响因素研究[J].2017国际数字医学会数字中医药分会论文集.

探究"关键词",解锁文言文意蕴

倪 佳

【内容摘要】 文言虽久远,经典永流传！然而,要识得体悟她,确是万般不易。本文面对教学实际,着重论述文言文找寻关键词路径,如何把握关键词在文本语境中的意蕴,并以此为基点,架设学生、教师、文本三者间的桥梁,提高文言文课堂教学的有效性,以此提高学生吸收课堂知识的灵活性。

【关键词】 关键词；有效性；体悟

传承历史文化的精髓是语文教学的一大诉求,编入课本成为教学篇章的文章,更是传统文化中的精华,然而,古文与我们现在的通用语差异较大,在实际教学中,让师生犯难。笔者设想,可否从文章本身的关键词入手,架设起教师、文本、学生三者之间的桥梁,提高文言文课堂教学的有效性？现将"关键词"在文言文教学实践中运用的方法陈述如下,以就教于方家。

一、万紫千红一眼寻得她

文言篇目中,有些反复出现的关键词,提取相对容易,但有些隐藏的关键词,需学生理解之后才能找到,这些难度较大的文章就需要教师的指导。如何在文言文学习中有效提取关键词,概述以下几种策略。

(一)根据文本内容提取关键词

要提取文言课文中最能表达主旨或内容的字、词、句,可把目光投向文本中反复出现的。如《指南录后序》第五段中"死"字反复出现22次,据此,我们可抓"死"字,作为理解此段及全文的关键词。

对文天祥面临"死"的局面,先根据次数分三个层次：

第一层："呜呼！予之及于死者不知其几矣！"

第二层："诋大酋当死……无可奈何,而死固付之度外矣。"

第三层:"呜呼！死生,昼夜事也……痛定思痛,痛何如哉！"

第二层是个难点,按时间顺序,记载了文天祥十八次直面死亡的状况。"境界危恶",逃亡线路曲折多变,学生阅读时,容易跟着作者晕头转向。

其实可依据课文第六段,作者自己对诗集《指南录》的分卷,完成第二层的切分。

一卷:诋大酋当死；骂逆贼当死；与贵酋处二十日,争曲直,屡当死；

二卷:(本段无二卷内容)

三卷:去京口,挟匕首以备不测,几自到死……至通州,几以不纳死；

四卷:以小舟涉鲸波出,无可奈何,而死固付之度外矣。

如此,既对应课文第六段,也较清晰地阐明文天祥的逃亡路线。

(二)根据行文结构提取关键词

行文结构其实就是作者的写作思路,具体指句与句、段与段间的关系。明晰作者的落笔思路也就明确了课文的框架,根据篇章结构提取关键词,能帮助我们理解文本。

以苏教版必修二专题三苏洵的《六国论》为例,全文可分三个部分:一提出总论点和分论点；二扣住分论点,分别从"赂者"和"不赂者"两角度进行论述；三总结六国灭亡的历史教训,点出写作目的。根据这样的论证结构,我们可以将这篇文章的关键词确定为"赂"。

(三)根据作者情感提取关键词

文以载情,文人写作往往会在文中流露出情感。所以文言文教学,梳理作者的情感脉络是重点。根据作者情感走向提取关键词,有助于梳理全文内容。

归有光《项脊轩志》第二段首句"然予居于此,多可喜,亦多可悲"是过渡句,既承上又启下。首段介绍项脊轩的环境,流落出喜悦,然而此处的"可喜"是为下文的"可悲"埋下伏笔。第二段则集中笔墨写项脊轩曾发生的三件可悲之事。最后两段却荡开一笔,集笔墨于悼念亡妻。据此,我们可以锁定,文本围绕"喜"和"悲"两种情感展开。

(四)根据文章标题提取关键词

标题可以说是一篇文章的灵魂,有时直接揭示了中心。所以,从文章标题确定关键词,也是提取关键词的方法之一。

琢磨苏教版必修五专题二李密的《陈情表》,此标题明确了"陈情"是此文的中心,作者李密首先阐述了自己人生的坎坷,与祖母相依为命的悲苦,此乃"苦情"；文章最后一段表达自己"乌鸟反哺,愿乞终养"的心愿,此乃"孝情"；文终更是彰显自己"生当殒首,死当结草"的报国之志,此乃"忠情",由此,明确此文的关键词为"情"。

(五)根据教学目标提取关键词

新课程改革倡导的课堂教学目标注重凸显"情感、态度和价值观",关注"过程和方法",落实"知识和能力"。因此教师可从教学目标中提取关键词,既提高了文言文教学的有效性,又有助于语文课程教学目标三个维度的实现。苏教版必修一专题四《始得西山宴游记》一文的教学目标是:

1.把握文中的对比写景手法,领会西山之怪特美。
2.作者遭遇挫折却不甘沉沦的人格之美与西山之美的映照。

据此,可将此文的关键词提取为"始得"。"始"字包含了多层意思,第一次发现西山的怪特;第一次享受游览的乐趣;第一次借自然之景抒发自己傲然卓立的情怀;第一次融入大自然,进入天人合一的超然境界,获得精神上的解脱和审美的愉悦……

二、"形互串"结合体悟她

(一)以形说义

以形说义即形训,汉字的形体蕴含着中国特定的文化内涵。许慎在《说文解字》中,详细阐述了"六书"的构造原理:象形、指事、会意、形声、转注、假借。我们可追本溯源,借助这几种造字法,通过对关键词结构和形体的分析去寻求字义,从而挖掘关键词所蕴含的文化内涵,进而带动整篇文言文的解析。

《始得西山宴游记》中有这样两句:"到则披草而坐,倾壶而醉","饮觞满酌,颓然就醉"。在分析柳宗元游西山的心情时,平常大家抓的关键词一般是"醉",但笔者抓了"壶"和"酌"。为何如此呢?笔者现场展示这两个关键词从甲骨文到楷体的写法(见下图):

字源演变:
甲骨文 小篆 楷体
（壶）

字源演变:
金文 小篆 楷体
（酌）

"壶"是盛酒的器具,"酌"呢,是指从壶中倒到小杯里之后悠闲品尝。稍一剖析,学生就能明了:用"壶"喝酒,是为买醉而醉,只能借酒消愁愁更愁;若"酌"而醉,便是沉醉于西山美景不能自拔,愤懑不平、焦灼不安的心情在与自然美景的交汇中暂得解脱。抓这俩词的字形，经过分析比较，学生能敏锐地感受到西山的"怪特"之处，自然也能体会到柳宗元的真情。

以形说义的形训法既能让学生通过字形去理解字词的意义，更能丰富文言文的课堂内容，让文言文课堂灵动起来。

（二）互训释义

互训释义是两个字互相训释的一种训诂方式。中国的语言文字中有很多同义或近义词，训诂书里往往采用互训来解释词义，避免用繁琐的语句作说明。汉代许慎的《说文解字》里就有很多这样的例子，如："更，改也"，"改，更也"。

《论语》选读《知其不可而为之》中有一段这样的文字：

> 陈成子弑简公，孔子沐浴而朝，告于哀公曰："陈恒弑其君，请讨之！"
> 公曰："告夫三子。"
> 孔子曰："以吾从大夫之后，不敢不告也。君曰：'告夫三子者'"！
> 之三子告，不可。孔子曰："以吾从大夫之后，不敢不告也。"（14.21）

此文段，孔子反复申述"不可不告也"，学生甚为不解。为此，笔者抓住关键词"弑"来做分析。文末注解将"弑"译成"杀"，笔者也就顺势将"弑"互训成"杀"，即"陈成子杀简公"，并出示《说文解字》里对"弑"的解释：弑，臣杀君也。让学生进行对比分析。

边读边品，学生马上就发现了"弑"的妙处："弑"更能展现陈成子以下犯上，违背周礼的嚣张之势，也呈现出当时混乱的社会秩序，据此，很容易明了孔子反复说"不可不告也"的缘由了，因为陈成子的行为明显犯上，这对渴求维护社会秩序的孔子来说，是难以容忍的；而用"杀"显然只是表达了最表层的意思。

（三）串联贯义

文中反复出现的关键词，必有其存在的妙处，如果我们能找到它们前后的联系，通过串联这些关键词，找出它们前后联系的脉络，进而表述出完整的文章主题，抓住贯穿其间的脉动实现教学目的。

在分析必修一说理文《劝学》时，笔者抓了一个关键词——君子。君子本义：道德品行兼好、人格高尚之人。

《劝学》开篇就是：君子曰：学不可以已。此为中心论点。在国人人格塑造的理想中，儒家有圣人；道家有真人、神人，境界均高于君子，鉴于此，笔者提出第一问：如果说引用名人名言是要增加文章的说服力，那么这里为什么是"君子曰"，而不是圣人曰、真人曰或神人曰？

同时笔者提供三则补充材料：

> 窈窕淑女，君子好逑。

———《诗经·周南·关雎》

君子喻于义，小人喻于利
———《论语·里仁》

君子之交淡如水，小人之交甘若醴。
———《庄子·山木》

结合材料，学生稍加分析即可得出：圣人、真人、神人毕竟遥不可及、高不可攀，而君子是较容易达到的完美人格典型，值得世人去追求。第一个"君子"问题的提出和解决，激发了学生的兴趣，学生压根没想到，一个"君子"背后有如此多的学问。随后，笔者让学生在全文寻找关键词"君子"，分别位于：

君子曰：学不可以已

君子博学而日参省乎己，则知明而行无过矣

君子生非异也，善假于物也。

在对人性的看法上，荀子秉承"性恶论"，他在《性恶》篇中说道："积善不息""涂之人可以为禹"。因此，荀子认为，要想达到君子的境界，就必须"善假于物"！

至此，通过串联文中三个关键词"君子"解决了《劝学》的前两段：人通过学习可以提高、改变、完善自己，进而提高修养，离君子是否近了？人借助学习，弥补不足，站得更高，看得更远，那离君子是否更近了呢？

《劝学》前两段论述了学习的意义及作用，第三段论述的是学习的方法和态度。笔者在关键词"君子"的基础上又紧抓"积善成德，而神明自得，圣心备焉"这一句，让学生明确，学习要做到"积累、坚持、专一"三合一，才有可能成为君子，进而成为更为完美的"圣人"。

可以说，解析《劝学》时，"君子"这一关键词串联了全文，将荀子抽象的道理具体化，真正将荀子的说理做到了深入浅出。

文言文教学，搭建"关键词"支架，探究文言意蕴，是一种行之有效的方法。当然，关键词教学不可能孤立存在，势必还要结合诸多优秀的教学方法，如任务单分析法、主问题贯穿法等。采用一种或多种教学方式相结合，才能提高文言文教学的有效性。

参考文献：

[1] 高柏馨.形训与文言文教学[J].文学界(理论版)，2012(4):2.

[2] 王荣生，童志斌.文言文阅读教学设计[J].语文教学通讯，2012(29).

[3] 阎增.例说"关键词阅读法"在文言文教学中的运用[J].广西教育，2011(23):2.

纲举目张　授之以渔
——新课程下文言文教学的冷思考

陈　峰

【内容摘要】　针对高中文言文教学实践中遇到的疑惑和难题，本文探讨了高中文言文教学的教学价值，进而明确目的，直面现状，剖析了学生怕学厌学文言文的原因，为提升论文的价值性，重点论述实践的具体措施，探索学好文言文的方法以达到让学生乐学会学的目的。

【关键词】　文言文教学；独立思考；自主式；整体性

在语文教科研全面开花、如火如荼的今天，高中文言文教学研究显得有点受冷落，这种状况不太正常。本文拟就高中文言文教学的价值、目的、现状及理想做法阐释一下个人的观点，以求正于方家。

一、探求价值、明确目的

关于文言文的教学价值，支持学习文言文的专家们曾全面而深入地论述过，总括起来大致有：教育价值、文化价值、艺术价值。关于理论我不想多作复述。下面要谈的是我面对学生的"学习文言文无用论"而提出的几点看法。

1.文言作品是中国古代精英文化的结晶，具有极为丰赡的精神内涵。我们都知道语文教学还承担着德育的重任，我们要培养良好精神品质的学生，促使他们形成健全的人格。学生应多和杰出人物、一流人才"对话"，直接感受他们非同一般的"情感、智慧、思考"，直接体味他们不同凡响的忧患意识、生命意识、家国意识，然后逐步涵养其高层次的生死观、荣辱观、忧乐观，在精神上走向丰润完满。

2.文言文是汉语言的"文物"，是我们民族语言的根基。高中生通过学习文言文，从而热爱民族语言，学习并发展民族语言的表现力。继承这一"文物"有助于培养学生中国人特有的审美情趣。

3.文言文素养是语文素养的重要部分,是高中生应备的基本素质之一。开创中国新文学的大师们,都接受过良好的古文教育,比如朱自清、冰心、巴金。如果高中生对着"项庄舞剑,意在沛公""老当益壮,宁移白首之心?穷且益坚,不坠青云之志"等千古佳句都一脸茫然,中学语文教育能说是成功的吗?

新课程标准规定:"学习中国古代优秀作品,阅读浅易文言文,理解词句的含义和作品的思想内容。了解并梳理常见的文言实词、文言虚词和主要文言句式的意义和用法,诵读古代诗词和文言文,背诵一定数量的名篇。"我认为在实际操作中依旧存在着诸多偏差。

其一,"浅易文言文"?《兰亭集序》的后半部分、《逍遥游》也算"浅易"吗?难度过大的选文对学生学习热情的打击是可以想见的。

其二,有人过于信奉"工具性",文言字词句的学习占据了课堂教学绝大部分时间,而学生的独立思考以及对课文的整体阅读可有可无,使高中阶段和初中阶段一样只重文言知识的积累。

其三,有些教师不顾实际,总想着"如何借助文言文培养学生的创新意识、创新精神、创新品质、创新能力"。教科研上的赶时髦会让学生无所适从。

我个人认为,依据大纲,根据学生的教学实际情况,文言文教学主要是要做好以下的分内之事。

1.继续重视文言字词句的学习,但不是死记硬背,而是在新旧联系、辨析异同中理解掌握文言基础知识。

2.重视每一篇课文,把"帮助学生理解熟记具体的文言课文"作为"文言文教育的第一要务"。引导学生走入"文心",和作者同命运共呼吸,真正体悟到文言课文之美,从而乐学、会学。久之,学生在自己的语言表达中就能恰当引用、巧妙化用,不断提高自己语言的美感。

3.引导学生接受以思想见长的文言课文的熏陶感染,让他们直接感受一流人物的博大胸怀,自觉加强品格修养。多年以后,学生在困厄中能想到孟子的高论、司马迁的不屈以自励,在得意时能不忘魏征的警示、司马光的训诫以自勉,文言文教学的目的是真的达到了。

二、直面现状、剖析困惑

本人曾多次对新任教的班级作摸底调查,很遗憾,喜欢和比较喜欢文言文的学生从未超过一成。让学生用一个词来概括对文言文学习的评价,出现频率最高的就是"怕"和"厌恶"。我想,要搞好文言文教学,不直面现状、不去了解学生的真实想法、不找到问题的症结所在是不行的。

综合历届学生的说法,我认为学生普遍怕学厌学文言文的原因除了上文论及的目的不明确外,还有下述几点值得我们加以重视。

1. 文言文本身的因素。

文言文毕竟是古代的语言,到现在已几乎没人使用了。和白话文的相去甚远也使得它难免令人感觉晦涩难懂。对于学生来说,"无用"加"难懂",哪里还能提起学习的兴趣呢?

2. 教材的因素。

其一是选文。"课文要具有典范性,文质兼美"的标准当然是对的,但也不能忽视学生的接受能力,有的课文太深奥,有的太乏味。其二是编排。新教材是按内容,按文学模块编排的。这种编排方式偏重于让学生模块思考感悟,忽视了学生的学习规律。教材的编排还是按由浅入深、先韵后散,先故事性后哲理性的顺序更符合学生的认知规律。

3. 考试的因素。

由于教师命题权力的缺失,使得学生重试题而轻老师。"考什么学什么"是倍受批评却至今仍是学生信奉的最高信条。高考试题是不考课文的,学生怎么会"傻"到孜孜以求地学习课文呢?

4. 教学的因素。

这里主要谈谈教学要求、教学思想和教学方法的问题。

①教学要求的问题。学习文言文,不仅要求学生掌握大量的字词句的知识,而且要背诵很多课文。而背诵现在基本演变为"默写"。学生在繁重的学习中,怎么能不怕呢?

②教学思想的问题。我只想讲讲教学实践中存在的两个问题:一是过于强调文言文教学的"工具性",一是以应付考试为根本目的和任务。前者的结果是,40分钟里教师总是带领学生在通假字、古今异义词、词性活用、特殊句式等知识点上猛下工夫,而没看见那是一篇优美的古代散文。后者更是带来恶果,教师模仿命题迷宫化、文字游戏化的高考文言文试题,肢解每一篇课文,大搞考点训练,学生能不"怕"且"厌"吗?

③教学方法的问题。一方面,有人极力奉行"字字落实,句句串讲"的箴言,教法僵化,使学生日生厌倦之情。另一方面,有人把文言文当作现代文来教,表面上潇潇洒洒,可实际上学生连重要的字词句都没搞明白,于是,"潇潇"不见了,就剩下"傻傻"(洒洒)了。

三、实践理想、乐学会学

(一)营造氛围,激发兴趣

1. 努力发挥语文教师的正面影响作用。要教好文言文,语文教师不仅要拥有最新的教育理念、高效的教学方法,掌握现代化的教学工具,更要具备较高的文言修养。

2.鼓励学生自主阅读故事性强的文言作品,改变文言文在学生心中的印象。需要强调的是,一定要进行自主式阅读。所谓自主式阅读,就是学生凭兴趣,主动、独立地阅读,教师不要布置硬性的阅读任务。事实证明,自主式阅读文言作品,学生的兴致很高,就连很厌恶文言课文的学生读起《聊斋志异》来也是津津有味、兴味盎然、爱不释手。久之,学生会蓦然发现:文言文其实并非面目可憎,更不可怕,还是有点可爱的。

(二)深入文本,修炼精神

1.搭建桥梁真正地走入课文

我们知道,真正的阅读,是与文本作者心灵的沟通和对话,是由一个生命进入另一个生命的融合重建的过程。可是由于上文论及的缘由,学生在面对文言文时,他们虽然会在老师的要求下读读看看,但心灵的眼睛是关闭的,感情的大门是封锁的,课文不过是一堆无生命的文字而已,我们还能奢谈什么教学效果呢?因此,教师的一个重要任务就是搭建一座桥梁,让学生走进作者的心灵世界,让他们和课文息息相通,从而真切地感受到作者的喜怒哀乐、委曲衷情,体会到作者的良苦用心、博爱情怀。唯有如此,才能学好文言文。那如何搭建那心灵之桥呢?

①提供必要的作者和写作背景资料

让学生了解作者的写作意图或作品产生的深层原因,有利于拉近学生和文本的距离。

举例:如果学生对归有光的遭遇一无所知,漠然相对,就不会去用心体会《项脊轩志》中蕴含在日常琐事中那份深沉的情感。学生了解了《鸿门宴》一文的历史背景及刘项的相关情况后,就会很有兴趣地去体验那宴会里的刀光剑影。

②指导诵读,帮助融入课文

我们谈学习文言文,就该继承古人成功的做法。诵读法可以说是中国古代几千年语文教育最重要也最有效的方法。朱熹说:"学者观书,务须读得字字响亮,不可误读一字,不可少读一字,不可多读一字,不可倒读一字,不可牵强暗记,只要多读数遍,自然上口,久远不忘。"这不仅强调诵读的重要,且提出了严格的要求。教师一定要按照学生的认知规律加以设计,对诵读多加指导,让学生读的得法。

起初,要语音准确,句读准确,字正腔圆。然后,训练学生掌握音调、语气、停顿、重音等诵读技巧,尤其是读出文章的内在节奏,感知文章的"气、味、声、色"。再后,随着理解的加深,要求学生在抑扬顿挫、表情传神方面下工夫。最后,学生在反复诵读达到因气求声、心口合一、与我为化的诵读境界。久之,学生便耳熟能详,目闭可诵,产生如闻其声、如见其人、如历其境的艺术感受,不知不觉间就和作者心意相通了。

③积累知识,扫清阅读障碍

文言实词、虚词的意义和用法、词性活用、特殊句式及文学文化常识等文言知识,是文言文学习的一个重点,必须重视。教师要做好指导工作。

第一,教会学生积累的方法。首先,学生得有一本专门的文言知识积累本,踏踏实实地一课一课的积累。其次,要学会联系、归类、比较,加强整理工作,以不断地加深印象,扩大积累。

第二,培养学生在具体语境中推断语意的能力。主要是要善于联系旧知识,推知新知识;掌握文言文的一些语法规律,结合上下文,推断语意。

第三,部分地区还可以和方言结合,积累文言知识。比如我们所在的杭州萧山,是吴方言区,方言中保留了大量的古代语言,很多文言词语都还在用。结合方言,学生学得有趣,也使本来感觉很难的问题简单了,效果不错。

④以今照古,拉近心理距离

用当代视野关照文言文,拉近学生和文言文的心理距离。寻找课文和学生现实感触的共振点,调动学生已有的生活经验和阅读经验,产生与作者、作品情感共鸣。

举例:比如学习《游褒禅山记》,课文关于"志、物、力"的论述对学生很有教育价值,教师只要点一下,学生就自然联想到自身学习的实际情况,引起共鸣。这样,学生和作者、课文就一下子沟通了。

2.领略文本美,和作者心灵相通,提升精神品质。

①整体感受,体验阅读乐趣

在高考的重压下,语文教师不得已把课文肢解为一个个与考点相应的知识点,在教条式的拆解和技术性的操练中似乎获取了"实利",但它的代价是沉重的——学生在麻木地听讲训练中日渐丧失学习文言文的最后一点兴趣。要改变这种状况,就要提倡整体性阅读,要把自主式阅读的理念引入课堂教学,注重文言课文的整体阅读效果,让学生在整体阅读感受中体验学习文言文的乐趣。

教师主要是发挥组织、引导、激励、点拨的作用,点到为止,留有余地。注重阅读的整体性和文气文脉,珍视学生个性化、差异性、创造性的整体感受。读《归去来兮辞》,最要紧的是在教师的点拨下学生感受到了陶渊明的那一份愉悦、淡泊又略带寂寞的情怀,而不必让学生拼命地把文章翻译成味同嚼蜡的白话文。读《赤壁赋》,也是追随苏轼旷达的胸怀和人生态度,感悟大自然所包含的生命的真谛。

②含英咀华,培养审美趣味

选入教材的文言文,几乎都有极高的艺术价值,其用语之凝练、结构之精巧都非寻常文章可及。而缺乏"沉浸浓郁,含英咀华"这一环节,学生就无法真正品味到文章之美,自然难以爱上文言文。教师应在学生整体性阅读的基础上,指导学生含英咀华,逐步培养其审美趣味。

其一,对名句名段,一定要带领学生反复玩味,仔细揣摩,明了其美在何处。如"落霞与孤鹜齐飞,秋水共长天一色"这一千古佳句,学生能感知其美,但只能分析到"动静结合""色彩绚丽""境界阔大"这一步。我指导学生深入发掘,结果发现该名句的精髓在于作者描绘了一方和谐、澄明的天地,生命在那里自由地飞翔。这种理想的境界让作者心迷神往,千百年来也扣动了无数读者的心弦。明乎此,学生无不面露喜色。

其二,发扬朱光潜先生倡导的"咬文嚼字"的精神,抉隐发微,探寻看似平淡中蕴含的精彩。彭宗保老师以前教《石钟山记》,着力引导学生抓住课文中的三个"笑"字,溯"笑"之源,探"笑"之真谛。这样,学生在老师的点拨下产生豁然开朗之感,领悟了作者独运之匠心。不仅激发了兴趣,也培养了审美趣味。

③比较阅读,提高鉴赏水平

有时,学生读一篇课文,或不能深味其妙,或对其所述深信不疑。比较阅读可以解决一些问题。所谓比较阅读,就是把有关联的作品放到一起来读,看异同,评优劣,在对照阅读中获得较全面准确的认识,从而开拓知识视野,训练思维能力,提高鉴赏水平。

举例:比如学生学了《廉颇蔺相如列传》,对蔺相如敬佩有加,我又让学生研读王世贞的《蔺相如完璧归赵论》,王对蔺相如批评得很厉害,这使学生觉得很有意思,同时引发了思考和争论。又如学习苏洵的《六国论》,我指导学生同时阅读苏辙的《六国论》,结果在课上引发了空前激烈的争论。学生最后基本达成共识:苏洵的语言干脆利落,朗朗上口,苏辙的稍微有点拗口;苏洵是借古讽今,饱含忠谏之情,苏辙是就史论史,有逞才之意。

可见,比较阅读,学生的鉴赏水平会得到超出预料的提高。

④独立思考,质疑问难,改进教学效果

文言文可以质疑的地方太多了。教学实践中,我发现,只要首先引导学生不辅助任何参考资料独立思考学习,在这之前教师教给学生一些质疑的方法,只要教师能遵循民主化教学原则,鼓励学生质疑问难,学生就会积极思考,大胆质疑。因为质疑问难符合高中生的心理特点,能激发他们学习的热情。还可以活跃课堂气氛,改进教学效果。如果因此培养起初步的研究精神,倒也是"意外"的收获。

我主张鼓励学生向课本质疑、向教师质疑。比如课下注释,常遭到学生的质疑,一番争论后,达成共识,必然掌握得更牢了。而对课文的质疑常常收到意想不到的效果。

比如学习《阿房宫赋》时,有学生问:第一段多为偶字句,为何开头连用四个三字句呢?这个问题我备课时根本没有考虑到,解决了它就弥补了教师备课的空白,师生都有收获,教学效果自然是改进了。

⑤吸取养分,丰富精神世界

编入教材的文言文多出自古代一流人物之手,有着丰赡的精神内涵。高中生正处在发展个性、形成人格的重要阶段,正面影响是很重要的。而高中生又有叛逆心理强、拒绝说教的特点,引导学生自己用心感受,自觉接受熏陶、吸收养分就显得格外要紧。进行"润物细无声"式的人生价值取向的引导,让学生为圣哲的至理名言而深思,为良臣的苦口婆心而赞叹,为名士的痛苦忧思而唏嘘,为豪杰的慷慨赴难而扼腕。学生在那些高贵的精神品质浸润熏陶下会自觉地发展健康的个性,形成健全的人格。

(三)延伸拓展,丰富内涵。

1.在语文活动中学习文言文

比如对情节性强的文言课文,可以组织指导学生将其改编成课本剧,自导自演,学生在整个过程中都在学习文言文。还可以组织古诗文朗诵会、文言知识竞赛等活动。学生兴致很高,效果也都不错。

2.在课外阅读中学习文言文

有一种理论叫"阅读转注"说,认为阅读过程是个全息性辗转相注的过程,学生在阅读中,字与字、词与词、句与句之间自动互相参注,互相补充、互相发明,使学生对语言文字的认识由模糊到清晰,不断积累起来。根据该理论,学生只要坚持在课外阅读文言作品,就可以自然地与课内所学相转注,文言文的阅读能力自然就提高了。

3.从影视作品中学习文言文

现在有大量的根据文言作品改编的影视剧,有一定的文言含量,可以利用学校的电视系统播放。比如《三国演义》《三十六计》《荆轲刺秦王》等,让学生在轻松愉悦的氛围中学习文言知识,提高文言素养。

参考文献:

[1] 王珏.文言文教学价值的再认识[J].语文教学之友,2004,6.

[2] 普通高中语文课程标准(实验)[M].北京:人民教育出版社,2003.

[3] 钱吕明.文言文教育的理性思考[J].中学语文教学,2002(7):23-24.

[4] 张超.自主式阅读:阅读的返璞归真[J].山东教育,2002(21):32-34.

[5] 李建邡.教苑漫录[M].延吉:延边大学出版社,2006.

[6] 彭宗保.抓住"笑"字串全文[J].语文学习,1996,4.

撑一支长篙　向青草更青处漫溯
——由三次修改《赤壁赋》教案引起的教学反思

冯建利

【内容摘要】《赤壁赋》是经典名篇。教学《赤壁赋》是对教师文化积淀和教学能力的考验。本文通过对三次修改《赤壁赋》教案的教学经历的回顾,浅谈自己心中的三点教学反思:基于文本特点谈谈言文并重不是机械的,基于作者谈谈知人论世的特殊意义,基于赋体谈谈文化和审美。

【关键词】　苏轼;教案修改;言文并重;知人论世;文化审美

去年,笔者有幸在区的一次教学研讨活动中上了一堂展示课,执教的是苏教版必修一中的《赤壁赋》。为了上好这堂课,笔者与语文组内的老师积极沟通,互相交流,前后经历了三次教案的修改。通过一次次试讲,笔者对《赤壁赋》的理解慢慢深入,至今仍对这次试讲过程记忆犹新。

千磨万击,精益求精

第一次借班试讲时,笔者的教学简案如下。
教学目标:
1.反复朗读,掌握部分虚词、实词的用法意义。
2.能熟练翻译文言语句,在理解文意的基础上,体会作者情感。
教学过程:
一、导入
二、学生朗读全文,注意把握节奏
三、对照文下注解自主疏通字词句,在自主学习的过程中完成以下任务。
1.圈点出字词句上的困惑,课堂交流答疑。
2.解释或翻译老师提出的字词句

四、同学说说阅读过程中遇到的词句上的困惑。学生提出词"之""而"等在具体的语境中的意义和用法怎么解？实词"既望""万顷""白露""渔樵"等词怎么解释,此外还提到了一些活用词、通假字、一词多义等,并提到了如"而又何羡乎"等特殊句式和"诵明月之诗,歌窈窕之章"等句子(基本在课前的预设中)。

五、教师幻灯投影虚词、实词、重点句,请学生作答。

六、再次朗读,疏通文义,说说本文表达了苏轼怎样的情感？先找依据,再前后桌交流并派代表发言。

学生初步探讨第一段情感是喜的,第二段从箫声中感觉到了悲,第三段从"愀然""哀吾生之须臾""羡长江之无穷""悲风"等词句中体会到悲,从结尾"客喜而笑"中看出了喜,在探讨苏轼情感变化中总结出了主客问答的写作手法。

七、课后完成总结过的文言字词句的相关练习,扎实文言基础。课外熟读背诵全文。

教学后,同事说本堂课在重点字词句的解释翻译上花的时间太多,对文的探讨时间匆忙且流于表面。我也觉察到了这点,开始设想中我其实也想到要探究文义的,但是因为探究言的时间过多而导致第六步环节匆匆忙忙。其次带着"析细析微"的心理,力求面面俱到,在时间把控上就不是很合理。这是一堂典型的重言轻文的课,一堂课下来学生学习效率不高。

带着同事的意见和自己的体悟,笔者进行了第二次教学设计,简案如下。

教学目标：

1.有感情地朗读全文,熟读成诵,体会本文句式参差,自由灵活,骈散杂陈,文情并茂的特点。

2.探究语言,理解文意,由赤壁夜景出发探究本文怨慕箫声的形象、客的形象和苏轼形象。

教学过程：

一、导入

二、先听磁带朗读,再有感情地自由朗读全文

三、请生朗读第一段,指导朗读要注意节奏、情感等。

四、苏轼泛舟在怎样的赤壁夜景之下？

教师引导学生充分调动视听感官,大致疏通文义,想象苏轼泛舟游于赤壁下的场景。概括赤壁夜游的景物形象。

五、生细读第二段,说说这是一种怎样的箫声？(引入苏轼生平)

六、请一生朗读第三段,再细读文本,说说刻画了怎样的"客"人形象？

七、全班齐读第四段,再默看,说说刻画了怎样一个"苏轼"？

在教师点拨下,引导学生从"变与不变""取与不取"的角度概括出"苏轼"这一乐观旷达的形象。

八、最后强调赋文的特点:主客一体,文章以主客问答的形式结构全文的特点。

九、布置作业:课外熟读背诵全文。

讲完后,同事觉得我的起点是可以的,但本堂课最大的问题是对言的理解没跟上,重点分析文章内容中学生对词义真的理解吗?对文赋本身的特色真的懂吗?真的能理解苏轼的旷达乐观吗?听了以后我震住了,而且实践后发现效果确实不理想,学生对言的理解问题很多。

经过反思和同事的点拨,笔者就如何做到"言文并重"进行了思考,第三次修改了教案,简案如下。

教学目标:

1.朗读成诵,体会本文句式参差,自由灵活,骈散杂陈,文情并茂的特点。

2.品语言,解文意,在"描写、抒情、议论"熔于一炉的文言中探赤壁夜景形象、怨慕箫声形象、客的形象和苏轼形象。

3.通过对"主客一体"的探究,学习苏轼乐观旷达的人生观。

教学过程:

一、导入

二、听音朗读,正音并初步感知节奏、情感等。

三、请6名学生,按段分别朗读,并点评。说说读时要注意的点。教师就赋介于诗和散文的特点强调本文朗读的重要性。

四、苏轼为何夜游赤壁?

(幻灯)引出苏轼生平

五、屡遭贬谪的苏轼内心最渴望什么?文中哪句话点明了苏轼这种渴望?

找"渺渺兮于怀,望美人兮天一方",并翻译。讲解"香草、美人、兰、桂"等的文化内涵。理解为何"歌"能有如此感染力,理解箫声,朗读,体会本文抒情的优美。

六、渴望难以实现的苏轼内心一定不平静,你在全文中读到了怎样的苏轼?(请大家小声朗读全文,找好理由发言)

教师根据学生回答灵活处理课堂,在学生探究第一段时,让学生对提出的语句进行翻译,并抓意象,引领学生想象赤壁夜景图,让学生领略《赤壁赋》描写的优美。三四段主客一体的探究是重点,注重朗读,并请学生翻译理解提出的依据性语言,联系作者及与儒道佛的渊源,探究苏轼何以能从政治家的失意,最终在"变与不变""取与不取"中获得超脱的哲理。欣赏本文议论的精彩,体悟出客人之悲其实是苏轼之悲。概括赋文主客一体的写作特色。

七、齐读最后一段,体会主客两种人生态度最后走向了统一。

八、课外比较阅读《念奴娇·赤壁怀古》和《临江仙》。

比较阅读,体会苏轼同时期的词和赋所表达出的感情是否一致,加深学生对苏轼壮志未酬却内心旷达的理解。

第三次设计有欠缺,谈不上创新,但比前两次,是有进步的。本次课兼顾了"言和文",同时重点突出对苏轼形象的探究,安排更合理些。试讲后,发现学生在课堂上的发言比前两堂课要精彩得多,尤其是探讨第六环节,学生文本挖掘很细,在老师的补充和引导下,学生对苏轼何以能走出精神的困境,文本所阐释的哲理有更深的理解。

得识庐山真面目,只缘身在此山中

叶澜教授说:"一个教师写一辈子教案难以成为名师,但如果写三年反思则有可能成为名师。"笔者不是名师,但在实践中三次修改教案,沿着"备课—实践—反思—再备课—再实践—再反思"的道路不断摸索,让笔者受益良多。

1."言""文"并重不是机械的

我们教任何一篇文言文都不仅要注重言,更要注重文。普通高中《语文新课程标准》阅读与鉴赏中强调:"学习中国古代优秀作品,体会其中蕴含的中华民族精神,为形成一定的传统文化底蕴奠定基础。学习从历史发展的角度理解古代作品的内容价值,从中汲取民族智慧。"明确地指导当今语文教师在文言文的教学中不可忽视"文"的作用。

笔者经历了几年教学,可以说有一定的教学文言文的经验,心中也知道文言文教学时不能只重"言"不重"文"。但是平时的教学中往往参考前人教学为主,自己对文本的钻研不深,又受应试教育的影响,多年来教学文言文还是会基于所教学生文言功底不是很好的现实而机械性地偏重"言"。笔者第一次尝试时,其实是考虑到文的,但是考虑得不多,以致课前预设时就过多地设计了重点虚词、实词、句式等的理解和翻译,整堂课借助多媒体对本文的重点字词句进行了归纳总结,为理解内容服务,却没想到直接导致对文的探究草草了事,丢失了"文"的精华。第二次尝试时,在同事建议和自己反思下笔者刻意去注重对"文"的探究,不管学生理不理解,一股脑抛出几个问题,第一段刻画了怎样的月夜赤壁图景?箫声是怎样的箫声?客和苏轼的形象怎样?为凸显教师本身的理解能力和教学能力,引导学生去探讨苏轼的情怀,结果对"言"的探究不到位,一堂课下来学生这句翻译不到位,那句的句意也不理解,"重文轻言"的课堂效果也并不好。

静下心来想想,其实对一个有一定教龄的老师来说,实在不应该如此机械地在课堂上操控言或者文。"言文并重"应是文中有我,我中有文,文中有教师,文中有学生的立体组合,不能把文言文仅当讲解文言知识的载体,而是要通过朗读、比较阅读,问题探究,活动交流等,让学生穿梭古今,理解文章意蕴、思想、情感、理趣等。因此第三次课我根据以学定教和教师的特长,教师的理解,三者共同结合,从本文背景入手寻找文本的突破口,让学生在解释、翻译"美人""清风徐来,水波不兴""举酒属客,诵明月之诗,歌窈窕之章""哀吾生之须臾,羡长江之无穷"等词句时,迁延出对文的探究,加深对主问题"苏轼何以从一个政治家羽化成一个道学家、禅宗家?"的理解。而对学生确实难以欣赏理解的点,教师则进行或直接或间接的解释引导,使文言教学的课堂言中有文,文中有言,文言中有教师、学生,几者有机融汇在一起,虽不尽善尽美,但通过课堂教学学生从雾里看花走向了与苏轼共鸣,能通过对关键语句的理解体悟苏轼之所以一会儿悲伤,一会儿又想通了的原因了。

中国古代如孔孟、韩柳、苏辛等先贤,他们用文言构筑了照耀千古的"精神灯塔",要我们青年一代去品读"言"和赏析"文",这样才能真正汲取先哲的思想精华。

2.知人论世方能体味作者情怀

这篇文章较一般的文言文而言,是典型体现作者情怀的一篇文章,《赤壁赋》中作者特殊的情感都已经在里面了,很好地体现了苏轼内心的复杂。《赤壁赋》是作家心灵的写诗,也是心灵的写实,本文品读的关键是要体会作者的个人性情、微妙情绪和独特感悟,因此必须充分重视写作的背景,知道作者的命运遭际,思想性格,爱好信仰等,才能对作家的内心世界进行探寻和追问。

《赤壁怀古》和《赤壁赋》是苏轼同一时期的作品,可以说一词一赋都表达了苏轼起先悲伤后来又是豁然的心理变化历程,这与作者当时的人生遭际是直接挂钩的。元丰二年,苏轼因"乌台诗案"这一北宋有名的文字狱而备受诟辱,几乎被置于死地,后经多方营救才被贬黄州团练副使,成为政治的牺牲品。可以说乌台诗案前,苏轼曾名冠天下,极受皇帝器重,仕途顺利,这一个转折点之后,苏轼屡遭贬谪,丧父亡妻,所受的打击是常人难以承受的。如果把黄州的贬谪生活看成是苏轼一生短暂的一个阶段,那无疑低估了这次贬谪对他的心理打击。何时才能走出命运的困顿,苏轼心里也没底。

在现实中屡屡受挫,苏轼感慨官场世事的纷扰,哀叹人生短暂与虚无,他渴望排遣愁绪。苏轼曾说:"宗元之论出,而诸子之论废矣,虽圣人复起,不能易也。"明显从柳宗元身上汲取过精神力量,在被贬之后寄托山水。但光寄情山水就可以说服自己了吗?苏轼被贬是真正被苑囿于官僚体系之内却无任何权利,这和柳宗元时期被从中央贬到地方是有实质区别的,他至少还是名副其实的地方父母官,行使权力,是一方百姓的衣食父母,受百姓爱戴,官员巴结,生活无忧。整日里游山玩水寄情山水还有小厮开路。苏轼不同,这一时期的苏轼种桑养牛、打鱼砍柴、置地种田,过着一种自给自足的生活,且与渔樵杂处,与和尚为友。或许这一时期苏轼思想的内转有受先贤情怀的鼓舞。但苏轼是独特的,一个在诗、词、文、书法、绘画、音乐等方面都有极高造诣的文学泰斗,精神上的超脱绝不是一般人的简单劝解就可以完成的。苏轼登山临水,凭吊古迹是他寻求解脱的一种方式,而苏轼最终能说服自己应该是受了佛老思想的影响。这一时期,苏轼在黄州结识了禅僧佛印了元,这个人对苏轼影响很大。佛印在黄州一个佛院做主持,苏轼有很长一段时间就住在寺院中,二人共同参禅论道,使苏轼相信了禅学:"四大非有,五蕴皆空"的理念。苏轼就此开始反省所有苦难的缘由,皆因欲望。禅宗讲无欲则刚,想要获得心中的宁静,唯有去欲。他曾为他早夭的稚子写了一首自嘲诗:"人皆养子望聪明,我被聪明误一生。惟愿孩儿愚且鲁,无灾无难到公卿。"足见其入佛之后内心的平静。

《赤壁赋》是苏轼一生重要的转折点,道家的自然达观与超脱,和儒家的明知不可为而为之的操守在文中融贯,苏轼完成了自我的人格塑造,他最后的归宿只能是自己的"内心世界","此心安处即吾乡"。但是苏轼从小受儒学影响,因此不可能完全忘情政治,常因外界事物的刺激而无法保持平静的内心。《赤壁赋》《赤壁怀古》中的情怀正是因为"赤壁"名字勾起了他对古人的怀念,苏轼依然"望美人兮天一方",忠君之心不改,对曾经大显身手、建功立业的历史人物充满了崇敬和赞美,渴望像古代英雄一样治世立业,于是苏轼的热情、志向、牢骚以及不平后的自我解脱便借助文学喷薄而出。

集儒道佛于一体的苏轼,他的性格是前无古人后无来者的。黄州时期所作《临江仙》"小舟从此逝,江海寄馀生"同样传达了苏轼谪居他乡却超然物外的独特理想和情怀。在赏析《赤壁赋》时,文本中苏轼如此复杂的情感理想,如果不借助知人论世是很难真正读懂的,教师尚且要借助对作者的深入了解才能读懂文中作者的情怀,学生是更需在教师的引领下走进苏轼才能读懂作者,因此在第二、第三次教案的修改中我考虑到了这一层面,但第二次教案设计时主要考虑了文字狱"乌台诗案"这一被贬谪背景,直到第三次修改时才更清晰地对苏轼与儒道佛的渊源有所引入,使学生对苏轼为何能从"变与不变,取与不取"的角度,从与世事无关的"江上清风、山间明月"中求得慰藉和超脱的文学意蕴有所理解。

3.基于赋体考量,探寻文化审美

(1)传统赋文中的文化感

赋文本身所表现出来的文化感,其一,本文采用主客问答的方式,在教学中要让学生感受到这种传统文化。在第三次《赤壁赋》教学中我抓住了第三、四段的主客问答,由情入理的特点。让学生对赋的传统文化知识有所认识。《赤壁赋》实际是作者巧设对立面的自我追问,客之悲实为主之悲。主则以立论,阐述"变与不变"之理,从变的一面,既然一切都会过去,何必要为荣辱得失悲伤,从不变的一面,既然大自然物各有主,当然不必为不属于个人的外物而悲伤,主客融为一体,从造物者所赐的清风明月中获得解脱。陈振鹏和章培恒主编的《古文鉴赏辞典》中讲道:"主客对答是赋体中传统的表现手法,主与客都是作者一人的化身。在这篇赋里,客的观点和感情是苏轼的日常的感受和苦恼,而主人苏轼所抒发的则是他超脱地俯察人与宇宙之后的哲学的领悟。"正是对主客二人,两种情感相互驳难,最后从对立走向统一最好的说明。

《赤壁赋》沿用汉代大赋主客问答的方式结构全篇,它传承了赋的传统规格,这种主客问答的结构方式,巧妙地记载了作者夜游赤壁的心理变化过程,直面了苏轼灵魂的悸动和精神的痛楚,我觉得苏轼的超脱应是有限的,不如说是苏轼在苦闷和悲愤中努力旷达,思想上似乎超脱了,现实中却并不真正能放下。

其二,中国知识分子受儒教、道教、佛教,共同作用后,那种特殊的思想,那种特殊的哲学观,也是很好的文化积淀,这种对学生欣赏可以讲得厚重些,应当是很有意义的。我在课堂讲解时是关注到这一点的,当时把苏轼与儒道佛的渊源放到了苏轼生平介绍中,和学生一起来解读苏轼所发的哲理性的感慨。师生共同明白了大凡诗人要超脱世俗的重压,要么驰骋自然,在自然中忘情,要么在历史长河中找到知音,了然彻悟,这两点苏轼都尝试了,但是要大彻大悟,非达到佛道的境界不可,佛劝人放下自度,道法自然,"也无风雨也无晴",达观旷达,而儒家思想又使得苏轼不能真正忘情政治,在这样的矛盾中,苏轼最终完成自我救赎。

(2)获得审美不是读懂

《赤壁赋》应当站在一个什么立足点上,这是至关重要的。我以为应该不是读懂而是审美,不是理解而是欣赏。我在具体的教学中这一点做的其实还是很不足的,容易被"怎么教"的思想套住,而忘记了"教什么"。在第二、三次课堂尝试中我都注重了问题的探究,在审美愉悦上做了尝试,但还是做得不足。其实《赤壁赋》的独特魅力不仅在文化上,更在审美层面。第一段所描写的赤壁夜景:"清风、明月、白露、万顷、小舟"等,仿佛使人置身于诗情画意之中,含义深远,意境优美,反复朗读之下给读者很高的审美享受。我虽在三堂课上都注重了读,但当时只是注重对赤壁夜景图的概括,并未在审美层面上做探讨。

从文章学角度,《赤壁赋》是一篇游记,是兼有诗和散文特点的一篇抒情散文,融描写、抒情、议论于一炉,具有极高的审美价值。文章第一段重描写,第二段重抒情,三四段重议论,在主客问答的哲理谈话中,通过水的流逝,月的盈亏,讲出变与不变的理,以风声月色道出取与不取的理,抒情中带深刻的哲理,这是有别于一般的说理文的。我在课堂教学中重视了苏轼何以能从自然中寻求超脱的探究,忽视了对这一哲理的审美赏析,还是把教学放到了理解和读懂的层面,这是做得很不足的一点。即使是对苏轼有一种人生悲剧的观照,这同样可以让学生获得一种审美体验。任何一篇文章都是独特的,今后教学中我会多思考"教什么"的问题,努力去领会不同文本的文体特色,不忽视文学作品审美意蕴的探究。

如上所述,一个教师的专业成长不是一蹴而就的,一个教师对文本的解读也不是一蹴而就的,只有在不断地自我磨砺中,修改,再修改;实践,再实践;反思,再反思。对文本的解读才能从陌生走向熟悉,从熟悉走向细腻,从细腻走向深刻,撑一支长篙,向青草更青处漫溯。

参考书目:

[1] 教育部.普通高中语文课程标准(2017年版)[S].北京:人民教育出版社,2018.
[2] 浙江省教育厅教研室.普通高中语文新课程案例研究[M].杭州:浙江教育出版社,2013.
[3] 王水照,朱刚.苏轼诗词文选评[M].上海:上海古籍出版社,2011.
[4] 李哲峰.文言文教学——让学生与语言深度接触[J].中学语文教学参考,2012(3):4.
[5] 黄雷.文言文教学"言""文"结合途径研究[J].中学语文教学参考,2015(9):3.

孝德文化课程群实施策略

刘长胜

【内容摘要】 传承学校办学理念,凸显语文价值,明确操作定义,从语文课程的内生走向拓展,逐步形成孝德文化课程群,用结构图说明其内涵,在实施与评价中发展和提升学生的语文素养、人文精神。

【关键词】 背景;目标;定义;结构;实施与评价

一、开发背景

(一)学校理念

办学理念:为每一位学生可持续成长积淀内涵

办学特色:人文特色。通过知章文化的传承,追求师生普遍人文素养的提高,以人文托底,多样发展。

(二)语文价值

学校积极推进办学理念和办学特色,搭建知章书院的平台,笋婆河文学社十几年以来一直对贺知章文化进行探索和研究,这些为语文课程群的开发提供了背景和平台。根据我校学生语文基础薄、人文精神弱的特点,语文课程群建设以培养学生的语文素养和人文精神为语文核心价值观,以必修课程为基石,以选修课程为辅助,以课堂教学为主线,以"导""学""思"为实施策略,以内生和拓展为开发方式,以社团建设为载体,重视学生语文素养的积淀,关怀学生人文精神的养成,关注语文教师教学和教育的成长,开发形成语文内生拓展课程群。语文教研组有责任为每一位学生语文素养的养成积淀内涵,为每一位学生人文精神的建设厚实底蕴,为每一位学生文学个性的过程添文加采,为每一位学生学业能力的形成奠定基础。

二、教育目标

1.通过开设必修课程和选修课程,发挥语文"工具性""思想性""人文性"的特点,学生学会观察与比较、反思与批判、尊重与合作、积累与经验,逐步具备语文学业水平和升学考试要求的能力、素养、价值观。

2.通过开设应用课程,学生学会在语文的情境中观察与比较,为语文素养的养成积淀内涵。

3.通过开设拓展课程,学生开阔了文学视野,形成对文学作品的反思与批判能力,为人文精神的建设厚实底蕴。

4.通过开设实践课程,借助知章书院开办的箩婆河文学社、九月诗社、品文之声广播站等社团平台,学生在实践与反思中感受文学审美的境界,学会尊重与合作,为文学个性的过程添文加采。

5.通过开设项目课程,学生对语文中某一个微型知识点深入学习,不断积累知识和经验。

三、操作定义

语文课程群,在学校追求师生普遍人文素养提高为办学特色的基础上,根据学生语文基础薄、人文精神弱的特点,确立以学生语文素养的养成和人文精神的积淀为核心价值观,以"导""学""思"为实施策略,运用内生和拓展的方式,纵向拓展为语文素养、人文精神、个性发展、学业能力等四个层级;横向内生应用、拓展、实践、项目等四大课程。四门课程的教育目标各有特色,又相融相通。应用课程衔接必修一、二、三、四、五的课程,为每一位学生语文素养的养成积淀内涵;拓展课程是对必修、应用课程的补充和扩展,为每一位学生人文精神的建设厚实底蕴;实践课程通过开展社团活动,注重所学知识的实际运用,为每一位学生文学个性的过程添文加采;项目课程针对必修、应用、拓展、实践课程中某一个微型知识点做成一个学习项目,为每一位学生语文学业能力的形成奠定基础。学生通过必修课程和选修课程的学习,逐步具备语文学业水平和升学考试要求的能力、素养、价值观。

四、结构展示

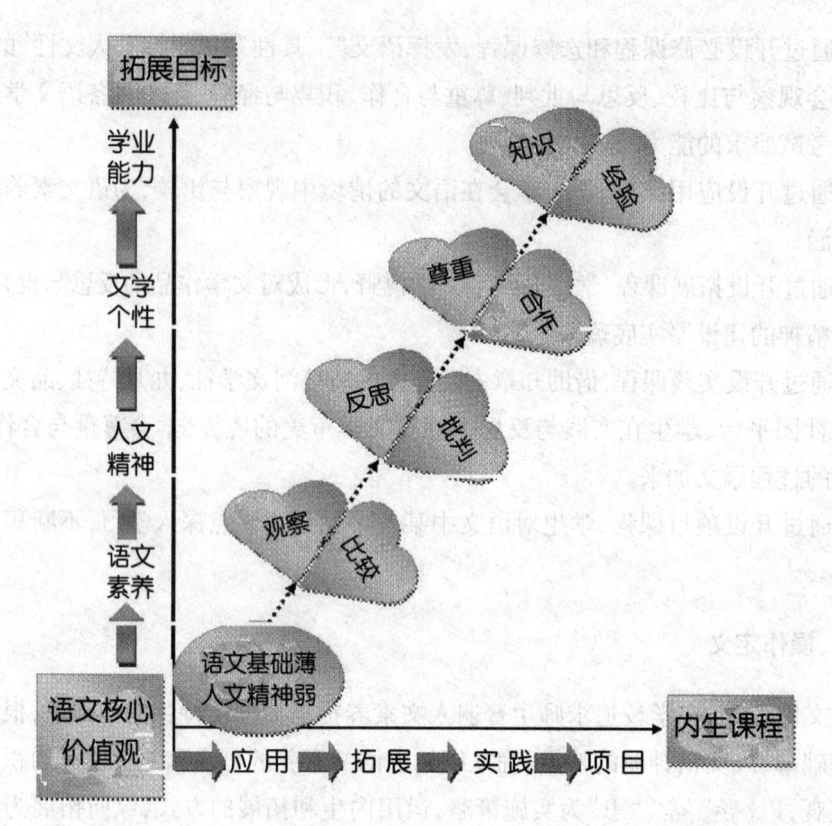

语文内生拓展课程群示意图

五、实施与评价

(一)实施策略

1. 适取适舍,生成课程

根据我校学生语文基础薄、人文精神弱的学情,以选修课程为基石,以选修课程为补充和拓展,致力于让学生有选择地学习,对课程资源进行适当取舍、合理剪裁,建设语文内生拓展课程群,建立起适合我校学情的语文校本教学资源与序列。

如项目课程中的"苏轼诗文专题",将必修一中的《赤壁赋》、必修二中的《念奴娇·赤壁怀古》、2009年浙江高考卷中的《宝绘堂记》以及《中国古代诗歌散文欣赏》中的《新城道中(其一)》《游沙湖》《文与可画筼筜谷偃竹记》等教学资源,关联整合成一个项目课程。

2. 导学互助,反思文本

必修文本注重引导学习,选修文本注重反思批判,各有侧重,相融相通。学生在

孝德文化课程群实施策略

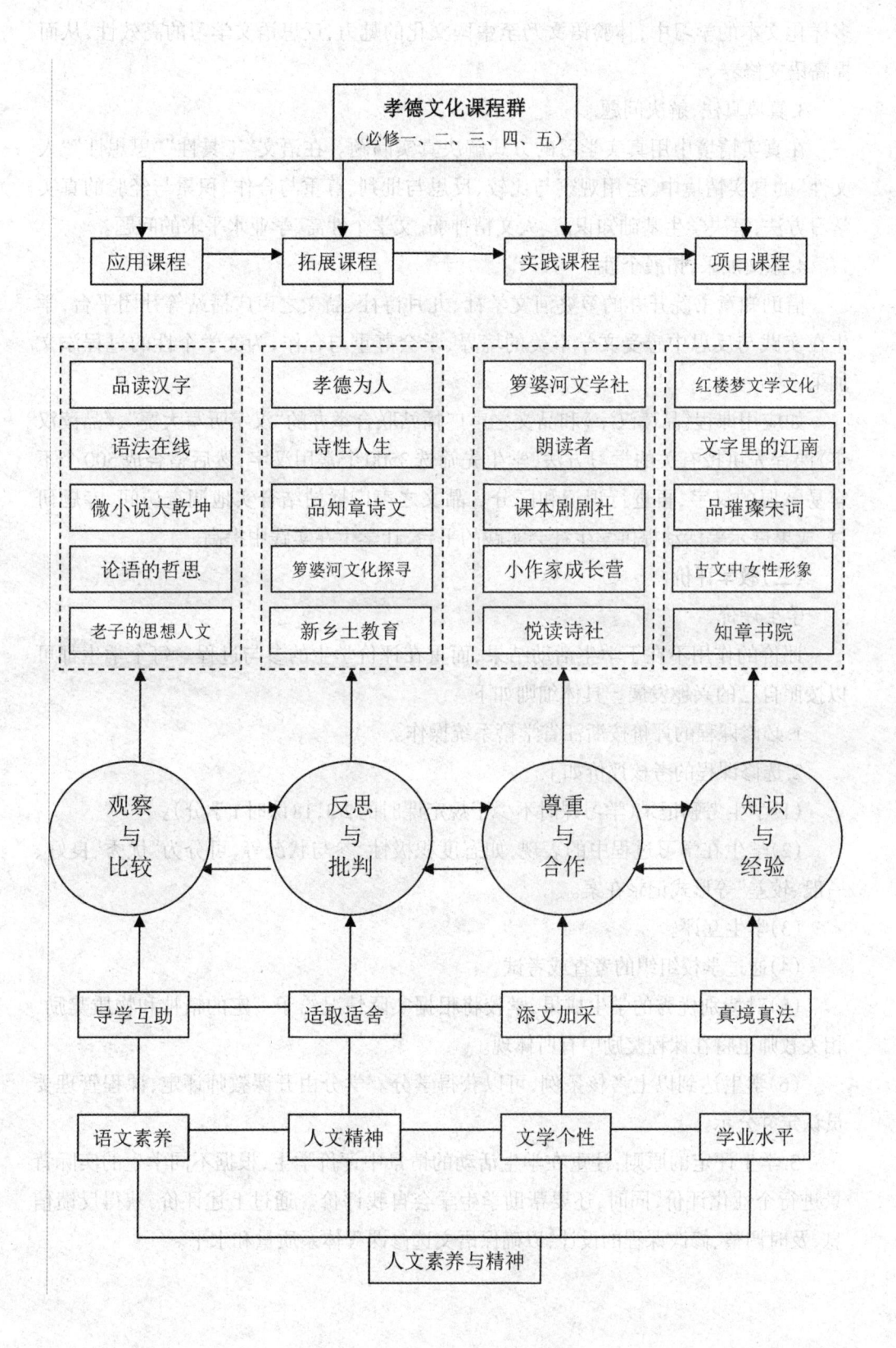

```
                    孝德文化课程群
                  （必修一、二、三、四、五）
        ┌──────────┬──────────┬──────────┐
     应用课程    拓展课程    实践课程    项目课程
```

应用课程	拓展课程	实践课程	项目课程
品读汉字	孝德为人	笋婆河文学社	红楼梦文学文化
语法在线	诗性人生	朗读者	文字里的江南
微小说大乾坤	品知章诗文	课本剧剧社	品璀璨宋词
论语的哲思	笋婆河文化探寻	小作家成长营	古文中女性形象
老子的思想人文	新乡土教育	悦读诗社	知章书院

观察与比较 ⇄ 反思与批判 ⇄ 尊重与合作 ⇄ 知识与经验

导学互助	适取适舍	添文加采	真境真法
语文素养	人文精神	文学个性	学业水平

人文素养与精神

多样化文本的学习中,体验语文乃至中国文化的魅力,反思语文学习的高效性,从而提高语文修养。

3.真境真法,解决问题

在真实情境中用真实学习的方式解决真实问题。在语文"工具性""思想性""人文性"的真实情境中,运用观察与比较、反思与批判、尊重与合作、积累与经验的真实学习方法,解决学生基础知识薄、人文精神弱、文学个性需、学业水平求的问题。

4.添文加采,拓展个性

借助知章书院开办的箩婆河文学社、九月诗社、品文之声广播站等社团平台,学生在实践与反思中感受文学审美的境界,学会尊重与合作,为文学个性的过程添文加采。

如应用课程《品读汉字》和品文之声广播站联合举办的"汉字听写大赛",《品读汉字》课程先讲授有关的学习方法,学生先筛选3500个常用汉字,然后整合成500个不容易掌握的汉字,再进行识记和区分。品文之声广播站结合实地调查访问、专题研讨、成果展示等活动提供学生社会实践的平台,让学生在实践中提高。

(二)教学评价

学生评价

评价的作用不在于学生活动结果,而重在评价学生的参与过程。每个学生都可以按照自己的兴趣发展。具体细则如下。

1.必修课程的评价按浙江省学籍系统操作。

2.选修课程的考核评价如下。

(1)学生考勤记录(学习课时不少于规定课时的2/3,18课时1学分)。

(2)学生在学习过程中的表现,如态度积极性、参与状况等,可分为"优秀、良好、一般、较差"等形式记录在案。

(3)学生互评。

(4)通过学校组织的考查或考试。

(5)对特别优秀的学生成果,学校将根据实际情况给予一定的精神和物质奖励,相关教师也将在课程奖励中有所体现。

(6)学生达到以上考核条例,可以获得学分。学分由开课教师评定,课程管理委员认定并公示。

3.学生评定的原则:注重在学生活动的情景中评价学生,根据不同学生的实际背景进行个性化评价,同时,还要帮助学生学会自我评价。通过上述评价,获得反馈信息,及时调整、修改课程的设计,以确保语文选修课程体系质量和水平。

教师评价

多元综合评价,体现教师参与开发开设及教学管理,努力提高教育质量。

1.必修课程的评价按学校考核办法。

2.选修课程的考核评价从有利于学生成长和教师自身发展的需要出发,通过以下内容进行评价。

(1)学生问卷调查的结果。

(2)课程开设的影响力和实际效果。

(3)课程资源的积累和归档。

(4)课程管理委员会的调研。

(5)课程成果展示(含各级比赛获奖情况)。

(6)课程内容的特色化。

参考文献:

[1] 张岱年,方克立.中国文化概论[M].北京:北京师范大学出版社,2004.

[2] 赵慧臣.课程群知识建构的理论分析与网络实践[M].北京:中国社会科学出版社,2016.

[3] 张丰.重新定义学习:项目化学习15例[M].北京:教育科学出版社,2020.

[4] 朱益明,王瑞德.中国教育现代化:从规划到实践[M].上海:上海教育出版社,2020.

溯源教材，搭建写作支架的路径思考
——以统编教材第六单元为例

倪 佳

【内容摘要】 本文追本溯源，对统编教材第六单元"劝学之道"的群文，用开放性的视角进行写作手法上的同异对比，拟从表达观点要有针对性、篇章结构具有模拟性、多样论证呈现严密性和说理语言具备理趣性四个角度，引导学生从中思考论述文写作能力进阶的路径，有效搭建写作知识的支架。

【关键词】 能力进阶；针对性；结构；说理方法；语言方式

教材资源，是淘净黄沙之后的真金，教师基于提升学生语文核心素养的目标，开辟围绕教材指导习作的路径，不失为明智之举。

高中语文必修统编上册第六单元的核心话题是"学习之道"。这个单元一共收入了四篇说理性较强的文章（《劝学》《师说》《反对党八股》《拿来主义》）和两篇议论性随笔（《读书：目的和前提》《上图书馆》）。这些文章从不同角度论述了有关学习的问题。其说理观点的针对性、说理结构的严密性、说理方法的多样性和说理语言的准确性，是教学论述文写作的最佳模板。毕竟这些作品经受住了时间的检验，经历了不同时代、无数读者的共同认可，且经过许多专家学者的严格筛选，这些作品，就是写作的最佳范本。

对此单元的群文，用开放性的视角进行写作技法上的同异对比，引导学生从表达观点要有针对性、说理结构具有严密性、说理方法呈现多样性和说理语言具备理趣性四个角度，去思考总结论述文写作能力进阶的路径，使之形成系统的写作知识体系。

一、从课文中感受观点的提出具备针对性

白居易主张"文章合为时而著，歌诗合为事而作"（《与元九书》），强调诗文创作要关注时代、有针对性。时至今日，我们写论述文也应以此为鉴。发表议论，要有针对

性,包括论点、论据和论证的针对性。要考虑到论述针对的问题,当时的背景,受众对象,多个维度相结合,提出针对性的观点。

(一)首先,我们来观摩一下第六单元几篇课文的针对性议论技巧

	主张	论述针对的现象或问题	受众对象	论述者口吻
《劝学》	学不可以已	对学习的意义认识不足	面向大众,面向老百姓	大量设喻,浅显生动
《师说》	是故无贵无贱,无长无少,道之所存,师之所存也。	士大夫"耻学于师"的风气	士大夫之族	语气较强烈
《反对党八股》	改进文风	党内的主观主义、教条主义盛行	党内干部	口语化通俗易懂
《拿来主义》	有选择的拿	有感于《大晚报》的报道,却并不局限于评论"发扬国光"的"送去主义"	面向大众	犀利幽默

这几篇文章,不是简单的"就事论事",说理观点的提出,都有明确的背景,有问题的意识,有清晰的受众对象,有相应的语言表达,及至有现实的意义。明确了针对性要求的具体指向,学生在课堂演练中,就有法可依,不会漫无边际的乱提观点。

最新版的《普通高中语文课程标准(2020年修订)》在"命题和考试评价"中要求考试测评题目应"以具体的情境为载体""以典型任务为主要内容"。这一导向说明"情境性""任务型"将是今后若干年内写作教与学的内容、写作考与查的指向。写作训练时有意识地关注这一点,针对社会热点,可以让学生开口阐述自己的观点。

比如:面对信息网络社会,如何在繁杂的信息社会中保持思考独立,提出的观点可以明确为《眼见为实,耳听为虚》《谣言止于智者》《不以讹传讹》《理性思考,客观看待》《适合自己是最好的选择》《与时俱进,亦要独立》……

二、从课文中寻找篇章结构的模板

作文架构,犹如人的身材,是乍眼一看的重点。很多学生在写作文时,容易出现架构的缺陷。这种缺陷在限时、限字作文中体现得特别明显,不拟写作提纲,只是信马由缰的写作,容易跑题偏题。写作教学,教师要引导学生重视写作架构这一环节,甚至有必要总结几种标准的架构作为写作的框架。

第六单元的经典作品,代表了千百年来写作实践的结晶,代表了公认的议论文谋

篇布局的基本"法"。这些基本"法"被实践证明是人们传递思维的有效途径。我们用三篇课文《反对党八股》《师说》和《劝学》回顾议论文结构的三种常见范式:并列式、对照式和递进式。

课文	核心段落	核心段落	结构解读
《反对党八股》	8条罪状	空话连篇,言之无物 装腔作势,借以吓人 无的放矢,不看对象 语言无味,像个瘪三 ……	并列式 (分条列举)
《师说》	三组对比	古之圣人,今之众人 于其子,于其身 百工不耻师,士大夫群聚而笑	对照式 (层层对比)
《劝学》		人为何要学习—不断学习的意义—用怎样的态度对待学习	递进式 (层层推进)

教学时,可以以《劝学》为例,引导学生探究文章是在怎样的背景之下提出论点,论据是如何对论点展开论证,以是什么—为什么—会怎样层次推进。在对这篇文章剖析的基础上,让学生自行对比《师说》和《反对党八股》的论点、论据和论证过程,明确论证结构,这既符合单元整合的群文教学规律,也适应把教读课与自读课分类别的教学实践。

掌握论述文结构的常见模式,为学生写作严谨而规范的论述文打下基础。但只掌握几种常式结构易使文章陷入千篇一律的模式化误区。在掌握常式结构的基础上可以灵活变通。如鲁迅先生的杂文《拿来主义》结构严谨,我们运用结构化思维将其如何"拓展观点"的思维导图呈现出来:

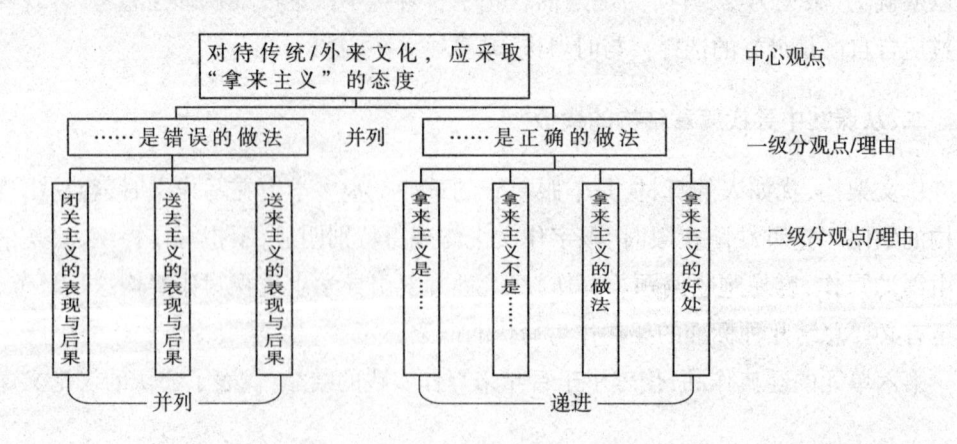

```
                对待传统/外来文化,应采取              中心观点
                "拿来主义"的态度
          ┌──────────────┴──────────────┐
    ……是错误的做法      并列       ……是正确的做法        一级分观点/理由
    ┌─────┼─────┐              ┌─────┬─────┬─────┐
   闭关   送去   送来            拿来   拿来   拿来   拿来    二级分观点/理由
   主义   主义   主义            主义   主义   主义   主义
   的表   的表   的表            是…   不是   的做   的好
   现与   现与   现与                   ……    法     处
   后果   后果   后果
    └─────┬─────┘              └─────────┬─────────┘
         并列                           递进
```

三种常式结构在《拿来主义》中灵活应用,自由组合。所以,在搭建框架时,可以改变单一的思维模式,开启丰富灵活的混合型结构思维,根据实际的表达需要和真实的写作水平灵活地谋篇布局,而不拘泥于一种构思模式。

三、从课文中习得论证手法需多样性运用

对于论点的论证,需要用到不同的说理方法,不同的说理方法所指向的功能是一致的,都是为了让说理过程更加生动形象,让论点更加深刻明确。不同的说理方法,特征不同,而同一个论点可以用不同的说理方法进行论证。

我们来看课文中论证手法的运用,列图表归纳如下:

篇目	反对党八股	拿来主义	《劝学》	《师说》
论证方法	摆事实论证 对比论证 比喻论证 引证	摆事实论证 类比论证 比喻论证 对比论证 因果论证	比喻论证 类比论证 对比论证	对比论证 举例论证 引用论证 下定义

论证方法主要有三组十种:(1)类比法、演绎法、归纳法;(2)引用论证、举例论证、比喻论证;(3)因果分析、假设论证、对比论证、辩证分析。

这十种论证方法,首先第(1)组是基于形式逻辑的三大推理而提出,属思维方式层面的;第(2)(3)组分别针对说理的材料、分析方法而言,是方法层面的。方法层面从属于思维方式层面。其次,有的论证方法如比喻、引用都属于表达技巧,适用于说明、解释或描述,不具有逻辑效力。这样的论证方法若使用不当,反而会陷入逻辑误区。

因此,我们根据高中生的学情,明确四种常用的说理方法——因果分析、假设论证、举例论证、辩证分析。

教学指导中,可以让学生谨记教材中的论证技巧:一、每篇文章至少用三种论证方法。二、每一种论证方法都用上标志性的词语。比如运用因果分析法,用上导引词"为什么……是因为……""正因为如此……所以……""之所以……是因为…""可见""因此"等标志词;运用假设分析法时,用上"如果""譬如""若""试问""试想""假如""如果……哪能……""假如……那么……""即使……也……"等标志词;运用意义分析法,则用"表明了……""揭示了…展现了……"等标志词。

利用关联词呈现说理的语言支架,不但能起到引领思维的作用,更可以使说理层次分明,逻辑结构更严密。

四、从课文中体会言辞之理趣

优秀的论述文语言不仅表述准确严密,具有极强的逻辑力量,阐述也能生动灵活,寓深刻的道理于形象的表达中。写作语言的提高需要练内功,通过涵泳品味,它也是有文可模,有法可依,有章可循的。

为了感受语言的魅力增强的论述的感染力,说服力,我们来探讨《师说》《反对党八股》的语言技巧,每篇写三点,重复的不写,并举例说明。

题目	语言技巧	举例	方法总结
《反对党八股（节选）》	采用成语	"装腔作势""无的放矢""对牛弹琴""莫名其妙""津津有味""祸国殃民";	四字短语
	采用了大量的谚语	"到什么山上唱什么歌""看菜吃饭,量体裁衣"	文白夹杂
	采用歇后语	"懒婆娘的裹脚,又长又臭"	
	采用俗语	"瘪三""蹩脚"	
	采用文言词	"得胜回朝""下笔千言,离题万里""文人学士"	
《师说》	顶真	"……孰能无惑？惑而不从师……""……其闻道也固先乎吾,吾从而师之。是故弟子不必不如师,师不必贤于弟子。"	修辞
	整散句结合	整齐的排偶句和灵活的散句交错运用,错落有致。	长短句式
	丰富的语气表达	第一句"圣人之所以为圣,愚人之所以为愚,其皆出于此乎",反诘语气;第二句"小学而大遗,吾未见其明也",否定、责备语气;第三句"巫医乐师百工之人,君子不齿,今其智乃反不能及,其可怪与欤",讽刺语气,感情强烈。	语气词

语言既是文章的载体,也是思维的体现,是牵一发而动全身的要素。我们似乎很难脱离说理观点、说理结构、说理方法去单纯地研讨语言,但就语言本身而言,它应该具有自己独特的质素,否则,混为一谈,难以给学生提供学习的脚手架。事实上,从语言构成要素而言,由小到大可以分为字词、句子句式（修辞）、篇章风格等,因此,要以这些要素为抓手,探讨说理语言的理趣去探究论证的严密性。

茅盾先生曾说:"'模仿'是创造的第一步,'模仿'又是学习的最初形式。"入选统编教材的精选课文,都是名家、大师的作品,所以,教授学生,可以从模仿起步。

  教师要对教材中每一篇课文的写作增长点了然于胸。拥有高屋建瓴的眼光,在讲授课文时,才能有意识地强化某篇课文的某一点写作借鉴点,带领学生感悟借鉴,促使其写作技能迅速提高。这也正是写此文的初衷。

参考文献:

[1] 孙绍振.寻找议论文教学的"黑天鹅"[N].中国教育报,2008-02-29.

[2] 王荣生.写作教学教什么[M].上海:华东师范大学出版社,2014:18.

[3] 林荣凑.论述文写作16课[M].杭州:浙江工商大学出版社,2018:30.

还诗歌审美以原有的生命力
——从韵律角度进行诗歌欣赏教学的研究

严眉君

【内容摘要】 诗歌是一种具有高度情绪价值和意义暗示性、充满感觉美和节奏感的语言载体。当前高中诗歌教学普遍把意象作为诗歌教学的重点,却忽视了韵律这一诗歌别具特色的言语形式,本文尝试从诗歌韵律角度进入诗境,探寻诗歌韵律对情感表达的独特作用,以期培养学生对诗歌语言的感受力和审美力。

【关键词】 诗歌;韵律;诗境;审美欣赏

近年来,语文课堂上"泛语文"现象非常严重,反映在诗歌教学上,主要是把诗教成了"非诗",把诗歌教学跟小说、散文教学等同起来,通过意象的寻找,概括出主要内容、主题思想等;或者把诗歌当作道德、政治教育的认知对象,诗歌缺少其应有的审美,失去了它本身的韵味。

那么,诗歌教学应该怎么做呢?王尚文等语文研究专家提出,语文关注研究的是语文的言语形式,语文的人文性渗透在言语形式之中。诗歌教学,必须关注诗歌的言语形式。诗歌语言是一种具有高度情绪价值和意义暗示性、充满感觉美和节奏感的语言,诗歌的韵律和节奏不单纯是语言技巧的问题,更是和诗歌所表达的情感紧密联系在一起的,因此,诗歌教学要突出诗歌文体的特点,呈现出与其他文学形式的不同,从韵律角度进行解读是不可回避的一环。

对诗歌韵律美的发掘最主要的方法是比较和还原,通过句读、增换、对读等形式,比较不同诗歌变体的区别,还原最恰当的韵律形式,在此基础上进行诵读指导,在诵读中"因声求气",终极目标是打通学生音韵形式这一抽象物理理解与诗歌情感感性体认之间的隔阂,形成诗歌欣赏的敏感和自觉。

一、句读

诗歌的语言大多是整齐工整的,而作为诗歌的发展,词、曲融入了口语的长短不一,参差不齐,显得自然活泼。比较这两种诗歌文体的特征,我们会发现,情感的抒发与这种语词形式的变化是有着内在联系的。因此我们如果从韵律的角度对诗歌进行比较阅读,可以收获与以往不同的阅读体验。这里举个例子:

杜牧的七言诗《清明》,学生是非常熟悉的:

清明时节雨纷纷,路上行人欲断魂。
借问酒家何处有,牧童遥指杏花村。

如果我们在教学过程中,将之改成长短不一的"词",我们来看看会有什么样的效果。

清明时节雨,纷纷路上行人,欲断魂。
借问酒家何处,有牧童,遥指杏花村。

杜牧的诗歌前两句给我们创造了一幅凄迷悲惋的艺术画面,后两句则是一组鲜活生动的人物对话,两两对称,相映成趣。而调整后的诗歌语言近于口语,节奏上有起伏,但诗歌所营造的断魂的悲思愁绪也在错落的停顿中被打乱破坏了。让学生去比较两种停顿产生的不同效果,可以明了七言绝句所具有的特殊表情功能。

笔者在上《将进酒》一课时,曾经将诗歌中两处的赏析作了如下处理:

例一:原诗:君不见黄河之水天上来,奔流到海不复回。
　　　　　　君不见高堂明镜悲白发,朝如青丝暮成雪。
　　　改诗:黄河之水天上来,奔流到海不复回。
　　　　　　高堂明镜悲白发,朝如青丝暮成雪。
例二:原诗:岑夫子,丹丘生,将进酒,杯莫停。
　　　改诗:岑夫子兮丹丘生,将进酒且杯莫停。

学生在细读体验之后都认为是不可改动的,虽然诗歌的意思没有变化,但是例一中宏大场面,非十言的长句不可表达其气势,这也符合李白一贯飘逸狂放的诗性。例二中三言短句四次反复出现,节奏跟前文发生变化,短小激烈如鼓点,仿佛步步紧逼催促的劝酒声,能再现宴席人生的痛快之景,也不可改动。

句读这种方式对于发掘诗歌节奏方面的特点是非常管用的,特别是对词这一文学样式的教学,非常有效。教师甚至可以给出一份无标点的古诗,让学生自由发挥,依据自己的理解去选择诗歌的停顿,然后诵读、比较,发现合乎情感节奏的声音节律,在反复品味把玩中感受诗歌韵律与诗人情绪上的暗中关联。这个比我们一般形式上的解读主题要有意思多了。

二、增换

增删和换字,也可以达到比较的目的。通过增删音节,人们一般都可以直觉地发现节奏上的变化和韵律上的差异,进而感觉到诗句在韵律上的"一字之力"。

比如李白的"弃我去者昨日之日不可留",在我们的阅读期待中希望承句出现怎样的句子呢?是"乱我心者今日之日多烦恼"?不对,总觉得某个地方不对味,我们拿出原句来比较——"乱我心者今日之日多烦忧",高下自现。原来"留"这个声音带着时光逝去的消逝之感一直在言语中延长,伴随着飞逝而去的时光,还有那烦乱内心的无数伤感,而在声音上,它需要一个与之相合相应的声音出现,以使这两种情绪能够交融,形成共振,于是,承句的末字,必然是"忧"而非意义虽然相近的"恼"。

那么这句诗改成"弃我去者昨日之日不留,乱我心者今日之日多忧"保持ou的韵尾,句义不变,只是各句删减一字,如何?我们发现也不对味,对时间流逝的哀痛与伤婉,似乎非这11字长句就表达不出来,这就是诗歌长句的妙旨所在了。

再比如历来中学教材的经典《琵琶行》,傅雷说白居易对音节与情绪的关系悟得很深,写到伤感的地方,必用仄声,如"弦弦掩抑声声思,似述平生不得意;低眉信手续续弹,说尽心中无限事。""思"的读法历来有争议,但从声律角度分析,必是仄声,它跟"意""事"同为仄声,短促急切的声音似乎就是女子道不尽的人生苦难的投影。如果我们改成几个平声韵"弦弦掩抑声声思(sī),似述平生不得心;低眉信手续续弹,说尽心中无限情。"语义变化不大,但是感情的浓淡则截然不同。

增删和换字说到底其实就是打乱甚至是打断诗歌原有的抒情体系在音韵上的体现。将原来押韵的变成不押韵,或者换韵,或者改变韵部的平仄声律,又或者将节律打乱,以期在比较中获得诗人用词的独绝之处。

三、对读

对读就是在鉴赏中本着求同存异或异中求同的方式,将两种或者更多整体或者主体部分存在相似点的作品进行对照阅读,以获得对作品更深入的理解更有创造性的发掘。对诗歌韵律美的发掘,对读是一种很有效的途径。

还诗歌审美以原有的生命力

　　我们不妨拿最久远的诗集《诗经》为例,"昔我往矣,杨柳依依;今我来思,雨雪霏霏"(《诗经·采薇》),如果我们用最抒情的现代汉语将之译成散文诗:从前我走的时候,杨柳还正在春风中摇曳;现在我回来,已是雨雪纷纷落下了。比较古今文本的差异,我们发现,诗歌意存而情已不存,为什么散文诗无法表达原诗的情致?让学生去对读,去品读两者的差异,原来《诗经》双声、叠韵,以及整齐的四音节排列形式具有特殊的表达效果!译文没有保留住原文的音节,原文的情感与诗歌韵律形式其实是两条平行线,相辅相成的,但是译文打乱了原文的内在结构,形式变了,实质亦发生变化。比如"在春风中摇曳"译"依依",摇曳只是呆板的物理现象,"依依"却含有浓厚的人情。所以朱光潜先生说:"诗较散文难翻译,就因为诗偏重音而散文偏重义。"

　　我们还可以将同一作家定稿与草稿作对读比较,比如柳永《雨霖铃》"执手相看泪眼,竟无语凝噎",而草稿是"执手相看泪眼,有千言叮咛",有的老师引导学生从语义角度进行比较,确实可以比较出高下。如果从音律角度分析,"凝噎"的韵尾一个洪声韵一个细声韵,一开一合,一长一短,一个昂扬一个哀怨缠绵,似乎有千言万语却哽在咽喉的感觉,这正切合了恋人离别的情境。

　　不同流派作品也可以比较,苏轼的词是"关西大汉,用铜琵琶、铁绰板伴奏",柳永词"十七八女郎执红牙板吟唱",此二句告诉我们诗歌在音韵上给人的感觉真的很大。即使是同一题材不同作家的作品,差异也很大,也可以拿来对读,比如余光中和席慕蓉的《乡愁》:余诗更整齐,结构紧凑和谐;席诗参差不齐,错落有致,避免行文的呆板。

　　同一作家不同时期作品也具有对读的意义,比如苏轼、李清照、辛弃疾、杜甫等。下面举苏轼两首词:

　　　　"缺月挂疏桐,漏断人初静。谁见幽人独往来?缥缈孤鸿影。惊起却回头,有恨无人省。拣尽寒枝不肯栖,寂寞沙洲冷。"

《卜算子·黄州定慧院寓居作》

　　　　"飞花成阵。春心困。寸寸。别肠多少愁闷。无人问。偷啼自揾。残妆粉。抱瑶琴、寻出新韵。玉纤趁。南风来解幽愠。低云鬟、眉峰敛晕。娇和恨。"

《瑶池燕》

　　前首词隔句用韵,后首词句句押韵,比较两词用韵上的特点,可以带给我们怎样的情感上的体验呢?龙榆生说:"韵位的疏密,与所表达的情感的起伏变化,轻重缓急,有着不可分割的关系。大抵隔句押韵,韵位排得均匀,它所表达的情感都比较舒缓,宜于雍容愉乐场面的描写;句句押韵或不断转韵的,它所表达的情感比较急促,宜于紧张迫切场面的描写。"来看前首苏词,词人借孤鸿写内心的幽怨,深沉悠缓,感情抒发匀称;后词写闺怨,愁绪切切,句句急促,不吐不快。此外前首词五七言交错,抒情悠长平缓,后首词多二三四言,如雨点纷落,粒粒急促,表达的是急愁快恨。

句读、删换、对读应该成为教学中解读文本比较普遍使用的方法,孙绍振、王尚文等语文研究专家都曾在各自的文章中提到类似的方法。在具体实践过程中,三种方法可以混融交叉,各显神奇,发挥比较还原的最大化效果。

对于诗歌这种高情绪化的文字,只有配之以有声的诵读,才能触发学生对诗美的直觉。诗歌韵律美的欣赏离不开诵读,由于篇幅的关系,笔者取舍之后,忍痛略去。

不可否认,我们的诗歌教学已经取得了重大的进展,2006年浙江省新课程改革单独开设了"中国古代诗歌散文欣赏"的选修课程,国内一些知名语文教学杂志也开设专栏讲中华经典诵读,但是诗歌教学问题依然众多。诗歌教学要真正走上审美的道路,还需要广大语文教师和语文教学研究者的不懈探索和艰苦努力。再加之当前的诗歌教学面临的问题,不仅仅是诗歌教学本身,还存在当下高中教育一些现实的因素。因此作为语文教育工作者要明白,教语文不容易,教诗更不容易,我们任重而道远!

给我一个支点,撑起一篇文言文
——论高中语文激活文言文课堂的教学策略研究

朱芳儿

【内容摘要】 文言文是中华文化的载体,也是几千年来中华文化的精髓所在。文言文教学作为中华文化载体的重要学习途径,对教师和学生都有着重要的价值。为了解文言文教学的现状,对我校高二年级的745名学生进行了调查,发现文言文教学存在"教师不乐教,学生不乐学"的问题,而问题的实质在于师生兴趣不浓厚。于是就师生在文言文教学中如何激活课堂提出了相应的教学策略。

【关键词】 文言文;教学现状;教学策略

一、高中文言文教学现状分析

目前高中文言文教学的突出问题大致表现为:

1.教师的教

其一:文言文教学目标功利化。随着文言文在高考语文试卷中的分值比重的增加,为了提高学生在高考中的得分率,较长时期以来,文言文教学侧重于"言",随文解"言",对文言字词句的训解翻译和对古汉语知识的传授成为教学的主要任务,而对隐藏在"文言"背后的更为重要的"文"(文章、文学与文化)关注和开掘不够。

其二:文言文教学方法程式化。重"言"轻"文"的价值取向,也带来了教学形式上的单一简化。为了落实指向"言"的教学目标,逐词串讲,逐句翻译,成为文言教学的基本方法与程式,而所谓内容分析、交流讨论、写法小结等也多半成为课堂中的点缀。有时甚至省略课文内容分析。

其三:文言文教学途径单一化。单一的课堂传授,认为加大了文言文与现代生活的隔膜。教师在文言文教学过程中忽略了学生的情感体验,也剥夺了学生在学习中思考的独立性。单一的课堂传授,也使文言文教学成为对文言字词的肢解和文言知识的机械传授,以致远离现实生活,远离学生的情感体验。

2.学生的学

为了解文言文教学的真实现状,对我校高二年级745名学生进行了调查。调查结果如下。

其一:关于文言文的喜爱程度

53.39%的学生表示中立,36.72%的学生表示喜欢,而不喜欢和讨厌分别占9.04%和0.85%。由此可见,学生对文言文的态度表现勉强,真正喜欢文言文的占少数。大多数学生对文言文学习缺乏兴趣。

其二:关于古文阅读的最大障碍

83.33%的学生认为语法在文言文中最困难,其次是虚词和词义。由此可见,古文阅读障碍主要是语法方面。

其三:关于课外书的选择

在列出的休闲娱乐类、古文经典、中国现当代文学、名人传记和外国文学中,最受欢迎的是现当代文学,约占32.09%。而古文经典则排名倒数第二,占15.12%。由此可见,文言文的阅读着实不受欢迎。

二、激活文言文课堂的价值

文言文是中华文化的瑰宝,作为中国人学习文言文更是我们义不容辞的责任。文言文教学就承担着这样的责任,对于学生这一教学主体,价值颇大。

1.传承优秀中国文化的关键

五四运动以前,文言文记录着中国的方方面面。而随着西方文化的传入,中国文化受到冲击,传承文言文更具重要性。在文言文教学中,如品读《论语》带领学生领略先秦的风采,品味《史记》引领学生走进美妙的历史世界,这样的课文使我们徜徉在历史的长河中,吸取可贵的文化积淀,我们因此更加成熟。由此可见,文言文教学是使学生了解中国文化,从而传承中国文化的关键。

2.提升学生文学鉴赏能力的重要途径

文学鉴赏是品味文学魅力的重要手段。中学语文教材中不乏浩如烟海之作。在文言文教学的过程中,必然细细分析语言文字、总结鉴赏方法,这个过程就是提升文言文鉴赏水平的过程,同时也为现代文的鉴赏做了铺垫。

3.提高学习汉语言兴趣的窗口

文言文是古人社会生活的画卷,展示出了古人的风俗、文化状况、历史政治等,与现代社会有一定的距离,俗话说"距离产生美"。由此可见,文言文教学关系到学生对语文课堂乃至祖国语文的兴趣。如《史记》中丰富精彩的历史故事,《论语》中深刻的道理等,都是学生学习祖国语文兴趣的窗口。

三、我的文言文教学的反思

我在第一轮苏教版必修一至必修五的文言文教学中主要遵循传统的"解题—背景介绍—串讲翻译—字句深析—背诵记忆"的文言文教学模式。明显感觉到学生只要在现代文的课堂上就生龙活虎,在文言文的课堂上就死气沉沉。为了避免学生对语文课失去兴趣,我一般都是文言文和现代文穿插着讲的。到了第二轮教学,我下定决心打破枯燥的文言文教学困局,激发学生兴趣。我清醒地认识到必须从更高的层面和广阔的视角反思文言文教学。文言文和现代文一脉相承。所以,虽是文言文解读,但学习中一定要有"文"的意识,即培养学生"初步的文学鉴赏能力",并且做了一些成功的尝试。

譬如,高中语文第三册文言课文归有光的《项脊轩志》,是一篇借记物以叙事抒情、真切感人的散文名作。对这篇课文,学生一般经过猜读可以读懂大半,所以教学中不必强迫学生把古文肢解为一堆词句来理解,而应该加强对整体文意的理解,在整体感受中掌握文言文的词句,从对文中关键字词句的确切理解来掌握整体文意,从归有光一往而情深的感情切入,到"而母立于兹,余泣,妪亦泣。""庭有枇杷树,吾妻死之年所手植也,今已亭亭如盖矣。"这样把审美情趣融入其中,学生自会感兴趣。课堂兴趣的激活,靠的是教师灵活高超的驾驭,靠的是教师的教学机智。而用当代视野解读文言文,打破文言文与生活之间的"厚障壁",与社会天地相接壤,使文言文教学成为"生活语文",这不失为激活课堂的良策。所谓"生活语文",就是寻找课文和学生现实的共振点,注入"时代的活水",指导学生在生活中学习并运用语文,在学习语文的同时了解生活,从而激发学生听、说、读、写的强烈愿望,激活课堂气氛,将教学目的要求转化为学生的内在需要。

四、激活文言文课堂的支点

1. 丰富的教学手段

枯燥的文言文教学是抹杀学生对文言文兴趣的关键。学生往往因为教师的功利教学即"考什么教什么"而痛苦不堪。这种把文言文"工具性"作为唯一目标的教学方式使得文言文教学投入时间多,效率却十分低下。于是可通过以下措施丰富文言文课堂。

(1)借助表演。例如在教《廉颇蔺相如列传》时,可采用学生课下自学并改写成剧本,课上展示表演结果的方式。

(2)借助辩论。例如教《逍遥游》时,为了让学生更深层次理解"逍遥"的境界,课上临时让学生辩论"什么才是真正的逍遥"的辩题。

(3)借助合作讨论。例如教《鸿门宴》一文,让学生讨论"我心目中的项羽",既能增进学生之间的交流合作,又能生成多样的结果。

(4)借助音乐。例如教《陈情表》时用深情的音乐导入,伴音朗读。

(5)借助研究性学习。例如教《阿房宫赋》时,让学生查找资料,研究阿房宫是否被火烧毁,小组为单位写出研究性学习文章。

(6)借助拓展延伸。"温故而知新",课后的巩固与拓展十分重要。教育家张中行谈到文言文阅读的"量"时,认为量必须足,这很切中肯綮。"不积跬步,无以至千里",没有量的积累,就不可能有质的变化。量不够,往往是学了就忘,等于没学。文言文学习中,积累越丰厚,相应的阅读分析能力也就越强。所以不管课外拓展的文言文内容考试是否有用,都要引导学生扎扎实实地掌握。学生在学了《兰亭集序》后,我要求学生将王羲之的《兰亭集序》和《兰亭诗》进行对读,然后找出序中和诗中的对应语句进行分析。又如教学《六国论》时,我们可提供苏辙的《六国论》,设计习题进行对比阅读。

2.多样的学习方法

古人说:"授人以鱼,只供一饭。授人以渔,则终身受用无穷。"由此可见教授方法的重要性。学生学习文言文也因方法变得更简单,自然也就有兴趣。于是列出了以下可供参考的方法。

(1)熟读成诵。俗话说"书读百遍,其义自见"。吕叔湘先生也说:"撇开语言教文字,就是一种半身不遂的语文教育。"由此可见,诵读法是收效甚高的。

(2)利用熟悉的成语或俗语学习文言语法,养成善于观察和学习的习惯。如"唯利是图"就是"唯……是……"结构,是宾语用代词复指以强调宾语的形式。又如"君者,舟也;庶人者,水也"则是判断句的基本形式之一。而"春风又绿江南岸"是名词的使动用法。

(3)精读重点篇目,范读非重点篇目。结合注释分析重点篇目,如《师说》终究包含了"师"的不同用法、意义。像这样的篇目就应当仔细分析语言点,把它当作"用件"来学习,为以后阅读文言文作铺垫。

(4)学生自主讲授。学生讲文言文一方面锻炼了学生的交流能力和胆量,另一方面会呈现出学生自己的思维,学生乐意上讲台展示自己的努力成果,老师也会看到学生真正的需要和真实的问题。

3.系列化的教学切入点

在我的文言文教学中,针对学生文言文兴趣缺乏的问题做了一些课堂改革,以吸引学生的目光,抓住学生的心。对必修一至必修五的大多数文言文另辟蹊径,进行了教学切入点研究,发现可以成为多个系列。我把它分成如下表格:

系列	切入点	文章
一	研究历史背景	《六国论》北宋内忧外患 《阿房宫赋》秦末楚汉争霸
二	通晓人物故事	《赤壁赋》介绍苏门三学士 《指南录后续》文天祥的爱国情怀 《廉颇蔺相如列传》主人公其人其事 《鸿门宴》刘邦项羽的故事 《谏太宗十思疏》魏征唐太宗故事 《渔夫》屈原作品和人生理想 《兰亭集序》王羲之书法故事
三	邂逅诸子百家	《劝学》荀子思想和著作 《逍遥游》庄子思想和著作 《季氏将伐颛臾》了解《论语》及孔子思想 《寡人之于国也》了解《孟子》及思想
四	体验情感波澜	《陈情表》浸润在李密的孝心中 《项脊轩志》体味归有光的一往情深
五	沉潜结构章法	《劝学》出色的比喻论证 《师说》文气贯通

实践证明,文言文教学如果真能潜心研之,反复琢之,使学生对古文有系统地掌握,并激发起学生对祖国传统文化的浓厚兴趣和热爱之情,从而调动起他们学习的积极性、主动性,改变文言文教学沉闷的教学状况,这从某种意义上说是真正落实了语文的素质教育。

参考文献:

[1] 沈德立,阴国恩.非智力因素与人才培养[M].北京:教育科学出版社,1991.

以策为媒

人教版数学

让"计算思维"在高中信息技术教学中落地生根

喻文红

【内容摘要】 计算思维是人们认识和解决问题的基本能力之一,也是信息技术学科培养学生的核心素养之一。与传统教学相比,基于计算思维的教学具有其独特的优势,这种优势不仅表现为培养学生创新思维方面,还能够显著提升学生的学习效率。本文阐述在高中信息技术教学中,以学为本,立足于学生实际情况,逐步提升学生对问题的发现、分析及解决能力,最终帮助学生培养其算法思维能力。在实践教学过程中,每一个环节都渗透计算思维的相关方法,在达成新课程改革目标、提升学生信息素养、切实提高学生学业水平等方面,探讨性地提出了一些教学建议和学习策略。

【关键词】 信息技术;算法与程序设计;计算思维;冒泡排序;以学为本

一、研究背景

计算思维是由周以真教授正式提出的,自其诞生以后就受到许多专家学者们的广泛关注,目前与之相关的研究已经成为教育领域备受人们关心的热点话题之一,经过多年发展已经取得了较大成效。高中学生的思维成长速度比较快,但对其思维能力的培养及训练仍需较长时间,所以学生在对知识技能进行学习的过程中也要加强对计算思维能力的培养,这样有助于其更好适应这个高速发展的社会。浙江省新高考方案出台后,技术学科列入了高考"7选3"选考范畴。其中,《算法与程序设计》是技术学科中的重点考查内容,有一定的难度和深度。

二、研究思路

对学生计算思维能力的培养不是一蹴而就的,这种能力的培养是一个系统化的过程。在这个过程当中既需要遵循基本教学规律,又需要考虑计算思维能力的特性。在信息技术课程中,我们可以采用任务驱动法、游戏教学法、探究式教学法等教学方法,以学生为主体,强调学生自主探究问题,主动构建、解决问题。无论使用什么样的教学方法,重点在教学过程、教学环节中,都要将计算思维的相关方法渗透其中。

课程设计都应立足于计算思维的实际,这其中既包括一定的学习资源、学习活动,也包括学习环境的设计,等等。在整个教学过程中都必须坚持以学生为中心的原则,具体的教学活动也必须以学生作为出发点,需要充分考虑学生的个性,个体已有认知水平,学习需求。

三、基于计算思维的课程教学实践研究

《算法与程序设计》这门课程位于高中信息技术选修模块中,是高中信息技术选考部分内容。这是一门比较抽象的学科,一开始学习时会有一定的难度,怎样鼓励学生更加积极主动地参与到算法与程序设计课程学习中,这一过程值得我们深入思考与探究。

教师在进行教学设计主要是从教学目标、重难点、教学内容等方面进行思考,对教学目标进行具体分解,并在此基础上对教学过程中所涉及的内容进行深入分析,进而筛选出切合教学实践的主题,同时明确提出增强学生计算思维这一教学目标并将其贯穿到教学过程中;在对某些重难点进行学习时,同样也要明确提升学生计算思维能力这一目标,这样有助于其在学生训练过程中开展更有针对性的教学活动。通过一段时间的引导、训练和实践,学生逐渐自主地将这种思维方式应用到新的或较复杂问题中去。下面以冒泡排序为例给出教学案例。

(一)建构算法新知,养成计算思维

在日常的学习生活中,我们有很多问题的处理都需要把一些杂乱无章的数据变为有序的数据,在冒泡排序算法的学习过程中,让学生观看相关动画,感知原理,建立冒泡排序的初步认识,以小见大,课堂中以四个数据为例给出排序算法。

1.以数组$d(1) \sim d(4)$中的数据:36,32,27,18为例,了解使用冒泡排序对其进行升序排序的思想。

这一过程由学生来演示,和其他同学一起梳理第一遍冒泡排序的过程中,j的变化规律:j从4开始到2。然后再请另一位同学来梳理,第二遍冒泡排序的过程中,j的变化规律:j从4开始到3;第三遍冒泡排序的过程中,j的变化规律:j从4开始到4。从而让学生自己总结归纳出N个数,外循环变量i和内循环变量j的变化关系,完成流程图。借助流程图,分析得出双重for循环中关键代码的填写。最后,学生在vb环境下进行调试,得出结果。

2.在学生理解了"自底向上"的冒泡排序的思想和过程,并上机调试成功后,学生

协作学习,自主梳理比较"自顶向下"的冒泡排序的算法并完成程序代码的填写。

3.结合双重循环程序的运行过程和特点,学生通过学习的冒泡排序算法的思想,理解并掌握排序遍数、比较次数、交换次数的计算方法,进一步夯实基础。

这一过程恰恰就是计算思维中对关注点进行分析的集中体现。接下来就可以基于计算思维中的抽象方法对具体问题进行抽象处理并形成算法,并在其基础上利用流程图来进行模型构建,最后依托流程图完成程度设计并进行上机验证,这充分体现运用计算思维的相关方法解决问题的优点。在此基础上,学生通过协作学习,自主分析、比较"自顶向下"的冒泡排序算法思想,最后实现程序,在这个过程中,启发学生的思维,让同学们体验这种思维方式,让学生主动建构,学会解决问题,同时使学生对该思维方式有较好理解,并基于其对问题进行具体思考分析。

(二)优化算法结构,提高计算思维

设疑:n个数据的冒泡排序需要经过n-1遍加工,每一趟加工自底向上比较相邻两个数时,把较小的数交换到上面。在探索过程中有同学发现了其中存在的问题,即当在整个过程中都没有数据可以交换时就表明这时候的数据已经排序完成,并不需要继续排序。此时,我们能不能不做无用功,提前结束程序,以提高效率?

学生再次观察排序的过程,并小组讨论修改程序。

```
实现冒泡排序优化的VB关键代码如下,但加框处代码有错,请改正。
Dim k As Boolean          'k值为True表示一遍加工中有交换
p = 1
k = True
Do While  p<=n-1 or k=true
k = False
    For q = n To p + 1 Step -1
        If a(q) < a(q - 1) Then
            temp = a(q): a(q) = a(q - 1): a(q - 1) = temp
            k = True
        End If
    Next q
p = p + 1
Loop
Label4.Caption = "排序的总加工遍数是" +  str(p)  + "遍"
```

学生思考并讨论:

1.逻辑型变量k的作用是什么?

2.为什么要优化程序,对程序优化有哪些方法?

3.能否进一步优化?

在对程序优化的过程中,有同学质疑:这么简单的几个数据,为什么要用冒泡排序、还要优化?根据学生的疑问,教师展现几种较大数据量的排序时间比较表:

	500随机整数	5000随机整数	20000随机整数
基本排序方法	1.5625ms	145.3125ms	2428.125ms
优化后	1.5625ms	139.0625ms	2279.687ms
再优化	1.5625ms	134.375 ms	2153.125ms

最终师生共得出结论:优化后的排序更能减少时间复杂度,提高效率。

在探究问题的过程中,以身边的实例(双十一的成交量数据)为题材,以学生为主体,通过对问题进行深入思考及分析,使学生逐步形成问题解决的思维能力,更好掌握问题解决具体步骤,有效增强其计算思维能力。通过小组协作学习,优势互补,加强同学之间的沟通交流,在更好表达自我想法的同时充分运用计算思维及与之相关的各类方法,基于对各类问题归纳总结后以达到在一定程度上提升学生计算思维能力的目的。最后师生总结,强化知识的学习,注重思维的训练,加深对冒泡排序优化的理解,达到了比较好的教学效果。

(三)融会算法思想,提升计算思维

基于对知识技能等的学习能够更好理解及体会计算思维,而计算思维的学习对于知识技能的提升又有着较大益处,其不只是对知识的简单学习,更为重要的是通过对知识技能的学习进一步提升其计算思维能力。以"双向冒泡排序"为例,引导学生一起分析问题,解决问题,引导学生融会贯通各种算法思想,进一步加深对算法的理解,提升学生算法思维能力。

双向排序是在一遍加工中先从上到下把最大的元素送到最下的位置,再从下到上把最小的元素送到最上的位置。实现上述功能的vb关键代码如图,请对程序中①处进行填空,②③处改正。

双向排序较难理解,首先和学生一起做个游戏来理解双向冒泡排序的算法,比如我在课堂中请六位同学上来,每人手里拿一个数字,从左到右,两两同学进行比较,判断是否交换,然后再从右到左,两两同学进行比较、交换,这样一轮下来,学生非常直观地看到实现了什么,然后思考对应到程序中,我们应该怎么实现?在进行第二轮的时候,学生也通过游戏发现,最左边的同学和最后边的同学已经是最小的数或最大数了，不需要参与排序，因此，我们比较范围也就缩小了，第②处的错误学生很兴奋告诉我是"For j=i to n-i"，那么第③处错误学生更是自信满满地改出来了"For j=n-i to i+1 step -1"。愉快地完成游戏后，学生发现6个数需要进行3轮排序，7个数也只需要3轮排序就可以了，大部分学生能很顺利的填出第一处空为"i=1 to n\2"。

由于程序设计内容往往比较抽象，缺乏具体的内容供学生理解，这就使得学生在学习时面临着很多阻碍。因此，在教学过程中教师可以选择一些新颖的教学方式，比如做游戏，这样可以极大地激发学生的学习兴趣，使得枯燥的课程也充满趣味性。通过游戏的方式理解算法，学生总结并提炼冒泡排序算法的多种方法与技巧，以达到对冒泡排序的深度理解，实现举一反三，融会贯通的目标，进一步培养和提升了学生的计算思维能力，让"计算思维"在课堂教学中落地生根。

```
Private Sub Command1_click()
    Dim i as integer,j as integer
    For                                    ①
        For j=1 to n-i                     ②
            If a (j)>a(j+1) then
                t=a(j):a(j)=a(j+1):a(j+1)=t
            End If
        Next j
        For j=n to i+1 step -1              ③
            If a(j)<a(j-1) then
                t=a(j):a(j)=a(j-1):a(j-1)=t
            End If
        Next j
    Next i
    for i=1 to n
        List2.additem str(a(i))
    Next i
End Sub
```

四、总结与思考

基于计算思维培养的高中信息技术教学中，学生自主学习过程中能够采用计算思维相关方法界定问题、抽象特征、建立结构模型、合理组织数据；通过判断、分析与综合各种学习资源，同时引入科学合理的算法最终给出切实可行的问题解决方案。所谓对计算思维能力的培养与提升，其本质就是帮助学生对不同学习方法进行了解及掌握，如建模及抽象、归纳总结等各种学习方法等，积极参与、认真思考，自主发现问题、提出问题、应用学科思维方式探究解决问题，锻炼学生的思维，从中体会到学习的乐趣和奥妙。

化学核心素养视域下借助"白纸作业"提高教学实效的初探

高 雁

【内容摘要】 根据教学内容需要,不受教辅资料的限制,布置多元化的"白纸作业",让学生在兴趣驱动下主动参与学习,积极实践,从根本上提高作业的有效性。让学生的学习也随着作业的趣味性、多样性、开放性、层次性,变得自主的、灵活的、具有探究和创新精神的,提升学生的化学学科素养。

【关键字】 化学核心素养;白纸作业

习题教学是化学学科教学环节中一个不可缺少的有效环节,对高中化学学习有巨大的帮助。然而现在各种流行的习题设计缺乏策略,没有个性,忽视了习题对化学学科核心素养的提升作用和对课堂教学的导向作用,不能够很好地对学生进行兴趣激发、学法引导和思维培育,一定程度上降低了化学教学的实效性。

我校化学在高二进行分班,分成学考班和选考班,针对高二化学教学中,学考和选考不同的教学内容,不同的教学要求,以及新课和复习课的不同教学阶段,我尝试了在普通习题作业以外,适当设计不同的"白纸作业",来满足不同教学需要。这样的"白纸作业"习题设计,可以激发学生的学习兴趣,培养创新思维,提高学习效果。

白纸作业,顾名思义就是发一张白纸当作业。但并不是让学生无目的无要求的在上面随意画画和写字,而是教师根据不同的教学时期,不同的教学内容,不同的学生,提出不同的要求,在白纸上完成各种类型的作业。作业呈现的最终成果可以多种多样,例如可以是一张表格,一张思维导图,一道自认为非常典型的题目,一份探究实验的方案设计,甚至可以是一份自己编制的模拟试卷。让学生的学习也随着作业的趣味性、多样性、开放性、层次性,变得自主、灵活、具有探究和创新精神,提升学生的化学学科素养。

一、巧用有趣的“白纸作业”，变“枯燥”为“趣味”，激发学生的学习兴趣

在高二学考班总复习阶段，为了让学生熟悉题型，培养答题题感，减少重复练习，提高化学学习的兴趣，教师要设计灵活新颖，富有情趣的作业。例如我在复习《化学反应的限度》一节内容时，布置了一个白纸作业：出一个判断是否达到化学平衡状态的选择题，并要能够详细讲解自己出的题。第二天我收到了同学们绞尽脑汁从各种资料中找来的题。其中小陈同学的非常别出心裁，他给一个题目设置了10个选项。我们经过交流，把他所写的方程式改成一个特殊比例的，出现了完全不一样的答案。讨论后，他又增加了两个特别的方程式，同样的选项，变成了两个不一样的题目。原来出题也可以“举一反三”。我把他编制的题目(图1)复印出来发给同学们，变成上课的例题。还命他为小老师，专门给同学们讲解这个例题。

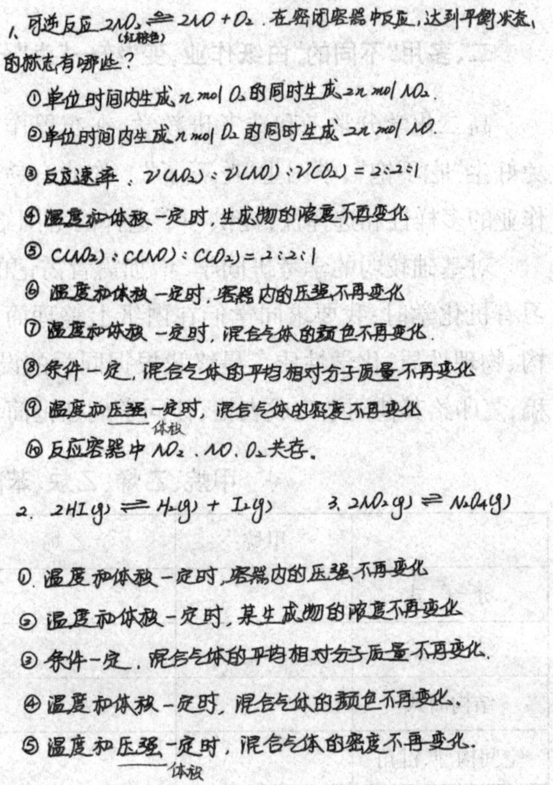

1、可逆反应 $2NO_2$(红棕色) $\rightleftharpoons 2NO + O_2$，在密闭容器中反应，达到平衡状态的标志有哪些？

①单位时间内生成 n mol O_2 的同时生成 2n mol NO_2.

②单位时间内生成 n mol O_2 的同时生成 2n mol NO.

③反应速率：$v(NO_2):v(NO):v(O_2)=2:2:1$

④温度和体积一定时，生成物的浓度不再变化

⑤ $c(NO_2):c(NO):c(O_2)=2:2:1$

⑥温度和体积一定时，容器内的压强不再变化

⑦温度和体积一定时，混合气体的颜色不再变化.

⑧条件一定，混合气体的平均相对分子质量不再变化

⑨温度和压强(体积)一定时，混合气体的密度不再变化

⑩反应容器中 NO_2、NO、O_2 共存。

2. $2HI(g) \rightleftharpoons H_2(g) + I_2(g)$　　3. $2NO_2(g) \rightleftharpoons N_2O_4(g)$

①温度和体积一定时，容器内的压强不再变化

②温度和体积一定时，某生成物的浓度不再变化

③条件一定，混合气体的平均相对分子质量不再变化.

④温度和体积一定时，混合气体的颜色不再变化.

⑤温度和压强(体积)一定时，混合气体的密度不再变化.

图1

在多次尝试布置一张“小”白纸作业后，我在某个周末给同学们布置了一张“大”白纸：出一份学考模拟试卷，考试时间60分钟，考试分值70分，包括25个选择题和5个非选择题。考虑到每位同学出一整份学考试卷比较耗费时间，工作量太大。我把同学们分成9个小组，每组一个组长和4个组员，每人分到5个选择题和1个填空题。大家利用周末时间，模仿2019年6月浙江省高中化学学考试卷，寻找合适的题目。组长负责把组员的题目合成试卷。最终我在作业中找了3份相对优秀的，复印出来，给其他同学做测试。突然摇身一变成了“命题人”，几位“出卷老师”主动承担了阅卷、讲评工作，每位“命题人”负责讲评自己出的部分，讲的人很认真，听的同学也非常配合。每位“考生”得到自己成绩的同时，还要评选出你认为最好的一份试卷，评出金牌出卷小组。在出卷，做卷，阅卷，评卷的同时，让每一位学生都熟悉了学

考试卷的题型和分值安排,明白了每道考题的考查范围和难度要求,无形中又做了不少模拟练习,训练了学生做题的思维模式,培养答题的题感,提高学生的合作意识。这次"有趣的"白纸作业,激发了学生的学习兴趣,让枯燥地做试卷变成了一件很有趣味的事情。

二、多用"不同的"白纸作业,变"统一"为"分层",激发学生自主学习意识

高二化学分学考和选考班教学,在布置作业的时候,要全面考虑学生的差异,避免好生"吃不饱",学困生"吃不了"。作业有易有难,可以拓宽作业的思维空间,增加作业的多样性和选择性,提供一个选择的范围给不同层次的学生。

对基础较弱的学考班同学,增加需背需记的基础知识整理,强化记忆。例如在复习有机化学时,我要求同学们在白纸上整理简单有机烃和食品中的有机化合物的结构、物理性质、化学性质。最终我根据同学的设计,把两张表(图2和图3)做成了电子稿,复印给其他同学完成表格,让同学们熟记简单有机物的结构和性质。

甲烷、乙烯、乙炔、苯的性质比较

		甲烷	乙烯	乙炔	苯
分 子 式					
结 构 式					
结构简式					
空间构型、键角					
物理性质					
化学性质	可燃性(氧化反应)	方程式、现象	方程式、现象	方程式、现象	方程式、现象
	酸性$KMnO_4$溶液(氧化反应)	现象	现象	现象	现象
	加成反应		①溴水或溴的四氯化碳溶液 ②H_2 ③HCl ④H_2O	①溴水或溴的四氯化碳溶液 ②H_2	与H_2加成
	取代反应	Cl_2 共4步反应			①液溴 ②HNO_3

图2

乙醇、乙醛、乙酸、乙酸乙酯的性质比较

		乙醇	乙醛	乙酸	乙酸乙酯
分子结构	分子式				
	结构简式				
	官能团的结构和名称				
物理性质	颜色、气味				
	状态				
	溶解性				
化学性质		① ② ③	① ②	① ②	

图3

而选考班的同学，在熟记物质性质的同时，要增加综合性的基础知识，理清知识之间的联系，激发丰富的联想力。如同学按要求把有机化合物之间的转化关系整理在白纸上，画成转化图(图4)。

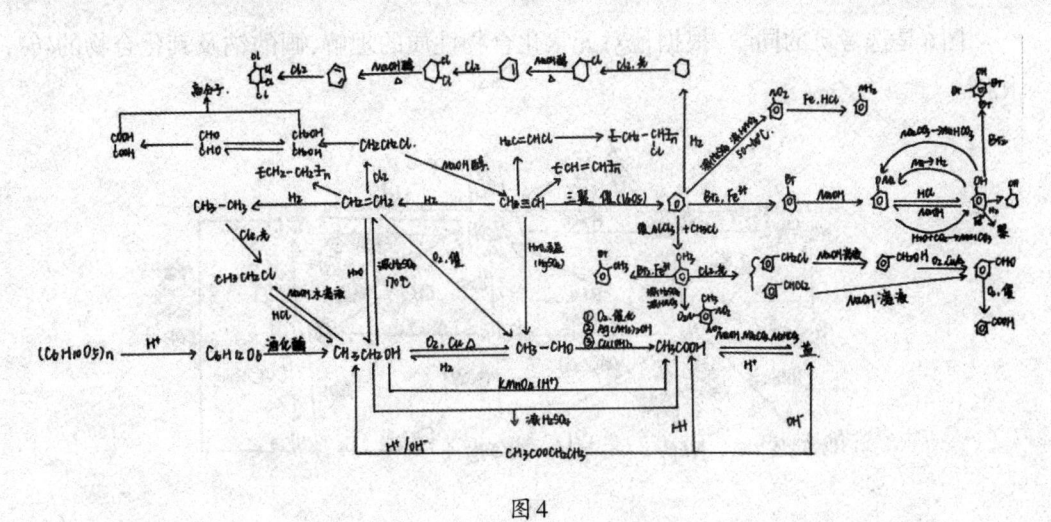

图4

同样的白纸作业，布置给了不同层次的学生，有时候也会呈现出"不同的"作业。我在学考和选考班级里，布置了一个相同的白纸作业：整理元素化合物的性质。不同的学生,对物质的性质有不同理解,做出了完全不一样的整理作业。

图5是学考班里比较优秀的一份作业,他整理了钠的性质。

图5

图6是选考班的同学,根据他对元素化合物性质的理解,画的钠及其化合物的转化图。

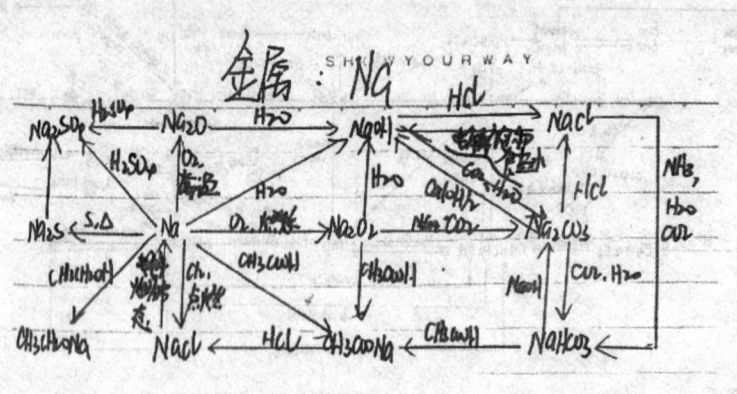

图6

复习阶段,教师应多注重基础知识,多布置巩固基础的、整合性的、灵活的白纸作业,让学生学会对比、总结,提高复习效果。

三、善用"拓展的"白纸作业,变"古板"为"灵活",激发学生的思维能力

针对学有余力的学生,布置拓展型、探究型的作业,充分挖掘学生的潜能,培养他们的创造思维能力,为他们提供主动探究知识的环境。

在选考班上实验化学课,我尝试在实验后布置白纸作业,让学生自己书写化学实验报告单。第一步,我要求同学们仿造作业本上的实验作业书写;第二步我提出自己的要求:仔细观察实验,记录每一步实验和现象,记录实验中的异常情况,分析实验失败的原因,尝试提出实验改进方案。例如在学习物质性质的探究,做《铝及其化合物性质》实验时,有的学生已经可以根据自己对实验的理解,把实验过程画成流程图的形式,用表格的方式罗列了实验现象和结果,在实验反思和总结中,把实验过程中的失败和改进做了总结。图7,为学生较优秀实验报告的范文。

书写实验报告,不仅可以让学生了解每个实验,还提高了学生的文字表达和总结能力,为之后的高考实验填空题的科学、简洁、准确表达描述打下了基础;实验评价和改进,不仅可以开阔学生自由思维的空间,更加提高了学生分析解决问题的能力,培养他们勇于创新的精神,提高化学学科素养。

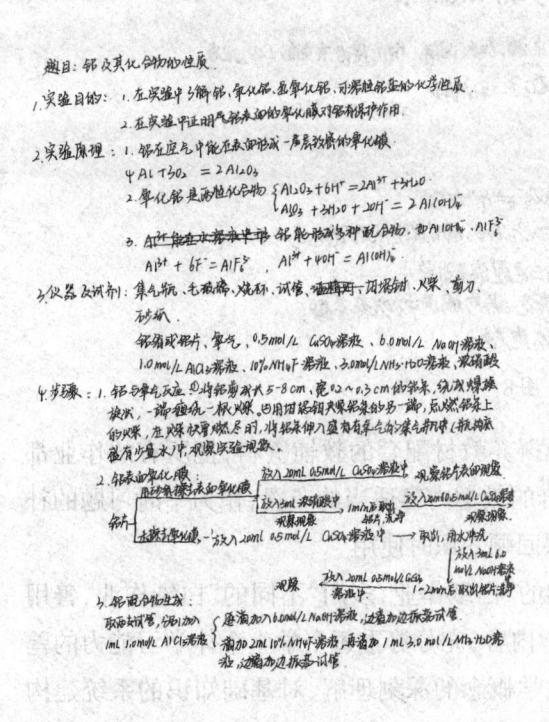

图7

但是在高二化学教学中,完整的书写实验报告单的机会总是不多的,所以我们可以针对一些反应方程式和实验现象,布置一个白纸作业:设计一个实验方案。例如在上钠的化合物一课时,我们在分组实验中发现,碳酸氢钠溶液中滴加氯化钙溶液,会产生白色沉淀。根据这一实验现象,我发了白纸:写出你的一个设想和反应方程式,并设计实验验证你的猜想。图8为三位同学各自提出的自己的猜想和验证方案。这样的白纸作业,提高了学生发现问题并尝试解决问题的能力,培养了学生的实验探究精神,发挥了学生的创新思维和创新意识。

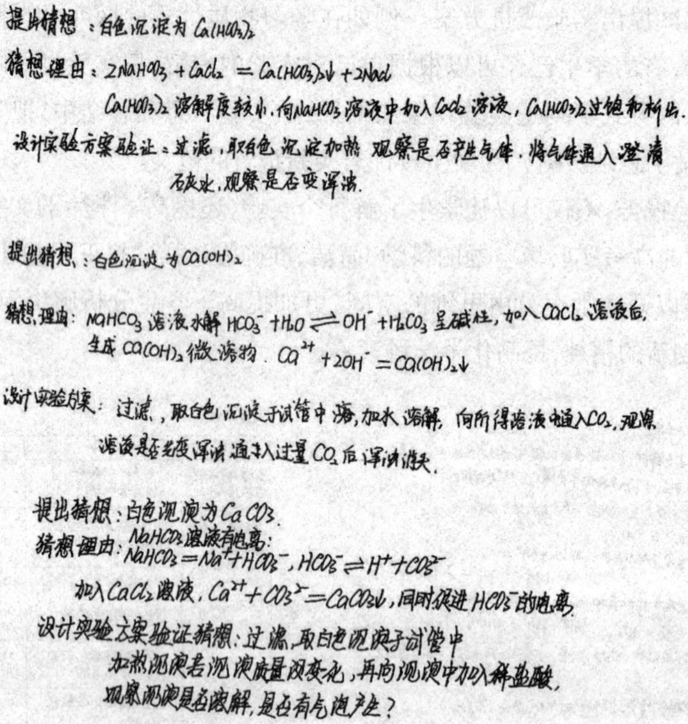

提出猜想:白色沉淀为 $Ca(HCO_3)_2$。
猜想理由:$2NaHCO_3 + CaCl_2 = Ca(HCO_3)_2\downarrow + 2NaCl$
$Ca(HCO_3)_2$ 溶解度较小,向 $NaHCO_3$ 溶液中加入 $CaCl_2$ 溶液,$Ca(HCO_3)_2$ 过饱和析出。
设计实验方案验证:过滤,取白色沉淀加热,观察是否产生气体,将气体通入澄清石灰水,观察是否变浑浊。

提出猜想:白色沉淀为 $Ca(OH)_2$。
猜想理由:$NaHCO_3$ 溶液水解 $HCO_3^- + H_2O \rightleftharpoons OH^- + H_2CO_3$ 呈碱性,加入 $CaCl_2$ 溶液后,生成 $Ca(OH)_2$ 微溶物。$Ca^{2+} + 2OH^- = Ca(OH)_2\downarrow$
设计实验方案:过滤,取白色沉淀于试管中,加水溶解,向所得溶液中通入 CO_2,观察溶液是否变浑浊,通入过量 CO_2 后浑浊消失。

提出猜想:白色沉淀为 $CaCO_3$。
猜想理由:$NaHCO_3$ 溶液呈碱性:$NaHCO_3 = Na^+ + HCO_3^-$,$HCO_3^- \rightleftharpoons H^+ + CO_3^{2-}$
加入 $CaCl_2$ 溶液,$Ca^{2+} + CO_3^{2-} = CaCO_3\downarrow$,同时促进 HCO_3^- 的电离。
设计实验方案验证猜想:过滤,取白色沉淀于试管中加热,沉淀若沉淀质量没变化,再向沉淀中加入稀盐酸,观察沉淀是否溶解,是否有气体产生?

图8

当然布置"白纸作业"也不是一味地摒弃教材配套的教辅资料,把所有的作业都写在白纸上。应该选择合适的时机,适合的教学内容适当的布置,作为平时习题的补充。它比较适合在新课末总结时,复习课回顾知识时使用。

在高二化学作业设计中,巧用"有趣的"白纸作业,多用"不同的"白纸作业,善用"拓展的"白纸作业,结合高二化学的教学内容,充分尊重每个学生个体学习能力的差异性,促进学生对学习兴趣的激发、对化学概念的深刻理解、对基础知识的系统建构和综合应用、对思维能力的培养和创造,从而有效提升学生的化学学科核心素养和高中化学教学的实效性,确保学生学习能力以及高中化学教学水平都能实现良好的发展。

有序推进作文教学的实践与研究

王杏芳

【内容摘要】 要走出高中作文教学的困境,势必要解决两个问题。一是教什么?二是怎么教?教什么,涉及内容的范畴;而怎么教,涉及方法的范畴,而且这个方法必须符学生的认知发展水平。所以本课题将从"认知序"和"内容序"两个层面"双序并进",展开实践研究。

【关键词】 双序并进;认知序;内容序

制订明确的作文教学计划不应该成为语文教师的问题。但是,大多数教师没有作文教学方案,作文教学无序、无系统。这样,组织作文课没有具体的教学设计,只有一篇文章安排学生写,然后更正、评论,至于效果,则是另一回事。笔者想到了我们高中作文教学的实况,感到非常忧虑。长此以往,作文教学该走向何方?

一、偶然——抓住成功的契机

一次偶然的经历,拉开了"作文写作"课程开发的序幕。

一次我正在自我欣赏我发表在校刊上的美文,"老师,你写得太好了,要是我也能把文章写得那么美该多好啊!"我被突如其来的声音吓了一跳。原来是一位已经看过校刊文章的我班学生向我请教学习上的问题来了。"大家都觉得你给我们多上上作文课。"等这位同学走后,我耳边一直想起他那句话,"老师,你写得太好了,要是我也能把文章写得那么美该多好啊。"仅课堂上的时间是不够写作的,那么我们为什么不成立作文兴趣小组,于此,我找到学校领导,讲明来意之后,校领导也觉得挺好,经过领导们几次讨论之后,最后决定成立我校写作兴趣小组(兴趣小组开班仪式和活动照片见附件一)。

二、探寻——经历成功的磨砺

"写作教学"课程红红火火地展开了,除了笔者高一本班写作爱好者外,我们还招募了同年级其他兄弟班的一些学生,共106人,以至于我们要借用大教室上课。

但是,"如何教学"更有效。才不会让这些嗷嗷待哺的孩子们失望呢。我只要一有外校作文教学的交流活动,总积极参加。曾看过某校高一作文训练安排的内容:1.新学期感受;2.讲讲暑假故事;3.读好书感受;4.印象秋天;5.话题作文;6.距离产生美;7.看图写文;8.以"精神空间我作主""美与丑的思考"。从内容角度看,此八篇训练作文之间在内容上没有多少逻辑关系,而且作文间呈现了极大的跳跃性,随意的安排痕迹太多。假如再进一步追问命题者这八次作文练习的重点是啥?它们之间有何内在联系?你要达成的终极目标是什么?猜想这老师会语塞的。

所以笔者感觉这样的教学很无序。还有一位老师前一天晚上因为有应酬,没备好课,第二天一早拿了一张《钱江晚报》去上了一节作文课。与其说这位老师充满了教学机智,不如说我们一些教师作文教学的随意性太大,日常作文教学更是无章法可循。

另外,我总觉得作文教学是无法的。张志功先生曾经用笑话批评中文教学:一个人被臭虫缠拢,有一天听到驱虫良方。他欣而求,但只有两字——捉、勤。我们的作文教学已降级到如此程度?我不能确定。但是面对那些渴望提高写作水平的孩子们,我们不是也给出了"多读多写"的想法?然而写多少?如何读?如何写?我们有多少语文老师能够面对这样的追问?

正因无序、无法,导致作文教学很无效。学生经过12年的语文学习,最终,还是写不出一篇像样的文章。这些学生不是少数,即使一些学习成绩好的也几乎一致表示,他们的写作能力得益于学校的很小。

三、坚持——开启成功的钥匙:双序并进

在经历了一段时间的学习和探究后,我决定"建构高中作文教学新秩序",貌似有点狂妄,颇有类似美国这样的超级大国的语气。但是不这样做,无法改变无序、无法、无效的现状。

从教育逻辑学的角度而言,要走出高中作文教学的困境,势必要解决两个问题。一是教什么?二是怎么教?教什么,涉及内容的范畴;而怎么教,涉及方法的范畴,而且这个方法必须符合学生的认知发展水平。所以本课题将从"内容序"两个层面——"双序并进",展开实践研究。

1.整体序列的推进

围绕高中作文教学序列的基本思想,我们将在实践中逐步建构起作文教学的系统规划,整体序列是高中三年的总体安排。

有了三年教学任务的整体安排,才能澄清我们需要教授什么以及如何在这三年教懂他们到什么程度,然后我们必须构建一个原本分散的整体教学序列。通过这样的顺序,在作文教学中,教师可以明确教学内容,免除教学的麻木、随意性,这样的目的是让学生更好地了解作文该写什么和该达到什么写作水准。如果你有教学的方向和方法,他们将有学习的方向和方法;如果老师不昏,那么学生就不糊涂。

的确应安排高中三年作文教学的整体顺序,但每个版本的教科书确实有点含糊不清,没有具体规定。然而,只要我们对教科书的每个单元或部分中的写作内容进行一次特定的梳理和整合,您仍可以发现教科书中安排的作文顺序,或详细或略微都有呈现。

2.微观序列的推进

微观序列是指在引导作文写作过程中的一次作文课堂规划,一次完整的作文教学规划应该是在学生已有认知基础的指引下,再按照教材对作文教学内容安排的整体布局来安排设计的。在实际操作中,我们一次作文教学微观序列的全过程由"备话题与备写法""尝试作文""定点评析""一次修改"等四个"过程"组合而成。将这四过程归结一起看,可以得出这些都是离不开教师的指导和学生的活动。这些活动既有对学习者写作任务的通告和写作技巧的引导,还有对他们思维拓展延伸的引领。四个过程环环相扣,层层伏笔,学生的思维不断激活、发展、丰富。

下面截取高三上半年议论文"审题立意"之"深刻新颖"课堂的第一环节为例。课堂实录片段:

环节一:备话题和备写法(整节课教学过程见附件二)

1.备学美文:林清玄的《生命的化妆》(略)

2.小组和学讨论:①文章围绕"哲理感受"展开内容,作者在文中提出了怎样令人折服的精辟见解的?②使文章立意深刻新颖的主要途径是什么?

3.师生展学研讨:

师:作家林清玄所作《生命的化妆》是一篇反映都市生活人的心态且有哲理的散文。

文章围绕"哲理感受"展开内容,在文中提出了怎样让人信服的见解?

生1:文本以自我开始对化妆的错误理解说起,并认为化妆再怎么高深,它只不过用于皮肤,而不是智者应该追捧的,这引出了对化妆师的询问。而化妆师的答案使主人公感慨很深,觉得化妆师是一个绝顶聪明的。此时,得出最高水平的化妆可用一词来形容,即"自然",依次分为四类,讲得非常有条理。

生2:但是,这仅仅是浅妆。……

师:本文将化妆分为三层境界。你是否同意这说法?

生3:原因是化妆对人的影响是不同的,所以化妆境界自然是不相同的,最有影响力的当然是最高水平的妆容,那就是生命的妆容。

师:这个世界一切的表象都不是独立自存的,一定有它深刻的内在意义,更改表象最佳方式必须从内部着手。本文立意深刻而新颖。那么,作家是如何实现立意深刻而新颖的呢?

生4:立意要深入本质。文本从他自己的认知开始讲起,并经过他的咨询。化妆师作出了巧妙的回答,使全文主旨逐渐浮出水面,使阅者渐渐了解化妆的含义。文章充分利用了了类比手法,以便我们能够很好地认同作者的观点。虽然文章没有华辞,但它给人一股流水般凉爽的感觉,令我们震惊。

生5:立意想要独特,境界必须高。……这样的立意既独到又高远。

师:化妆的目的是让人们美丽。化妆是为了促进真,善,美。生命的妆容的是让你的生活更有意义,让你的魂灵得到升华。这样的立意别致而独到。

通过备学美文—小组和学讨论—师生展学研讨三步后,基本上把主问题解决了,此时老师顺理成章整理出本节课学生自己得出的本节课的写作方法:

高中作文教学三年的整体序列和每一次作文教学的微观序列,是教师教好作文、学生学好作文的不可或缺的脚手架。

四、披荆斩棘——拓展学生思维

在双线并进的统筹安排下,我们还需要做好以下两件事:

第一件事:腹有诗书气自华　人到无求品自高。

扩展学生思维。那就从读开始,引导学生读美文,究其思路,吸其精华内容,积累素材,当然对其也可以批判,不是美文就是完美的,世之万物没有最好,只有更好。有时对有争议的美文我们会集体讨论研究评价,指出不足后我们大家觉得很有成就感,原来我们也能凌驾于大方之家了,那么我们写出这样的文章也不是没有可能了,这极大激发了学生的写作激情。

第二件事:问渠哪得清如许　为有源头活水来。

鼓励学生走出课堂。鼓励学生走出课堂,到生活中去体验、去找寻写作的灵感,我们有时还一起去采风,并用《周记》的形式记下生活的点滴。我也及时给他们写下评语,评语的内容很广,涉及内容到形式。学生拿到周记本,总迫不及待地看。对于优秀的习作,让其修改后,刊登到我们编排的校刊上,让全校师生品评交流。

五、成效展示——品尝成功的喜悦

2020年4月14日,我们学校的多功能大教室里除了笔者和跟笔者学习写作三年的106名高三作文兴趣小组学生外,还有校领导、教师50多人,可以说是济济一堂。原来,以"作文教学"为主题的兴趣班展示课,终于可以向本校领导和教师公开了。各个学员以最佳准备姿态出现在课堂上。老师布置了即兴话题作文"真情",分别用记叙、议论、抒情三种文体由事先分好组的学生(106名学生分三组,每组学生写一种体裁)写500字左右的小作文,学生们拿起手中的笔,教室里只听见了齐刷刷的写字声。他们一挥而就,短短二十分钟就在领导和老师面前呈现出了一篇篇内容深刻语言优美的文学作品(见附件三展示的片段)。那生动传神的文章如同一首首跳动着美妙音符的乐章,让校领导和老师欣赏到了作文教学的发展潜力和光明前景,同时也明白了写作文并不是一件很困难的事,相反它是成功后的一种喜悦。看着学员们那张张充满自信和喜悦的脸,听着教师们阵阵的掌声,我明白了当初的抉择是正确的。

在这三年作文兴趣小组的活动过程中,学生不仅学会坚持以恒的积极的生活态度;同时还提高了他们的作文审美情趣,培养了学生的自控能力以及细心、耐心、静心的观察思索的能力;而且也激发了学生热爱祖国文字并积极运用它的感情,让其充分感受到祖国语言的惊人魅力。这次活动,也使我懂得了只要做个有心人,迎难而上,把握机会,总能雨过天晴;再加上教师自身的努力,才能让自己和学生共同成长。

体质测试新政策下足球"课课练"可行性的实验研究

宣卓丹

【内容摘要】 本文结合教学实践,以萧山区某高中高二年级学生为研究对象,对足球"课课练"进行实验研究,结果表明足球"课课练"对提高学生足球体质测试成绩有促进和提高作用。建议体育课堂教学过程中结合教学内容实际采取更合理有效的足球"课课练"练习内容和练习手段,提高练习效果以达成教学目标。

【关键词】 体质测试;足球;课课练

一、前 言

(一)研究背景

足球运动是世界第一大体育运动。中国足球的现状是:基础薄弱,人才匮乏,场地稀缺,体制不畅,管理滞后。想要发展,必须改变思路,改变现状。想要改变中国足球的现状,就要培养优秀的足球人才,就要从娃娃抓起、从校园足球抓起。

为了更好地开展校园足球活动,真正让每一个学生都参与到足球运动中来,切实提高学生的足球运动水平,发展学生身体素质,杭州市教育局在2019年下发了《关于做好2019年杭州市中小学生体能素质检测工作的通知》,文件明确规定:从2019年起,杭州市学生体能素质检测项目在原有的体能素质项目基础上,增加一项足球基础技能检测——20米直线运球绕杆停球。如何在短时间内有效提高学生足球技术水平和足球专项素质是摆在我们面前急需解决的问题。同时从长远的角度来考虑,通过足球体质测试,促进学生提高足球技术水平,发展学生身体素质,促进学生形成良好的锻炼习惯,是体育教学工作者需要深入思考和解决的问题。

(二)研究的目的和意义

通过对足球"课课练"可行性的研究,找到有效提高足球体质测试成绩的教学方法。从长远角度来看，足球"课练"能有效提高学生的足球基本技术水平和足球专项身体素质水平，提高学生参与足球运动、观赏足球比赛的水平，提升校园足球的氛围，进而激发学生对足球的兴趣，形成良好的体育锻炼习惯，促进学生的身心健康，为学生的终身体育打下良好的基础。

(三)相关概念的界定

1.足球课课练

"课课练"分为专门性练习、补充性练习和辅助性练习三种类型。本文提到的足球"课课练"属于专门性练习，作者对足球"课课练"做如下定义：在体育课堂中，体育教师针对学生足球专项素质发展的实际水平情况，结合体育课的主要教学内容，合理有序地安排一些发展学生足球专项技术水平和足球专项身体素质的练习内容，从而促进学生足球专项素质的发展。

二、研究对象与研究方法

(一)研究对象

本次实验在萧山区某中学内实施。考虑到不同年级学生之间的差异性，为了避免年龄差异对实验带来的影响，本次研究主要针对高二年级学生进行，其中取高二年级4个班级共180名学生为研究对象，对足球课课练可行性进行调研。

本次实验对象主要分为两组，一组为实验组，一组为对照组，实验组和对照组学生均为90名，相应测试项目的具体情况见表1。

表1 样本组成情况

项目		对照组	实验组
体测总分等级	优秀	5	5
	良好	39	38
	及格	46	45
	不及格	1	1
足球绕杆等级	优秀	17	19
	良好	33	26
	及格	44	40
	不及格	0	1

（二）研究方法

1.文献资料法

根据研究目的和研究内容的需要，利用国际互联网查阅了《CNKI博硕学位论文库》《万方学位论文库》《中国期刊全文数据库》等资料，收集相关文献，了解相关领域已有的研究成果与不足。

2.实验对比法

将高二4个班分成实验组和对照组，各两个班。对实验组进行足球"课课练"教学，对照组的班级进行正常教学。

3.数理统计法

本文研究所收集数据主要通过SPSS20.0软件进行处理，对样本数据进行了描述性统计分析、信度分析、效度分析等数据处理。

三、足球"课课练"实验实施

（一）实验计划

本次实验所采用的足球"课课练"实施周期为1个学期，从2019年9月开始到2019年12月结束，有效期为4个月。试行每周两节体育课，每次课安排5~8分钟足球"课课练"。"课课练"内容分无球练习、有球练习和绕杆练习，以绕杆练习为主。

（二）实验过程和实验控制

在开学第一周，进行足球体育达标测试和其他体质测试，足球测试内容为杭州市教育局在2019年颁布的《关于做好2019年杭州市中小学生体能素质检测工作的通知》中规定的足球基础技能检测，即足球20米直线运球绕杆停球项目，其他体质测试内容包括身高、体重、肺活量、坐位体前屈、立定跳远、50米、引体向上（男）和1分钟仰卧起坐（女）、800米（女）和1000米（男），统计各班平均成绩，选取平均成绩最接近的4个班为研究对象，进行分组。

在学期中不定期进行足球体育达标测试，检测成绩动态变化，控制足球"课课练"练习时间和内容。

在学期期末对所有实验进行第二次测试，项目同第一次一样。比较两次的成绩变化，得出实验效果。

四、实验结果分析

(一)实验前对照组与实验组差异性分析

表2 实验后实验组与对照组差异性分析

指标	组别	N	均值	标准差	F	Sig
体质测试得分	实验组	90	152.3	3.761	.451	.505
	对照组	90	150.26	3.605		
足球绕杆得分	实验组	90	7.87	1.614	.453	.504
	对照组	90	8.02	1.566		

由上表可以看出,实验前,实验组的体质测试(除足球绕杆)得分为152.30分、足球绕杆平均得分为7.87分;对照组的体质测试(除足球绕杆)得分为150.26分、足球绕杆平均得分为8.02分。

整体来看,实验前实验组和对照组学生的各项体质指标差别不大,两者之间不存在显著差异性。说明两个样本之间不具有差异性。这主要是因为实验组和对照组样本均为高二年级,且体质测试总分平均分最接近的班级学生。

(二)实验后对照组与实验组差异性分析

表3 实验后实验组与对照组差异性分析

指标	组别	N	均值	标准差	F	Sig
体质测试得分	实验组	90	150.58	3.521	1.402	.372
	对照组	90	149.12	3.423		
足球绕杆得分	实验组	90	8.64	1.035	.568	.455
	对照组	90	8.36	1.352		

由上表可以看出,实验结束之后,实验组的体质测试(除足球绕杆)得分为150.58分、足球绕杆平均得分为8.64分;对照组的体质测试(除足球绕杆)得分为149.12分、足球绕杆平均得分为8.36分。

从实验组和对照组的差异性分析结果来看,两个样本的各项指标之间不存在显著差异性。从得分均值上看,体质测试得分实验组和对照组均有所下降,主要原因在于:12月份气温较低,影响学生测试成绩的发挥;学生主观上不愿意全力以赴,特别是800米和1000米的成绩下降明显,从而影响体质测试总得分。足球绕杆得分实验组和对照组均有所提高,实验组提高大于对照组。说明实行足球"课课练"对提高足球绕杆成绩是起到正向作用的。

（三）实验前后实验组差异性分析

表4　实验后实验组与对照组差异性分析

指标	组别	N	均值	标准差	F	Sig
体质测试得分	实验组	90	152.3	147.02	1.367	0.161
	对照组	90	150.58	145.698		
足球绕杆得分	实验组	90	7.87	7.663	5.718	0.043*
	对照组	90	8.64	8.425		

从上表可以看出,实验组实验前与实验后体质测试得分变化不明显,足球绕杆得分有了较大变化。通过实验组实验前与实验后的数据差异性分析可以看出,足球绕杆得分项上有显著差异,体质测试得分指项上没有显著性差异。说明体足球"课课练"有利于提高学生足球体质测试成绩。

五、结论与建议

（一）结论

本文以萧山区某中学高二年级学生为研究对象,分析足球"课课练"对学生足球体质测试成绩的影响,及在体育课堂教学中的可行性。通过一个学期的分组实验教学,结果发现:

1.在体质测试成绩指标上,实验前实验组和对照组并没有显著差异性,说明样本来自同一个群体。

研究结果可以看出,经过一个学期的对照实验之后,实验组学生和对照组学生在足球体质测试得分上均有所提高,实验组优于对照组。实验组在实验前后足球体质测试得分有显著提高。说明足球"课课练"对学生提高足球体质测试成绩具有一定的促进、提高作用。

2.足球"课课练"在一个学期的实验过程中存在一些问题:

一是增加场地器材布置时间和复杂性。足球"课课练"的内容大多数情况下都是进行有球练习,需要提前布置好场地和器材,增加了课前的准备时间。同时一节课结束前的器材回收时间也相应增加,增加了很多"麻烦"。

二是课堂教学内容时间被挤压,影响目标完成。足球"课课练"安排时间一般在5~8分钟,势必占用课的基本部分时间,特别是在一堂课安排两个教学内容的情况下,讲解和练习都会很匆忙,学生练习时间得不到充分保证,教学目标达成受一定程度影响。

三是足球"课课练"练习时间得不到保证。一般的"课课练"内容都是专门的身体素质练习,对练习场地器材没有特殊要求,基本上都能就地练习。但是足球"课课练"因对场地器材的要求,需要调动队形、更换场地,无形中增加了时间的消耗,导致练习时间被挤压减少。

（二）建议

1.足球"课课练"对提高学生足球体质测试成绩有促进、提高作用,应该在现实教学中有条件的开展,以提高学生足球专项身体素质和技术水平,激发学生练习足球、参与足球运动的兴趣。

2.足球"课课练"练习内容应与课堂教学内容相结合,提高练习效果,保障课堂教学目标的完成。

3.要充分利用现有场地器材进行足球"课课练"的练习。例如：篮球教学时,可将篮球标志杆用作足球绕杆,在篮球场上进行足球绕杆练习；排球教学时,可将排球当作"足球"进行练习；田径教学时,提前将足球练习的场地布置在教学场地附近,减少队伍调动的时间,等等。

参考文献：

[1] 高胜光.体育教学中"课课练"研究综述[J].运动,2012,8(48):9-10.

[2] 宋超美；万虹.对体育专项性"课课练"的探究[J].中国学校体育,2015(5):24-35.

[3] 吴亚香.对体育"课课练"的再认识[J].中国学校体育,2017(10):35-36.

[4] 徐云鹏.浅谈体育课"课课练" [J].卫生职业教育,2008(20):26.

高中数学课堂导学模式下的创新研究
——以线上教学"数列求和之裂项目消法"为例

杭 飞

一、案例背景

2020庚子年初,新型冠状病毒引发的肺炎肆虐,导致开学时间一推再推,学生们拥有了一个超长寒假,这必然导致了新学期教学时间更加紧张,任务更加繁重。根据上级防控部门要求,省市区教育局会议精神,我们创新教学方式,积极推进互联网＋教育,做到"停课不停学"。

我校根据实际情况,在"导学思"课堂教学模式的推动下,大力探索网课的有效性。"导学思"课堂教学模式,从导、学、思三个方面来开展课堂教学,由于网络授课的局限性,教师们无法面对面、手把手地传道,很多只能通过语言来传达,所以教师语言如何"导",学生"学"什么,又有什么"思",处理好这三个环节对网课的效果非常重要。

二、案例描述

本文是数列求和的复习课,一堂课就一个中心任务,让学生发现和学会裂项相消法,并能用这个方法求数列的和,着重体现老师的"导"的艺术。

1.教师"导的策略"研究

"导"是"导学思"教学模式的关键,通过对导的路径和方法的实践与研究,我们将导划分为引导、指导和教导三个层次。其中,引导可以采用案式导学和任务导学等,侧重于方向引领;指导则是问题导学、精要点拨等,侧重于思维引领;教导,围绕课堂教学目标进行归纳、梳理,侧重于提升智慧。

2.学生"学的策略"研究

"学"是"导学思"学习模式的重心,在多年实践的基础上,我们将"学"概括为自学、合学和展学三个方面。自学,学生可以结合教师的引导,借助阅读书本和查找相关资料,自主学习;合学,是指同学之间的合作探究,教师也可以作为合学的一分子参与其中;展学,则是对学生学习成果的交流和推广。

3.学生"思的策略"研究

出于我校学生认知水平的考量,我们把"思"归结为思维冲突、思维过程和思维外显三个环节。思维冲突是指学生通过学习,思考自己的问题所在。思维过程,则要求学生通过合作学习等方式认真思考解决问题,而不是坐等答案。思维外显,主要是让学生反思和总结自己的学习成果和心得,便于在今后的学习中加以运用。

重难点	1.通过自己构造通项,观察通项,能够确定数列求和的基本方法。 2.通过待定系数法的学习,掌握复杂通项的裂项方法,体会"裂项"的本质。 3.结合放缩法能够对裂项之后能否相消进行自我检验,体会"相消"的本质。		
教学目标与素养指向	导	学	思
以两个最基本的数列为基础,构造出新的数列,并能指出相应的求和方法。 核心素养:数学抽象	【引导】学生能根据不同通项的特点,准确回答出相应的求和方法,导出课题,并侧重于裂项相消法。	【自学】请同学们在原有知识体系的基础上,完成第七小题,感受裂项相消的一般过程。	【感悟】感悟裂项相消法的难点在哪里?对于不能直接相消的通项怎么办?
通过"通分,计算化简"学会"猜—拆"的过程,感受能够直接裂项的方法。 核心素养:数学运算	【指导】学生尝试问题2的第1和第2小题,具备裂项相消的模型后,指导学生如何开展裂项。	【合学】师生合学。确定方法,学生经过尝试后,师生一起,逐步探究裂项的精髓。	【思维过程】认真思考解决问题,而不是坐等答案,在老师的点拨下,成功裂项,感受成功的喜悦。
学会当"猜—拆"不行的时候,利用待定系数法可以有效解决问题。 核心素养:数学抽象与数学运算	【教导】针对问题2的第三小题,学生经历失败后,老师教导待定系数法解决问题,传授新知识。	【合学】师生,生生合学,老师教导新方法新知识,学生学习吸收。成功探求到裂项相消的本质。	【思维冲突】经历失败的尝试后,反思问题,借鉴新的方法的优点,学一题会一类。
感受"相同通项前后项"是能够进行"相消"的前提,为裂项成功与否也指明了方向,巩固待定系数法。 核心素养:数学抽象与数学运算	【指导】对照新方法,适时点拨,完成课堂练习。在例题中感受"相消"的前提。	【展学】学以致用,课堂练习。学生自己独立完成第4小题,检验方法掌握程度。在例题的尝试碰撞中,进一步体会"裂项相消"的本质。	【思维外显】让学生反思和总结自己的学习成果和心得,便于在今后的学习中加以运用。
教学评价	课堂小结(四句古诗),总结出了怎样的通项模型可以用裂项相消的方法求和;归纳了裂项的方法是待定系数法;提出了裂项成相同通项的前后两项是能够进行相消的前提条件;最后推广到与其他知识方法的融合上。		

三、案例分析

本节课,通过老师的"导",让学生一步步自己发现和探索,就像在欣赏一部电影,环环相扣,引人入胜。线上教学的难点就在于要吸引学生,吸引学生学下去,那么就要适时地为学生"导",引学生"学"。对于数学而言,就是用简单的事例讲清楚数学原理和蕴含的方法;对教师而言,就是通过自己的"导"让学生明白数学这个事物的学习方法;对学生而言,能理解课上80%的学习内容,余下的20%课后思考。

认知疗法对情绪化学生转化的实践研究

杭 飞

当今,社会竞争激烈,传播媒介的影响更加普遍。升学这个压在学生身上的巨石始终不可摆脱,致使家庭、学校多重视对学生的知识传授和智力因素的培养,而忽视了学生心理因素的发展。尤其是90后的高中学生基本上都是独生子女,家庭差异大,而且父母自身就对社会存在价值观的矛盾,自然不能客观实际地给孩子制订目标。这些因素的影响,使中学生们面临着很大的心理压力,在行动上表现出各种各样让"前辈"不能理解的行为和现象。学生的行为表现对班主任工作提出了更高的要求。如何通过自己工作上有效的方法与策略,促进学生德智体心理的全面发展,培养健康合格的高中生,尤其是在关注学业成绩的同时,影响和引导学生树立健康的人格心理,对班主任工作而言是重要的挑战和新的责任。

【案例背景】

潘某,男,18岁,高三学生。学习成绩中下,智力较好,电脑水平较高,被同学称为"高手"。性格倔强,自尊心强,有时又有自卑感,做事很情绪化,好表现自己,特别是在电脑方面。逆反心理十分严重,自我要求不严,做事随意性。常和母亲、老师发生冲突、顶撞,有很强的抵触情绪,经受不起老师、家长的批评。每当老师批评他时,他就会用激动的眼睛直对着老师,一副不服气的样子,甚至还和老师顶嘴。学习目的不明确,对学习不重视。

根据班级日志记载,在高三上半学期,潘在纪律方面表现得很随意,组织纪律观念淡薄(见下表)。

高三(9)班班级日志		
日期	班级	学生宿舍
第_2_周星期_一_	中午自修期间,玩手机游戏	

续表

高三(9)班班级日志		
日期	班级	学生宿舍
第 2 周星期 三	晚自修第三节课随意调换座位与同学讲话,被值周老师发现,扣班级的纪律分	
第 2 周星期 四	体育课与老师顶撞,体育老师向班主任反映	在宿舍睡不着兴奋地从床上摔下来,导致宿舍讲话扣分
第 3 周星期 四	随意更换电脑桌面的背景(大蟒蛇),还用屏幕投影,血色的"还我命来"的字	
第 4 周星期 二	把面包捏碎乱扔在教室地板上	
第 5 周星期 三	物理老师反映说默写没过关,也不来老师处说明情况,生物老师反映,不交作业,作业也不做	宿舍同学讲话,帮助同学顶罪
第 5 周星期 五	手机被缴,跟老师撒谎说是妈妈要用,请老师还给他	
第 6 周星期 一	同学反映说作业基本上都是抄袭的,晚上看小说	

连续一个多月的调查摸底使我大致对潘某有了基本的认识,同时意识到如果继续放任潘某的行为,则对班集体的稳定和发展产生负面影响,是时候需要对潘某的个人资料和症状进行诊断和分析,判断其行为的特征、性质和原因,并制订切实有效的辅导目标和方法,从根本上解决问题。

【案例分析】

1.行为表现

潘某在价值判断上表现为是非观念不分,做事容易冲动,遇事缺乏理性的思考;另一方面这也是青春期的一种表现,许多青春期的孩子对大人都有一种逆反心理,他们往往把家长和老师的批评、帮助理解为与自己过不去,认为他们伤害了自己,因而就会表现出严重的敌对倾向。

综上所述,潘某主要表现在做事相对比较冲动,遇到事情不能理性对待,往往表现出行为的偏激和放纵。

2.成因分析

(1)家庭原因:父母离异,母亲把他从六个月一手带大,孩子也因为从小没有父亲而自卑,怕别人瞧不起他,经常像刺猬一样竖起身上的刺来保护自己。而母亲也经常忙于工作,缺少与孩子的沟通,有时候他犯点错误,母亲就只会一直地唠叨他不懂事,让她操心。最后导致潘某什么心事都不跟母亲说,遇事缺乏正确的处理方式,往往用自己觉得对的方式解决问题。

(2)小学时参加电脑比赛等,得了不少奖,以此很自傲,很自以为是,而且没能正确地对待这些荣誉,而同学们叫他"高手"也助长了他的骄傲气焰。

(3)青少年特有的半幼稚半成熟的特点,使他看问题容易产生偏见,以为与老师、家长对着干很勇敢,是种英雄行为,因而盲目反抗,拒绝一切批评。

潘某同学的表现是班级比较突出的代表,这些表现不仅影响着他当前的健康发展,也不利于其终身发展。在调查研究与学习教育管理的理论的基础上,我根据潘某的心理特征,因材施教,采取了针对性的教育方法。

【针对性策略】

(一)采用认知疗法,引导其认识自身性格的优缺点

1.以心交心,赢得信任

有人说,教育是爱的教育,是心灵的碰撞。要转化学生,就必须走进学生的内心世界,以真诚感动学生,赢得学生的尊重与认可。在采取行动之前要耐心地做好事前准备,心情平静地进入活动之中。为了能做到这一点,在行动之前,我多次寻找机会与潘某沟通。在沟通中逐步转化潘某的情绪化的性格。

根据班级谈话记录,在高三上半学期,潘的问题在沟通中逐步得到解决(见下表)。

	高三(9)班谈话记录	
时间	交流内容	教师反思
9月15日	教师:电脑很厉害,可不可以做我们班的电教员、与体育老师冲突 学生:惊讶,高兴地接受任务、理解老师	很强的表现欲望,希望被认可,告诉潘某遇事要学会换位思考
10月10日	教师:还手机,怎样重新赢得信任 学生:想要老师还手机	让潘某换位思考,没人和你说实话,你会怎么样

续表

高三(9)班谈话记录		
时间	交流内容	教师反思
10月13日	教师：开展班团活动(过生日) 学生：大胆到办公室跟我提议，组织活动	利用购买活动用品、制作幻灯片等机会激励潘某
11月5日	教师：开校运动会得第一名，表扬 学生：组织后勤保障跟老师一起购买东西，负责班级用品的保管发放等	运动会拉近师生之间的距离，潘某觉得自己是老师的得力助手，取得第一名也有他的功劳
11月8日	教师：让学生谈谈高二与高一自己有何变化，引出阶段考试之后，学习成绩不理想该怎么办的问题。 学生：刚开始认为大学总有的读，就是好和差的区别。后来有点感受到压力。	鼓励潘某各方面都进步了很多，懂事了很多，现在还有一个很重要学习问题有待解决 签订协议：不抄作业，每天做2道数学题目，5道英语题目，背一篇古文，并做好记录。
2月20日	教师：期末成绩进步到370名 学生：不相信自己会有这么大的进步	潘某主动提出下一个目标，下次考试冲进年级350名

2.创设平台，扬其特长

教师要善于挖掘学生身上的闪光点，充分发挥其作用。利用潘某在电脑上的优势，让他担任电脑管理员和班级的纪律班委。老师的信赖、同学的支持使他进步，树立起了责任心。学习上的进步更是及时地表扬他，使他有一种成就感的满足，同时此时也趁势指出他的不足，让他迎头赶上。

3.家校合作，共同促进

学生的成长是学校、家庭共同的责任与使命。我充分利用学校在管理的资源与平台，通过家校通、家校联系单等方式与其家长建立定期的联系机制。在与家长沟通的过程中，及时向其家长反映其在学校的生活与表现，尤其是表扬在进步与闪光点，增强家长对学生成长的信心。

根据家校联系单反馈，潘某的母亲对儿子的态度由失望渐渐开始有了一定的信心(见下表)。

高三(9)班家校联系单		
时间	交流内容	交流方式及反思
9月15日	教师:行为习惯和学习问题都很严重 家长:埋怨、对他失去信心	电话 学生缺少关爱,我要多关心他
10月3日	教师:向家长报喜,在学校有很大的进步,提醒家长要多关心,少唠叨和责骂 家长:表示接受,会努力	电话 让家长对孩子有信心,家庭环境很重要
11月13日	教师:家长会个别交流 家长:学习家长很担忧	争取更大的进步,潘某的母亲也在想办法理解和关心自己的儿子
1月31日	教师:期末成绩有进步 家长:高兴	提出共同的目标,一起努力让学生考上大学

(二)采用激励法、活动法克服其性格上的弱点

1.表扬激励增信心

有位教育家曾说,学生是表扬出来的。在教育转化的过程中,通过各种场合、各种机会来表扬学生的进步与优点,让学生也看到自己的进步与成长,也让同学肯定其进步与发展。

根据潘某比较要强的性格,我采取激励法,激发其对学习、工作的热情与信心。潘某的电脑水平较高,经常在同学面前吹嘘。根据他这一好胜心,在学校组织的学生网页制作比赛中,我采取先抑后扬的策略,以此来激发其斗志。在报名时,我先放出口风,报名参赛的同学中没有他的名字。他知道后就直接来找我问原因,我趁机就说,如果你能保证拿到年级第一名,而且不影响学习的前提下,我就让你参加。他听后,在我面前信誓旦旦保证。通过这次比赛,他不仅获得了理想的名次,而且情绪化的性格也改变不少。

2.多样活动增爱心

学生对问题认识的转变是必须通过一定的活动载体,通过参加活动,通过亲身体验,才能对问题的认识重新定位。

根据潘某的个性特点,我通过"给家长的一封信""我最感动自己的一件事""最强宿舍争霸"等活动,在活动中体验,在体验中感知。通过一系列活动,引导潘某意识到只有胸怀宽广,能接受他人意见的人才能成就伟大的事业;只有试着去理解别人,才能得到别人的理解;只有让冲动的情感化为理智的行为,才能真正地成长。

四、辅导效果

通过辅导,一个学期过去了,潘某的逆反心理已逐渐消除,和母亲、老师的紧张关系也得到了缓解。遇事不再盲目的顶撞,对班级的事更加的上心了,而且会严厉的制止同学的错误行为。学习比以往更认真,上课能主动举手回答问题,学习成绩有所提高,得到任课老师的一致好评。

论高中生物教学中错误资源"二次学习"的有效性

章海燕

【内容摘要】 本文针对高中生物教学中的错误资源浪费的现状,提出错误资源"二次学习"的概念,并从错误资源"二次学习"是什么、为什么、怎么样三个方面具体阐述了一个普通教师在高中生物教学中如何实施错误资源有效利用的策略,从而使生物课堂教学更具丰富性、开放性、创造性与鲜活性。

【关键词】 生物教学;错误资源;二次学习

一、概念界定

错误资源"二次学习"是一个相对概念,如果把师生在认知过程中学生发生偏差或失误,并通过双边互动生成的课程资源看作错误资源的"一次学习"。那么错误资源的"二次学习",是指对学生的错误资源,教师能善于捕捉,灵活处理,以新的观念、新的眼光,重新定位,让学生在纠错、改错中感悟道理,培养发现意识,激活创新思维,提高反思能力,促进学生的全面发展。

那么,现实的课堂教学,教师是如何处理学生错误的呢?为了更好地了解这一教学情况,我们做了张量表,从学生的错误、教师的态度、教师的处理三大块进行统计来反映上课老师临场表现和机智情况。

附:调查量表《教师是如何处理学生错误的?》

教师对学生错误后的反应分类		典型行为记录	频数
学生的错误	1.知识性错误		
	2.表达的错误(文字表述、图形等)		
	3.思考不全面		
	4.未把握问题的指向		

续表

教师对学生错误后的反应分类		典型行为记录	频数
	5.其他		
教师的态度	1.赞许(如虽错误但有想法的情况)		
	2.接纳(微笑,偏肯定性语气)		
	3.中性(指令)		
	4.尴尬(不知如何应对)		
教师的处理	1.鼓励		
	2.引导		
	3.换其他学生回答		
	4.教师自己指正		
	5.进行解释和说明		
	6.由学生评价		
	7.由同伴补充完善(合作学习时)		
	8.最终明确正确解答		
	9.忽视或视而不见		

二、课题的实施

1.先转变观念,让错误自然地流淌

华罗庚说过:"天下只有哑巴没有说过错话;天下只有白痴没有想错过问题;天下没有数学家没算错过题的。"学生在学习过程中出现错误是自然的现象,因为我们每个人都是在错误中成长,错误是我们成功的起点。教师应该理解学生的错误,学会倾听,宽容地面对。不仅要给予学生更多的充满信任,充满情感的谈话式话语,如"没关系""大胆讲""你的见解很独特!"等,而且要用微笑、点头、注视、肯定的手势以及关怀性的接触方式进行鼓励。比如,摸摸头、拉拉手等,这种课堂教学中的情感交流,有利于点燃学生的思维火花。教师非但不能惧怕学生犯错,有时还要有意识地"引诱"学生出错。课前教师不妨围绕教学的重点、难点对学生有可能会出现的错误提前预见,并精心设置问题情境,诱使学生犯错,充分暴露其知识漏洞和思维偏差,然后教师对症下药,从而提高教学的有效性。

如:"单倍体体细胞中的染色体组数目"历来是学生理解上的难点,教学中我故意

这样问学生:"二倍体的体细胞中有两个染色体组,多倍体的体细胞中有三个或三个以上的染色体组,那么单倍体的体细胞中有多少个染色体组呢?"不出所料,多数学生都认为只有一个染色体组,暴露出学生对单倍体的来源理解得不够透彻。然后,我就引导学生从单倍体的概念中分析出单倍体的来源,并组织学生讨论二倍体、四倍体、八倍体的配子形成的单倍体各有多少个染色体组?通过这些过程,最后水到渠成,学生自己得出结论:单倍体体细胞中的染色体组数目是不确定的。最后列表格如下:

二倍体、多倍体、单倍体的比较

	二倍体	多倍体	单倍体
概念	体细胞中含2个染色体组的个体	体细胞中含3个或3个以上染色体组的个体	体细胞中含本物种配子染色体数的个体
染色体组	2个	3个或3个以上	1至多个
发育起点	受精卵	受精卵	配子
自然成因	正常有性生殖	未减数的配子受精;合子染色体数目加倍	单性生殖(孤雌生殖或孤雄生殖)
植物特点	正常	果实、种子较大,生长发育延迟,结实率低	植株弱小,高度不育
举例	几乎全部动物、过半数高等植物	香蕉、普通小麦	玉米、小麦的单倍体

所以,当学生已有的知识经验与新知识之间存在一定的距离时,学生就会出现理解上的偏差,这时教师可以抓住学生认知中的易错点,创设问题情景,诱使学生出错。待学生出现错误后,教师再引导学生通过分析、讨论自己改正错误,让学生在出错、纠错的过程中,积极体验,从而加深对知识的理解和把握。

2."钻进去",别有滋味,让错误成为成长契机

(1)精心预设错误,防患未然

课堂上的错误,有些是教师能够预料到的。教师通过认真钻研教材,根据学生发生错误的规律,凭借教学经验,可以预测学生学习某知识时可能发生哪些错误。我们在学生学习尚未发生认识偏差之前,把某些错误设法显示出来,引导学生从自己的认识角度,凭借已掌握的生物知识识错和改错,从而预先实行控制。

如:在必修一蛋白质第一课时学习中,学生对于化合物属于几肽依据是什么搞不清楚。教师不妨在联系前面一节课二糖的学习。二糖是由二分子的单糖通过糖苷键

脱水缩合形成的,同理,二肽是由两个氨基酸发生脱水缩合形成的。化合物属于几肽依据是看氨基酸的个数而不是看中间肽键的数目,并给予随堂练习加强训练,精心预设,防止错误。

(2)善于挖掘"陷阱",启发深思

教师挖"陷阱"并非随意之举,而是潜心策划、精心设计。这一方面要求教师对错误要有预见性,并且对学生出现错误的原因了如指掌;另一方面,也要求教师能够在课堂中与学生处于平等的位置,与学生一起犯错,尽量不要让学生察觉到自己被"骗"。当学生落入陷阱而陶醉在成功喜悦中时,教师再引导学生从错误的迷茫中走出来。这样学生对于知识理解会更深刻,思维会更缜密。

如在学习"性别决定"时,我先为学生介绍了人类的婚姻情况,古时有一女多夫制,也有一夫多妻制,最后发展为现在的一夫一妻制。此时可提出这样的问题:这种发展是不是很合理呢?理由是什么?学生很快产生了浓厚的兴趣,开始分析起来。大多数男孩子说:"不合理"。女孩子马上反对。很少的同学就站起来回答:当然合理。因为人类的男女比例接近1:1。我马上抓住他的问题很自然地提出了这样一个问题:"性别为何接近1:1呢?"学生又开始活跃起来了,经过讨论后,有同学主动回答:男性能产生两种类型的精子,一种带X染色体,另一种带Y染色体;女性产生的卵细胞只有一种类型,只含X染色体,而不同精子和卵细胞结合的机会是均等的,从而保证了男性与女性的比例是1:1。紧接着又提出了"生男生女是由女方决定的吗?"(问题其实很复杂)此时可对学生进行一定的情感教育,有些家庭中的男性由于没学遗传学知识,没生儿子就拿媳妇出气是完全错误的,同时也告诉他们重男轻女的思想是要不得的,如果都想要男孩,全世界的人都是男性,那人类将会毁灭于自身。通过这样处理就降低了难度,把学习的主题分解成若干个问题,在一个个问题的解决过程中逐渐达成对学习主题的深入、全面的认识,便于学生自主探究、学习。

可见,学生有些错误是整个社会、家庭、历史背景造成。巧妙地利用学生的"错误",能让学生产生认知的需求,从而积极主动地投入到课堂教学中,在知识逐步完善的过程中,学生不断修正自己的认识,最终自己改正错误。这种教学方式比起教师直接将知识硬塞给学生,更能让学生愉快地接受,效果自然也好得多。

3."跳出来",拨开云雾,让错误激活创新思维

(1)机智"纠错",豁然开朗

叶澜教授曾说"课堂应是向未知方向挺进的旅程,随时都有可能发现意外的通道和美丽的图景,而不是一切都必须遵循固定路线没有激情的行程"。课堂中学生出现意外错误是正常的,错误是学生最朴实的思想、经验最真实的暴露。教师要独具慧眼,善于及时捕捉稍纵即逝的错误作为教学资源,并巧妙运用于教学活动中,取得意

料之外的精彩效果。

如：为了让学生对"基因控制蛋白质合成的过程"加深理解，我给出了一道题让学生思考：一条多肽链中有500个氨基酸，则控制其合成的DNA分子中至少有多少个碱基？我请班上一位学生回答，结果他不假思索地回答："1500个"，立即就引来一片反对声，大家你一言我一语地分析题目并说出正确答案，刚才答错的学生不好意思地低下了头。这时，我灵机一动，微笑着对他说："你能把这道题改编一下，让你的答案成为正确答案吗？"听说让他改编题目，他一下子就来劲了，积极地思考起来，最后还想出了两种改法：一种是把题目中的"DNA"改成"mRNA"，还有一种是把"DNA"改成"DNA的模板链"，回答完毕，全班同学投来赞许的目光。

因此，教师可以抓住学生学习过程中一些可以利用的"错误"，将错就错，鼓励学生通过自行修改题目从而保留"错误"答案。用这种方式处理学生的"错误"，一方面可以保护出错学生的自尊心，调动学生的学习积极性，另一方面，这种独特的变式训练可以有效地活跃学生的思维，使学生在"错误"中内化知识。

(2)巧妙"变错"，触类旁通

心理学家斯宾浩斯告诉我们，遗忘有先快后慢的规律。因此，要达到纠错目的，以防今后再出现类似的错误，练习就不能停留在就题讲题的层次，要对学生易错、常错和容易混淆的问题多变换题型，设计有层次"问题"和富有梯度的"变式"。不仅使学生强化对薄弱环节的掌握和巩固，而且使学生产生"有梯可上、步步登高"成就感，加深了对一些生物思想方法的理解和掌握，激发学生创造性思维。

如：教师在进行"生态系统的能量流动"这节课的教学时，一开始与其开门见山、直奔主题，不如花两分钟时间，让学生开展问题探讨：如果你不幸流落到一个荒岛上，身边只有一只母鸡和一些玉米，你会"先吃鸡，再吃玉米"，还是"先吃玉米，同时用一部分玉米喂鸡，吃鸡产下的蛋，最后吃鸡"呢？大部分学生都会选择第二种生存策略，这时候教师不要急于指出学生的错误，而是鼓励学生在听课过程中自己寻找问题的答案，这样一下子就激发了学生的学习兴趣和求知欲，使学生在极短的时间内迅速进入学习的最佳状态。等到学生课堂上掌握了能量流动的特点后，对上述问题自然会豁然开朗，于是学生兴奋地纠正自己的错误，体验成功的快乐。

(3)潜心"思错"，反思总结

在我们班中每个人都有一个"纠错档案袋"，带领学生从错误中反思，从错误中学习，不断地从"错误"走向成功。同学们把自己平时课堂中、作业中、练习中的一些易犯的、常犯的错误，易混淆的知识点，记录在其中，并时常的去翻阅。渐渐地，学生在平常的学习中会有意识地去避免这些错误的重犯，并且能对已有的知识进行灵活地运用，学习进步了，自主性增强了，学得也开心了。如学生的错题整理如下列表格：

纠错宝典(反思求进步,进步要反思)班级　姓名

原题	错误解法呈现	错因反思及整改措施	正确解题方法	变式题目

可见,错误资源"二次学习"是个系统工程,涉及的内容很多。在今后的工作中,我们要进一步思考如何更好地实施错误资源有效利用的研究,改革课堂教学,实现更加正确、合理地利用好学生的错误资源,使学生在知识能力、解决问题、情感态度等方面得到更大的进步和发展。通过有效教学,使得学生最终能"拨开云雾见明月",使得我们的课堂更具生机和灵性!

参考文献:

[1]　叶澜.重建课堂教学过程观[J].教育研究,2002,23(10):24-30,50.

[2]　邱云.未曾预约的美丽[J].教学与管理,2010(1).

[3]　曹荣誉.问题解决策略及其在教学中的应用[J].武汉:武汉大学出版社,2010.

从任务到情境,语文课堂活动设计的探索与思考
——以《哦,香雪》两次教学设计为例

吕红娟

【内容摘要】 课堂教学过程中,学习任务与情境活动,有何联系与区别?为提升课堂学习实效,我们又该如何借助情境有效落实学习任务?本文以《哦,香雪》的两次教学为例,通过学习任务构建到活化,探寻学习情境在教学中的有效运用。

【关键词】 学习任务　情境活动

一、问水深几许:"时髦"的"学习任务"课堂

新课改当前,大家都在摸着石头过河。在课堂教学中,其中一块经常被"摸"的"石头",就是学习任务设计。在各式各样的公开课中,无论是大单元视角的群文教学,还是单篇课文的深度研习,最常见的就是"任务一""任务二""任务三"……这样按部就班的群任务设置。在一个个"任务"的指挥下,教学过程被分成了一环又一环,重点突出又清晰明了;但这样的语文课堂,似乎更像是流水作业而非富有韵味的"语文"课堂。

俗话说,莫看江面平如镜,要看水底万丈深。在教学中用"学习任务"加以串联,是不是就是践行新课标精神的不二法宝?在大力倡导学习任务的今天,"学习任务"何以"群"?又为何"群"?都些都是值得广大教学者深思的话题。

在《哦,香雪》一文的教学设计过程中,笔者曾就课堂学习任务如何有效落地,做过一番比较。

二、"试水"之一稿:从"教学目标"到"学习任务"

教学目标是教学中应达到的目标和方向,是教学的风向标与指挥棒。统编教材

上册第一单元的教学目标,简而言之,就是诗歌赏析和探讨青春价值。收编于该单元的最后一课《哦,香雪》一文,鉴于其文本的独特魅力与这一单元的整体教学安排,笔者所在学校将之设定为单元视角下的课内讲读篇目。

结合第一单元的教学任务以及该篇目的文本特色,笔者将教学重点定位于:品味小说语言,分析典型环境和事件中凸显的主要人物形象,并在单元视角下理解青春的时代价值。在如上教学目标的指引下,以学习任务为导向,设计了第一稿课堂学习环节:

【任务一】读一读:浏览全文,谈谈你对台儿沟的认识与感受。

【任务二】议一议:付出了四十个鸡蛋与三十里夜行的代价,香雪换来的自动铅笔盒,有人说是虚荣心的表现。你认同这样的观点吗?

【任务三】写一写:请结合本单元诗歌创作的手法,为"香雪"写一首小诗,并展开全班交流。

课后反思:以上教学任务,力求在多样化的形式中调动学生的学习积极性;但从教学实践看,在有序落实教学任务的过程中,课堂氛围却相对低迷。比如"任务二"的展开过程中,不知是任务设置本身的不明朗还是学生对文本内容的不熟悉,在讨论进行的过程中,学生的参与性一直较为低下,讨论一度陷入僵局。"任务三"诗歌创作中,课堂成果也乏善可陈。

一言以蔽之,单就"任务"引领的课堂,缺少了应有的活力与灵气,或者说,达不到理想课堂该有的"温度"。

三、"升温"之二稿:从"学习任务"到"情境活动"

在知识的海洋里,如果仅仅让学生站在岸上冷静观察,学习的过程就不免成了隔靴搔痒。因此,唯有使其脱下鞋袜、走入水中,才能有逐波踏浪的真切体验。

《普通高中语文课程标准(2017年版)》(以下简称"新课标")明确指出,"语文学科核心素养是学生在积极的语言实践活动中积累与构建起来,并在真实的语言运用情境中表现出来的语言能力及其品质",并在教学建议上要求"根据学生的发展需求,围绕学习学习任务创设能够引导学生广泛、深度参与的学习情境"。想要赋予语文课堂中的"任务"以热情与温度,重要的是关注学生的体验与感受。

基于这样的思考与认识,笔者根据第一稿中存在的问题,及时调整了教学设计,重新拆分、整合了各环节学习任务,并将具体的学习任务置于真实的情境活动中,将冷冰冰的"任务"改为引导学生积极参与的"情境式活动",以期"暖化"课堂。

> 【活动一】若你乘坐在停靠台儿沟的火车上,你会有哪些有关台儿沟的发现与认知?

设计考虑:这一活动设计,重点在于引导学生以火车旅客的身份感受文中典型环境与人物群像特征,用意在于赋予学生真实现场感,提高了学生的参与性。同时,教师要求学生须根据原文内容说出自己的体验,引导学生走入文本,解读小说的典型环境特点。在此基础上,教师可以适时追问"在火车停靠的一分钟时间内,你可能会跟台儿沟的村民有哪些'交集'",整合原"任务二"的内容,完成人物形象的初步认知。

> 【活动二】有人说,香雪不喜欢她父亲亲手做的"小木盒",而用她母亲辛辛苦苦攒下的四十个鸡蛋换了一个铅笔盒,这是虚荣心的表现,是纯真而质朴的乡村文化的失落。你是否认同这样的说法?请仔细思考,作出你的立场选择,并与观点一致的同学组成阵营,一起从文章中找到你们观点的佐证,准备进行一次课堂小型辩论赛。

设计考虑:将原先的"小组讨论"升格为"班级辩论赛",并在问题设置上更加具体而明确(如引导学生将"虚荣"和"纯真而质朴的乡村文化的失落"联系起来思考)。学生在"战队组建""佐证材料组织"和"现场辩论"的过程中积极参与材料的搜集,为观点举证,力求课堂氛围"升温"。

在辩论的过程中,学生对人物形象有了较为深入的解读。在学生陈述理由的过程中,教师适时引导学生关注对重点段落重点字词句的揣摩,同时,以作者铁凝的"不回避苦难但能看到苦难背后作为底色的善"的话为桥梁,总结了"活动一"和"活动二"的探究,完成了"台儿沟"群体形象的解读的同时,将课堂探究的触角延伸到了小说的主题上。

> 【活动三】标题《哦,香雪》中的"哦"有两种读音(ò,表示领会、醒悟;ó,表示惊奇)。
> 1.你主张哪种读法?请陈述你的理由;
> 2.孙犁说《哦,香雪》一文,"从头到脚都是诗""是一首纯净的诗"。请你选择文中的某些片段进行适当改编、整合,写一首以《哦,香雪》为题的小诗,来展现香雪身上的青春价值,并朗读分享。

设计考虑:"写"是"议"的延伸,更是将先前热闹非凡的课堂安静下来。同时,鉴于前次学生在创作诗歌中存在的困境,此次将"写诗"换成"改编",既降低了学生写诗的难度,同时又借用作者孙犁的评价,引导学生关注了本文的诗化语言特点。

课后反思:当一个个冰冷的"任务"赋予了真实的情境,学习的过程中,增加的不仅仅是学生参与的积极性、课堂的生机与活力,还有面对情境学生真实的体验与切实的"语文"能力。

在本稿的教学实践中,学生的参与性明显高涨,教学环节也比第一稿更为精简与高效。尤其是"辩论"环节,随着辩论的深入,学生的参与性逐渐高涨,同时对文本的解读也逐步加深。

但是,课堂的"温度"也不是越高越有效。在知识的探究过程中,学生既要能"热"得起来,又要"冷"得下去,重点在于思维是否处于"动"的状态。此后的主题探究和诗歌创作环节,又适时控制了课堂的热度,在失控的边缘及时刹车,还了学生冷静思考的空间。

情境设置之于教学,除了课堂热闹,我们一直寻求的是让学生更好地体验和感受,以建构真实的语言运用情境中学生所表现出来的语言能力及品质。

四、实践后的几点心得

从学习任务到情境教学,通过二稿《哦,香雪》教学设计及教学实践,笔者有以下几个方面的心得。

1.情境活动的设计用意应指向具体教学目标的达成

从生硬的学习任务到真实的情境活动,不是一个引人注目的噱头,也不仅是为了使课堂热闹,而是在创设具体生动的情境课堂氛围的同时,提升学生"在真实的语言运用情境中表现出来的语言能力及其品质"。

2.充分备课是设计良好情境活动的最大底气

一个良好的、适用的情境活动,并不会凭空而来。教师唯有熟悉文本,才能信手拈来;唯有明确目标,才能有的放矢。因此,教师必须在深入研究文本内容,确定恰当的教学目标,了解涉及学生核心素养的具体指向。在此基础上,再联系学生的学习生活实际,寻找合适的情境素材,建立起可供操作的学习任务情境。在《哦,香雪》的备课过程中,教师通过反复裸读文本熟悉教学内容,并将文本篇目置于大单元任务视角,明确学习的重难点,做到灵活机动调取各教学素材,为良好的情境创设奠定基础。

3.全局意识是情境活动连贯性展开的前提条件

教学设计不是教学内容的简单叠加,更不是多个教学设计的东拼西凑。教学设计之于课堂教学,是流程蓝本,因此必须注重其进行的连贯性和层递性。情境活动设计想要连贯整合,前提就是有教学的全局意识。只有站在教学的高度,才能"一览众山小",从众多的教学内容中归纳分析连贯性线索,寻求学习的统一与整合。

4.情境活动最终应指向学生的语文核心素养

我们所倡导的语文学科核心素养,是学生在真实的语言运用情境中表现出来的语言能力及其品质。因此,在学习任务的达成过程中设置真实的情境活动,目的就在于引导学生在真实的语言运用情境中提升语文综合运用能力及语文素养。比如《哦,香雪》一文设计的各个环节的情境活动,目的就在于引导学生在情境中深入文本语言以提升语言鉴赏能力和表达能力,多角度解读人物形象以锤炼思维方法和思维品质,结合单元话题探究文本主题以获得情感、态度和价值观的综合提升。

5.情境教学的课堂中,教师的作用不可忽视

情境真实化的课堂学习过程中,我们一直强调的是学生的主动参与过程。但是在这一过程中,并不意味着轻视教师在课堂中的作用。当教师把各种真实的情境交给学生的时候,并不是简单地退居二线,而是应当充当活动调控者的角色。在情境化的教学实践过程中,貌似教师在课堂的言语少了,但事实上整个活动过程对教师的要求更高了。

6.教学是不断反思,不断重构的过程

著名教育家叶澜曾言:一个教师写一辈子教案不一定成为名师,但如果写三年反思,就可能成为名师。教学反思对于教师成长的作用可见一斑。尽管我们并不一定奔着名师而去,但是对教学本着负责的态度养成不断反思的习惯,才能发现教学中的不足,通过重构、改进,赢得教学的更优化。而这,既是学生之福也是教学之福。

参考文献:

[1] 教育部.普通高中语文课程标准(2017年版)[S].北京:人民教育出版社,2018(1).

[2] 徐林祥,郑昀.语文教学情境辨正[J].语文学习,2020(5):4-7.

[3] 陈晓波.语文学习情境的建构:从教材设计到教学实施[J].中学语文教学,2020(6):5.

[4] 信金焕.创设真实情境,触动生命体验——《荷塘月色》课堂实录和教学叙事[J].语文教学通讯·高中,2020(1):3.

[5] 袁静.情境真实化:为学生的语文核心素养"助推"[J].课外语文,2019(13):2.

核心素养视角下课堂活动的设计与实践研究

吕红娟

【内容摘要】 课堂教学是师生双向的活动。活动的有效性直接影响、决定着教学质量。而当下的高中语文课上,课堂活动呈现出蔓延化、形式化、虚假化等趋势。针对这一现状,本文对高中语文课堂活动进行了理论上的研究与实践上的探索,纠正教学实践上的偏差,以期优化语文课堂教学过程,切实提高学生语文核心素养。

【关键词】 课堂活动;有效;设计;实践

一、高中语文的课堂活动现状

随着新课程改革的展开与深入,自主、合作、探究的学习方式已成为各门学科高举不倒的旗帜。高中语文在这一形势之下,也同样注重学生的自我感悟、探索能力培养,以及生生合作、协调能力培养。因此,在高中语文课堂上,学生的活动越来越受教师的重视。但是,在目前的教学实践中,也有一些教师对新课程标准提出的理念理解不到位,以致产生了认识上的模糊与困惑,这样的认识也引发了教学实践行为上的偏差。

1. 课堂活动蔓延化

有的老师认为,新课改要求下的课堂应该完全放手给学生,课堂的活动力度,代表着课堂的成功程度。很多语文课上,教师渐渐在课堂上呈退隐之势,与此同时,学生逐渐凸显其"主体性"地位,甚至朝"主宰一切"目标迈进。教师为学生设计了一个又一个的课堂活动方案,学生固然兴趣高涨,课堂固然氛围火爆热烈。可是,仔细审视一下热闹的课堂活动背后,学生真正的所获却少之又少。

2. 课堂活动形式化

如果课堂活动形式过于追求热闹新奇,却忽视了语文阅读的基本训练,就会造成喧宾夺主的情况,造成课堂活动的空洞无益。语文课不能脱离了培养学生语文素养和提高学生阅读能力的目标。

3.课堂活动虚假化

有时教师为了让课堂活动能更顺利实施或是为了显示出活动的高水平,故意将要进行的课堂活动事先排演好,而在课堂上却说是临时生成的活动,矫揉造作,但是,学生都知道老师已经指派了几个同学担任表演任务,自己已经只是活动的观众而已。这种情况在很多公开课上都有不同程度的存在,实在让人哭笑不得。

二、有效课堂活动的设计

姚利民教授认为,活动的有效性可从三方面体现:一是有效果,即这个活动能否完成整个预定的教学任务;二是有效率,即这个活动投入少,产出多;三是两者综合——有效益,这个活动能让学生有实实在在的收获,能让学生有情感体验,能力提高。为组织有效的课堂活动,教师应该做好各方面课前的设计工作。总的来说,主要有以下几个方面。

1.设定恰当的活动目标

教学活动的每一个安排都应该是有意义的,其意义就在于实现本节课的教学目标。课堂活动的目标设定,要注意以下几点。

①目标的设定要明晰

如果仅仅是为了活跃课堂气氛,"为活动而活动",这样的课堂活动的教学目标就很值得商榷。任何课堂活动的形式要为语文教育内容服务,让学生在动手、动口、动脑中完成语文知识的积累和核心素养的提高。

②注重课堂的有机生成

课堂活动是一个鲜活的动态过程。预设与生成永远是课堂活动精彩所在,因此,新生成效的合理目标,也是课堂活动追求的教学目标。如在教学《拿来主义》第一部分时,学生体会了送去主义和送来主义的危害后,当教师正想按预定步骤让学生讨论文中引出观点"所以我们要运用脑髓,放出眼光,自己来拿"时,有一个学生忽然将疑问投向文中第一段中的两句话——"'我在这里不想讨论梅博士和象征主义的关系'与'我在这里不想举出实例'之间有何关系?表达了作者的什么感情?"这一意外大大超出老师的预备,但想到这个问题对学生把握作者的思想和语言特色很有帮助时,教师及时调整授课方向,带领学生从时代背景、篇章布局、语言特色、情感倾向等角度进行小组讨论,结果学生谈出了很多独到的见解。这样的活动生成目标是语文课堂永远鲜活的泉流,沁人心脾。

2. 确定恰当的活动形式

语文课堂活动的形式多样,常见课堂活动有问题讨论、诗文朗诵、话题辩论、小品表演、卡片制作、趣味比赛、课堂游戏等。教师应根据教学内容灵活采用课堂活动。

有时候,热闹的讨论可以激发起学生探索的热情,教师就应该用心创设情境,努力让课堂升温。但热闹与否并非课堂活动有效与否的评判标准。有时候,短暂的沉默比活动更可以引发学生的深思,教师就应该还课堂空白给学生,在无声的语言中将课堂带入"无声胜有声"的境地。

3. 规划合理的活动时间

课堂活动的时间没有固定划分,合理的活动时间,应以课堂的特征与要求来安排。但是,根据语文课堂教学的几种形式,课堂活动的时间也可以在理论上加以研究。有老师对课堂活动的时间做过调研,认为较为合理的时间安排如下(单位:分钟):

教学形式	个别活动时间	互动时间		空白时间
		师生互动	生生互动	
识字	9—12	16—20	5—8	
阅读	8—10	17—20	8—10	
作文	23—25	3—5	8—10	1—3
练习	15—20	7—10	7—10	
口语交际	8—10	16—18	10—12	

4. 制订可行的操作步骤

一般情况下,课堂活动的过程讲究简约、清晰。如果活动过程复杂繁琐,则学生在活动时就不能很好地组织实施,而简约、清晰的过程则能让学生很快明白活动的要求与程序,活动也就能容易达到预期的效果。

同时,相连的几个教学活动之间的关系要有序深入。一堂课内的几个教学活动之间呈现逐步递进的关系,环环相扣,层层深入,带给人探究的韵味,构成一个统一整体。如果各个活动各自为政,互不相关,则给人以杂乱之感。

三、有效课堂活动的实施

语文课堂包容性非常强,探究、辩论、讨论、表演、歌唱、制作、比赛、游戏等多种活动形式,都能在语文课堂上找到发挥其功效的绚丽舞台。但是,活动形式的不同特点也决定了其不同的适用范围。现摘录一则作文评改的教学实践,探讨课堂活动的实施策略。

活动背景：欧阳修《秋声赋》学习之后的写作训练

要求：以"深秋"为题，以草、叶、风、水(包括雾、雨、霜)为描写对象，抓住描写对象的特征，从不同的感官角度(视觉、听觉、嗅觉、触觉、味觉)进行细致的观察，语言生动、形象，能使用多种修辞手法(比喻、拟人、排比、反复等)，能使用贴切而富于变化的修饰语，能恰当、准确地使用形容词、动词，写一段200-300字左右的写景片段。

活动设计：从学生习作中选出一篇作为例文，课堂上通过"自主评判—小组讨论—例文评改"等活动展开专项训练与提升。

活动过程：展示例文后，要求学生以写作要求为标准进行点评，采用小组讨论合作学习的模式，十分钟后进行全班交流。

这样的活动设计，兼顾了看—析—评—写等多种活动形式，力求将教学目标落实到位。但实际操作中，学生忙于看文章，边看边记笔记。等到真正开始讨论时，四五分钟已经过去，小组成员开始讲述自己的意见，记录员记下发言……讨论刚刚开始进入深化阶段，十分钟已到，讨论结束了。是继续讨论呢？还是干脆由老师一讲了之呢？显然都不足取。

活动的目的就是要学生通过自身的实践掌握写作要求，学会评价，并进行修改。明确了这一目标，那么文章的长短就关系不大了。因此，可以将教学设计的切入口缩小：将各小组再分成四大组，分别从草、叶、风、水，四个角度进行评点和修改，这样就将学生的工作量大大缩小了，无形中节约了时间，提高了效率，同时又不影响教学目标的实现。

活动的主体是学生。以讨论环节为例，要想在小组讨论中有所收获，在活动前学生必须有明确的个人见解，这样才能在交流中强化原有的认识，吸收他人的思维，形成新的全面的看法，避免人云亦云的跟风现象。因此在课前就可以将例文印发给每个学生，要求提前充分准备，对全文做出点评，并完成一张"个人评改记录表"。

作文评改记录表

评价项	评语
景物特点	
观察角度	
语言修辞	
修饰语	
动词	

有了这样的充分准备，才能保证课堂小组讨论合作学习的顺利、有效地进行。

小组讨论合作学习虽是以学生活动的形式出现,但活动中的灵魂人物仍是教师,教师在活动中的作用就好比是乐队中的指挥,演出中的首席。小组讨论合作学习要求学生通过自身的体验来习得知识和掌握能力。而这一过程的顺利进行,需要技巧,这种技巧并非学生与生俱来的,教师的指导,十分必要。

　　在讨论前,教师的示范就是导航仪。这样的示范,从整体上控制讨论方向,掌握课堂节奏,避免盲目性,减少无谓的时间浪费。

　　示范必不可少,点评自然也十分重要。讨论中的学生,常常将注意力集中于自己的原有思维,不大注意通过互相交流提高自己。此时的教师就好比舵手,他的点评将引领学生在正确的航道上行进,并可启发学生的深层次讨论。

　　从上述案例中可知,一些不可预见的问题有可能在课堂活动的过程中出现。此时,教师的适时参与就显得尤为重要。教师应询问症结,做出相应指导,或技巧指导、或启发引导、或要求重申。总之,教师要力求成为学生学习的伙伴,要沉浸在学生的学习活动中。当学生在体验成功时,教师要激发他们深入探讨;当学生有困难时,教师要及时指点迷津。

　　总之,语文是实践性的课程,要重视培养学生的语文实践能力。开展语文课堂活动具有体现语文课程属性、提升学生语文素养、矫正语文课堂教学积弊等多方面的实践价值。立足"语文",指向"实效",方是课堂活动实施的最终价值指向。

参考文献:

[1]　彭素珠.高中语文课堂活动提升审美鉴赏与创造探微[J].语文课内外,2020(10).

[2]　彭玉华.语文课堂活动的预设路径和生成策略[J].中小学教师培训,2017(3):5.

[3]　康培.有的放矢,设计有效的语文课堂活动[J].语文知识,2017(15):3.

[4]　杨科.语文课堂的"放"与"收"[J].语文教学通讯:高中(A),2006(1):1.

[5]　姚利民.论有效教学的特征[J].当代教育论坛,2004(11).

微写作:积跬步可至千里
——中学语文"微写作"教学研究策略

郑圆圆

【内容摘要】 随着"微博体"影响范围的扩大和增强,"微写作"这个提法也出现在高考语文学科写作考查形式的改革中,在高中作文教学中也引起了高度重视。因此,本文将结合高中作文教学中"微写作"的特点,对高中作文教学中"微写作"的应用进行深入实践,以期能够提升学生创作的热情,培养学生即想即写的习惯,进而更好地提高学生写作素养。

【关键词】 高中写作;微写作;教学实践

不得不承认这个大数据时代已经把我们卷入一个无微不至的"微时代"。微电影、微博、微信、微小说、微论坛……无孔不入地介入并占据了我们的视听空间。以140字"微博体"为源头发端,人们普遍不排斥用短小精悍的文字记录日常的生活点滴、偶然的灵感再现,笔落精华时而有之。而由此演化出不同形式的"微写作",正是微时代在写作层面上的投射。如果避开微写作与生俱来的碎片化影响,运用其立足生活,捕捉即兴灵感,随时记录灵感涌现的思维浪花这些有益因素,"微写作"也不失为一种能促进写作兴趣,养成写作习惯,提升写作水平的写作训练方法。

针对这种情况,本文尝试提出四种有效的高中语文微写作教学策略。

一、亦步亦趋法——从仿构学起

通过"仿写"的形式,提供给学生比较经典的或者颇具代表性的题目进行模仿借鉴写作。内容上,要集中反映文段的整体内容,理解原句的意义,特别是隐含意义,学会表达自己的独特的认知体验;句式上,注意原句的句式特点;结构上,要与例句一致,特别关注标点符号给予的暗示,比如分号有时候表示要写递进关系的复句;写法上,尽量仿照例句的表达技巧、表现形式等进行写作练习,尽量达到"形似而意谐"。

浙江省温州地区2018届高三上学期联考第6题：按照要求仿写下面的句子。要求：①句式一致；②字数相当；③语意连贯。(5分)

如果选择了大山，成功便是蜿蜒的山路和峰顶的翠岚。千回百转，柳暗花明，执著无悔，奋力攀援。只要一心向上，连绵的步履便一定会登上危耸的山巅。

写作指导：首先分析所给示例的句式特点。所给示例由三句话构成，第一句的句式特点是"如果……成功便是……"。第二句的句式特点是四个四字短语连接成句。第三句的句式特点是"只要……便一定会……"。然后选择合适的对象，对三句话依次仿写即可。

二、结句成段法——从简单写起

微写作虽然短小精悍，但也是由一句句话组成，根据学生的实际情况，在教学中可借鉴由词或句扩展成段的方式，如"改写、扩写、缩写、续写和看图说话"等各种形式角度，创设适合自己学生的"结句成段法"。

①可以利用生活经验展开联想和想象，充分调动感官，重现原句所创设的情境，或展现具体的环境，描写具体的情景和氛围等。

浙江省名校新高考研究联盟2017届第四次联考第6题：请根据温庭筠《梦江南》中的诗句"过尽千帆皆不是，斜晖脉脉水悠悠"设想并描写一个场景。要求：①运用第三人称；②想象合理，突出细节；③不少于60字。(4分)

写作指导：明确题干要求，即描写要运用第三人称，还要在描写场景过程中展开丰富的想象和联想，结合诗句中的各个意象比如"千帆""斜晖""水"来渲染，紧扣"过尽""不是"的细节描写等来展现场景。

②可以运用各种修辞手法(如比喻、夸张、对偶、排比等)、多种表达方式及大量富有色彩的词语等来加强表达效果。

2017学年浙江省金丽衢十二校高三第二次联考第6题：请根据"红树醉秋色，碧溪弹夜弦"的意境写一段话(不少于100字)。(5分)

写作指导：在扩写时，要围绕诗句中的重点字词展开，比如"红树""碧溪"等。一个"秋"字点出了季节，而"醉"字则渲染了"秋色"的美丽。结合生活常识，不难看出"红树"指的是枫树。"碧溪"指的是清澈的溪水，而"夜"字则更具体地交代了时间。通过有鲜明的色彩对比的词语和各种合适的修辞来展示意境，增加"微写作"作品的语言表现力。

三、评点批注法——从点滴开始

评点批注,读写结合,读后有感而发,这是一种最简单易行的"微写作",类似于我们在微博、微信中发评论。这种评点式的"微写作",有很强的即兴性,它是阅读者思想火花的灵光一闪,是学生真情实感的记录。在阅读的过程中,学生势必会关心一些能触动自己心灵的文字,借助批注,用文字把自己的心灵波动,如心电图似的描摹出来。结合阅读教学开展微写作训练,可以架起阅读和写作之间的桥梁,将"微写作"贯穿于整个学习过程中,避免集中训练的厌烦和枯燥。

这种方式,不仅能让学生沉入文本,潜心体味,同时也是训练"微写作"的有效手段。

四、别类分门法——从类别着手

总结2015年-2017年各省的高考语文真题以及模拟试题中的"微写作",形式可谓多式多样,大致概括为以下四类:

一是微散文。一篇散文,可写景,可叙事、可抒情,里面都应该有一个生动的灵魂和一个清新亮丽的躯壳。这里就要求学生能够进行各种方式的描写,能够进行合理的想象,并且能够对想象作出描绘。具体又可以包括各种人物描写、想象联想描写、场景画面描写和综合性的描写,等等。

2017年普通高等学校招生全国统一考试(浙江卷)第6题:根据下面的诗句,描写一个场景。要求:①运用第三人称,有心理描写;②语言连贯、准确、生动;③不少于100字。(6分)小路上,有十八台阶/我坐在最上面/借一束月光/数台阶上的蚂蚁/我要把蚂蚁,数回一个童年

写作指导:明确题干要求,在描写中要运用第三人称,不仅有心理描写,还要在描写过程中结合诗句中的各个意象展开,所以题目中所给的诗句既是扩展的提示句,又是扩展的中心句,在扩展时应该要展开丰富的想象和,不拘泥于诗本身,而应该把诗句的意境扩展开来,关注细节描写等来展现场景。

二是微评论。微评论就是要求学生能够对某一事物、某一思想、某种现象、某一人物、某篇文章等发表评论或加以赏析。教师尤其要引导学生从象牙塔走向社会和生活实践,关注社会热点现象。有争议的、有一定影响的事件往往会引起多种媒介的关注和报道,它们针对同一事件建构不同话语,如"共享单车之我见""拐卖儿童应不应该判死刑"等,我们可以让学生倾听不同媒体的声音,通过不同媒介获取他们感兴趣的话题的不同视角,然后写下针对性,有自己立场的微评论。它和议论文一样,是由论点、论据、论证三个要素组成的,应该具有思想性、针对性和准确性的特点。

2017学年第一学期期中杭州地区高三联考第7题:国庆期间,针对国民赴日游和购买日货的新闻,小王在朋友圈里发了一段文字,引发了众人围观,有赞同的,也有反对的。请阅读下面的文字并发表你的看法,要求:语言准确、鲜明、简洁、得体,80字左右。(5分)

我早就不是愤青了,长大后我就明白,小P民只有家仇,没什么国恨。国恨是统治阶级制造出来的胡萝卜,忽悠P民去拉磨的。干嘛要排日?干嘛不能买日货、去日本?因为有抗日战争,或者是打过我们的都要排吗?那八国联军那会儿,哪个国家也没闲着,你们现在干嘛纷纷以去欧洲游、买欧洲货、做欧洲移民为荣呢?

写作指导:针对这类微评论,观点可自拟但必须明确,有了观点后还需要阐述理由,即紧扣材料,联系实际进行分析,论述有条理并且言之成理。

三是微应用。随着时代的发展,应用文不断出现新的样式,而微写作就是要求学生能够拟写各种各样的应用文,应用文体总结成六大类:条据类,书信类,通知、通告,启事,说明书,新闻。细化的话,还可以有微信、解说词、广告、摘要、海报、申请书、讲话稿、欢迎辞、欢送辞、广播稿,等等。

2017学年第二学期杭州市高三年级教学质量检测语文试题第5题:下面是某校办公室的一份电话记录稿。请根据相关信息,拟写邀请函的正文。(不超过70字)(3分)

您好!您是×××先生吗?我是××中学办公室的老师,很高兴联系上您。我们想邀请您参加学校文化艺术节的开幕式。每年我校都要搞一个文化艺术节,今年也不例外。开幕式安排在12月21日上午9:00,地点就放在我校学术楼报告厅。开幕式很重要,我们想整得隆重一点。校长要求我们多邀请一些有名气的人士参加。您在社会上很有影响,能邀请到您是学校的荣幸。我们知道您很忙的,但这个开幕式实在很重要,到时候您一定要来哟!谢谢您!

邀请函

尊敬的×××先生:

□□□□□□□□□□□□□□□□□□□□□□□□□□□□□□□□□

××中学办公室
××年×月×日

写作指导：微应用一定要注意写作对象或者写作者自身身份设定，材料里提到的各种要素要齐备，邀请的语言要得体。

不同类型的应用文，结构和格式也不相同。像条据类、书信类、通知等已经形成了固定的通用格式和体例，进行微写作时必须遵守格式和体例的要求。

四是微诗歌。在微写作中，诗歌的创作也是备受出卷老师的青睐，文字简短凝练，属于微型诗歌，特别考察写作者文字水平以及炼意、琢磨等功底。

浙江省2017届金温台三市七校联考第5题：请仿照下面的示例续写一节诗，要求另选对象，句式与示例一致。(5分)

【示例】我们所有的努力都抵不上，一阵春风，它催发花香，催促鸟啼，它使万物开怀，让爱情发光。

写作指导：示例扣住春风的特点，写出了春风对世间万物包括人的作用。注意句式特点，另选一个意象，并扣住意象的特点和作用展开联想和想象。

典型微诗歌的创作，体现在高考试题中，往往以"仿写、续写"的形式与考生见面，它的基本要求就是需要描述意象，语言要精炼，在意境中又要有一定的哲理。

微写作，重在平时历练，积跬步，成千里。处理好与阅读、写作的关系，不仅能够增加学生写作的兴趣，而且可以促进他们阅读和写作的提高，教师应该运用合理有效的微写作教学模式来指导学生，夯实写作能力，写好微作文，成就大篇章！

参考文献：
[1] 周文骏."碎片阅读"和"小微写作"[J].山东图书馆学刊,2013(1):2.
[2] 何文魁."小题"亦须"大做" "接地"方能"有底"——我指导学生"微写作"训练的实践与探究[J].语文知识,2014(10):4.
[3] 吴俊.高中微写作教学的理论与实践研究[J].西华师范大学学报,2016(6).
[4] 洪珊.高中语文微写作教学策略研究[J].江西师范大学学报,2015(6).
[5] 甘东海.见"微"知著，"微"亦足道[J].新教育,2015(2).
[6] 杨君燕.微作文的文体特征与写作要领[J].语文教学与研究:读写天地,2014(9):3.

思考力：思辨型论述文写作的钙质

郑圆圆

【内容摘要】 综观近年来全国各地语文高考作文题，其"写思想"的"立言"导向鲜明，"写生活"的"语用"导向较为孱弱，从中我们不难看出，基于学养、学识、学问的"思考力"的考查态度较为明确。那么，如何才能让学生在写作思辨论述文时呈现足够的思考力呢？本文以浙江省高考语文作文题为例，结合本校的作文教学实践来阐释。

【关键词】 思考力；思辨；论述文写作

根据《2018年浙江省普通高考考试说明》能写三类文体（应用类、论述类、文学类）要求，针对近年来缺乏客观、冷静、理性的思考，不具备论证思维的基本范式以及缺少整体结构感、空疏而又欠严谨的"伪抒情/文化散文"的泛滥，我省加强高考作文的命题导向，重视学生思维品质的培养，特别是思辨能力的培养，所以此次命题仍侧重论述类文章，围绕语文核心素养，突出语言、思维与表达品质的提升；对于文体虽无显性的规定，却有隐形的指向，在题干中有"对此你有什么思考？写一篇文章，对作家的看法加以评说"一段话，引导学生写成"论述类"文体。这既能检测考生对文体的审题能力，也体现我省高考作文命题思路的延续性，更符合我省高中老师和学生的心理预期。

综观浙江近几年的高考作文题，从"作品与文品"（2015年），到"虚拟与现实"（2016年），再到今年的"读三本大书"，它们都有效地规避了"友爱、忠诚、善良、坚忍、爱国、包容"等常规关键词，远离了猜题押题，但其注重人文、关注成长、贴近生活、强调思辨的要求从未远离，其"写思想"的"立言"导向鲜明，"写生活"的"语用"导向较为孱弱，从中我们不难看出，基于学养、学识、学问的"思考力"的考查态度较为明确，学界在悄无声息中达成了共识，思考力一定是思辨型论述文写作的钙质。

作文其实是"思维成果"的呈现，而不是"思维能力"的展示。思维活动的训练，必须落实到"思维语言"上来，"思维语言"的运用，又必须落实到"语言的表达路径"上。

将"抽象而不可视"的思维活动,转化为具有"可操作性和测量"的语言技术。

作文课堂教学的好坏根本不在于学生是否写出了具有真情实感的个性化作文,而在于学生是否掌握了"可以带得走"的作文技术,这是作文作为"教学"而非"创作"的特性所决定的。

那么,如何才能让学生在写作思辨型论述文时呈现足够的思考力呢?本文以浙江省高考语文作文题为例,结合本校的作文教学实践来阐释。

一、"立片言而居要"——对接学者思想,展现思辨张力

思辨的前提是占有丰富的材料。但是不少同学会说,我有的材料也不少,天文地理、人情世故、飞潜动植等,而我的文章为什么表现不出其思辨性呢?这里除了缺乏必要的写作磨砺外,一个不容忽视的原因就是缺少借助名家思想进行精粹表达的意识。对于一个有"思考力"的高中生来说,应当具有学者思想的基础能力,要善于涉猎杰出思想家的思想,有意识将其融入自己的文章中,把握他们的精髓,并用其来观照现实世界。总之,文章会因学者思想的出现而锦上添花,呈现"思考力亮点"。

从近两年公布的考场高分作文来看,大量文章呈现出"对接名家思想,观照现实生活,呈现思考力亮点"的特征。所以尝试积累一些陌生化的名人名言。在阅卷中,如果出现了一些陌生而又有深度的名言,会令阅卷者耳目一新。

二、"家事、国事、天下事,都是我的事!"——亮出时代底色,展现思辨情怀

一个人是否具备"社会参与"的情怀,往往就代表着其思想的底色如何。以时代眼光看问题,以时代观念想问题,能使作文更具时代性,给人带来新思想和新启发。你在经历什么,时代在经历什么,你的体验和思考是什么。学会在作文中融入现实体验,呈现思考力,表达真实的自我。

贴着时代去解读材料的意义,思想才会高屋建瓴。作文不仅仅是语言表达的问题,也不仅仅是议论和叙述的问题。一篇作文反映了作者对社会生活的观察、感受、思考以及因此产生的情感和思想,它是作者的整体文化素质的表现。作为一名中学生,他首先要追求的就是这样的文化素质。古人强调要"行万里路,读万卷书",其实就是把社会实践和读书结合起来,提高一个人的文化素养。

贴着时代去解读材料,思考材料的现实前提,是思考力思维训练的一个重要的出发点。关注全国卷的倾向,今后的高考将更加凸显"立德树人"的教育功能。

三、由"一夜清香"到"万里春"——归类共性事例,阐释普遍价值

不少教师在训练作文时,要求学生背大量作文素材以应付考试,这就导致许多学

生总是不自觉地带有"材料先行"的想法,看到一个作文题,便搜肠刮肚地找寻材料,只要能想到的材料便想方设法用尽作文里,用论题来迎合材料,也不管材料与论点是否有逻辑关联。个体事例多了,辨证分析的空间就小了,就很难把观点说透。许多学生形成了一种强盗逻辑思维,不管三七二十一,叙完个体事例就贴话题(命题),不能从更高层面思考问题,陷入了就事论事的误区,并且很容易被认定为材料烂熟化、结构模式化、主题平面化的套话作文。

但是思辨论述文考查的主要是中学生对于某一话题、某类现象的判断,以及对自己所持观点的论证,论据是为观点服务的,如果使论点让位于论据,无异于舍本逐末,再"高大上"的材料,如果脱离对某一话题、某类现象的判断,写出的文章至多是一些漂亮的空话、套话,怎么可能具有思想深度、思维力度呢?

对于思辨性论述文来说,可以尝试把叙述的事例进行归类叙述,在呈现形式方面做到从叙述"这一个"转化为阐述"这一类",在内容方面提升到动态的普遍性后,进而使事例牵涉到人与自然、人与社会、人与人乃至人与自我的关系,体现立体的相互依存、相互促进的趋向,具有丰富的内涵、深刻的思想,才会有"思考力"的足够呈现。

四、"为学患无疑,疑则有进"——建构悬置判断,挖掘思辨深度

议论文写作中,面对一则材料或一个命题,大多数学生的第一反应往往是"要举什么例子?""可以用哪些素材?"对命题者所给的材料或者话题若是亦步亦趋,缺少自己独有的深入思考,其作为写作主体是缺席的。比如对"失败乃成功之母"这样一个明显的伪命题,大多数学生是不假思索地认同它,不质疑、不追问、不批判,而是尽其所能古今中外的名人历经失败而成功的事例。

细看这样的文章,我们发现许多学生的"论述"是:用例子来印证中心。用大量平面"叠加"的素材"例证"命题者的观点。

理不够,例来凑,思维浅表化,论述文成了"例证文"。这种"简单举证"式的议论文呈现的思维方式是直线化、平面化、单一化的。

孙绍振先生说这样写作,无异于盲人骑瞎马。他用波普尔在《猜想与反驳》"一切天鹅都是白的"经典论断来说明,如果我们用"印证"的思路,我们会举例古人看到的天鹅是白的,今人看过的天鹅是白的,中国西湖的天鹅是白的,美国曼哈顿某公园是白的。可是,只要有一个反例,此论点即可不攻自破。"举例证明是不能证明的,只能说明。"这种说明式"例证"是"去个体思考"的写作。然而,它几乎已成议论文写作的常态。

要走出简单举证,就要改变这种行文的思维方式,自是要加强学生作为写作主体的理性思辨。我们可以尝试"寻找黑天鹅"式的悬置判断。

"悬置判断"是胡塞尔现象学的第一原则,是指把先入的和武断的判断事先"悬置"起来,回到事件本身,思想上虚位以待,以更全面、深刻看问题。应用到议论文写作中,我们延迟判断作文命题者的观点,先了解清楚再判断,使"成见"空场。避免把材料中观点拿来当作正确结论,而要对命题者所给的材料、话题、事件做分析性地深入思考,有质疑和批判精神,对观点展开分析阐述,从多个角度进行多维思考。

当然,考场写作不同于文学创作,它强调命题者的意图和材料的指向性。但这不等同于唯命题者马首是瞻,而是在对任何一个命题时,抱有健康的怀疑主义,有积极的追问,有合理的质疑,这样依循逻辑的推衍,才能突显写作主体向客观世界敞开和传达自己的意志、思想与情感,才能推进思维的层次,使议论有层次有张力,改"名言荟萃,名人开会"式的"例证"为"论证"或"论述",这不单是一种写作应试的技巧,更是一种实践能力,一种公民的素养。全面客观地看问题,明辨是非、鉴别美丑的理性辩证表达,是一个具有平等意识、权利意识、社会责任感的公民所应具备的基本素养。

强调理性思辨,对某个问题或某件事进行分析、评论,表明自己的观点、看法和主张,是论述文相对其他文体的最大区别。这是写作主体思维的显露,映射着作者思维的广阔性、灵活性、深刻性和批判性。这种范式更强调学生在尊重自我感性的基础上,观察世界、判断是非、探究问题。

五、"言之凿凿,才有篇篇锦绣"——善用关联句式,优化思辨表达

语言形式和思维是相互依赖、相互影响、相互制约的关系,人的语言的组织离不开思维,同样人的语言呈现形式从一定程度上代表着思考力的展开方式。对许多不知如何思辨的学生来说,先尝试用这些关联词突出理性思维,倒不失为推进议论、把论证引向深入的一种直接方法。好的思想对语言表达的要求极高。语言的高度,就是"思考力"达到的高度。

在众多的语言表现形式中,关联句式的恰当使用,能够成为文章的结构的关节点,引领学生走上分析问题、解决问题的思维道路。

总之,学生思考力的培养需要贴近学生生活和学生思想认知实际,特别需要关注学生写作的需要——写作中最想渴求的帮助是什么,写作中最大的困惑是什么,并最终立足于学生的写作需求和写作困惑,提供一些有一定效果的写作方法。同时,应采取由熟悉到陌生、先方法后实践的形式来构建培养路径,帮助学生掌握"思考力"呈现的标准和方法,切实获得提升思辨论述文写作水平的实战技能。

高考诗歌鉴赏群文阅读教学策略

陈佳楠

【内容摘要】 面对高考升学的压力,如何尊重学生的主体地位,如何拓展学生的阅读视野,如何提高学生答题精准度?值得教师们深思。在本文中,笔者着重研究了高考诗歌鉴赏专题教学中群文阅读的可行性,探讨了从作者、意象、手法、情感四种议题入手的具体策略,并总结了实践中存在的问题。

【关键词】 群文阅读;诗歌鉴赏;议题;集体建构

一、问题提出:群文阅读,掀起教改新思潮

在中国教研网上观看了近12小时的省高中语文优质课课堂教学后,笔者对群文阅读教学有了更新更全的认识。十二位执教老师围绕"和平的期盼"专题,选择某一议题,将《百合花》《一个人的遭遇》《落日》《图片两组》进行群文阅读。

群文阅读成为课堂教学改革的新方向,让人既欣喜又忧虑。欣喜的是,这种课堂教学使学生的学习内容由封闭走向开放,学习过程由输入变为参与,思维方式由一元变成多元,学习获得了更丰富的知识、更强烈的感情、更深刻的思维。忧虑的是,这样的课堂教学对教师的课程整合和研发能力提出了更高的要求,无论是教学内容的确还是教学方式的选择都极具挑战。

那么,在高三紧张的复习备考中,群文阅读是否也具有值得挖掘的价值呢?一种新奇又熟悉的感觉久久萦绕。仔细梳理以往高考诗歌鉴赏复习的教学经验,笔者尝试着结合高考考点,选择有一定相关度并可以结构化的选文,设计贴近学情的群文式阅读议题,进行以单篇阅读为主,以群文阅读为辅的高考诗歌鉴赏教学实践。

二、现状分析:单一精读,高考复习遇瓶颈

在传统单篇阅读教学课堂上,教师追求讲深讲透,教师的讲解占据了大量时间,

学生思考、探究、动手、合作的时间少；教学费时多，学生阅读量小，阅读面窄，积累自然少；学生阅读方法单一，阅读能力得不到有效的锻炼，无法提高阅读的技能。这就是高中语文阅读教学存在的困境。

同样，在高考诗歌鉴赏复习时，教师总是辅助学生掌握各种答题套路。但是如果学生没有真正读懂诗歌内容，那么他们还是不能结合诗歌作出具体、有效的分析。为帮助学生获得较高答题分数，我们教学的重点不应放在答题套路上，而应改变学生读书少的阅读现状，提高学生的阅读速度，培养学生的阅读思维，真正读懂诗家语，掌握其表达技巧，把握其思想情感。所以，群文阅读教学形式值得我们大胆而积极尝试。

三、理论研究：群文阅读，契合议题享共识

群文阅读是在短时间内，针对一个议题，进行多文本阅读和集体建构，最终达成共识的教学过程。作为一种新的教学模式，群文阅读要达到预期的教学效果，需要完成议题、选文、集体建构、共识四个步骤。

议题是进行选文的依据。有思维难度的、有价值的、值得探究的议题是一节群文阅读教学课堂成功的关键。选文是根据议题选择的一组文章。集体建构是指学生在阅读中，围绕议题提出问题，发表见解，与同学合作互学，知识共享的过程。共识不是所有人达成一致意见，而是以他人的不同意见为基础，对他人意见倾听、认同和接纳的过程。

四、价值探讨：群文阅读，唤醒阅读新潜能

群文阅读教学侧重在情境中陶冶，通过创设情境、参与阅读各种活动，包括自读、互读、展读和评读，总结转化，使得学生在一个既定的场景中潜移默化地接受熏陶，并通过活动加深认识。这种阅读方式，有助于激发学生的学习潜能，从而达成群文阅读教学的目标。

五、实践策略：春风化雨，多元议题建共识

在高考复习教学中，可以根据高考考点来确定群文议题。可以选择一些细小议题来帮助学生读懂诗歌，也可以结合高考考点从"语言""形象""技巧""情感"四大专题选择相宜的议题进行答题思维训练。在新旧课程标准交替过程中，关注两方面的理念转型。群文阅读的关键是教师要设计一个有魅力、有挑战性的议题。下面，笔者以群文阅读的议题设计为切入点，探究高考诗歌鉴赏教学中群文阅读策略实践。

（一）作者入手，知人论世

从先秦到魏晋，跨越唐宋，如屈原、陶渊明、李白、杜甫、苏轼、辛弃疾、李清照等。

这些诗人都是极具代表性的,他们都有着突出的风格或特别的人生经历,值得细细探究。但是传统的古诗词单篇教学,教师关注的重点往往是单个作品背后的作者经历、创作背景以及作品情感,加上课时等因素的限制,教师很少进行横向拓展和纵向深入,因此学生难以全面地了解作者经历,理解作者的思想、感受作者的情怀。在读懂诗歌专题,我选择了大家熟知的苏轼,探究他的人生轨迹与诗歌风格、性格转变之间的关系。

导语:苏轼是千年一遇的大才子,性格豪放、乐观、旷达。但是苏轼一生仕途坎坷,几起几落,他的行踪遍布天下,他的诗歌传达了当地当时的不同心境与思想。

议题:身行万里半天下

自读任务:以苏轼几个重要的人生阶段的地点为坐标,选择各阶段的代表性诗词进行群文阅读。

1.查阅资料,总结苏轼简历。

2.绘制人生地图。

3.在每一个重要坐标,搜集代表性诗词。

集体建构:探究完成图表,小组合作,组员展读。

围绕苏轼诗词比较、性格变化、文人共性的品鉴,学生对苏轼诗品与人品的了解更加系统而全面。从教材中苏轼的作品出发,适当引申相关作品,围绕苏轼起起伏伏的人生经历,学生便能品味出"豁达"两字中蕴含的悲凉、愤慨、释然、洒脱、达观等人生况味。学生掌握的不仅仅只是几首词,而是了解了一个立体的、有血有肉的苏轼。学生更能够理解在宋代,一个正直文人的坚持。尽管会多花点时间,但是磨刀不误砍柴工,效果绝对比单篇学习要强。

(二)意象入手,弦歌雅意

在高中古诗词的阅读教学中,意象是鉴赏诗词不可忽略的重要部分,这些意象被赋予了特殊的情感和内涵,只有引导学生分析意象、鉴赏意象,才能抓住诗人的情感。在群文阅读教学中,古诗词中的每一种意象,都可以单独挑出来成为一个议题。

导语:女词人李清照一生爱花惜花,花的意象浸透了女词人一生不尽的情思:少女时的欢欣、少妇时的离愁、孀居时的哀思。在李清照专门的咏花词中,有五首为咏梅花词,描绘了冰雪中的梅花、春天的梅花、月下的梅花、鬓上的梅花、寄远的梅花、风雨中的梅花……

议题:人生如花,花浸情思。

自读任务:初次自我建构,在李清照众多关于梅花的诗词里,你最喜欢哪一首?这首诗词又是在哪里打动你呢?也许是柔情婉转的那一字,也许是被赋予感情的那一物,也许是百转千回的那些情,也许触动你们内心的还很多,也许你们眼中自有不一样的李清照。请同学们以自己喜欢的那一首为对象,自主思考,完成表格。

集体建构:选择以梅花作为意象的易安诗词,再从中挑选进行集体建构。从学生摘录的诗词中,选择了《渔家傲》《玉楼春》《菩萨蛮》《清平乐》几首词组成选文,开展群文阅读教学。

(三)技巧入手,字斟句酌

在古诗词中常用的修辞手法有比喻、拟人、夸张、对偶、设问、反问、对比、互文、用典、双关等。在古诗词的群文阅读教学中,假如要以表达技巧为议题,可以选择某一手法的诗词组合成选文,让学生在同中找异,在类似的手法中感受每一个诗人表达技巧的不同,以及寄托的感情的不同。

导语:近几年浙江卷诗歌鉴赏专题的表达技巧都是考查的重点,考查方向由修辞手法和表现手法转向描写方式和叙事特点等。

议题:动静相宜,清渠引水。

自读任务:初读《望庐山瀑布》,寻找动静手法的运用,并赏析。

集体建构:《望庐山瀑布》《书湖阴先生壁》《漫成一首》《题李凝幽居》《琴歌》进行群文阅读。

(四)题材切入,纵向探索

我国的古诗词浩如烟海,类别众多。按题材来分,大致可分为爱情闺怨诗、山水田园诗、思乡怀人诗、建功求仕诗、咏物抒怀诗、咏史怀古诗、边塞征戍诗等。每一种题材根据表达的情感不同又可以再进行分类,这些题材在教材中都能找到相对应的诗词组合进行群文阅读教学。

导语:古代诗人在翻检史书或游览名胜古迹时,常兴起对相关古人或史实的感慨,这类以历史事件、历史人物、历史陈迹为题材,借登高望远、咏叹史实、怀念古迹来抒写感慨、表达情志的诗歌,我们通常称之为"咏史怀古诗",它是高考诗歌鉴赏题中的常见的一类诗歌。

议题:咏史怀古,荡胸生云。

自读任务:自读2016年全国卷1李白的《金陵望汉江》,赏析吟咏对象的特点、手法与情感。

集体建构:精讲一篇例文,以此带动多篇阅读是实现群文阅读的主要途径,在精讲李白《金陵望汉江》之后,我选择了几篇同一题材的诗词让学生自主阅读,交流感悟,并归纳总结,最后达到掌握此类诗歌一般表达技巧和主要思想感情的目的,从而指导其高考备考。

六、展望未来：全民阅读，吹尽狂沙始到金

在当今倡导全民阅读、深层阅读的背景下，社会各界都认同"阅读力就是学习力"的理念，所以倡导自主阅读、发现阅读、探究阅读的"群文阅读"一定会在教育改革中占有一席之地，并在不断的教学实践中，发挥更大的作用，产生更广的影响。作为教学一线的教师，我们应该及时更新自己的教学理念，调整相关教学思路，从而保证课堂教学质量的最优化。拿出魄力和勇气打破瓶颈，扫清障碍，潜心学习和实践，聚焦群文阅读，多元选题、精准定点，让高中语文群文阅读早日"策马扬鞭"，为高中语文群文阅读教学的早日规范化、序列化添砖加瓦。

参考文献：

[1] 郝玉香.拓展阅读视野，激发学生阅读兴趣[J].长江丛刊,2015(10):45-46.

[2] 夏其明.拓宽阅读视野 提高语文素养——职校生语文课外阅读能力培养的几点想法[J].职业教育(中旬刊),2004.

[3] 王桂芳.从课内文本出发,拓宽学生的阅读视野[J].作文成功之路(上),2015.

[4] 卢鸿燕.区域文化视野下高考语文和文综试卷分析[J].西南大学学报,2011.

[5] 董宝礼.拓宽阅读视野,关注社会热点,提升学科素养——以2018年高考语文全国Ⅰ卷实用类文本阅读考查为例[J].语文教学通讯,2019(4).

穷不失义,达不离道
——在核心素养视域下的消费德育策略

陈佳楠

【内容摘要】一次关于AJ限量鞋的对话,引发了笔者关于高中生消费德育的思考。在核心素养视域下,笔者在分析了学生消费现状与特点的基础上,在班级、学校、家庭等方面,通过设置课程、丰富实践等方式,力求强化德育、浸润心灵,引领学生树立正确的消费观,做一个"穷不失义、达不离道"的有情怀的青年!

一、问题提出:一石击起千层浪

一次大扫除时,我和同学们一起倒水刷地。大家正干得热火朝天时,男生A踮着脚,在大家身边小心翼翼地跳来跳去。他滑稽的"踩雷式"的样子引起了一阵狂笑。我忙问:"你的鞋子是刚买的还是刚洗的?下次记得穿双旧鞋子来!"我的话引起了大家更响亮的笑声。"老师,他的鞋子是AJ限量版,价值4000多元呢!鞋子湿了、脏了,他心疼死!"

同学们的话掀起我内心阵阵波澜,"拿什么拯救你,我的孩子"?在物欲横流的社会经济浪潮中,在核心素养德育要求下,我们应该怎样帮助处在黄金年龄段的高中生树立正确的消费观?

二、现状分析:乱花渐欲迷人眼

(一)中外学生消费观比较

随着国家经济的发展,家庭收入的增加,再加上"421"的家庭结构特点,增加孩子的零花钱数量成为父母向孩子表达爱的一种方式。但是,学生心智不成熟、学校消费教育缺乏、社会拜金思想凸显等原因,使得中学生消费问题层出。在西方,高中生们必须通过自己的劳动来赚取零花钱,比如送报纸和牛奶,修剪草坪等。孩子们早早"进入"社会,开始了有偿工作,实践着自食其力的自我教育。中外消费理念的不同,虽是一个经济问题,却暴露出了我国消费问题德育的短板。

(二)高中生消费特点与问题

中学生的身心逐渐由稚嫩趋向成熟,在潜移默化中树立起了独具个性的人生观、价值观和世界观。但是,现阶段高中生们的高额消费、超前消费、不当消费引发的道德问题,危害是多层面的,应该引起我们的重视和关注。

1.任性消费。由于经济的高速发展,家庭生活水平显著提高,不少家长给学生的生活费用越来越可观。琳琅满目的商品、网络虚拟的诱惑、娱乐方式的多样,再加上家长有求必应式的经济靠山,让孩子们花钱更加大手大脚,随意任性。

案例:曾经遇到一个高一学生的"消费"案例。女孩B花钱一向大手大脚,父母认为自己承担得起,并未过多干涉。一次,女孩妈妈打电话给我,极度生气地说家里的笔记本被孩子送到典当行卖了500元钱。事后,女孩B轻松地说,下个月领到零花钱会去把电脑赎回来的。古话说"由俭入奢易,由奢入俭难",消费欲望似水涨船高,早已下不来了!不难想象,当有一天孩子的欲望得不到满足时,又会产生什么新的问题?

2.跟风从众。跟风,原指突然盛行起某样东西,自己没有或缺少主见,不经过仔细思考,盲目跟随潮流,参与模仿。现实中,我们常常不自觉地身陷一股股来得快去得也快的时尚风。跟风从众、追赶潮流的心理在一定程度上刺激了大家的盲目消费。

案例:学校规定学生在校期间统一穿着校服,一些追求个性的同学选择在鞋子上求新求异。"拼鞋"成为一种时尚,跟风购买潮品奢品。还以鞋分圈子,穿真鞋的,穿假鞋的,穿假鞋还装是真的——买鞋不去实体店,只逛专卖限量鞋的app。

3.盲目攀比。物质的富足,网络的发达,人们开始追求高品质生活,也滋生了部分学生的攀比心理。超出自己的经济实力去追求名牌与新款,产生了"人无我有,人有我有,人有我优"的思想。现在的高中生人手一部智能机,在快速的更新换代中追逐品牌和新款,苹果、华为、三星、oppo、vivo都备受青睐。

案例:2017年澎湃新闻网报道,福建某中学为了防止校园攀比行为蔓延,要求学生不得穿进口鞋进入校园。学校强制性的规定引来了不少争议。有人赞同,认为学生中攀比之风盛行,学校的做法可以理解。也有人认为学校"管得太宽",仅仅是一双鞋而已,却被上升到了价值观的高度。

4.配比不当。消费不可避免,花多少钱值得思考,把钱花在了哪里同样需要我们关注。笔者发现,高中男生消费多为游戏,女生消费多为美丽。男生容易迷失在虚拟世界,驰骋沙场,征战江湖,让他们得到了现实世界得不到的快感和成就感。砸钱买游戏装备,充值游戏卡,不管价格高低,冲动消费。而爱美的花季少女,在审美意识觉醒的时期,理发要去连锁店找设计师,护肤品要代购纯天然的,衣服要穿当下最流行的……

5.分散精力。学生的精力和时间有相当有限的,一旦被其他事物吸引,最先影响的就是学习。当手中的金钱多了,必然花精力去进行消费;当手中的消费途径宽了,必然有机会去进行更多的消费。于是,钱花出去了,精力分散掉了,只剩学习成绩"凉凉"。

总之,高中生消费问题已经频频出现,急需德育引领。在强化"应试"技能的同时,教育工作者也应该肩负起"育德"重任。引导高中生消费时根据实际情况,考虑家庭情况,实事求是、讲求合适、理智消费。

三、实践策略:不畏浮云遮望眼

德育肩负着增强认知、净化心灵、陶冶情操的任务,但在实践中又总是表现出内容空洞、说理无力等弱点。新形势下的消费德育,应该努力摆脱那种呆板式的说教,根据中学生身心特点,构建能融入他们内心的教育模式和方法,使其能够更主动地接受,将正确的三观内化为立身原则。

(一)加强学校主导作用,开展有效消费教育

学校要创新德育模式,增强学生自身识别力、免疫力和抵制力,根据自己的道德判断,去伪存真、分清善恶、选择美丑,不被表象迷惑。积极发挥教育的内在力量,打造思想的"防护墙",创造立身处世、健康成长的条件。

1.开设德育必修课程

学校应该充分利用晨会、集会、班会等德育机会,引导学生不过分追求物质生活的奢华和档次。一个人的气质不是外在服饰的新潮、华丽、昂贵,是一个人内在人格魅力的展现,是一种"腹有诗书气自华"的自然流露。

(1)利用调查问卷的形式,以选择填空方式,匿名回答消费理念与习惯。让学生在放松的心理前提下,剖析自我,比照自我,强化反思。在消费心理面面观的现实映照下,思考究竟哪一种方式是可取的? 应树立什么样的消费观?

(2)针对德育课程的特点,尝试探究性作业、活动性作业,引导学生真正将知识化为应用。只有很好地把握知识的落脚点,让学生真正感受到知识的价值和学习知识的乐趣,才能促进学生的成长。

(3)开设系列班团课,逐步教育学生摆脱庸俗的消费主义的影响,鼓励学生时刻反思和批评自我的消费行为。鼓励学生时刻自我提醒"舍品牌就现实,舍盲从就理性,舍求异就求实",用物质来获取幸福永远短暂,用精神注满心灵才更长久。

2. 开设理财选修课程

通过开展投资理财课程，可帮助学生认识消费的价值与特性，选择恰当的消费方式，把握合理的消费需求，提高自身的财务管理能力。只有对自己的支付能力以及购买的合理性，有足够的理解和认知，才能形成科学合理的消费观念。

3. 营造健康的校园文化氛围

习惯的养成、观念的培养，不仅需要理论的灌输，也需要一个积极健康的氛围。利用校园文化建设，把消费道德的标准转换为校园每一个人的行为标尺，将教育内容呈现为每一个中学生触目可及的口号、标语以及宣传海报等。

4. 开展多元社会实践活动

组织学生参加各类深入社会的实践活动，在实践中了解劳动、了解生活，体会劳动的辛劳、生活的艰辛，明白创造价值、获取金钱的不易，深刻反思自身的消费行为。

（二）发挥家庭引导作用，重视家庭消费教育

1. 转变家长观念，引导孩子消费

家庭是孩子成长的重要场所，家长是孩子的第一任老师。家长们普遍接受"再苦不能苦孩子"的教育理念，在物质上对孩子有求必应。流风所及，学生的消费不再是为了满足最基本的消费，而是满足被不断刺激起来的消费欲望。

作为教师，我们和学生相处时间不会比家长们少，有时候可以了解到家长不曾发现的孩子个性。借和家长沟通交流的机会，笔者积极引导，帮助家长分析孩子在校时间的表现与问题，找出关于消费所引发的问题症结。希望更多的家长做智慧的父母，当"狠"家长，变"无私奉献"为"适度给予"，控制孩子无节制的消费。让孩子在消费中明白"一丝一缕当思来之不易"，自觉抵制和控制不良消费，从而树立自主理财的意识，培养理财的能力。

2. 家长以身作则，榜样示范

俗话说"身教"胜于"言传"，家长是孩子言行举止的参考者。家长的消费观念和教养方式对孩子的影响巨大，可是部分家长或茫然或未意识到应该引导孩子理性消费。语言是家长告诉孩子如何正确消费的途径，可单纯的言传有时会显得苍白无力。身教重于言传，附之身教的言传才能真正发挥作用。

在物欲横流的社会经济浪潮中，在核心素养德育要求下，我们需要形成以家长为"源头"，以学校为平台，以灵活多样的教育形式为手段的中学生消费道德教育体系，为培养更加健康向上的国家建设者提供有力的保障，为孩子们撑起更加美好的未来。

四、反思不足：路漫漫其修远兮

面对高中生消费德育实践过程中存在的诸多状况，笔者实践至今，思考至今。

"一味说教"需避免。在实践时,笔者有时候不自觉地一味说教,加入或者过多加入"苦口婆心"的内容,而弱化了学生对消费见解的自我认知。一味说教太枯燥,太空洞,容易起不到效果,甚至产生反效果。

"课程系统"需构建。利用现有的德育课程渗透消费教育,不失为一个较好的途径。课程内容与消费教育有机融合,让消费教育的理念自然渗透进德育课程,值得我们深入研究和探讨。但是,如何将德育课程建构起规范的体系,而不是零碎的、细枝末节的想法与做法,值得在日后的教学实践中继续思考与改进。

"与时俱进"需谨记。每一个人都处于文化多元、信息多元的现代环境之中,对现代文明一以化之、全盘灌输必不可取。我们只有站在时代高度,辨证取舍、汲取精华、清除糟粕,才是正确地发挥现代经济急剧发展的积极作用。科学消费观的树立与浸润是一个日积月累、潜移默化、循序渐进的过程。

参考文献:

[1] 何艳艳.中学生消费行为问题分析及德育对策[D].石家庄:河北师范大学硕士论文,2013.
[2] 庞双双.城市高中生消费状况及引导路径[D].上海:华东师范大学硕士论文,2016.
[3] 郝燕强.当代大学生消费观现状及其德育引导[J].长沙民政职业技术学院学报,2009,16(4):43-45.
[4] 阎嘉诚.浅谈高中生消费现状与对策[J].知识经济,2017(2):163.
[5] 李子震.生活化德育的课堂教学探索——以"树立积极合理消费观"教学为例[J].职业技术教育,2008(17):91.

视角聚焦下的层进式教学评价例谈

吕红娟

【内容摘要】 本文从一次"同课同构"研讨活动中的多次评价入手,以聚焦课堂"学"的活动视角下的教学评价为例,总结视角聚焦前提下,反复、递进式"自评+他评"教学评价的实施流程和细则,以期研究视角聚焦下层进式评价模式的真实性和有效性。

【关键词】 同课同构;视角聚焦;层进式评价;实施建议

教学评价是教学过程中极其重要的一个环节,有人将其定位为一门艺术,是有道理的。今天的教师,如果只是一味"埋头教学",不听他人的评价,也不注重自我的反思,怎能做到"优质教学"?

关于教学评价的研究,有很多的分类。本文仅以一次区"同课同构"研讨活动中的评价方式为例,以点带面,以期研究"自评—他评—自评—他评"层进式评价模式下的真实教学提升效果。

一、"同课同构"背景下的"学"的活动

本次研究的背景是教研室牵头组织了一次"同课同构"研讨活动,摒除其他教学因素,聚焦课堂学生"学"的真实活动,重点研究相同教学设计背景下,不同教师课堂下学生"学"的活动的充分程度和提升情况。

1.两位老师先后上了苏教版必修一的课文《我心归去》,基于更好地进行纵向比较,衡量教学效果的提示程度,两节课采用了同一教学设计,即"同课同构"教学模式。

每次课后,授课教师和听课教师分别作出有较有针对性的评价,不断改进,通过纵向对比,研究多次评价及建议下课堂实效的改善情况。整个研讨活动的具体流程为:第一位老师授课—课后评价(自评+他评+改进建议)—第二位老

师授课—课后评价(自评+他评)—总结交流。活动中所有的教学评价都聚焦于学生课堂上"学"的活动的有效程度,即为"视角聚焦""共评细微"。

二、层进式教学评价的具体流程

所谓"层进式"教学评价,意在指通过多次的评价(包括自评和他评),不断发现问题,以及就发现的问题展开针对性改善举措,使得教学效果朝着最优化方向前进的教学评价过程。以本次研讨活动为例,层进式教学评价的具体流程如下。

(一)低头审视:一课后任课教师的自我评价

第一位授课教师围绕学生"学"的活动效果,围绕课堂学生表现、师生教学对话以及教学效果等方面展开自我评价。

1.课堂环节较为完整,以"评点"为课堂教学重点,通过小组讨论等方式一定程度上调动了学生活动的积极性,基本完成了预期的教学目标。

2.在核心探讨环节,学生不能顺利探究出"故乡的文化内涵"。教师的引导欠到位,学生"学"的活动明显感觉"吃力"。

3.统观整个课堂过程,师生之间的"对话"比预期得少,"学"的活动较为被动。除了客观原因,教师也应反思自身教学方面的原因。

(二)侧耳倾听:一课后听课教师的集体评价

听课老师以课堂上学生"学"的活动为探讨点,从教师教态、活动引领、活动展开、活动效果等方面着眼,对课堂作了进一步的评价和总结。评价的关注点主要有:

1.关注教师空间:教师的位置对"学"的活动的影响

教学活动应该是全体学生共同参与的过程,教师应统观整个教室,兼顾不同位置、不同程度的学生,做到掌控全体。但本节课受教室场地,以及多媒体操作、板书书写等因素的影响,整个课堂过程中,授课教师基本只在讲台周围活动,与学生的单个沟通也多局限于前三排,后排学生明显游离于整个课堂学习过程。

2.关注课堂氛围:课堂的氛围对"学"的活动的熏陶

所有的思维迸发必须先从火花的闪现开始,有效的学习活动也依托于良好的学习氛围。本次教学,从导入环节开始,课堂氛围较为轻松、和谐,学生的参与度也比较高。但三四环节课堂氛围略显沉闷,以至于到了最后一个环节"给故乡下一个定义"时,教学过程一度滞缓。那么,我们是否应该思考:面对这样的情况,教师该怎么把氛围调动起来?

3.关注教学语言:如何引导对"学"的活动的调控

教学语言是教师基本功的重要体现。本节课教师语言清晰、流畅,准确简明。但也存在一些不足:在学生思考的过程中,教师的"提示"太多,容易打断学生的思路;在学生思维陷入胶着状态时,教师的点播、引导又显得针对性不够,有待加强。

4.关注教学节奏:时间安排对"学"的活动的保证

教学的重点展开依赖于教学节奏的良好安排。本次教学设计,学生的活动主要围绕在三、四环节,即对课文的评点和文本内涵解读上。但是,由于第三环节展开时的明显凝滞,从而限制了第四环节中学生活动展开的充分性。基于这样的情况,我们很有必要想一想:如何通过掌控课堂节奏来确保学生学得更充分?

(三)诚恳建议:两位教师间的传授与传承

针对上述问题和课后评价,由第一位授课教师牵头,大家对第二位授课教师提出了如下教学建议。

1.注意课堂中教师的"位置共享",通过巡视、走动、眼神交流等多种方式,关注班级中全体学生,及时发现学生学习中的问题,将每一个学生的学习活动纳入课堂关注视野;

2.继续重视"文本点评"环节的深入展开,同时重视教师的点评和引领作用,争取借助文本的深入解读,为主题挖掘环节奠定良好基础;

3.注意课堂时间的合理安排,教学实施轻重缓急,科学调控,为学生有效的"学"的活动预留充足时间。

第二位授课教师结合如上教学评价和建议,在不大幅度更改教学设计的前提下,针对一课中存在的不足,及时调整了教学策略,然后另选一个平行班进行第二次授课。

(四)纵向审视:二课后任课教师的自我评价

相比较于第一节课,第二节课的教学过程中,师生的配合更为融洽,学生在活动中的参与程度也有了较为明显的提升。授课教师自评两节课的纵向变化。

1.教学环节的展开节奏较为从容,通过精简次要环节,学生有了较为充分的时间进行文本研习和课堂探究。

2.课堂氛围动静相宜,师生配合比较融洽,学生的参与性较为积极。

3.课文评点环节,能发现和关注学生学习过程中的问题,教学效果令人较为满意。

4.下课铃声响起后,预定的课文诵读环节没有灵活取消,可见教师的课堂把控能力还需锤炼、提升。

(五)递进深入:二课后听课教师的再次评价

听课老师结合两课课堂环境的"异"与"同",对第二课的课堂教学也作出了富有针对性的评价,具体关注如下。

1.关注师生协同:教师的眼中有全体学生,学生都能参与进来

第二位授课老师非常注意自身对全体学生的关注。通过自身在教室中的空间位

置移动,以及眼神的关注,将每个学生都纳入自己的视野范围。教师有意识地兼顾了不同层次的同学参与交流,也做到尽量调动起教室各个方位学生的课堂参与度。

2. 关注局部调整:教学节奏的改善,确保学生"学"的活动的充分展开

统计显示,本节课各环节用时分别为:导入29秒,整体感知6分钟,评点:13分钟,探究(两个问题):12+8分钟。比较第一节课,导入部分更简洁明了。后续的课堂活动能更充分深入。整体上看,教学节奏重点突出,分配较为合理,能保证学生有充分的时间参与活动。

3. 关注提升效果:充分发挥教师的引领功能,带动"学"的活动的深入展开

统观整个课堂,学生活动形式多样,有个体交流,也有集体讨论;有朗读、思考,也有评点、探究等。其中,教师对学生活动的评价也较为妥帖、有效。比如评点过程中,对学习技巧掌握有问题的学生的指点,更为具体有效,使得学生的个体差异性能得到较高程度的尊重。

三、实施过程中的几点建议

这样一次教学研讨活动,摒除了教学中其他的繁琐因素,将课堂的教学活动置于聚光灯下,将众人的目光聚焦于一点(学生"学"的活动),从而能通过更加细致入微地剖析教师教学活动中的教学细节,来剖析学生"学"的活动是否充分、有效,更有针对性和实效性,值得大家借鉴和推广。我们可以切实感受到:聚焦于某一视角,更能确保教学改进的方向性和有效性;进行反复递进式教学评价,明显有助于提升教师的课堂调控能力和课堂教学的实效性。

1. 创设平台,便于纵向对比

层进性评价,需借助多次评价,以期达到从浅到深、渐次进步的效果。而"同课同构"的教学方式,就为层进性评价提供了必要的先决前提。针对同一教学内容和教学过程,能更加直观地展现课堂改善程度,便于比较纵向发展过程,更便于总结经验和教训,从而达到更清晰明确的教学研讨效果。

2. 聚焦视角,力求贴合教学

视角聚焦,目的在于教学者将视线集中于某一点,在需要改进的方面明确目标、锁定方向。关于视角的选择,宜"小"不宜"泛",宜"精"不宜"散"。由于"小",用力方能足;因为"精",开掘能够深。如这次《我心归去》"同课同构"课,摒除其他角度,聚焦于学生课堂活动,选点小,开掘深,效果较为显著。

3. 注重实践,寻求有效提升

层进性评价必须注重教学实践的有效提升,忌"重复性"和"表面化"。所谓"层进",意味着深入与推进。因此,层进性评价中的多次评价,不能是针对某个问题的简

单重复,更不能只追求表面热闹的"走过场"。在一次又一次的自评和他评过程中,改进的方向应该永远朝向教学效果的"有效提升"。

4.持之以恒,落实常态教学

课堂教学的优化和提升,也是不断评价,不断反思、不断改进的过程。聚焦于某一问题,进行层进性评价及渐次改进,可以在短期内达到较为显著的效果,但是,这并不意味着前进脚步的终止。在此后漫长的教学实践中,教师必须以聚焦中发现的问题为警戒,继续审思,不断自评,用自己的耐心和恒心,锤炼课堂的玲珑精致,追求教学效果的渐行渐远渐优化。

四、结　语

古人云:舌评骥不及。一个中肯妥帖的评价,能促进教师的反思与教学过程的提升;一串有梯度性的针对性评价,更能不断地改善和提升课堂效能,追求教学艺术的更优化。这次"同课同构"活动,聚焦于课堂学生"学"的活动的有效性,针对课堂教学的多个方面进行审视和评价,促进了课堂的优化和教师业务能力的提升,不可不谓为一次扎实有效的教学研讨活动。

而从教师的角度而言,学会回头审视,更能汇聚集体的智慧,把目光聚焦于课堂的各个环节,以恳切、以审视报以课堂,关注细节,精雕细磨课堂,该是三尺讲台上的光辉品质吧。

高中信息技术课堂培养学生创新思维的策略浅析

周素芳

【内容摘要】 创新是撬动发展的第一杠杆,随着经济的发展和人类文明的不断进步,创新能力成为体现国家竞争力的关键,新时代对人才的最基本要求就是需要具备一定的创新思维。如今,数字化学习和创新能力成为高中信息技术学科核心素养的重要组成部分,所以,在信息技术教学中如何融入创新思维,如何有意识地培养学生的创新能力,是一线教育工作者认真思考的话题。本文将通过一些案例浅析如何在信息技术课堂中利用启发式教学模式促进学生创新思维的发展。

【关键词】 信息技术;创新思维;启发式教学

对于创新思维这个词的含义目前有许多不同的认识和表述,百度百科中说,创新思维是指以新颖独创的方法解决问题的思维过程,通过这种思维能突破常规思维的界限,以超常规甚至反常规的方法、视角去思考问题,提出与众不同的解决方案,从而产生新颖的、独到的、有社会意义的思维成果。通过对学生创新思维的培养,可以使学生创造出更大的社会价值,所以在教学中充分培养学生的创新思维无论是对于学生发展还是国家富强都是非常重要的。信息技术作为一门发展迅速,紧跟时代步伐的新兴学科,在学生创新思维培养方面更具优势。

目前信息技术学科在培养学生创新思维方面还存在很多问题。例如,浙江省采用7选3的高考模式,信息技术成为高考科目后,教师和学生迫于高考压力,简单的"满堂灌"和"题海战术"成为普遍存在的课堂教学模式,即使在"数字化学习和创新能力"作为学科核心素养被提出来后,部分教师和学生对其认识还是存在很多误区。例如,认为创新思维是天赋,是少数人具备的素质;简单的知识量累积和动手能力的提高就能提升创新能力,等等。这些认识并不准确,根据相关学者的研究表明创新能力是每个人都具备的能力,只是在没有充分地调动之前,这种能力所表现的并不明显。

鉴于以上现状,我们必须思考如何通过切实有效的方法促进学生创新思维的发展。考虑到浙江省信息技术学科的大环境,作为一线教师,我认为培养学生创新思维的主阵地还是在课堂,力主通过启发式的教学设计,使学生能够以新颖独特的方法去解决遇到的问题,使其创新思维得到培养,并能够灵活的将其应用到其他学科领域中。

下面将如何在信息技术课堂中利用启发式教学促进学生创新思维的策略作简单介绍。

一、情境教学激发学生自主探究意识

人的思维活动必须借助外界环境因素的刺激作用才能有效进行,教师在教学过程中创设的情境正是引导学生进行创造性思维活动的重要外部条件。在课堂实践中,创设不同的情境,将学生的思维调动起来,可以有效地激发其探究的兴趣。

1. 创设趣味情境,激发学生探究热情

教师在教学过程中可根据学生的实际认知水平,有意识地创设一些能引起学生兴趣的带有趣味性的情境,做到内容新颖。

案例:在《对分查找算法》一课中,新课导入时可以创设这样一个游戏情境。

老师:"今天我们来玩一个猜数字的游戏,你定一个1~100之间的整数,我来猜,老师不能保证一次猜对,但有把握绝不会超过7次,不信的话我们可以来试试,看老师是不是在吹牛。"听到这里,学生一定对这个游戏充满了期待,注意力都集中到了课堂。通过游戏,学生一定非常好奇老师的猜数技巧,此时,老师可以再加玩几轮,让学生留意其操作的步骤,让学生在游戏中进行自主探究、创新思维,最后让学生对老师的猜数过程进行总结梳理,而这个总结恰是对分查找算法的主要思想。

在这个案例中,老师创设了一个引起学生兴趣的游戏情境,可以有效地集中学生的注意力,再让学生通过游戏的参与并对对分查找的算法思想进行分析总结,这一过程不仅使该知识点得到很好的落实,而且也有效地培养了学生的创新思维。

2. 创设问题情境,激发学生求知欲望

创新是一项自主性的活动,教师在创新思维教育过程中的主要作用在于启发和引导。思维始于问题,问题情境能激发学生的求知欲,培养学生的创新能力。教师要善于巧设问题情境,有目的地启发、训练学生的创新思维。

案例:在《Excel公式计算》一课中,老师要求学生在公式中需要引用单元格名称而非直接数据,这样可以通过自动填充工具得到整列或者整行的数据答案,此时可以创设一个问题情境。

	A	B	C	D	E	F
1	样本编号	身高(cm)	离差(cm)	体重(kg)	胸围(cm)	小腿围(cm)
2	1	172.7		61.2	87.2	35.7
3	2	171.5		60.4	87	35
4	3	171.8		60.8	86.7	35.6
5	4	170.8		59.7	86.1	35.6
6	5	170		59.3	85.2	35.1
7	6	171.6		57.7	85.6	35.1
8	7	171.6		59.2	85.2	35.1
9	8	171.3		59.6	84.3	35.4
10	9	169.7		58	86.7	34.8
11	10	169.2		57.8	86.4	34.7
12	11	173.8		62.5	88.2	36.8
13	平均	171.27		59.65	86.26	35.35

（1）利用函数计算身高、体重、胸围和小腿围的平均值，结果保留两位小数。

（2）请按照公式计算各样本的离差（离差=身高-平均身高）

学生按常规操作之后会发现，从样本2开始，离差数据和身高数据是一样的，这说明计算公式是有问题的，这时老师就可以引导学生找出问题所在，并让学生自主探究解决办法。很明显这是因为相对地址的引用导致后面公式中不再引用平均身高单元格。

在课堂上实践中，学生对此问题共提出了两种解决方法。

方法1：将B14:B24全部填充平均身高值，这样就避免了后面公式中单元格数据为0的情况。思路是正确的，但是问题又来了：如何填充B14:B24数据呢？因为B13是通过函数计算的，所以如果直接用自动填充工具则又陷入了引用地址而引起的求值范围的错误。于是，就有学生提出来直接填充171.27这个数据就行了。

方法2：在C2单元格公式中直接引用身高数据"=B2-172.27"。

学生想到的这两种方法思路都是完全正确的，目的是保证公式中平均身高有数据，在这个问题的解决上应该是相当成功的。学生在不知道绝对地址概念的情况下，通过自己的探索找到合适的解决方法，在一定程度上拓展了思维，培养了自主解决问题的能力。

然而问题是，既然利用直接引用数据这么简单就可以解决了，还需要绝对地址干什么呢？这时候就需要老师来引导了，老师可以请学生填充C13单元格。让学生来观察刚才的公式到底有没有问题。按正常计算，这个单元格的值应该为0，但是填充后会发现C13出现一个很小的值，可以让学生来思考出现这个问题的原因，从而引出另一个知识点：单元格数据显示格式的改变不会影响实际的值，最后老师就可以引出绝对地址的概念。通过这一环接一环问题的出现，让学生作一步接一步深入的研究，明白绝对引用在Excel公式计算中的重要作用，并且拓展了知识。

二、巧设任务,提高自主探索能力

学生在一系列的学习活动中往往是和任务联系在一起的,用任务来引导和维持学习创新思维,让学生带着真实的任务学习,真正使学生成为学习的主体。学生的学习不单是知识的简单接受和传递,更应该是学生主动建构自己的知识体系的过程,通过知识的积累和思维的创新不断取得进步。

1. 设计开放型任务

开放型任务在教育中是一种非常重要的资源,能使学习变得更为新鲜而有趣。好的任务应该能把注意力放在激发学生的思维过程上,而不是仓促地直接得到结果。开放型的任务给学生广阔的思维空间,引导学生对任务和问题进行多角度的思考和分析,开拓学生的思维。当然,开放型任务设计的空间也不可太大,空间过大,学生如迷途的羔羊,四处乱撞,导致课堂混乱,从而领悟不到课堂学习的重点。

案例:在《Access数据库应用》一课中,可以设置一个如下开放型的任务。

如果要用Access数据库来管理学校的一卡通系统,这个数据库应该如何设计?通过分析,在这个任务中涉及的问题有:

(1)需要建立几张数据表?

(2)每张数据表需要设置哪些字段?

(3)字段类型设置为什么?

(4)表与表之间通过哪些字段进行关联比较合适?

在这个任务上,学生可以通过分小组合作的方式进行,讨论学校一卡通系统的主要功能,确定需要建立哪些数据表,再对任务进行分工,每个学生完成其中的一张或几张数据表,然后汇总整理,最后还可以相互评价一下哪个小组的设计更优一点。当然如果学校的一卡通系统比较复杂,也可以全班讨论,然后由每个小组完成其中的一个模块,最后全班汇总。

通过小组讨论,相互分享彼此的意见,取长补短,一定能够拓展学生的思维,也在一定程度上可以培养学生的团队合作能力,这个能力在今后的学习和工作中都是非常重要的。

2. 设计拓展型任务

在教学中,教师要善于观察学生思维的深度,那种不假思索即可得出结论的任务是不可取的,因为这样的任务没有一定的思维深度,不容易让学生养成思考的好习惯。学生对问题的思考往往只停留在表层,缺乏深层次的思索,所以对知识点的认知是一知半解的,这时教师要及时引导,步步深究,把学生的思维引向更深处,向纵深拓展。当然,任务的层次与阶段要科学合理,以先易后难、循序渐进为原则。

案例：在上述《Excel公式计算》一课中，通过问题情境的创设学生得出了单元格数据格式的改变不会影响实际的值这一结论，此时老师就可以增设一个拓展型任务：是否有办法对单元格数据作保留两位小数的四舍五入计算，而非单纯的显示格式的设置。

任务给出后，老师可以作适当引导，告诉学生可以使用取整函数Int或者Trunc，然后让学生自主去探究这两个函数的用法和区别，最后写出自认为合适的表达式，在教学实践中，学生写出了多种算法。最后，老师对于学生写出的答案给予针对性的分析和指导。

在这个任务的完成过程中，学生通过自主探究这两个函数的用法了解了Excel中函数表应用的一般方法。通过比较两个函数的区别，并自主设计算法，提高了学生利用已有知识拓宽思维并解决问题的能力，也让他们感受到解决问题的方法是多种多样的，只要自己乐于思考。

总之，在教学过程中，教师要少一点灌输，多一些启发，让学生尽可能地"参与"到知识的产生和发展中来，从而使接受知识转变为发现知识，达到培养学生创新思维的目的。

创新思维是人们认识与改造客观世界的过程中的一种有创新意义的思维，是一个民族得以不断发展和前进的源泉，是贯穿整个社会创新活动的基本动力。作为信息技术教师，必须紧跟时代步伐，在课堂中运用有效的教学方法和手段，为有效培养学生的创新思维能力而努力。

高一物理教学中利用学习单预学教材素材的实践

周维佳

【内容摘要】 现在每个老师在上新课前都会有预习的要求，但同学们预习的方式方法差别非常大，所取得的效果也天差地别，学生如果能在课前已经有了对新课的认识，会大大提高上课的效率。教科书是同学们预习的基本资料，但高中物理教科书中高度概括凝练的文字和高一学生直观思维之间存在巨大矛盾。本人利用学习单，以一个个小建议让学生在预习过程中充分获取教科书中的信息，进行相关的推导，体会得出的结论，思考出现的问题，让同学们的预习更有目的更有条理更有效率，从而达成学习前置的目的。

【关键词】 高一物理；学习单；教学素材

一、源与缘——用教材教的美好愿景与现实的尴尬

（一）用教材教的美好愿景

源于杜威教材观的启迪：杜威的教材观启迪我们，在使用教材时，一定要将教材转化为"学生的教材"，也就是让学生成为"掌握材料的人"，这就需要我们教师不是教教材而是"用教材教"，让教材成为"学材"。这呼唤我们一线教师发现教材中的一个个教学点，当然这些教学点可能是教学的重点、难点，也可能是学生的兴趣点或者困惑点，同时需要我们教师对这些教学点进行盘点梳理，不然容易偏离教学目标，分散教学重点。

（二）现实的尴尬

1.学生预习现状的冷峻审视——预学教材不得其法

现在每个老师在上新课前都会有预习的要求，但同学们预习的方式方法差别非常大，所取得的效果也天差地别，不少同学对于预习什么、怎么预习，很多同学感到非常迷茫。一些同学的预习，就是在课本上黑体字部分进行画线和阅读，这样预习只是

对新课的重点内容有个大概了解,对于听课帮助不大。另一些同学会借助教辅资料上的知识清单进行预习,但知识清单只是把课本上的公式和规律以填空的形式出现在了资料上,同学通过填空可以了解新课的内容,但对于这些公式各部分的意义,这些规律可以解决什么问题却并不知晓。

2. 对物理教材使用现状的审视——使用教材未尽其用

同学们现在被各种学习资料所包围,往往课前要做预习案,上课要做导学案,课后还要做练习题,似乎整个高中物理的学习只有做题一个主题,根本没有时间去阅读教科书,没有时间体验教科书上是如何提出问题、探究讨论问题、得出结论的,也没有时间去完成教科书上那些"说一说""做一做"去感知日常生活中遇到的物理规律。在一些同学手里教科书已经变成了工具书,只在概念或者定律忘记的时候翻一翻、查一下。

3. 对物理教材使用现状的观照——理解教材难解其意

高中物理教科书中高度概括凝练的文字和高一学生直观思维之间存在巨大矛盾。

高中物理教科书中在提出物理概念时,往往就是依托生活中的现象,提出需要有一个物理量去描述生活中的某种情况,再给出物理概念的具体定义,这样的写法相对比较抽象,高一同学很难理解好这些相对凝练的文字,而且高中一些物理概念本来就很抽象,这更加大了同学们学习的难度。高中物理教科书中给出物理规律时,往往是基于图像的推导或直接就是数学方法进行字母计算,这对于仅仅只有初中数学水平的高一同学来说要求他们准确地理解图像进行推导或是进行严密的数学计算都是很困难的。对于物理规律的应用,课本写得比较详细,但对同学们的难点在于条件的分析,具体的受力分析和运动分析,规律的选择,具体的计算等,而这些课本都是直接呈现,没有详细的分析过程。这样,如果直接让同学阅读教材,可能很多同学会看不懂。

二、法与理——利用学习单预学教材素材的实践

(一)学习单在预学教学素材中的定位

"学习单"是教师根据学生的认知水平、知识经验所编制的用于指导学生自主建构知识的学习方案,是一个预习过程中的指导工具,以一个个小建议让学生在预习过程中充分获取教科书中的信息,借此进行相关的推导,体会得出的结论,思考出现在问题,让同学们的预习更有目的更有条理更有效率,从而达成学习前置的目的,使同学们的预习不再只是通读全文,画出结论,毫不思考。我们设计学习单,力求彰显教与学的功能,从"学"的层面,达成学生学习的前置,促使学生有目的、有计划、有意识、

有任务地学习;从"教"的层面,达成教师精准了解学情的旨归,促使教师在精准把握学情前提基础上有序地开展教学。

(二)学习单的设计原则

有效的学习单绝对不是简单问题、相应习题的堆砌。布置学习单时首先要思考:我布置的这些学习任务对下一个新知识点的学习是否有用?如何帮助学生利用好学习单更好地进行自主学习?

学习单的设计力求做到简单、低入、根本、趣味、开放。

(1)根本:要求教师抓住知识主线,找准教学重难点,使学生通过学习单的学习能够完成大部分的知识点。

(2)低入:要求设计的学习任务难度要适中。

(3)简单:要求设计的学习环节要简单,学生能一目了然。

(4)趣味:兴趣能激发学生的学习动机,颇有趣味的学习单具有一定的吸引力。趣味性要体现出题型多样,方式新颖,内容有创造性。

(5)开放:教师根据教材适时适量设计开放性的学习任务,增加学生思考问题的多面性。让学生"各有说法",让不同层次的学生都能在自己的能力范围内"有话可说",培养他们的自信心。

(三)基于不同课型的学习单设计路径

1.基于物理概念新建的学习单设计

对提出物理概念的新课,课本上主要写了(1)物理概念引入的目的;(2)物理概念的定义;(3)物理概念的物理意义;(4)物理概念的单位、矢量还是标量;(5)这个概念和其他物理概念的区别和联系等。对于这样的物理概念课,学习单主要针对上述几个方面提问,指导学生对教科书进行阅读。以第一章第五节"加速度"为例。

本节课是人教版《物理》必修一的第一章第5节的内容,加速度是运动和动力学中一个重要的物理概念和物理量,它是以后运动学和动力学知识基础,但加速度的概念,对于刚迈上高中门槛的初中学生来讲,实在是太抽象!因此要从同学们的日常生活入手,他们体会到在除了速度有快慢之分以外,速度的变化也有快慢之分。预习一结合课本的思考于讨论,使同学们知道,当速度变化量相等时,用时少的速度变化的快。预习二结合课本"加速度"的阅读,通地一系列问题让同学了解,为什么要引入加速度这个物理量,它的意义、表达式、单位分别是什么?针对学生抽象思维能力不高,对于加速度和速度方向之间的关系比较难以理解,所以导学单预习三中设置了多个问题,还特别提醒同学阅读插图,希望同学通过对问题的思考和对插图的分析得出加速度方向和速度方向的关系。

课题名称	1.5 加速度	
预习目标	1. 了解"速度大""速度变化大""速度变化得快"三者的区别。 2. 知道当时间和速度变化量不同时,也能比较速度变化得快慢。 3. 知道加速度的定义方式、单位和物理意义。 4. 知道加速度是有方向的,了解加速度方向的定义。 5. 找出加速度方向和速度方向的关系。	
预习任务	**预习一**:阅读课本P25"思考与讨论"回答课本上的问题。 1. 谁的速度增加得比较快? 2. 它们的速度平均1s各增加多少? 请再举出一些例子,说明"速度大""速度变化大""速度变化得快"描述的是三种不同的情况。 **预习二**:阅读课本P26"加速度",请思考: 1. 当时间和速度变化量不同时,能比较速度变化得快慢吗? 2. 课本上计算了怎样的一个值来比较飞机和炮弹速度变化的快慢。 3. 为什么要引入一个新的物理量,它的意义是什么? 4. 请找出加速度概念是什么? 5. 加速度的表达式是什么? 6. 加速度的单位是什么? **预习三**:阅读P26-P27"加速度方向与速度方向的关系",思考。 1. 加速度是矢量还是标量? 2. 结合课本插图,找出速度变化量Δv的方向如何表示。(即从哪里指向哪里) 3. 这样的表示和以前学的哪个物理量很像? 4. 加速度a的方向是如何定义,即是哪个物理的方向。 5. 加速度的方向和速度方向有什么关系? **预习四**:阅读课书的"说一说"举出几种生活中有关运动的"快"和"慢",并思考它指的是速度还是加速度。	备注

从学习单的反馈情况和课堂的参与情况来看,同学们对加速度的物理意义和加速度与速度方向的关系有了初步的认识,特别是最后说一说的环节,课堂气氛热烈,这对加速度和速度的区别和认识还是有一定帮助的。但从课后反馈情况来看有这几个问题:(1)计算加速度时,许多同学没有把速度的单位由km/h转化成m/s。(2)当出现新的背景或者选项的信息量增加以后,同学们还是很容易把速度变化的快慢和加速减速混淆起来,这需要后面的反馈练习进行纠正。

2.基于物理规律学习的学习单设计

对提出物理规律的新课,课本上主要写了:(1)物理规律的发现过程和对应的数学推导;(2)物理规律中各个物理量的含义;(3)物理规律所对应物理意义的理解;

(4)物理规律的适用条件;(5)物理规律的简单应用。对于这样的物理规律课,学习单主要针对上述几个方面提问,指导学生对教科书进行阅读。以第二章第二节"匀变速直线运动的速度与时间的关系"为例。

"匀变速直线运动的速度与时间的关系" 高中物理必修一第二章第二节,这节一开始需要让同学在已有匀速直线运动理解的基础上,理解好什么是匀变速,所以预习一部分利用问题引导同学去思考和理解匀变速直线运动。附学习单:

课题名称	2.2 匀变速直线运动的速度与时间的关系	
预习目标	1. 知道匀速直线运动v-t图是怎样的。 2. 了解匀变速直线运动是如何定义的,v-t图又是怎样的。 3. 能尝试推导速度和时间的关系。 4. 对速度和时间$v=v_0+at$进行一些思考和理解。 5. 能尝试用速度和时间的关系解决一些问题。	
预习任务	预习一:阅读课本P34页"匀变速直线运动"思考 1. 匀速直线运动v-t图是怎样的? 2. 匀速直线运动中的"匀"是什么意思?"速"是什么意思? 3. 匀变速直线运动中的"匀"是什么意思?"变"是什么意思? 4. 合在一起可以从字面怎么理解匀变速? 5. 上节课我们画的v-t图是一条倾斜的直线,对于这样的v-t图你能找出什么特点? 6. 课本上对匀变速直线运动的定义是怎么样的?它的v-t图像又是怎么样? 7. 你能画出匀减速直线运动吗? 预习二:阅读课本P34页"速度与时间关系式" 1. 你能尝试推导速度与时间关系吗?推导过程中你遇到了什么困难? 2. 对于$v=v_0+at$,你可以把at理解成什么,v_0是什么,它们和v的关系如何? 3. 速度与时间关系式$v=v_0+at$,它的适用条件是什么? 预习三:请尝试完成例1,在做例1的时候你遇到了什么困难或者出了什么错误? 预习四:请尝试完成例2,在做例2的时候你遇到了什么困难或者出了什么错误 预习五:请阅读"说一说",并思考"说一说"中的v-t图时间间隔相等,对应的速度变化量相等吗?物体在做匀变速运动吗?	备注

从学习单的反馈情况和课堂的参与情况来看,对于预习一、二部分,同学们基本都能完成学习单上的预习任务,能基本理解匀变速运动是一个速度均匀变化的运动,

它的v-t图像是一条倾斜的直线,也能照着课本的样子推出速度和时间的关系。但在写适用条件时,很多同学都空着,不少同学还说书上没有适用条件这样的文字,这说明同学们的阅读还要更细致,标题就写着:匀变速直线运动的速度与时间的关系,适用条件当然就是:匀变速直线运动。在做例1时,基本上是这两个问题:1.单位没有换算成m/s就直接计算,引起的错误。2.解题过程书写不规范。单位问题需要在课堂上反复强调,书写问题需要在课堂上认真示范。

三:效与思——利用学习单预学教材素材的成效与思考

(一)成效盘点

1.培养了学生自主学习的能力。学生通过对物理教科书的阅读,按照自己的思维方式,把新知识和旧知识联系起来,把新知识整合到已有的知识体系中去,这样学生能更容易接受物理知识点,也对培养学生的自主学习很有帮助。

2.提高了学生的阅读能力和对新背景新问题的信息处理能力。现在学考和选考题都会涉及实际的生活背景,如果学生的阅读能力和信息处理能力很弱,就很难根据题意建立对应的物理模型,难以抓到题目中的破题要点,陷入题目也看不懂的境地,更别说解题了。

3.积淀了学生获取、筛选、整合、运用信息的品质。对同学而言一节新课,其实就是提出了一个新的问题,让同学们从对课本的阅读中获取信息,再自己分析处理这些信息后尝试得出对应的结论,最后对得出的结论进行应用。对教科书的预习,一方面可以训练学生的阅读能力,另一方面可以训练学生在新背景下信息的获取和处理能力。

(二)反思梳理

苏霍姆林斯基说:"学生的智力发展取决于良好的阅读能力。学生到了中年级和高年级能不能顺利地学习,首先取决于他会不会有理解地阅读:在阅读的时候能够思考,在思考的时候能够阅读。"高中生物理阅读的起点当然是物理教科书,读好教科书,这是最基本的,也是最重要的。学习单可以帮助同学们对教科书在从简单的浏览和划线中走出来,更有目的性的去精读和思考,使同学们在阅读物理教材的过程中,可以获得物理知识、探索物理规律、提升思维能力,还能够感受到物理的严谨美及规律美。

参考文献:

[1] 杨菲菲.高一学生使用物理教科书预习的现状调查研究[D].新乡:河南师范大学硕士论文,2017.

[2] 薄延娣.高一学生物理课前预习现状及应对策略[J].教师,2014(4).

[3] 孙艺.高中物理教科书使用调查研究[D].苏州:苏州大学硕士论文,2018.

指向思维品质发展的P-Q-P深层阅读的设计与实践

潘 星

【内容摘要】 本文从高中英语阅读教学中P-Q-P深层阅读的设计着手,以人教版必修三第二单元阅读课为例,探讨如何在阅读教学中运用P-Q-P深层阅读的设计培养学生多种思维方式和提升学生的思维品质,并给出一些教学建议。

【关键词】 P-Q-P深层阅读;思维品质

一、P-Q-P深层阅读的设计

1. P-Q-P深层阅读的概念

P-Q-P指的是Prediction task——Questions chain——Post task。即三步阅读法:预测文章内容——设计多层问题链——设计多样化读后任务。

2. P-Q-P深层阅读的设计

Prediction task通过标题和图片预测文章内容来激发学生的学习兴趣;通过Questions chain来分步深层精读文本,由问题链设有悬念,每个问题环环相扣。Post task通过设计思考,分析,创新,续说,续写等多种读后任务来实现语言实践能力的扩展与提高。通过P-Q-P深层阅读的设计,学生在阅读过程中,锻炼了多种思维方式,提高了思维品质。

二、P-Q-P深层阅读的教学实践

以人教版高中英语必修三第二单元的阅读课Come And Eat Here(1)为例开展P-Q-P深层次阅读实践。

1. 教学设计说明

本课例的阅读内容是王鹏和雍慧经营餐馆的不同风格理念,不同菜肴,顾客所表现出的不同反应。

通过Prediction task来激发学习兴趣,预测文章内容;Question chain:把5个自然段和2个广告分为三部分,每部分由问题链设有悬念,每个问题环环相扣,每一部分又为下一部分进行了铺垫。Post task:通过比较,分析,创新,续说等方式来实现语言实践能力的扩展与提高。在整个阅读过程中学生的比较,推断,逻辑,想象,批判,创新等思维能力得到了锻炼和升华。

2. 教学目标分析

阅读结束后,学生能够(1)分析文章标题和图片,预测文章内容。

(2)理解文本内容,比较两个餐馆的状态,食物,价格,广告。思考分析两份菜单是否健康,优缺点,应怎样改进并发表看法。

(3)分析王鹏在故事发展中的情感变化。

(4)通过概括每份菜单的优缺点来了解均衡饮食对人健康的影响,提高养成健康饮食习惯的意识,提升学生的思维品质。

(5)创新续说文章结局。

3. 教学过程

环节一:Prediction task

从英文谚语Bread is the staff of life.和中国谚语:"民以食为天"入手,得出"We are what we eat"。然后提出问题:What kind of food should we eat? 播放人所需要的三种不同类型食物的动画片,要求学生找出这三类食物。小组合作,得出人必须吃平衡膳食才能获得健康的结论。紧接着要求学生用自己的语言描述第10页的第一幅图片,再结合课文标题Come And Eat Here四人小组预测课文内容并做好笔记。

【设计意图】

从英语谚语Bread is the staff of life.导入引出中国谚语"民以食为天"。得出需要摄取energy-giving food, body-building food and protective food三类食物后,得出这就是a balanced diet的结论,为阅读中分析王鹏,雍慧的菜单是否符合健康标准,优缺点是什么,怎样改善提供了理论依据。视频导入既激发了学生的阅读兴趣,又对文本故事的主题有所了解,还有助于学生对文章内容进行了预测和推理,让学生在阅读过程中处于主动认知状态,训练了学生推理,想象等逻辑思维能力。用自己的语言描述图片,训练了学生用英语思考用英语表达的能力,预测课文内容则训练了学生的预测能力,培养了他们创造性和发散性思维。同时学生以小组的方式分享答案,在交流合作中完成任务,也培养了他们的合作精神。

环节二:Questions chain

Part1:Read Para 1遭受挫折

阅读第一段,获取浅层次信息:那天早上为什么奇怪了?王鹏的餐馆到底遇到了什么问题?他的感受是怎样的?他的菜单有哪些菜?深层问题:你觉得这些食物健康吗?有什么问题?猜猜客人都去哪儿了?本环节问题链如下:

Q1:What happened to Wang Peng's restaurant? How did he feel?

Q2:Was his food not delicious? What was the menu of his restaurant?

Q3:How did he think of his menu?

Q4:How do you think of his menu? Is it healthy? Why do you think so or not?

Q5:Where did Li Chang and other customers go? Can you take a guess?

【设计意图】

此问题链设计训练学生的观察,分析,判断,想象,推断,批判等思维能力。学生了解文中主人公遇到的问题,设身处地地感受他的情感,训练了学生在同等情境下的想象思维能力。要求学生判断王鹏餐馆的菜单是否健康,使刚学过的知识得到了很好的运用,训练了他们的判断思维能力。接下来,学生很容易根据自己的生活经验来分析餐馆的客人都去了别人开的另一个餐馆了,他们又会立刻联想到图片中的女士雍慧。于是产生疑问,客人是不是都到雍慧开的餐馆呢?客人又为什么要去她的餐馆?她的食物比王鹏餐馆的食物好吃些吗?会是怎样的食物?很自然而然地对下文进行了预测和探究,为第二部分的阅读做好了铺垫,发挥了学生的想象思维能力。

Part2:Read Paras 2-3 满腹狐疑

阅读第二段至第三段,检查对顾客去了哪里的猜测是否正确。当王鹏看到雍慧广告时有怎样的反应?她餐馆的菜单是怎样的?她的菜单作用是什么?健康吗?价格怎样?王鹏看到菜单价格时又有什么反应呢?当他想到价格这么贵的菜到底能否减肥,他的反应又是什么?引导学生探究:假设他们是王鹏,他们会怎么做?让学生四人小组讨论,分享结果。

【设计意图】

此问题链设计训练学生的想象,分析,比较,批判等逻辑思维能力。这部分的阅读重点是引导学生理解王鹏和雍慧两家餐馆菜单的不同。另外一个重点是,王鹏一系列的情感变化,从好奇—惊讶—怀疑,到决定去查阅资料揭穿雍慧的食物其实不能减肥的"阴谋"。在一系列连锁问题思考的过程中,学生既获得了文本表层的信息,又走到了文中人物的内心去思考问题,分析问题并解决问题。

而对于雍慧到底有没有欺骗大家这个问题,学生也有极大的兴趣,鼓励他们合理想象,训练他们的逻辑想象思维能力。

王鹏到底去图书馆查阅到了什么结果,这个结果和我们刚才自己分析的两家菜单的优缺点是否一致,调查之后,王鹏又会做出怎样的反击呢?这一系列问题使学生阅读下去的兴趣越来越浓厚。而这时，我们暂时先不往下阅读，而是设身处地地站在王鹏的立场探究一下他将采取什么措施来扭转局势，赢回客人呢？通过小组讨论。

这一系列的问题链设置可以让学生从不同角度去思考和解决问题，还可以训练他们独立思考和倾听他人想法的能力。阅读第三部分，王鹏到底采取了什么措施，然后比较自己的假设和原文是否有相似的地方，极大地鼓励了学生的合理想象，训练了学生的逻辑思维能力。本环节问题链如下：

Q1：When Wang Peng saw the ad, how did he feel?
Q2：What was Yong Hui's menu?
Q3：Do you think her menu is healthy? Why?
Q4：How did he feel when he saw the menu and the price? Why?
Q5：What did Wang Peng decide to do?
Q6：If you were Wang Peng, what would you do to win your customers back?

Part3：Read Paras 4-5 重拾信心

一，比较王鹏查阅的结果和学生之前自己分析的结果是否有相似处；二，比较小组讨论的王鹏可能会采取的措施和课文里王鹏采取的措施，思考哪些措施更有效果。本环节问题链如下：

Q1：What result did Wang Peng find? Is the result the same as the analysis we have made just now?
Q2：After researching, how did he feel?
Q3：What measures did Wang Peng take to win his customers back? Compare the measures you have just raised, which do you think are better?

【设计意图】

此问题链设计训练学生的逻辑，想象，创新等思维能力。在前面的阅读中，教师已经引导学生分析过两个菜单的优缺点，在这部分的阅读中，作者会展示王鹏查阅资料后的结果，对比之前学生自己的分析。第二个比较验证课文里说的王鹏采取的措施和之前学生讨论的措施是否有相似处，学生在比较后发现有很多相似的措施，使学生的逻辑想象思维能力得到了极大的鼓舞。

环节三：Post task

设计三个读后任务：一、Reading for contrast 从多维度分析两个餐馆的不同。二、Reading for analysis 分析文章体裁，结构，主线和写作意图。三，Reading for creation 王鹏到底有没有赢回客人呢？雍慧知道那天王鹏到她餐馆看了一下菜单就走了，有什么反应，她又会怎么应对呢？试着续说文章结局，要求学生至少使用以下5个词汇：Wang Peng，Yong Hui，menu，energy，slim，price，sign，strength，weakness，competition。

本环节问题链如下：

Q1: What kind of the passage is? Do you think it is a narrative, an expository or an argumentative writing? How do you know?

Q2: How do you think the author develop the story? What's the clue of the story?

Q3: From the story, what kind of information do you think the writer wants to convey to us? So why do you think the author chose to narrate a story to convey the message? Is it more effective to narrate a story or would it sound better if it's written as an expository writing?

Q4: At last, does the author give us an ending of the story? How do you know? In group of 4, try to design the ending of the story, you should use 5 of the following words: Wang Peng, Yong Hui, menu, energy, slim, price, sign, strength, weakness, competition.

【设计意图】

此问题链设计训练学生的比较，推断，逻辑，想象，创新等思维能力。任务一是重组课文内容，让学生从 Situation, Food, Drink, Price, Strength, Weakness, Advertisement (sign)等方面做横向比较，培养了学生的比较思维能力；任务二是考查学生对于课文内容，结构的把握，分析文章的主要线索即王鹏的情感变化 frustrated——curious——amazed——doubtful——surprised——hopeful，作者的写作意图，即 Read beyond the lines。故事并没有结束，王鹏以前的客人在王鹏做出努力后到底有没有回心转意呢？这给学生留下了很大的想象空间，任务三要求学生根据故事情节的走向编故事结局，达到从课文知识的巩固到自身知识的扩展，培养学生的创新思维能力。同时，也为读后续写的训练打下一定的基础。

这三个任务以四人小组讨论形式完成，促使学生多角度地去思考问题，使思维更有创造性。于是，学生的比较，推断，逻辑，想象，创新等思维能力得到了锻炼和升华。

环节四：Homework

让学生写出刚才续说的故事并做好修改，第二天每组派出代表分享故事。

【设计意图】

作业环节训练学生的归纳，总结等思维能力。要求学生写下刚才口头叙述的故事结局，目的是让学生整理好口头零散的思路，用文字记录下来。这个作业契合读后续写，还训练了学生的写作和口头表达能力，使学生的思维品质达到一个新的层次。

三、P-Q-P深层阅读的教学建议

1. 关于设置深层次问题链

P-Q-P深层阅读不按照传统的先快读再细读的整体阅读模式,而是采用了分步阅读,设置深层式问题链的策略。教师在设计问题链时,应当关注问题链间的环环相扣性和开放性,不设定所谓的标准答案,使学生有充分思考和表达的机会。

2. 关于创新拓展读后活动

文本解读之后,教师可以设计续说,续写,表演,比赛等多样化开放式课后活动,在思维碰撞中提升学生思维能力的创新性。

3. 关于小组活动

P-Q-P深层阅读过程围绕开放性强的话题讨论,可以让学生分成四人小组,畅所欲言,既可以扩大学生的词汇量,还对提高学生的口语能力有很大帮助,最重要的一点是,让学生想说、敢说,培养学生英语思维的灵活性。

参考文献:

[1] 教育部.普通高中英语课程标准[S].北京:人民教育出版社,2017.

[2] 张旭.基于学科核心素养的高中英语阅读教学[J].英语教师,2016,16(16):4.

[3] 陈胜.从思维品质培养视角看初中英语阅读教学中的问题设计[J].中小学外语教学,2017,40(4):5.

高中数学分层教学的实践研究

蔡有福

【内容摘要】 高中阶段学生的学习水平和学习能力参差不齐,可以说学生间的层次差异非常大,这种情况在高中数学学科的学习上表现得更加突出。本文试从学生的分层分组;教学目标分层;教学设计分层;授课分层;课堂练习的设置与作业分层;教学评价分层这几个方面进行研究总结。

【关键字】 高中数学;分层教学;实践研究

一、分层教育的目的与意义

1.分层教学的研究背景

在新课程改革的背景下,特别是高考"7选3"的背景下,让这些存在个性差异、学习基础不同的学生,都得到充分的发展,在最大限度内满足"个别化"教学的要求,实施"准个别化"教学具有很重要的现实意义。

2.分层教学的意义

分层教学就是为满足当前教育需求,是可以调动学生的积极性,激发学生的学习潜力,改善枯燥单一的教学形式,从而提高教学效果,促进高中教育教学的良性发展。

二、分层教育的理论依据

1.符合因材施教的教学原则

因材施教,就是要正确地处理好多数学生和少数学生的关系问题。在教学中既有统一的要求与标准,又要针对不同水平的学生实行区别对待,采取不同的措施,达到全体学生充分发展的目的。

2.符合学生的个别差异

人与人之间的差异,不仅表现在学生先天的遗传因素有区别,而且还表现在其身心成长与智能发展的后天条件区别。分层教学就是要求我们从学生的实际出发,根据学生各个方面的差异,为学生创设符合他们实际水平的教学情境,尽可能地使每一个学生都能在原有的基础上有所提高。

3.符合智力心理学的研究成果

智力心理学的研究认为,人的智力的差异是很大的,智力不仅在个体间有巨大差异,而且在个体内智力的不同组成部分也有较大的差异。分层教学不仅要求我们教师要把学生之间的不同层次分清,而且要求我们要对同一个学生在学习不同的知识时呈现的不同层次要分清。

三、分层教学研究的内容

分层教学的各个环节的具体做法,主要包括:(1)如何搞好对学生的分层和分组;(2)如何搞好对教学目标的分层;(3)备课教学设计如何分层;(4)教师的授课如何分层;(5)课堂练习的设置与作业如何分层;(6)教学评价如何分层。

四、分层教学的具体措施

1.对学生的分层分组

在原有的行政班保持不变的前提下,两个班形成一个整体,结为对子班,只是在上数学和英语课时学生根据自己的学习程度选择到相应的促进班或基础班去上课,在"7选3"走班时与其他行政班一起走班,而在其他课时就各回自己所在的行政班。

2.教学目标的分层

学生分层以后就必须对各个层次的教学目标有一个明确认识,否则分层教学就会流于形式。为此我们认真研究了高考大纲,新课程标准以及现行教材的内容及要求,并结合各层学生的不同特点精心制订了以下教学目标。

表1 教学目标分层

层次	能力要求	教学目标解读
基础班	1.识记了解 2.理解领会 3.简单应用	落实好基本知识与基本技能的培养,学生能够直接运用知识解决相关问题,教学方式应该是放慢速度,反复复习,高频率检查以巩固基础知识,逐渐培养学生的学习能力。
促进班	1.识记了解 2.理解领会 3.简单应用 4.较复杂的应用 5.综合应用	不光要落实双基培养,更要注意挖掘知识的内涵,拓宽知识的外延,要在知识的深度与广度上做足文章,要以培养学生数学兴趣与良好的数学素养为教学主要着眼点,把学生的创新能力与探究、分析、解决问题能力培养当成非常重要的教学目标,创造条件与机会努力培养学生的综合素质。

表2 案例示范:"高中数学等差数列的判定"

学生		教学目标	目标级别
基础班	促进班	等差数列的判定	
√	√	1.定义法:$a_{n+1}-a_n=d$(常数)	基础
√	√	2.等差中项法:$2a_{n+1}=a_n+a_{n+2}$	深化
	√	3.通项公式法:$a_n=An+B$(关于n的一次函数)	拓展
	√	4.前n项和法:$S_n=An^2+Bn$(不含常数的二次函数)	拓展

3.备课教学设计分层

基础班要通俗、直观、形象,而促进班则要理性、严谨及适度的抽象化。在例题讲解方面,基础班要重视解题的通法,选择优解法,避免技巧性太强的解法;而促进班则要重视一题多解,从不同的角度多方位考虑问题,需找解决问题的突破口,锻炼学生的思维。在配套练习题方面,基础班要控制习题的难度,也要控制习题的数量;而促进班则要加大题目的难度,同时也要适度加大题目的数量,这也是提高学生数学素养的有效方法。

案例1:经典例题讲解设计片段

例题:$f(x)=\sqrt{mx^2+8x+4}$ 对任意 x 恒成立,求 m 的取值范围。

基础班:选取易理解、典型的解题方法进行授课,严格控制难度,不宜拓展过多,只需学生掌握基本的解题方法即可。

思路点拨:本题可转化为根式下的式子非负即 $mx^2+8x+4\geq 0$ 在 R 上恒成立问题。

①当 $m=0$ 时 $8x+4\geq 0$ 在 R 上恒成立,显然不成立;

②当 $m\neq 0$ 时只需 $m>0$ 且 $\triangle\leq 0$,可得 $m\geq 4$

促进班:不光要让学生掌握经典的解题方法,还要理解其中所蕴含的思想方法。还要培养学生的应变能力,要通过改变题目的条件,调整例题的难度,实现锻炼学生思维,开阔视野的教学目的。

变式训练 1:若 $f(x)=\log_3\sqrt{mx^2+8x+4}$ 的定义域为 R,求 m 的范围。

思路点拨:根据题意可知 $mx^2+8x+4>0$ 在 R 上恒成立

①当 $m=0$ 时 $8x+4>0$ 在 R 上恒成立,显然不成立;

②当 $m\neq 0$ 时 $m>0$ 且 $\triangle<0$,得 $m>4$

变式训练 2:若 $f(x)=\log_3(mx^2+8x+4)$ 的值域为 R,求 m 的范围。

思路点拨:令 $t=mx^2+8x+4$,则题目要求 t 能够取遍所有正实数,

①若 $m=0$ 时,$t=8x+4$,t 的值域为 R,符合题意。

②若 $m\neq 0$ 时,由题意可知,只需 $m>0$ 且 $\triangle\geq 0$,得 $0<m\leq 4$

综上:$0<m\leq 4$

变式训练 3:若 $f(x)=\log_3\dfrac{mx^2+8x+n}{x^2+1}$ 的定义域为 R,值域为 $[0,2]$,求 m,n 的值。

思路点拨:根据题意可得,设 $y=\dfrac{mx^2+8x+n}{x^2+1}\in[1,9]$,那么 $(y-m)x^2-8x+y-n=0$

① $y\neq m$ 时,$\triangle\geq 0\Rightarrow y^2-(m+n)y+mn-16\leq 0$

∴ 1 和 9 是 $y^2-(m+n)y+mn-16=0$ 的两个根

∴ $m=n=5$

②若 $y=m$ 时,$x=\dfrac{n-m}{8}=0$,$Qx\in R$,也满足题意

∴ $m=n=5$

4.教师的授课如何分层

在基础班和促进班实际授课环节要在讲课速度,学生提问,课堂活动等方面分别采取不同的措施,要结合各层次学生的接受能力、学习状态与学习习惯有针对性地制定不同的操作方案,尽可能地符合各层次学生的实际特点,从而大限度地促进全体学生的进步。

5.课堂练习与作业布置的分层

分层布置练习、作业是分层教学中的一个重要环节。基础班和促进班的课堂练习和作业应该是由易到难,层层递进的关系。课堂练习和作业要求基础班的学生必须完成基础把关、掌握基础练习而要求促进班的学生独立完成练习,并适当增加一些灵活性较强综合运用提高性的练习。

案例2:"指数函数"教学片段课堂练习设计案例

基础班:1)比较下列各数的大小:

(1)$3^{0.8}$,$3^{0.7}$ (2)$0.75^{-0.1}$,$0.75^{0.1}$

(3)$1.01^{2.7}$,$1.01^{3.5}$ (4)$0.99^{3.3}$,$0.99^{4.5}$

2)已知下列不等式,比较 m 与 n 的大小:

(1)$2^m>2^n$ (2)$0.2^m>0.2^n$

(3)$a^m>a^n$

促进班:除了以上的练习1、2增加练习3:比较大小:

a^m+a^{-m} 与 $a^n+a^{-n}(m>n>0,\ a>0,\ 且\ a\neq 1)$

案例3:"函数图形的平移变换"课后作业设计案例

1)①将函数 $y=\dfrac{1}{x}$ 的图像沿 x 轴向右平移1个单位,所得图像的解析式(基础班)

②将函数 $y=\dfrac{1}{1-x}$ 的图像沿 x 轴向右平移1个单位,所得图像的解析式(促进班)

设计意图:考查函数的简单平移——沿 x 轴的平移。

2)①将函数 $y=\dfrac{1}{x}$ 的图像沿 y 轴向右平移1个单位,所得图像的解析式(基础班)

②将函数 $y=\dfrac{1}{1-x}$ 的图像沿 y 轴向右平移1个单位,所得图像的解析式(促进班)

设计意图:考查函数的简单平移——沿 y 轴的平移。

3)若将函数 $y=-\dfrac{1}{x}$ 的图像沿 x 轴向左平移1个单位,再沿 y 轴向上平移1个单位,求所得图像的函数表达式。(基础班、促进班)

设计意图:考查函数沿 x 轴, y 轴的综合平移。

4)促进班补充作业:

拓展训练1:作出函数 $y=\dfrac{x-1}{x+x}$ 的图像。

设计意图:可以考查学生知识迁移能力,运用本课所学内容可以绘出常见函数平移后的函数的图像。

拓展训练2:求函数 $y=\dfrac{x-1}{x+x}$ 的单调递增区间。

设计意图:在拓展训练1基础上的拓展——求单调区间。

拓展训练3:求函数 $f(x)=\log_3\left(\dfrac{x-1}{x+x}\right)$ 的单调递增区间。

设计意图:在拓展训练2基础上的拓展——求复合单调区间。

拓展训练4:讨论函数 $f(x)=\dfrac{ax+1}{x+2}\left(a\neq\dfrac{1}{2}\right)$ 在 $(-2,+\infty)$ 上的单调性。

设计意图:函数平移知识的综合运用。

6.数学分层教学后如何作教学评价

评价分层的主体对象是学生,主要以学生两次大考成绩做比较。采取"以人为本,坚持鼓励性"的原则,按照"学习—对照—调节—改进—完善"步骤进行,对学生的数学学习过程应给予公平、合理、客观、科学的评价。

五、实施数学分层教学后的效果

分层教学工作开展一个学年以来是否可以显著提高学生的数学学习热情与能力,是否可以显著提高整个班级的数学成绩。接下来将从学生的数学成绩以及数学学习兴趣两个方面加以分析研究。

为了降低试验的误差,特设两个班——高一2班(分层教学班)与3班(传统教学班)进行对照分析。两个方面的研究采用的检验方法都为独立大样本平均数差异的显著性检验——z检验。

$$\left(Z = \frac{\bar{x}_1 - \bar{x}_2}{\sqrt{\frac{s_1^2}{n_1} + \frac{s_2^2}{n_2}}}, \text{其中} \bar{x}_1, \bar{x}_2 \text{为平均值}, s_1^2, s_2^2 \text{为方差} \right)$$

表3 参考值

$|Z|$	P	差异程度
≥2.58	≤0.01	非常显著
≥1.96	≤0.05	显著
<1.96	≤0.05	不显著

表4 2016学年第一学期月考成绩差异比较(满分150分)

班级	人数	平均值	标准差	Z值	概率
2	48	90.95	53.44	z=0.59<1.96	P>0.05不显著
3	48	91.30	54.25		

表5 2016学年第一学期期中考试成绩差异比较(150分)

班级	人数	平均值	标准差	Z值	概率
2	48	81.92	29.10	z=1.70<1.96	P>0.05不显著
3	48	80.20	30.25		

表6 2016学年第一学期期末考试成绩差异比较(100分)

班级	人数	平均值	标准差	Z值	概率
2	48	65.32	30.60	z=3.28>1.96	P>0.05不显著
3	48	61.66	41.20		

根据以上分析可知,两个原本水平相当的班采用不同的教学方法后所取得的教

学效果是不一样的,很明显分层教学的实际效果要好于传统教学模式,不光整个班级的成绩有了明显的进步,而且大部分学生的数学能力有了明显的提高,这说明分层教学的实施对于学生数学成绩的提高是有促进作用的。

六、分层教学的总结与展望

仅仅通过教学成绩一定时间内的变化就来评价分层教学的实际效果是否过于狭隘是值得思考的问题。一种教学模式的改变必然会影响到学生许多方面的发展,而不仅限于学习方面,而在其他方面比如情感、人际交往等方面的测评工作开展的还远远不够,所以非常有必要全方位测试分层教学的实际效果。

分层教学是一种个性化教学,而今我们正在"7选3"的改革下实现教育的个性化发展进而实现以人为本的教育理念,这与分层教学不谋而合。只有我们不断调整分层教学的实施方案,才能真正为学生的发展与社会的进步提供强大的动力也只有这样分层教学才会发挥其应有的作用,才会在今后很长一段时间内保持旺盛的生命力。

参考文献:

[1] 教育部.普通高中数学课程标准(实验)[M].北京:人民教育出版社,2016.

[2] 胡兴宏.分层递进教学的研究与实践[J].上海教育科研,2000(7):45-46.

[3] 程文.分层递进教学的理论与实践研究[J].数学通报,2001(7).

[4] 张奠宙,宋乃庆.数学教育概论[M].北京:高等教育出版社,2004:181.

[5] 王慧兴.日本是如何实施分层教学的[N].中国教育报,2003,29(4).

[6] 王旭明.分层教学模式的实验研究[J].教育学报,2002(2):10-14.

聚能于声、正念于心、扬神于行
——能量朗读德育课堂策略研究

郑　璇　晏梅花

【内容摘要】　立德树人是我们教育的根本任务,德育教育是教育工作中最明显的一环,如何更好地处理好这一环,本文提出了能量朗读的德育课堂策略研究。从问题的缘起、概念的提出、实践的意义、课堂的策略研究以及成效与反思等六个方面进行说明,为学生的德育成长出一份力,达到立德树人的要求。

【关键词】　能量朗读;德育;策略研究

一、问题的缘起

党的十九大明确提出:"要全面贯彻党的教育方针,落实立德树人根本任务,发展素质教育,推进教育公平,培养德智体美全面发展的社会主义建设者和接班人。"可以看出德育工作是我们教育环节的重要一环。

我校因为生源的原因,学生有很多不良的习性:不听话,逆反,脾气差,沉溺于手机、游戏,学习不认真,成绩上不去等。不仅家长,我们老师和班主任也经常抱怨和感到焦虑。为什么呢?根据笔者个人的观察和理解,最重要的原因在于,我们的学生在几大核心素养方面都很欠缺。笔者在德育课之前给学生下发能量朗读问卷自查,如下。

朗读前问卷自查:

A.你知道你现在在学校里最想要得到什么吗?

1.知道。是什么?

2.不知道。为什么?

B.1.你觉得你当前学习的动力是什么?(三点或更多)

2.如果没有动力,为什么?

C.你觉得当前最急切想要改进的行为或者状态是什么(至少三点)

D.你当前有比较清晰的未来设想吗?

通过问卷调查可以知道有部分同学对高中的学习生活以及未来的人生都有规划和目标,对未来充满信心和希望。但也有部分同学对自己的人生规划没有目标,在学校里不知道要学习得到什么,学习没有动力。但是他们也希望得到改变。所以笔者希望通过能力朗读的德育课给予他们学习的能量。

这些现象归纳起来,就是表明在我们的学生当中,存在以下几个关键的问题:

①对自己和周围的世界缺乏正确的认识。

②对自己与周围世界的关系缺乏正确的认知。

③对自己作为生命体缺乏很好的认知。

④对自己存在的意义和价值缺乏正确的认知。

没有对事物的正确的认识,就很难有正确的行为反应。人就会变得像鲁迅先生笔下愚昧、麻木、无聊、庸俗的看客一样。

大哲学家亚里士多德曾经说过:播种一种思想,收获一种行为;播种一种行为,收获一种习惯;播种一种习惯,收获一种品质;播种一种品质,收获一种命运。要想从根本上改变学生的行为,就必须首先从根本上改变学生的消极的认知,就必须在他们的心目中种下正确的积极向上的"正念",从内在激发他们的正能量,从而达到"向内扎根,向外生长"的目的。

为此,我们班主任就要经常很辛苦地想用各种方法方式去努力提高学生各方面的素养。著名的教育兼企业家俞敏洪说:孩子的核心素养提高了,成绩根本不是问题。近年来,笔者对本班的学生尝试了一种新的方法——能量朗读,学生反馈和反映出来的效果非常好。

二、何为能量朗读

能量朗读没有很明显的概念,笔者通过实践研究对能量朗读的认识是这样的:懂得欣赏优美的文字,从中吸取营养和能量,并在日常的生活学习中自觉运用,这也是核心素养的一个重要方面。古人云:读书百遍,其义自现。朗读是心灵深处的放歌,能唤起读者的情感,真正感悟到自己与作品主人翁同喜,同悲,同呼吸;他能变文字视觉形象为听觉形象,从而给人以美的艺术享受,甚至影响一个人的一生。

三、能量朗读的意义

教育是"一片云推动另一片云,一棵树摇动另一棵树,一朵浪花激起另一朵浪花,一颗心灵唤醒另一颗心灵"。教师不仅是知识的传播者,智慧的启迪者,人格的塑造者,而且还是道德的实践者和示范者,是德育教育的组织者和倡导者。

2015年10月习近平总书记在伦敦金融城市政厅发表演讲中说:"莎士比亚笔下跌宕起伏的情节、栩栩如生的人物、如泣如诉的情感,都深深吸引着我。年轻的我,在当年陕北贫瘠的黄土地上,不断思考着'生存还是毁灭'的问题,最后我立下为祖国、为人民奉献自己的信念。"

我们的同学们或许达不到习近平总书记的思想高度,但是同学们在大声地朗读中初步了解了宇宙的真相;大致辨识了精神与物质的区别;有所领悟了生命的本源和意义,逐渐在明白存在与学习的价值和去向!稍微懂得了理想的重要性。滋养和美好了各自的心灵!同学们的感想反馈令笔者吃惊——虽然他们使用的语言不同,却表达了一样的意思:吸收到了满满的正能量,希望继续。

德育教育十分重要,德育制约着学生的发展方向,引导学生形成正确的价值观,激发学生的民族自尊心和自豪感,我们中华民族有着悠久的历史,深厚的文化和先辈遗留下来的优良品质,中华民族要屹立于世界民族之林,毫不动摇,靠的就是德,道德是一个人的灵魂,也是一个民族的灵魂。

四、能量朗读的德育课堂策略研究

(一)内容选择

来自各种不同家庭的学生,受到家庭的影响,已经存储了各种负面的念头,加上社会的各种不良影响,很多混淆不清的杂念更是影响着他们的身心。

我们从众多美文中选取了寂静法师的一个作品《让世界因我而美丽》,让全班同学一起大声朗读,总共十分钟左右。这个作品的内容蕴含了宇宙生命的真谛以及存在的意义和价值等,包含了一个人最重要又核心的素养,可是它文字简单,选词精准,表达通俗流畅,朗读起来,节奏优美,能给人以灵魂的震撼!

如其中第二段如下:我知道,我所有的长处都是源于父母祖宗的优秀,但它不是我炫耀和自私的资本,它是上天与祖宗赋予我利益众生的工具;它是我展示生命的伟大、美好和无私的途径。我知道,我的缺点和不足不是我的自愿,那是因为,我是从有缺点和不足的爸爸妈妈而来的。但我知道,选择这样的爸爸妈妈,是我的自愿。我选择的目的,是要来到这个世界,与我的爸爸妈妈一起学习和提升。所以,对于这些缺陷,我不抗拒,我全然地接受,我要通过今生的忏悔、忍受和努力来弥补。我想对爸爸妈妈说:爸爸妈妈,我来到你们身边,就是希望帮助你们改变,也希望你们接受我、容忍我。我愿意从今天开始,不再用完美要求你们,也请你们不再用完美苛求我。我是你们的一部分,我们是一个整体,让我们一起改变,改变才是力量!让我们一起用包容让生命美好,让我们一起用爱让世界美丽!

选取这段主要强调父母对孩子的爱以及孩子和父母一起成长的意愿,让同学们通过阅读激发内心的感恩之情,更加珍爱生命,认识家庭的美好,生命的美好,从而改变自己,改变家庭,改变世界。

(二)操作方法

要想在改变他们已有的思想,方法很多,如阅读、听讲座、劳动体验等。这里,我们使用了一种更直接简单易行的方法途径,收效更好。

法国心理学家埃米尔·库埃(Emile Couie)在他的《自我暗示》(1923年)里写到,人可以跟自己对话,这种对话可以创造我们期望的生活。能量朗读,就是组织学生跟自己对话。"任何一句话,重复一万遍,就会变成现实。"(印第安人谚语)

我们利用班团活动课进行能量朗读。首先,我们运用呼吸法,让全体学生安静下来,人静,心静,回到自己身上来。然后,带领学生集体大声朗读所选择的材料内容。刚开始,整篇文章读完,大概十分钟左右。引导学生读得越慢越响亮越好。经过六周后,就减掉第一段,从第二段开始读。这样,一个学期下来,可以进行十一次,一学年下来,进行二十二次。行为心理学告诉我们,一个人的动作或者想法,如果重复21天,就会变成一个习惯性的动作或者想法,称为21天效应。当然,刚开始是刻意,有些不自然,后来,就会慢慢由刻意变成不经意,很自然了。学生就会在不经意中运用这些"正念"来指导自己的行为,从而来修正他们的人生观、世界观、价值观,进一步成为有理想有情怀有责任有担当的社会人。

(三)自我评价

卡耐基的《人性的弱点》中讲到:"使一个人发挥最大能力的方法是赞美和鼓励。"在能量朗读中,教师的鼓励和评价能让同学们感到关注,体会到能量阅读的魅力。但教师更要引导学生积极自我评价,为自身的朗读提升"正能量"。

《课程标准》在评价建议里指出:"应注意将教师的评价、学生的自我评价及学生之间的相互评价相结合。"所以,在能量朗读实践中,我们逐步增加了学生的自我评价环节。

心理学告诉我们,高中学生都具有一定的自我监控能力,这种能力越强,对学习的促进作用就越大。所以,教师在能量朗读的德育课堂上给学生朗读美文的机会,也应该把评价的机会交给同学们,让同学们积极自评,升华能量。

某同学谈到:"能量朗读增加了正能量,感觉心灵被计划了,世界更美好了,让人放掉许多顾虑,一心搞学习,让人能更快地沉静下来,感觉日子是有奔头的。"

又有某同学讲到:"能量朗读在紧张的读书之余,让我感觉到轻松。它有很多正能量的句子让我对生活充满了希望与力量,让我感觉到不是所有困难都难以克服,给我面对未来的信心。"

"读过的书都是种子,某天就会在一个不经意的角落发芽"。大多数同学都从能量朗读中吸取了满满的正能量,在他们的学习和生活中将给他们更多的引导和力量。

五、成效与反思

柳栖士谈到:"能量朗读,能把学生带入作者营造的优美情景之中,使学生在潜移默化中,模仿、学习、想象、思考乃至创造。"也就是这样坚持能量朗读,让本班学生在各个方面进步很大。从而真正体现我班的班训:"脚踏实地地仰望星空,知行合一地追求梦想。"

1.要相信你所说的话,大脑会遵照你的暗示去行动,并为你效劳。班主任打铁还需自身硬,能量朗读德育活动班主任自身的功底也需要扎实。这样才能做到亲其师、信其道。

2.少数同学本身性格有对抗性,在能力朗读活动中心胸打开慢、吸收少。对这部分同学应给予更多的时间,静等花开。

3.能力朗读主要是一种集体德育活动,在活动中我们应该重视集体疏导和个体辅导提升相结合的原则。在个体谈话教育方面还是要下一番力气。

寻踪索迹 梳"理"优化
——浅谈诗歌鉴赏的思维品质提升策略

徐华燕

【内容摘要】 诗歌鉴赏教学本应是感性与理性的共舞。实际教学中重感性轻理性的现状,亟须师生转变观念,努力找寻理性思维踪迹,并对其进行提炼、梳理、巩固、优化,力争提高学生诗歌鉴赏综合能力。

【关键词】 诗歌鉴赏;理性思维;思维踪迹

孙绍振教授提出语文教学应培养情感丰富、思想深邃的一代人。《普通高中语文课程标准》也强调要"发展思维的严密性、深刻性和批判性"。诗歌鉴赏如珠玉落盘,音美迹清。感性与理性共同参与,才能真正揭示其美。语文教师不必谈"理"色变,因为理性思维也是有迹可寻,有章可法的。

1.结合诗法,借助"推理"读懂诗意

诗家语以"无言""无理""无法"著称,不少考生是仅凭着所学的步骤技巧裸着应试的,如果在诗词教学中,我们能多侧重一点逻辑,夯实一点诗歌章法,对于考生来说可能会豁然开朗。

(1)题中的"理"。很多时候,诗词的题目信息量很大,它交代事由,概括内容,提供时间、地点、背景、情感等。比如:2016年、2017年《北来人二首》和《采地黄者》明确告知身份,一个是来自北方的宋朝人,一个是身份低下的贫民,前者联系背景马上可以得知可能要抒发颠沛流离之感和亡国之痛,后者可能要向读者透露穷苦百姓生活的艰难;2018年《送王昌龄》可判定诗歌为送别诗,送别之情也毋庸置疑;2019年《早秋过龙武李将军书斋》交代事件、时间。联系这些诗歌内容,会发现根据题目做出合情合理的推理,可能会起到事半功倍的效果。

(2)诗中的"法"。a.省略、倒装现象。诗歌因为平仄、押韵、对仗、修辞等的需要,往往存在省略、倒装等现象,学会补足诗中缺少的成分,比如"与君啖肥马,可使(它)照地光",它指肥马的油亮毛色;"竹喧归浣女,莲动下渔舟",主谓倒装,调整后是"浣女归而竹喧,渔舟下而莲动"。如此种种,比比皆是。b.诗歌的结构。诗歌有"起承转合"之说,了解这一知识,可借助剖析诗歌结构,写景抒情表达方式也能了然于胸;双调词关注起笔、前结与后结以及过片,比如在李煜的《虞美人》中,前结"小楼昨夜又东风,故国不堪回首月明中",与后结"问君能有几多愁?恰似一江春水向东流"之间就联系紧密,最浓重的愁绪来自亡国这一事实。了解这一层,当诗歌难解时,学生就可自行思考、推断,找到相关联之处,从而帮助理解诗意。

2.锁定概念,利用"比较"审清题意

做诗歌鉴赏题时,对题中的概念进行明确的界定是重点。这里需要用到比较、分析、演绎逻辑。比如:本诗颔联描绘了什么样的景象?我们可以发现,"颔联""什么样""景象"是题目的关键词,起着方向性的引领作用。"颔联"规定区间,可与易混淆的"颈联"进行比较;"什么样"要进行辨别分析,明确是要求描绘画面,并点明特点;"景象"是一种综合性整体性的画面,不是零散的"景物"罗列。对这些关键词的概念进行厘定时,采用概念分析法、比较法、演绎法等,能帮助我们更清晰地把握题目真正所指。

3.提炼理法,学会"整理"优化逻辑

在古代诗歌阅读鉴赏中,师生要善于分析,找寻规律,用以指导鉴赏、表达,使其更有概括性、逻辑性,更照应题目,表达更简洁有力。

(1)穷源溯流,因势利导

学生答题需钻得进去跳得出来。"钻得进去"是审题仔细,"跳得出来"是需审得正确全面。俯视题目,根据题目所指,找到题的源头,按顺序理出一条逻辑链。所以,思路应该是先逆流而上,再因势递推,完成对题目的剖析。在教学中,教师需要有意识地帮助学生搭设台阶,引导学生一步步走向目的地。

如在执教元代周德清的《塞鸿秋·浔阳即景》(长江万里白如练,淮山数点清如淀,江帆几片疾如箭,山泉千尺飞如电。晚云都变露,新月初学扇,塞鸿一字来如线)时,要求简要分析此曲表达的思想感情。

学生回答时主要问题有三种:一是不明情感色彩,连大体高兴、伤心还是中立也没看出来;二是明白情感大体倾向,找不到合适的词进行表达;三是知其一不知其二,回答片面。

此时教师必须进行适时的引导。首先,让学生根据题目信息,概括主要内容(浔阳的景色),目的是明确寄托情感的对象;再找出曲中景物(白如练的长江、青山、新月等)和景物的整体色彩(色彩明净);再由景推出心情(心情明亮);情感方向大体确立后,具体关注景物特点:"白如练""疾如箭""飞如电"显得奔放,"万里"长江、"数点"淮山、"飞鸿"等显得开阔,万物竞相生长,天地宽阔无边,豪迈、自豪之情油然而生;最后进行精准表达:表达了作者对浔阳景色的喜爱,对大好河山的赞美。

这样分层次推导出答案后,学生心服口服。经过多次的训练,让学生也能锻炼出这样的思维模式,碰到难题时会分解,就能做到心中有题,笔下有神。

(2)架桥铺路,因果推理

在诗词鉴赏中,我们经常会发现学生的答案套路满满,看起来要点明确,层次清晰,但是具体分析要么没有,要么缺乏逻辑,不能推敲。其实往往是思维断裂了。比如:

宋代陈与义的《怀天经智老因访之》(今年二月冻初融,睡起苔溪绿向东。客子光阴诗卷里……纶巾鹤氅试春风)。题目要求分析诗中人物形象。

学生给出的答案:从"睡起""客子光阴诗卷里"看出诗人志趣高雅。这里存在两个问题:一是"睡起"与志趣高雅之间没有任何逻辑关系,学生自己看了都哑然失笑;二是"客子光阴诗卷里"虽说与志趣之间有联系,但是缺乏分析。

笔者把答案修改为"虽然客居他乡,生活困顿,仍不忘读诗书,可见其志趣高雅"。关联词"虽然""仍"的运用,重点强调了与正常条件相比有缺憾的情况,从而突显作者的情志,答案既紧密结合了诗句分析,又显得顺理成章,体现极强的因果呼应,符合逻辑。

因而,适时地运用一些关联词,能帮助学生理清较小范围内的逻辑,顺着一些关系展开思考,比如因果、假设、条件等。另外,大多数题目在分析时,可参照因果推理的思维模式去检查,看答案的条件与结果之间是否欠缺了桥梁,是否能自圆其说,形成一个闭合的逻辑环。教师要提醒并指引学生,学习在条件与结果之间架桥铺路。

(3)比对分析,巩固提升

优化自己的答案,不是只要求把所谓的标准答案抄下来就可以了。拿自己的答案与参考答案进行比对,体现的是学生仔细的观察,精准的判断,审慎的思索,综合分析查漏补缺的能力。在大量的题海中,教师要精选试题,保证题目的严谨性;要对一些参考答案进行重组优化,以更符合学生的思维轨迹。这样,学生在比对答案时,会容易操作,有迹可循。比如:

严武的《军城早秋》(昨夜秋风入汉关,朔云边月满西山。更催飞将追骄虏,莫遣沙场匹马还)题目要求:诗的前两句描绘了什么样的景象?有什么寓意?

学生答案为:(1)描绘了秋天汉关秋风瑟瑟、乌云蔽月的景象。(2)其中"边月"写出了当时环境的寂静,来衬托作者的孤寂。

笔者重组了参考答案:(1)描绘了一幅秋风瑟瑟、阴云盖山蔽月的阴森压抑的军城早秋图景。(2)寓示着边关战事吃紧,局势十分紧张。

两者进行比对后,学生会发现在第一问中,只描绘了画面,而没有写明图景特点,缺少现象到本质的提炼;第二问则剑走偏锋,割裂"月"与"朔云""边关"的关系,导致寓意回答错误。

通过比对,找出相似性、不同点,可以发现一些平时容易忽略的细节、问题,并进行分析;能促进学生内省,帮助学生找到学习积累、整合的方式,以达到观点明确、内容充实、思路清晰等答题要求,有效填补感性教育带来的不足与漏洞,改善回答杂乱无章的情况,使自己的答题能更经得起推敲。当然,这一过程不仅适用于练习后,也适用于新知识的学习。教师根据学生实际,为学生先展示答案,可以给学生一定的思维轨迹的提示,使学生有迹可循,有章可法。

理性思维是整个思维正确性的坚实基础,没有严密的逻辑思维,思维将漏洞百出混乱不堪。在诗性的诗词教学中,教师应对学生进行多角度、多维度的思维训练,培养学生的分析思考能力,引导学生有条理、有逻辑地认识思维规律,养成理性思维的习惯,为学生的内在发展续航。

参考文献:

[1] 史绍典.交流沟通对话[M].北京:开明出版社,2005.
[2] 教育部.普通高中语文课程标准(2017年版)[S].北京:人民教育出版社,2018.
[3] HR Institute逻辑思维的30个技巧[M].上海:上海交通大学出版社,2015.

问题引领　提升素养
——堂高一函数单元复习课

韩　帆

一、单元复习课的意义和现状

单元复习课是教学环节中的重要一环,是对已学的知识进行梳理,巩固和归纳,查漏补缺,在头脑中形成知识网络,达到知识、方法和技能内化的过程。但在实际教学中往往容易变成知识点罗列和例题讲解,没有真正让学生经历这种内化的过程,不能用所学的方法和技能解决问题,导致学生的数学核心素养没有得到提高。针对这些问题,笔者尝试设计了一堂函数单元复习课。

二、本节复习课的设计意图

《普通高中数学课程标准(2017年版)》(下称《标准》)指出:函数是现代数学中最基本的概念,是描述客观世界中变量关系和规律的最为基本的数学语言和工具,在解决实际问题中发挥重要作用。还指出在教学中本主题的内容应视为一个整体,引导学生从变量之间的依赖关系、实数集合之间的对应关系、函数图像的几何直观等角度整体认识函数概念;通过梳理函数的单调性、周期性、奇偶性(对称性)、最大(小)值等,认识函数的整体性质,使学生经历运用函数解决实际问题的全过程。函数还是贯穿高中数学课程的主线。第一册书结束之后,学生已经学习了函数的定义、单调性、奇偶性、周期性等函数基本性质,并在学习幂函数、指数函数、对数函数等基本初等函数的过程中,学习了用函数图像和代数运算的方法研究这些函数的性质,并用符号语言刻画函数的性质。本节课用问题串联起这些内容,从陌生的函数入手,通过考查这个函数的性质巩固所学内容,形成知识网络,内化方法技能,再引出一类函数,研究它们的性质,从而培养学生的数学抽象、数学建模、数学运算、直观想象和逻辑推理素养。

三、教学设计

引入:欣赏达·芬奇的名画《抱银貂的女子》。(PPT)

师:画中女人的脖子上有一串项链,应该怎么画它自然下垂的样子,垂下来是条什么曲线呢? 达·芬奇当时没想出来。大家猜是什么曲线,用解析式怎么表示。

生(众):像抛物线。

师:大家的想法和伽利略一样。伽利略猜它是开口朝上的抛物线,后来荷兰科学家惠更斯证明了抛物线是错的,但到底是什么,他也求不出来。几十年后,约翰伯努利用微积分解决了这个悬链线(悬链线就是一个固定项链的两端,在重力场中让它自然垂下,项链的曲线方程)问题。再后来,经过许多数学家长期的努力,双曲函数诞生了,它是一类在工程中应用广泛的函数。有兴趣的同学可以课后收集有关的资料。这堂课就让我们追寻科学家的足迹,来研究这些函数吧。

设计意图:《标准》指出:数学文化应融入数学教学活动。在教学活动中,教师应有意识地结合相应的教学内容,将数学文化渗透在日常教学中,引导学生了解数学的发展历程,认识数学在科学技术、社会发展中的作用,感悟数学的价值,提升学生的科学精神、应用意识和人文素养。通过悬链线的例子,可以吸引学生的眼球,激发学生的学习兴趣,开阔学生的视野。

问题1:经过这段时间的学习,我们对函数有了更深的认识。请回忆指数函数,对数函数等的研究过程,说说如何研究一类函数呢?

设计意图:唤起学生在学习函数过程中获得的经验,从整体上把握函数这条主线。

问题2:悬垂线函数(双曲余弦函数):$f(x) = \dfrac{e^x + e^{-x}}{2}$ 是双曲函数的一种,我们可以考查它的哪些性质呢?

生1:可以考查它的单调性、奇偶性。

生2:可以求它的定义域和值域。

生3:可以画它的图像来考查它的性质……

师:大家的想法很好,下面就让我们来研究这个函数吧。从达·芬奇的画和它的名字我们可以看到和猜到它具有什么样的单调性和奇偶性呢?

生4:它的图像是对称的,是偶函数。

师:是关于什么对称的?

生(齐声):y 轴。

师:那怎么用数学的语言定义奇偶性呢? 请动手来写一写。

设计意图:有引入中的铺垫,难度降低,学生不难猜出这个陌生函数的奇偶性,有助于培养他们的直观想象能力。之后再通过定义,用数学语言来精确的描述。

教后反思:从学生的证明过程中发现,部分同学忘记奇偶性是和定义域密不可分的,而定义域是研究函数时首先应该考查的内容。此外,还以此为契机让学生再次体会高中函数定义中的对应说以及函数奇偶性证明过程中变量取值的任意性和用符号语言来描述这种性质。

师:下面我们来研究它的单调性。它具有什么样的单调性,怎么证明呢?

生5:先减后增。

生6:因为它是偶函数,所以只要考查它在 x 大于0时的单调性就可以知道它在 x 小于0时的情况。

生7:用定义证明。

师:很好,单调性和 x 的取值范围密不可分,请大家用定义来证明它在 x 大于0时单调递增。

设计意图:《标准》指出:在函数的单调性教学中要引导学生正确地使用符号语言刻画函数最本质的性质——单调性。所以在单元复习课中结合实例,让学生再次经历从具体的直观描述到形式的符号表达的抽象过程,加深对函数单调性概念的理解,用符号形式化表达数学定义,并且在此过程中培养学生的数学运算能力。

教后反思:用定义证明函数的单调性是函数教学当中一个难点。从反应看,学生用符号语言描述单调性已经比较熟练,但是作差后的化简仍是个难点,特别是涉及指数的运算。对 $f(x_1)-f(x_2)=\dfrac{e^{x_1}+e^{-x_1}}{2}-\dfrac{e^{x_2}+e^{-x_2}}{2}$ 这个式子的化简不到位,就无法用指数函数的性质来说明 $f(x_1)$ 与 $f(x_2)$ 的大小关系。所以对这个式子的整理教师给予了一点指导,再由学生完成证明过程,以此培养学生的运算能力和逻辑推理能力。

问题3:你能求出它的值域吗?

生8:从单调性和奇偶性可以知道它在 $x=0$ 时取到最小值1,没有最大值。

生9:可以根据单调性和奇偶性画它的草图求值域。我取了 $x=0,1,2$ 三个值描点,根据它在 x 大于0时单调递增,可以画出大致图像,而它是偶函数,关于 y 轴对称,整个图像就可以画出来。

师:非常好,借助图像是我们研究函数性质的重要方法,反过来,当我们知道函数的性质之后,也可以根据函数的性质画出它的草图。

生10:还可以用基本不等式求值域。令 $e^x=t$,则 $y=\dfrac{1}{2}\left(t+\dfrac{1}{t}\right)\geq \dfrac{1}{2}\times 2\times\sqrt{t\times\dfrac{1}{t}}=1$。

师:很有想法,你发现了 e^x 和 e^{-x} 正好互为倒数,乘积是定值1,所以和有最小值。

看还需要加点什么吗?

生10:等号取到的条件,当且仅当 $t=\dfrac{1}{t}$,即 $t=\pm 1$ 时取到等号。

生(众):$t=-1$ 不行。

生10:换元后要考虑 t 的范围,这里 $e^x=t>0$,即 $t=1$,$x=0$ 时等号取到。

师:所以利用函数性质(单调性、奇偶性、周期性等)并且结合函数图像是我们求函数值域的基本方法。利用基本不等式也可以求函数的值域,但应用时要注意"一正二定三相等"。

设计意图:求函数的值域是比较综合的问题,需要将所学的知识融会贯通。本题在研究了函数的单调性和奇偶性和函数图像之后,值域已经呼之欲出了。在此过程中让学生体会数形结合思想,发展数学直观想象和逻辑推理能力。

教后反思:教学过程中发现学生在研究清楚函数的性质之后,能很快利用性质画出草图并求值域,很好地运用了数形结合的思想。还有学生想到了利用基本不等式求值域,这里要提醒学生注意利用不等式时需要注意的问题。

问题4:你能在同一个坐标系中画出它和二次函数 $s(x)=x^2+1$ 的图像吗?

投影展示学生的图像,并请学生说明作图过程。

生11:两个图像的位置关系画得不准确。它们还有没有其他交点呢?

让学生在思考片刻后补充。

生12:有。我发现 x 取 1,2 时,$f(x)<s(x)$,函数 $f(x)$ 的图像在 $s(x)$ 的下方,但是当 $x=3$ 时,$f(x)$ 的图像在 $s(x)$ 的上方了。x 大于 0 时它们又都是增函数,说明在 $x\in(2,3)$ 时它们一定有一个交点。

师:分析很到位,通过自变量 x 的取值不仅发现了它们其他的交点,还找到了它的范围。你是怎么想到的呢?

生12:一开始我只取了 0,1,2,后来想到,当 x 趋向于正无穷时,函数 $f(x)$ 中起主要作用的是 e^x,e^{-x} 可以忽略不计。而 e^x 是指数型,呈爆炸式增长的,所以虽然它们都是单调递增的,但是显然 e^x 增加得更快,虽然一开始 $f(x)<s(x)$,但是从某一刻开始,$f(x)$ 的图像会在 $s(x)$ 的上方,于是我又试了几个数,就找到啦。

师:解释得非常清楚,我们介绍过几类不同增长类型的函数,知道指数函数在底数大于 1 的情况下是爆炸式增长的,比幂函数的增速快得多,之后通过定量分析找到这个点。下面让我们作出它们两个的图像吧。(教师用希沃中带的函数作图工具在同一个坐标系中画出图像)

师:那方程 $f(x)=s(x)$ 有几个根呢?函数 $F(x)=f(x)-s(x)$ 又有几个零点呢?

生(齐声):都是三个。

师：对，我们通过图像，发现函数 $f(x)$ 和 $s(x)$ 的图像有三个交点，那么方程 $f(x)=s(x)$ 就有三个根，函数 $F(x)=f(x)-s(x)$ 就有三个零点。所以我们可以通过图像来找函数的零点个数。

设计意图：设计这个问题，一是为了重现课堂引入中提到的悬链线是否为抛物线的问题，二是为了让学生体会到不同类型函数不同的增长速度的差异，三是结合图像，加深学生对方程的根和函数的零点之间的关系的理解。

教后反思：从学生画的图像看，很多同学在同一个坐标系中不能准确画出两者的图像，特别是它们的位置关系，不能找出它们的交点。经过提示之后，大部分人能找到它们的交点，能体会到画函数图像时不仅需要大胆猜测，也要小心求证。

问题4：下面大家来研究 $g(x)=\dfrac{e^x-e^{-x}}{2}$（双曲正弦函数）。

学生独立完成后相互交流。

设计意图：给出类似函数，完全交给学生自己研究，使学生学会用函数图像和代数运算的方法研究函数的性质，提升数学运算、直观想象和逻辑推理素养。

课后习题：研究函数 $h(x)=\dfrac{g(x)}{f(x)}$

四、结　语

《标准》指出：学生数学学科核心素养水平的达成不是一蹴而就的，具有阶段性、连续性、整合性等特点。在函数单元中，学生通过研究指数函数、对数函数等不同类型的函数已经积累了一定的经验，在复习时不应单一再罗列知识点和逐一讲例题，而应该围绕核心概念展开，引导学生运用所学的知识、方法解决新面临的问题，并在解决问题的过程中建立起自己的知识体系，使自己的数学核心素养得到进一步的提高。对教师来说，不仅要明确每一节课的教学目标，更要关注主题、单元的教学目标，明晰这些目标对实现数学学科核心素养发展的贡献，在进行单元复习时设计合理的内容，通过合适的问题，帮助学生将零散的知识串联起来，构建起完整的知识结构。总之，新课程背景下的主体（单元）教学设计是学生进行深度学习的有效途径，也是教师落实学生数学核心素养的有效方法。在高一高二的单元复习课或是高三的总复习中都可以努力尝试，不断改进。

基于高中历史学科"大概念"教学的策略研究

郑 璇

【内容摘要】 本文阐述了历史学科大概念的含义,并基于历史学科大概念从情景感受、探究学习、评价研究、整体设计、单元把握等五个方面进行策略研究。这些教学策略有助于学生对知识的深化了解和迁徙运用,也有助于历史学科核心素养的达成。

【关键词】 历史学科;大概念;教学策略;核心素养

新的课程标准提到"更新了教学内容。进一步精选了学科内容,重视以学科大概念为核心,使课程内容结构化,以主题为引领,使课程内容情境化,促使学科核心素养的落实。""大概念"这个词出现在新课程标准的前言中,但在随后的课程标准中不再出现,这导致教师相对不熟悉大概念的理论和实践,因此,大概念仅仅是一个概念而已。新课程标准编写者是什么意图?实际上,如果仔细研究新课程标准,我们会发现,大概念是构建历史学科课程内容的重要理论和实践基础,是历史课程的基础。

一、什么是"大概念"?

大概念是可以将分散的事实、知识、经验、技能、思想等组合为一个整体并赋予其含义的概念、思想或理论。大概念是基础知识和基本理解,它是该主题的核心,并在学生学习中起主导作用。

二、"大概念"的含义

1.阐明主题的核心内容

在历史教学的设计中,将存在一个"无目的的灌输"问题。新的历史课程标准可以指导教师的教学方向,但仍有可能归纳教学目标,从而给教师更大的展示空间。因此,教师在设计教学时也应关注课程目标,使教学目标"细致而细致"。如新的必修课程《中外历史纲要》(上)第19课"辛亥革命"中有"近代中国比较完全意义上的民族民主革命,是从孙中山开始的。在革命运动高涨之际,立宪运动也造成很大声势""武昌起义成功,'中华民国'建立,但革命果实最终落入北洋军阀首领袁世凯手中"和"辛亥革命是近代中国一次比较完全意义上的民族民主革命,但它没有解决近代中国社会的根本问题"3个学习聚焦。可以提炼的"大概念"是"辛亥革命的兴起、过程和意义",更有利于学生在学习过程中掌握本课的重点(核心内容),也有助于教师提高教学设计效率。

2.构建主题知识框架

历史学科的"大概念"在确定优先教学和构建学科知识框架的过程中起着有效的作用。

需要知道的知识是历史学科领域中可能的知识内容,例如高中历史学科中的历史必修、选修必修和选修三种课程。但是,我们不可能教授所有内容,需要掌握和完成的所有知识内容,例如历史性必修课程和选修性必修课程之间的渐进式和扩展性关系,以及历史术语解释如何反映在哪种形式上的教学内容。这些重要的知识内容在促进下一个教学目标并突出教学的重点和难点方面发挥着重要作用。围绕历史学科的核心素养教授历史学科的"大概念"(核心任务),掌握历史学科在相关知识的迁移中的核心任务,并实现该学科的核心素养。

3.落地学科核心素养

历史学科的"大概念"指向学科的核心知识内容,学科的核心知识内容是学科核心素养的最直接体现。历史的"大概念"的发现也是该学科核心素质的发现。唯物史观、时间和空间的概念,历史证据、历史解释以及家庭和乡村情感是高中历史的代表概念。不断探索和加深对这些代表性概念的理解,可以深刻地体现历史学科的核心素质,达到立德树人的要求。

历史学科的"大概念"可以促进结构化教学,重点放在教学的优先级上。教师的教学具有逻辑顺序,重点和难点更加突出。学生了解这种优先的教学方法,不仅意味着让他们了解自己的需求并掌握核心知识内容,还可以帮助他们更好地了解教学核心任务与自身发展之间的关系,不时地改善他们的学习状况,并更好地了解历史的核心素养、价值和自身的升华。

三、"大概念"教学策略研究

新课程标准提到"在教学设计中,我们必须认真分析每个学习主题的关键内容,核心概念和关键问题"。这里的核心概念是历史的大概念。从"大概念"教学策略研究的五个方面入手。

1. 创设情境

一个大概念并不是孤立存在的。它是根据客观历史事实抽象的。一个大概念经常有几个基本问题支持它。因此，在教学实践中，主题上下文是基于大概念创建的，因此大概念包含基本问题。例如，《中外历史纲要》(下)第11课"马克思主义的诞生与传播"的介绍场景设计如下：

柏林墙轰然倒塌，苏联土崩瓦解，持续半个世纪的意识形态对垒似乎以资本主义大胜而告终。

1992年，40岁的福山宣告了"历史的终结"。一个时代结束了，共产主义的世纪落幕了，马克思这个缠斗不休的幽灵，终于可以"寿终正寝"了——这或许是那个年代大多数人的真实想法。

历史真的终结了？

教师设计问题如下：(1)什么是马克思主义？(2)为什么产生在19世纪40年代？(3)它的存在在历史上有何价值？(4)马克思主义过时了吗？

2. 探究学习

为了使学生能够开始独立的探究学习，有必要确定并提出明确的任务，以驱动学生开展学习活动以完成任务或项目。学习任务的确定应基于课程标准的要求，目标是提高学生的了解历史和解决历史问题的学术能力。在讨论课程目标和新课程标准的内容的基础上，从实施学生历史学科的核心素养的角度出发，应基于学生对历史问题的独立探索来设计教学过程及其联系。

例如，《中外历史纲要》(下)第11课"马克思主义的诞生与传播"包括：(1)早期的工人运动和社会主义思想的出现；(2)马克思主义的产生；(3)国际劳工运动的发展。历史概念是马克思主义。那么如何突破这个大概念，提出以问题链的形式分解这个大概念的任务，激发学生思考：

1.1 工业革命前的农业社会会不会产生马克思主义？
1.2 早期工人运动与马克思主义诞生有什么关系？
1.3 空想社会主义想了什么？为什么说是空想？与马克思主义诞生又有什么关系？
2.1 马恩不是无产阶级，为什么成为无产阶级革命导师？
2.2 《共产党宣言》为什么是马克思主义诞生的标志？
2.3 马克思主义的三个组成部分是什么？

3.1 请用历史事实说明马克思主义理论的价值。
3.2 马克思主义在今天过时了吗?

3. 评价研究

新课程标准指出:"评估目标的确定必须基于课程的内容和历史学科的核心素养水平,并满足学术质量要求。"在确立了大概念、关键内容和关键问题之后,有必要评估学生的学习行为。在《中外历史纲要》(上)第6课"从隋唐盛世到五代十国"中,有一项旨在评价隋朝兴亡。这种方法不仅可以反映隋朝灭亡的概念,而且可以培养学生的历史解释意识和问题意识,从而更好地提高核心素养。

隋炀帝兴建的洛阳城,宏伟壮丽,闻名于世;开通的大运河,贯通南北,对巩固统一、促进南北经济交流以及运河沿岸城市发展,起了重要作用。隋炀帝自恃强盛,大兴土木,穷奢极欲,又3次大举征伐高丽。生产遭到严重破坏,民不聊生,最终引发大规模起义。留守太原的隋朝贵族李渊也趁机起兵。618年,隋炀帝在江都被部将杀死,隋朝灭亡。

(1)《纲要》编者如此解释的依据可能是?
(2)《隋史》对隋炀帝的叙述是否客观?
(3)《纲要》文本叙述是否照搬了《隋史》观点?
(4)是否还有其他的材料能够肯定或否定《纲要》文本的观点?

4. 总体设计

在高中历史教学中,历史学科的一些主要概念将具有指挥性和穿透性。一旦确定并清除了这个概念,就可以确定教学的重点,并达到大纲和大纲的效果。当课文内容较大时,有必要根据研究课本并根据课程主题选择课文内容中的关键知识(大概念),以教学重点为重点。覆盖,而不是覆盖所有内容。

"文化的交融与发展"是《中外历史纲要》(上)第八课"三国至隋唐的文化"中的大概念,其核心在于融合与发展。本课程的内容分为儒学、道教和佛教的发展,文学艺术、科学技术以及中外文化交流。但是,整合和发展是整个课程的主要概念,整合是这一时期确定教学的主要主题。重点可以使教学内容成为一个整体,使学生有效地整合所学知识,并实现更好的学习效果。如:

一、交融之响:冲击与选择——传统主流地位的儒家被质疑,引入儒佛道文化开始交融。

二、交融之像：变形与变化——儒佛道在交融中是怎样变形与变化的？并配套文学和艺术的交融，体现三教交融合一。

三、交融之向：无问西东与古今——文化交融与发展在当时外来文化和当代社会的影响。纵向：我者的流变；横向：佛教文化传入，他者交流，交流中文化不断融合，一种多元开放的世界性唐文化形成。

5. 单元把握

布鲁纳强调，知识越有条理，就越接近学科的本质。该单元是一个学习单元，一个完整的学习链接和一个微型课程。基于单元的学科教学是核心素养和知识点的目标或要求。单元教学是最近受到关注的一个热点。随着新课程标准和新教科书的应用和实施，单元设计被视为利用课堂变革的支点。未来将被广泛关注的"大单元"与大概念密切相关。

在《中外历史纲要》（上）第一单元"从中华文明起源到秦汉大一统封建国家的建立与巩固"中有四节内容，分别是"中华文明的起源与早期国家""诸侯纷争与变法运动""秦统一多民族封建国家的建立""西汉与东汉——统一多民族封建国家的巩固"。通过分析当时的历史特征，可以说是"中华文明的由来，从封建国家到早期帝国的起源"，进一步完善了"大统一"的概念。在此基础上，单元重组设计如下：

中华文明的早期国家就是一个"周公吐哺、天下归心"的过程，包括四个方面（分封制度——天下归姬、宗法制度——天下归嫡、井田制度——天下归王、礼乐制度——天下归序），这也是"大一统"的初步阶段；春秋战国时期也是一个"大"时代，大动荡、大转型时期，而秦国在此脱颖而出，这是"大一统"动荡中的升华；最后秦始皇、秦二世、西汉初年、汉武帝时期分别是"大一统帝国"的草创、崩塌、重建和定型时期，也就是"大一统"的形成期。

简言之，在实行学科核心素养的背景下，高中新一轮历史教学改革也已经展开。广大高中历史教师必须改变以前的课堂教学方法和理念，紧密关注新课标提出的五大历史教学核心素养问题，开展教育教学。历史大概念教学是培养学生对正确的价值概念、必要的品格和重要的能力的有效方法。文中所提到的五大概念的历史教学战略，希望能对其他教师起到一定的借鉴作用。

大概念统领下的单元教学策略研究

郑 璇

【内容摘要】 新课程标准在"修订的主要内容和变化"部分指出"进一步精选了学科内容,重视以学科大概念为核心,使课程内容情境化,促进学科核心素养的落实"。笔者从历史学科大概念的视角,尝试提出相关的单元设计教学优化策略,以期为发展学生核心能力提供新思路

【关键词】 大概念;单元设计;核心能力

围绕大概念进行课程与教学设计已成为当前科学教育的发展趋势和热点问题。《普通高中历史课程标准(2017年版)》(以下简称《新课标》)"以发展历史学科核心素养为主旨""重视以学科大概念为核心促进学科核心素养的落实",强调"教师在组织教学内容时应高度重视历史知识的结构化设计,充分认识知识结构化对于学生历史学科核心素养发展的重要性,尤其是应有目的、有计划地进行认识思路和核心观念的结构化设计,逐步提升学生的历史知识结构化水平,发展历史学科核心素养"。在当前素养为本、深化课程改革的背景下,以学科大概念为抓手开展单元教学被认为是学科核心素养落地的重要途径。为此,笔者对以学科大概念为统领的历史单元教学进行了实践与探索。

一、大概念的含义

大概念(big idea)是指那些可以将分散的事实、知识、经验、技能、观念等联合成为整体,而且赋予它们意义的概念、观念或理论。大概念是处于学科核心位置的、对于学生学习具备引领作用的基础知识和基本认识。

二、大概念下的单元教学意义

1. 大概念是单元教学的灵魂

实现学科内容结构化,构建有意义的教学单元,必须有一个基于教学单元又高于

教学单元、既融会于教学单元之中又贯通于教学单元之间的核心思想来指引和统摄，这个核心思想就是学科"大概念"，它是课堂转型后单元教学的灵魂和统帅。

学科大概念是指"反映学科的本质，居于学科的中心地位，具有较为广泛的适用性和解释力的原理、思想和方法"。具体一点说，学科"大概念"是相对于该学科领域的"小概念"而言的，学科"小概念"是一个概念、一个名词，如《中外历史纲要(上)》的道学、儒学复兴运动、程朱理学等，而学科"大概念"不是一个简单的学科概念、一个学科名词，它是在该学科领域具有"上联下挂"、前后贯通作用的主干知识，对整个学科话语体系起着关键作用的核心思想，是学科"小概念"背后更为本质、更加深刻的学科观点，往往用一个句子来表达和叙写。

2. 单元教学是大概念的载体

确立历史学科大概念之后，显然教学实践还不能真正开始，真正的课堂教学运行还需要组织相应的教学内容。课堂转型之后，结构化的学科内容转化成为有意义的教学单元，单元教学成为历史学科核心思想得以真正贯彻、政治学科大概念能够有效落实的载体。

本文所指的单元教学有别于传统的按照教材顺序展开的单元教学。组织单元教学首先必须确定教学单元。所谓的教学单元就是一个学科大概念统摄下的若干知识单元，单元教学就是一个学科大概念统领下的知识单元教学。

当然，基于学科大概念的单元教学不是否定课时教学。毋庸置疑，课时教学、课时设计在今天乃至很长的时期内都具有存在的客观必然性。因此，单元教学必须与课时设计有机衔接，将学科大概念的单元教学在教学实践过程中进一步分解并细化成课时设计。但是，这里的课时设计是单元教学体系的有机组成部分，它指向并服务于单元教学。

3. 培养学生学科素养的途径

历史知识是培养学生历史学科核心素养的重要载体，需要思考什么样的知识最具有发展历史学科核心素养的功能价值。孤立的事实、概念往往价值有限，要使它们变得真正富有意义，就必须把它们纳入学科知识的结构中。以大概念为统领，将具体的事实、概念与学科中普适性更高的大概念建立关联，让学生从中领悟更有普遍意义、具有持久迁移价值的学科思想和解决问题的思路方法，可以帮助学生用更高的水准来理解具体知识内容，提升学生的历史思维水平，发展学生对历史事实的认知能力；以大概念为统领可以构建、简约而深刻的知识层级结构，有利于学生将知识结构化，提升学生的历史知识结构水平，而知识的结构化是促进学生实现从历史知识向历史学科核心素养转化的关键。

三、大概念下的单元教学的策略研究

1. 确定教学单元

通过大概念统摄教材内容是课堂转型的根本要求，也是确定教学单元的重要环节，基本思路如下：(1)教师站在历史学科整体的高度重新审视教材内容，用大概念重新建构教材知识体系，演绎形成有意义关联的结构化的知识整体；(2)教师解读历史学科课程标准，明确大概念的教学要求，把握大概念的教学容量，结合学生的学习实际，设计大概念的教学进阶，形成大概念的教学脉络；(3)教师根据该大概念在教学内容中的地位和知识前后贯通中的作用，解构成为若干教学单元。"教学单元"大小没有统一标准，可大可小，但都必须有利于落实大概念教学。

如《中外历史纲要（下）》第二单元《中古时期的世界》，"中古世界的多元面貌"就是一个大概念。以这个大概念为统领，可以看到在世界历史上，5—14世纪一般被称为"中古时期"。在这一时期，世界各区域在古代文明的基础上发展出不同的文明类型。在罗马帝国统治过的辽阔大地，最后被分成了三种后续的文明：西欧文明、拜占庭文明和伊斯兰文明，此外还有南亚佛教和印度教文明、东亚儒家文明、美洲大陆的印第安文明。在横向空间上，本专题呈现的是多元的世界文明。这一专题上承《新课标》专题1.15《古代文明的产生与发展》，中古世界的多元面貌是在古代文明基础上发展起来的，但中古时期各文明区域的地域性和独立性特征相当明显。这一专题又下启《新课标》专题1.17《全球联系的建立》，全球联系的建立使不同区域的文明从分散走向链接。在纵向时间上，这一专题既是一种继承，也是一种奠基。

2. 设计教学目标

教学是基于目标的，而传统的教学往往只有课时目标而没有单元目标。大概念引领下的教学是单元的核心要义，是促进学生理解大概念，帮助学生建构大概念统领下结构化的知识体系，培养帮助学生运用结构化掌握该学科领域的"必备知识"，培养学生该学科领域的"关键能力"。

为此，教师要系统规划进阶式的单元教学目标，基于大概念的逻辑体系和教学内容的特点对单元教学的核心目标要求进行分解和细化，即"单元教学核心目标；目标1-目标2-目标3-……"，在具体教学目标指引下，教师循序渐进开展基于大概念的单元教学。经过分解和细化的教学目标转化成为课时教学目标，进阶式地落实到课时教学中。对于大概念的理解和把握，既可以横向拓展，也可以纵向深化。

如《中外历史纲要（下）》第四单元《资本主义制度的确立》教学中，确定"资本主义制度的确立"的大概念，在这个大概念统摄下，按照大概念及其知识框架，该单元教学目标确定如下：1.运用时空定位，勾勒英、美、法资产阶级革命的时间轴，在梳理和概括三个国家资产阶级革命重要史事的基础上，认识"光荣革命"、《独立宣言》《人权宣言》

等对推进社会进步的重大意义。2.通过《权利法案》《独立宣言》、美国1787年宪法、《人权宣言》等原始史料的分析,分别理解其与启蒙运动的渊源,认识思想解放是社会变革的先导,并进一步理解和尊重各民族的优秀文化传统,把握世界历史发展的进步历程。作为核心学习任务之一,以任务分解的方式分步解决。(一)探究光荣革命、《权利法案》与洛克思想的内在关联。(二)(1)如何理解"美国独立战争打上了启蒙运动的深深印记"?(2)美国1787年宪法,实践了启蒙思想家哪些政治思想理念?(三)法国《人权宣言》体现了启蒙运动的哪些原则和思想?

3.建立教学结构

"怎样组织单元是创造课程的中心问题",以大概念为核心的单元教学,如果大概念是灵魂,单元教学是血脉,那么教学结构就是骨架。怎样组织单元,形成单元之间的有机联系,进而循序渐进地推进单元教学,这是建构新课程、实现课堂转型的关键。学生在大概念学习中因为其"大"必然是一个层层递进、螺旋上升的过程,也因为学生在大概念学习中不断拓展、不断深入而成其"大"。为此,在大概念引领下,教师要合理设计单元与单元之间的关系,确保单元之间有机衔接、持续递进、不断深化。怎样架构单元之间的关系,形成有意义关联的单元体系?笔者认为,要坚持两个依据:一是教学内容本身的特点,有的教学内容适宜增加其内容维度,从一个维度到多个维度;有的教学内容适宜增加其认识深度,在一个维度上纵向深化。二是学生知基础和发展需要,对于比较简单的问题可以一次性呈现,对于复杂性的问题则需要反复多次呈现,单元与单元之间互相呼应、相互促进。

"授人以鱼,不如授人以渔"。从这个意义上讲,围绕历史学科大概念,以一定的活动形式,让学生在真实的情境中讨论、探究等活动。从而促进学生建构自己的学科"系统网",真正实现历史学科核心素养的应有之义。

4.实施教学评价

没有评价,就没有课程:科学有效的评价倒逼课堂转型。基于大概念的单元教学评价与传统的教学评价的区别在于:传统教学评价建立在学生具体知识点的认知基础上,真正关注的是知识与技能,即教师教"知识点"、学生学"知识点"、考试考"知识点",而对学习"过程与方法"、学习形成的"必备品格"与"关键能力"的关注则明显不足。围绕历史学科大概念开展的单元教学评价关注的核心问题是学生对高中历史学科大概念的理解和应用情况。

根据《新课标》精神,指向历史学科大概念的单元教学评价主要关注以下三个关键点:一是对大概念核心思想的理解和应用,即学习之后形成的历史学科思想;二是对教学单元知识体系的理解和把握,即学习之后形成的历史学科思维;三是运用大概念和单元知识解决"大问题"的关键能力,即学习之后形成的历史学科素养。上述三个关键点构成了一个有机的综合的考查目标体系。

教而有法,学而有序,思而有境
——全国卷语病题实中寓活

刘长胜

一、材料来源

【2020全国卷Ⅰ】在中国各种艺术形式中,篆刻是一个_____的门类,篆刻是从实用印章的应用中发展而来的,中国的印章最初用在制陶工艺方面,上面镌刻的是图案、花纹或族徽,到春秋战国时期,刻有官职名或人名的文字印章得到普遍使用,唐宋以后,<u>由于文人士大夫参与到印章的创作中,使这门从前主要由工匠承揽的技艺,增加人文意味</u>,印章不再局限于用来昭示身份与权力,而是通过镌刻人名字号、斋馆名称、成语警句等来表达情趣志向,印章也就超越实用功能,成为文人表达自己审美追求的独特方式。中国印章艺术由此实现了一次完美的升华——演变为中国文化特有的篆刻艺术,明清时期,众多_____的艺术家在篆刻上融入了对汉字形体的研究和理解,再加上他们对印面布局的精心设计,对各种刀法的熟练掌握,篆刻艺术迅速走向成熟并孕育出_____的流派风格,篆刻艺术的发展及成就,使印章成为与中国画、中国书法紧密结合的艺术形式,同时也是中国画和书法作品中_____的组成部分。

文中画横线的句子有语病,下列修改最恰当的一项是(3分)

A. 由于文人士大夫参与到印章的创作中,使这门从前主要由工匠传承的技艺,增加了人文意味

B. 由于文人士大夫参与到印章的创作中,这门从前主要由工匠承揽的技艺,增加了人文意味

C. 文人士大夫参与到印章的创作中,使这门从前主要由工匠承揽的技艺,增加了人文意味

D. 文人士大夫参与到印章的创作中,使这门从前主要由工匠传承的技艺,增加了人文意味

二、命题特点

命题形式：2020全国卷Ⅰ语段中有语病、词语辨析两种题型；2019全国卷Ⅰ语段中有语病、词语辨析、连贯三种题型；2018全国卷Ⅰ语段中有语病、词语辨析、补写三种题型；2018年以前没有采用语段形式，而采用四个选项、单独语句的形式；浙江卷一直采用四个选项、单独语句的形式。

命题内容：近三年全国卷涉及文学艺术、生态环境、读书学习、法律制度等方面，具有思想性、时代性，又不乏知识性和趣味性。

三、考查能力

1.考查语法知识

近三年全国卷语病，以结构性语病为主，考查搭配不当、结构混乱、语序不当、成分残缺或赘余等四种类型，而表意不明、不合逻辑等类型没有涉及。接下来运用语法划分句子成分，解2020全国卷Ⅰ语病题："由于文人士大夫参与到印章的创作中，使这门从前主要由工匠承揽的技艺，增加了人文意味"。第一处错误"由于……使"，介词误用造成主语缺失，去掉其中的一个介词"由于"或"使"；第二处错误，需要考生甄别"承揽"和"传承"哪一个更合适，"承揽"指当事人一方为他方完成一定的工作，"传承"侧重于传授和继承，而句中更强调印章艺术是工匠代代相传的，所以使用"传承"准确，综合以上两处分析，选择D。

2.考查句子联系

从句子关联的角度，分析如下："由于"前一句的主语分别是"篆刻""印章"，"（刻有官职名或人名）的文字印章得到普遍使用"，定语明显，转到下一句"由于……"，联系上句表达的意思，主语自然是"文人士大夫"；根据下一句中"印章……成为'文人'表达自己审美追求的独特方式"，反向去推论，上一句的主语自然是"文人士大夫"。注意语句之间的联系，多一种思考角度，有助于提升解题的能力和效率。

3.考查语言情境

全国卷语病题不仅考查学生的语感、语法、语段、语意能力，也考查学生在真实的语言情境中表现出来的纠错能力。把语病题和其他题型放在一个语段中，考查了学生解决不同题型的能力，也考查了学生对语境的整体把握能力。

四.教学启示

语病题是高考语文试题中保留的经典题型之一，也是高三语文复习中的一个难点。语病专题如何复习，才能助力学生提高得分能力。《普通高中语文课程标准》

(2017年版,以下简称《课标》)"学业质量水平"中的一些描述:能发现语言运用中存在的比较明显的问题,并运用自己掌握的语言知识予以纠正。在扩展和整理自己语文积累的过程中,能发现联系,探索规律,尝试结合具体的语言材料,说明自己对语言运用规则的理解。能将发现的语言运用规律用于自己的语文实践。上面三句话给予笔者三点启示:夯实语法知识,探究语言规律,实践语文活动。以真实学情为出发点,结合前面分析的全国卷命题特点、考查能力,从不同维度和层级进行探究和实践。

(一)夯实语法,梳理知识结构

《课标》"课程目标"第三条语言梳理与整合:通过梳理和整合,将积累的语言材料和学习的语文知识结构化,将言语活动经验逐渐转化为具体的学习方法和策略,并能在语言实践中自觉地运用。在复习语病六大类型前,要指导学生掌握基本的语法知识,目的就是让学生能够建立知识结构、掌握方法和策略。

1. 掌握语法知识

语法知识的掌握可以在高三语病专题中做铺垫性训练,也可以在高一高二开设专题选修课,可根据不同学情而做出选择。要引导学生循序渐进地掌握词性种类、短语类型、单句句子成分、句子的主干、复句划分等语法知识点,并进行知识结构的梳理,形成基本的语法能力。如对2020浙江卷语病A项进行句子成分划分和分析,如下:"(新冠肺炎疫情)来势汹汹,[严重]威胁(全人类)的健康与福祉,[也]暴露了(全球公共卫生治理上)的短板,推进(全球公共卫生治理体系)改革的必要性",划分好会发现"必要性"无法划分,因此可以判断缺少对应的谓语,可添加谓语"突显了"。掌握语法知识,也会对文言文特殊句式、虚词等专题复习起到辅助作用。

2. 抓住语句联系

在掌握单句语法的基础上,要学会划分复句之间的关系。一个语段由若干个语句组成,语句之间有必然的内在逻辑。语句之间有并列、承接、递进等关系,语句之间还有连续性联系和间隔性联系,抓住这些关系和联系,也会提升学生辨析病句的能力。他山之石,可以攻玉,自山之石,也要分清斤两,适合的可以发挥更大作用。对2020年全国Ⅱ卷的病句题分析如下:……对于文字本身来说,汉代学者总结的"六书"的方法在甲骨文基本都已出现,已经说明它是成熟的文字……"已经说明它"从语法角度讲没有错误,应该从上一句的"都已出现"来做出判断,"已经"修饰谓语"是",而不是修饰谓语"说明"。抓住语句之间的联系,去解题高考语病题十分重要。

(二)探究规律,提高解题能力

1. 分类训练,夯实基础

教师应充分了解考点和学情,从语法知识和分类训练两个梯度,把握训练的数量和质量,做到量体裁衣。列举"多项定语顺序"题型,要想事半功倍,学生需牢记顺序规则——领属、时地、数、动、形、名,再加三四题的训练,这一类题型就解决了,其他类型也是同样的道理。

2.针对训练,提升能力

学生在训练过程中,会运用语法知识,归纳错误类型,实战演练浙江卷语病题的形式(四个选项、单独语句),通过量的积累,实现质的飞跃。同时量的训练不宜过度,过度了学生就会产生疲劳而失去原动力。

(三)运用语境,发展思维品质

《课标》"学业水平考试与高考命题建议中的测评与考试目的"中阐述了这样两句话:考试、测评题目应以具体的情境为载体;减少对单一知识点或能力点的简单、碎片化的试题数量,应体现语文素养的综合性、整体性。全国卷能够把语病题放在"具体的情境"中考查,也值得我们浙江的一线语文老师去揣摩学习。因此我们在语病专题复习中以"夯实语法,梳理知识结构"为起点,以"探究规律,提高解题能力"为提升点,以"运用语境,发展思维品质"为制高点。学生站在制高点,回头去看起点和提升点,学生解题的正确率提高了,思维品质也会有所发展。

(四)改编真题,实践语文活动

《课标》"学业水平考试与高考命题建议中的命题和阅卷原则"第五条阐述道:测试形式要创新,多设置可供学生选择的题目,体现学生个性。在完成前面步骤的训练后,学生具备了一定的解题能力,但停留于此还不够,还要继续创新形式,激发学生的学习兴趣和原动力,使学生在解题能力和思维品质上进一步提升,因此笔者尝试让学生做命题人,以学习小组为单位,改编近三年的全国卷,在每个语段中设计三处语病错误,在课堂上找出错误并评议改编的效果。某小组改编的2018全国Ⅰ卷如下:"大洋一号"是第一艘中国现代化的综合性远洋科学考察船。……由于船上配备了很多先进设备,使人不用下水就能进行海底勘探。……600年前,伟大的航海家郑和七下西洋,在世界航海史上留下了光辉的一笔。……这个小组的改编难度中等,学生可以快速找出语病:第一处语序不当,"中国"要放在前面,是领属性定语;第二处"由于""使"造成主句缺失,根据上下句联系,去掉"使"更准确;第三处"一笔"和上文的"航海史"不搭配,"一笔"不足以表现郑和下西洋在航海史上的功绩,"一笔"改为"一页"。学生的分析有语法知识,也有语境内句子的关联性。学生自己出题,实践语文活动,真实展现了对所学知识的掌握程度,值得提倡和鼓励。

非连续性文本阅读的备考策略

刘长胜

【内容摘要】 非连续性文本阅读是高考文本创新、语文课程任务群、学生综合素养的任务需求。从考点指向、文本特点、命题形式、结构分值等考情出发，在日常教学中有效渗透，在专题复习中有序推进，探究与实践了备考策略，并做了教学反思。

【关键词】 非连续文本；考情；策略　反思

一、考情动态

"课标""考纲"的相关内容体现了高考的理论方向，高考真题则提供了教学规范操作的实践价值。高考真题的指向明显、设题规范、稳中求变、紧扣热点。在非连续性文本阅读、备考中我们要从各个角度研究试题，笔者从真题指路、文本特点、命题形式、结构分值四个方面作以说明。

1. 真题指路

浙江高考语文卷在2018年高考中开始采用非连续性阅读文本，2023年浙江高考语文、数学、英语试卷采用全国卷，近四年全国卷中一直采用了非连续性阅读文本，从以上三点可见，非连续性阅读文本被2021、2022浙江高考卷采用的概率较大。

2. 文本特点

(1)内在逻辑。非连续性文本一般选择3至4则材料，各材料之间表面看是相对独立的，没有连续性特征，表达侧重点各不相同，但材料之间有内在的逻辑。

(2)直观简洁。文本的信息容量大，信息呈现零碎化、多样性，但文本内容简洁、直观、概括性强、易于比较。

(3)热点新颖。材料的选择一般倾向当年新闻中比较新颖的材料，常常不回避热点，和文学类文本的选择大有不同。比如，2018年全国Ⅰ卷第三则材料选自当年

5月份的《参考消息》,选取了当时的社会热点——"量子通信卫星""留学生归国创业"。

3.命题形式

从近三年浙江高考和全国卷来看,非连续性文本设置了两道客观题,一道主观题。客观题一般考查学生对关键信息的筛选、对比、判断、整合以及逻辑推理能力,第一道客观题多数情况下要求选择正确的一项,第二题多数情况下要求选择错误的一项;主观题主要考查学生对各个材料的概括能力,对各个材料之间逻辑关系的分析能力,从而有序组织并呈现答案的转化能力。

4.结构分值

从结构分值来看近三年高考卷,浙江高考卷非连续性文本没有变化,分值10分,两道选择题各3分,主观题4分,文本在试卷中的位置固定。全国Ⅰ卷非连续性文本变化较大,2018年两道选择题各3分,主观题6分,题号7、8、9,文本位置在文学类文本之后;2019、2020年两道选择题各3分,题号4、5,主观题6分,文本位置发生了变化,放在文学类文本之前论述类文本之后,位置的调整可以保证阅读时逻辑思维的紧密衔接。

二、备考路径

认知心理学家皮亚杰J.Piaget的《建构主义》中阐述了学生的阅读能力需经历认识、掌握、反思的一个过程,培养学生非连续性文本的阅读能力,不是一蹴而就的,需要经历一个循序渐进的过程:首先要夯实阅读能力,基础牢地不动山不摇,要把非连续文本阅读渗透在高一高二的教学中;接下来要提升阅读能力,在高三非连续文本阅读的专题复习中有序推进。下面笔者阐述一下非连续性文本阅读备考策略的探究与实践。

(一)分类阅读,提升综合素养

教师应主动引导学生理解多种媒介运用对语言的影响,提高学生综合运用多种媒介有效获取信息、表达交流的能力,培养学生求真求实的态度。非连续性文本呈现的类型多样,在阅读时要根据文本类型的不同特点,采取不同的策略进行分类阅读。例如图表类,图表的题目是切入点,横向纵向比较是关键点;图片类,图片往往呈现简洁的信息,图片的主体部分是关键点,关键点解决了,图片的内涵也就清楚了;说明书、目录、清单、索引等可采取速读策略,筛选整合关键信息;材料探究性的要进行比较分析,异中求同,同中求异,找出材料的内在逻辑和变化规律,从而得出结论。

比如2019全国Ⅱ卷第4题,题干"下列对材料三相关内容的梳理,不正确的一项是(　　)",题干指向明确,属于定向阅读;4个选项运用结构图的形式,4个选项采用并列结构,平行展开,展示了材料3中四句话的逻辑关系;A、B、C三个选项逻辑推理合理,D选项出现逻辑错误,文中明确表述实现数据融合的是应用支撑层,实现信息资源的有效存储和共享的才是数据层,故选D。笔者认为解这道题首先要理清结构图的关系,接下来要有文转图或图转文的分析概括能力,这两步具备,这道题就迎刃而解了,而且解题质量好效率高。

(二)基于真题,探究备考策略

文字乃为本,任何信息的获取都脱离不了对文本的阅读。非连续性文本形式上不同于连续性文本,探究备考策略,最终还是落实在"读"上,笔者下面以2018浙江卷非连续性文本(由三段文字和一个图表组成)为例,进行序列化阅读。

1.速读题干,掌握文本方向

把握题干。在整体阅读文本前,快速浏览三道题题干的要求、选项的内容,做到心中有数,阅读文本时可以有的放矢,不至于南辕北辙,效率低下。如果没有先读题干,而是读完文本再读题干,也是一种阅读方式,但笔者认为这样效率低下。考试最大的特点就是在规定的时间内完成规定的题目,而不是在某一题上消耗大量的时间,而影响了其他题目的答题质量。

2.精读提示,获取有效信息

非连续性文本的每个材料会标注出处或标题,这是解题的最好切入点,学生可以精读这些简短的提示语,从而获得有效的信息。2018浙江卷非连续文本材料3图表的标题"自然教育受众群体特征"有明显的提示作用,提示学生主要在讲述什么,学生抓住了提示语,接下来的阅读思路就十分清晰,通过横向纵向比较,概括出特征"自然教育主要集中在儿童和亲子方面,受众群体单一"。同样其他三则文字材料也有提示语,材料一提示语"拯救自然缺失症儿童",材料三、四提示语"生命的未来",提示语是阅读的方向,是获取有效信息的捷径。

3.总览全文,把握文本内容

一般非连续性文本的主观题都是从某个角度对文本内容的整体概括,结论之一告诉读者了,那么我们就可以沿着这条线去总览全文。例如2018浙江卷非连续文本阅读第3题的题干"根据上述材料,概括出重视自然教育必要性的事实和理论依据",实际上就是对文本内容概括的明确指向。根据前面的提示语,速读三个文本,就可以快速地概括出来,具体概括如下:材料一叙述"没有接受完整的自然教育,会在自然活动中妨害生物",材料三叙述"人类具有与生俱来的'亲生命性',家长及时引导人们热爱自然,保护自然",材料四叙述"人类有根植于天性里的生物恐惧感"。

4.选读文本,对标各个选项

非连续性文本选择题的8个选项在原文中都有大致对应的句子、词语,有些和原文直接对应,有些需要对文本进行概括提炼。我们在阅读时要采取对应选读的方式,并结合常规的错误类型——信息遗漏、以偏概全、强加因果、张冠李戴等,做出准确的判断。例如2018浙江卷非连续性文本第1题A选项"人类生来就可能有对生物的爱和恐惧,天生就能与自然界的生物进行感情交流",对应不上材料3中"去爱非人类的生物,其实并不太困难,只要多了解它们就不难办到。这种能力,甚至是这种倾向,可能都是人类的本能之一"这句话中的"有可能",仔细阅读就容易发现,A项属于信息遗漏,这样A项就高效地排除了。通过精读文本,对标各个选项,并归类错误类型,学生自然会提高阅读的速度,增强辨析、判断的能力。

5.深度阅读,发现文本联系

非连续性文本表面看没有联系,如果深入探究一下,会发现他们之间的内在逻辑。根据前面的概括,文本一、二和文本三、四的逻辑是并列关系,即前两则文本叙述了"重视自然教育必要性的事实依据",后两则文本叙述了"重视自然教育必要性的理论依据"。

学生能够找准每个文本的切入点,概括主要内容就相对容易,再去把握材料之间的逻辑,非连续性文本就可以相对容易读懂,读懂文本读通文本,后面的题目就会迎刃而解。如果学生没有找准切入点,就如无头的苍蝇会乱撞,会无形增加阅读的难度;如果学生没有抓住文本之间的联系,就会拉长阅读的时间,效率可想而知。

(三)规范答题,提高得分能力

掌握了阅读策略,理解了文本内容,提高了综合能力,也不代表在考试中就可以凭借阅读能力得到高分,还需要养成规范答题的习惯。规范答题不是对非连续性文本阅读的特殊要求,而是答语文试卷的基本要求,也是提升得分效果的必然要求,笔者总结了三个要点。

第一书写规范。并不是要求每个考生的字迹优美到统一标准,而是要求书写的文字工整清晰,大小适中,即使是字迹潦草的同学,只要用心,这一点就可以做到。在日常教学中,不仅学生要努力做到,同时老师要有要求,就像小学语文期末考试中"书写"作为一项重要的考核指标,高中也需要"本立道生"。

第二表述规范。在平时训练中每条主观题答案都要按照"要点+分析"的形式呈现,而不是东一句西一句,一会儿观点,一会儿分析,要和文本的具体内容结合做简要的分析阐释。

第三逻辑规范。主观题答案的呈现一般分几条表述,有先后、并列、因果、条件等逻辑关系,作答时每条的先后顺序呈现逻辑关系,而不是混乱无章的。同时点与点之间不能有重复、包含、交叉的关系。

三、教学反思

《课标》命题和阅卷原则第五条：形式要创新，多设置可供学生选择的题目，体现学生个性；多设置主观性、开放性的题目，展现学生智慧，鼓励学生发挥和创造。试卷结构和测试形式不应固化，以避免形成新的应试模式。2017部统编版教材以大单元、任务式的形式编写，教师在单元教学中为了完成单元教学任务，需要单篇教学，也需要群文阅读。无论单篇还是群文阅读，我们都可以有选择性地把非连续性文本加入其中，丰富教学文本和内容，拓展学生思维。在日常教学中，我们要善于创新教学手段，用好用对非连续性文本。

参考文献：

[1] 教育部.普通高中语文课程标准(2017年版)[S].北京:人民教育出版社,2018.
[2] 吕锡锋.使用微信平台助力语文教学[J].中学语文教学参考,2019(13):3.
[3] 魏永林.非连续性文本试题命制例谈[J].语文教学与研究,2019(6).
[4] 沈蕴韵.实用性文本之"参与式"阅读与交流[J].语文教学与研究,2020(10).

基于证据推理的"问题解决式"课堂实践研究

陈 迪

【内容摘要】 化学学科核心素养共有五个维度,每个维度各有侧重,其中"证据推理"素养侧重于培养学生的思维方式。化学教学中可设计有效的问题情境,引导学生形成证据意识,善于识别各种证据,提出假设,应用多种推理方式进行证实或者证伪。在解决问题的过程中,推动科学思维的发展。

【关键词】 证据推理;问题;思维

一、证据推理的涵义

"证据推理"是重要的化学核心素养,是学生学习化学的思维方式,也是学生认识客观世界必须具备的关键能力,在课堂上培养学生证据推理的核心素养尤为关键。"证据推理"是一个合成词,包含"证据"和"推理"两方面的含义。"证据"一词在百度百科中的含义是"依照诉讼规则认定的案件事实的依据",它是具有真实性和客观性的。在化学学科中,"证据"是指在探究活动的过程中,用来验证猜想是否正确的素材,可以是实验现象和数据、化学理论、学生大脑中已有的知识等。"推理"逻辑学思维的基本形式之一,是有一个或几个一致的判断(前提)推出新判断(结论)的过程,有直接推理和间接推理。常见的推理方式有演绎推理、归纳推理和类比推理三种。2017年教育部颁布的《普通高中化学课程标准》对"证据推理"的解释为"具有证据意识,能基于证据对物质组成、结构及其变化提出可能的假设,通过分析推理加以证实或证伪;建立观点、结论和证据之间的逻辑关系;知道可以通过分析、推理等方法认识研究对象的本质特征、构成要素及其相互关系。"[1]

二、"问题解决式"课堂的涵义及问题创设原则

"问题解决式"课堂主要是通过问题的设置铺展开来的,不同于传统的按知识的

逻辑顺序展开的教学过程的设计。问题解决教学的特点是以问题为驱动力和指引，学生在解决问题的过程中自主获取知识，构建知识框架，培养学生的探究能力和知识的整合能力。在实施"问题解决式"教学时，教师要紧紧围绕相关的教学目标和知识结构来设计问题，各个问题之间要相互联系、相互交叉、相互递进，让学生在问题解决的过程中掌握知识，训练技能，提高科学素养[2]。

问题的创设不是随心所欲的，它应该具备适切性、科学性、启发性和层次性的特点。问题的创设应该符合学生已有的认知结构及心理状态，应该引导学生从现象或事件中通过观察收集证据，或将存在于大脑中的知识提炼出来。同时，问题应该是层层递进，步步升华，逐步从一个或者若干个证据中推导出结论，从而解决问题，使科学思维得到发展。

三、基于证据推理的"问题解决式"课堂模式

根据杜威、布鲁纳等人所提倡的"问题—假设—推论—验证"程序，基于证据推理的"问题解决式"课堂教学是先设置情境，然后提出问题，以问题为核心，收集各种直接证据，如化学实验现象、生活经验、自然现象等；和各种间接证据，如化学文献资料、化学学科的前沿发展知识、化学发展的重要史实等；再通过师生、生生之间的合作与互助，让学生能收集证据对物质的组成、结构及其变化提出可能的假设，通过分析推理加以证实或证伪。基于证据推理的"问题解决式"课堂教学流程如图1：

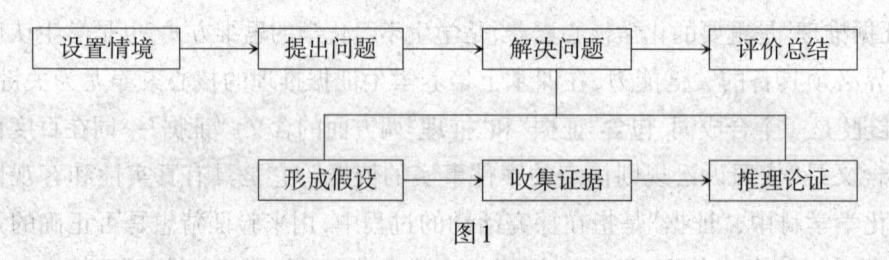

设置情境 → 提出问题 → 解决问题 → 评价总结

解决问题：形成假设 → 收集证据 → 推理论证

图1

四、基于证据推理的"问题解决式"课堂的教学实践

（一）以探究性实验为载体创设问题情境

化学是一门以实验为基础的自然科学实验，也是学科的魅力所在。学生在"实验"的引导下，能够更加形象地理解基本概念和化学反应原理，有利于激发学生的学习兴趣和学习热情，有利于学生去探究新知、发现知识奥秘，达到学以致用的目的。探究性实验通常以解决问题为核心，通过实验探究未知的实验对象，认识研究对象的结构或性质，更注重学生亲身体验，得出结论，体会探究的过程。以"SO_2的性质"教学片段为例：

【引入】二氧化硫是红酒的一种脱氧剂，二氧化硫对防止氧化有着重要的意义，但

过高的含量会影响酒的风味。如对二氧化硫不适,开酒后通过"醒酒",即可达到排除酒体中二氧化硫的目的。

【问题】1.二氧化硫在红酒中可做脱氧剂,说明它有什么性质?在反应中硫元素的化合价会有什么样的变化?

2.预测二氧化硫能使高锰酸钾、溴水溶液褪色吗?请利用实验证明之。

3.如何证明上述实验硫元素的价态变化?请设计实验证明。

4.将二氧化硫通入氯水中,漂白效果会更好吗?

5.向试管中加入5mL二氧化硫水溶液,滴加氯化钡溶液,观察实验现象,再滴加0.5mL3%的过氧化氢溶液,振荡,放置片刻,观察实验现象。然后滴加稀盐酸,观察现象。请解释实验现象,并且写出该过程中发生的反应方程式。

6.甲同学在进行问题5中的实验时发现:在二氧化硫水溶液中滴加氯化钡溶液时,产生了少量的白色沉淀。试推测白色沉淀的成分是什么?该沉淀是如何产生的?

本教学片段主要探究了二氧化硫的还原性,从生活实例引入,预测二氧化硫的性质和反应中元素化合价的变化,再通过自主实验验证自己的预测,进一步认识物质的还原性与元素化合价的关系。学生通过学习二氧化硫的还原性构建完整的氧化还原概念体系。问题6为下一个知识点:酸雨的形成过程进行了铺垫。本节课的设计以新课程理念为指导,改变以往对元素化合物知识的学习模式:结构→性质→用途,而是在问题的引领下,自己动手完成实验,从现实实际和观察到的现象出发,让学生通过观察分析,推测性质,实验验证进而得出结论。

(二)以有层次性的问题引导学生思维层次逐渐深入

任何思维过程都有其发生、发展和收敛的阶段。我们在设计课堂教学的问题时应该把握思维过程多层次的切入点,引导学生合理跳跃,帮助他们一步步地踏上一个又一个的新台阶。

人教版化学必修一(2019)新教材在设计上处处体现了学习知识的层次性和衔接性。如在学习第一章第二节"离子反应"这一节知识时,教材要求学生在观察实验现象后,分析三个问题:

1.Na_2SO_4和$BaCl_2$的电离方程式是什么?

2.混合前两种溶液中的离子是什么?

3.混合后溶液中的离子是什么?

问题的提出是建立在学习电离和电离方程式的基础上,引导学生通过分析溶液中的离子种类,得出Na_2SO_4溶液和$BaCl_2$溶液反应的微观实质。教材注重基于实验证据(宏观现象)进行分析和推理,逐步引导学生认识电解质在溶液中反应的本质特征(微观实质)。

再如教材第一章第三节"氧化还原"的编排上,教材没有直接给出"氧化还原"的概念,而是首先设置了"思考与讨论",以初中学过的两个方程为载体,引导学生思考:

1. 得氧物质、失氧物质及其发生的反应是什么?
2. 反应前后元素化合价的变化情况如何?
3. 氧化反应或还原反应与元素化合价升降的关系是什么?

学生在此基础上得出氧化还原反应的概念,并将物质发生氧化反应或还原反应与元素化合价升降联系起来。过渡自然,学生很容易接受。然后教材再以Fe与$CuSO_4$的反应为例,将氧化还原的内涵从得氧、失氧拓展到前后有化合价变化的反应。最后才提出是什么原因导致元素化合价发生变化呢?引导学生从微观角度认识氧化还原反应的实质。过渡自然,学生很容易接受。所以,我们在进行教学时应该把握新教材的设计理念,弄清某一单元在整个教材中的地位,注重知识的层次性,循序渐进地层层推进教学。

(三)以启发性的问题整合学生已有的"知识证据"

新课程标准明确提出"从学生已有的经验"出发组织教学。在课堂教学中教师用引导性的问题挖掘学生已有的"知识证据",进行整合再拓展,能使学生的知识和素养在解决问题的过程中得到升华。以一节"元素周期律复习整合课"为例:

提出问题	学生已有知识证据	推理结果	验证结论
问题一:镁能置换硅吗?	在《镁的提取及应用》中学到过镁能在二氧化碳中燃烧,生成氧化镁和碳;C与Si同主族,性质有相似性。	镁能与二氧化硅在高温下反应置换出硅单质。$2Mg + SiO_2 \xrightarrow{\text{高温}} 2MgO + Si$	查阅资料得出:电子工业上常用镁与二氧化硅反应制取硅。
问题二:推测钠能与二氧化碳反应吗?推测反应产物是什么?	在《镁的提取及应用》中学到过镁能在二氧化碳中燃烧,生成氧化镁和碳;钠与镁同周期,且根据元素周期律,钠比镁金属性更强、更活泼。且氧化钠易与二氧化碳反应生成碳酸钠。	钠能在二氧化碳中燃烧,生成碳酸钠和碳,反应方程式$4Na + 3CO_2 \xrightarrow{\text{高温}} 2Na_2CO_3 + C$	设计出钠在二氧化碳中燃烧的实验装置,进行实验;设计实验方案对产物进行检验。

本节课以解决两个问题为主线,帮助学生从物质分类和元素周期律的角度预测物质性质和反应的可行性。同时将学生原有的元素周期律的知识、元素化合物的知识和物质检验等知识进行整合。课堂上学生们为了解决问题,努力搜寻知识,畅所欲言,探究欲望强烈,体会了学科探究的一般过程。

五、基于证据推理的"问题解决式"课堂的教学成效

(一)发展学生的科学思维

教师在课堂上设计有开放性的"问题链",学生通过问题驱动想象,建立事实、证据与结论之间的逻辑关系,形成了证据意识、求证意识、问题解决意识。学生在学习化学之后,能够逐渐领悟科学研究的实证方法和求实创新的方法,能够运用科学的思维方式认识事物、解决问题。

(二)激发学生学习热情

课堂上,基于证据推理的"问题解决式"课堂教学激发了学生学习化学的热情,学生之间相互倾听,相互交流,相互竞争,相互挑战。新颖独特、具有挑战性的问题不会让学生感到枯燥乏味,他们在解决一个个问题的过程中体会到了成功的喜悦。课后,学生变得更喜欢钻研化学知识,更乐于与教师和同学交流,变得更自信,更乐于思考和探究问题。

(三)整合知识,加深学生对知识的理解和应用

在基于证据推理的"问题解决式"课堂上,教师以学科知识为载体,创设富有价值的真实问题情境。在问题的引领下,学生在收集证据、解决问题的同时对零散的知识进行整合,促进知识的整体构建,不断加深对知识的理解和记忆。通过自己探索获取的知识,比被动接受得到的知识更能让人记忆深刻,灵活运用。

课堂教学是培养学生核心素养的重要阵地,教师应该多思考如何在新课改、新教材的背景下构建有效的课堂模式,合理安排课堂活动,致力于发展学生的科学素养,提升学生的思维能力,培养学生终身学习的能力。

参考文献:

[1] 中华人民共和国教育部.普通高中化学课程标准(2017年版)[S].北京:人民教育出版社,2018.

[2] 孟祥通.化学问题解决式课堂教学设计的研究[D].武汉:华中师范大学,2016.

影响被督导者感受的重要因素探索
——经验不足的心理咨询师被督导体验剖析

陈 琼

一、研究背景

今年参加了督导师的认证学习,在学习中体验和观摩了心理督导,每一位心理咨询师在接受督导的过程中都会有感受到好的和不好的体验,以及这些体验所带来的影响。上课的老师告诉我们,咨询师好的被督导体验包含很多,例如感受到来自督导师的情感支持、咨询师被督导师的个人特质所打动、咨询师获得了专业知识、督导的结构化和良好的督导关系等,咨询师不好的被督导体验主要是督导设置和督导关系所带来的不好体验。

理所当然的是:咨询师好的被督导体验对他们有正面、积极的影响。可是不好的督导体验对咨询师的专业学习一定是负面的吗?会不会有正面的影响呢?当督导同盟不够坚固的时候,不好的学习体验,对我们咨询师有怎样的负面的影响呢?于是我展开了咨询师被督导感受的研究。

二、我的理解——咨询师与督导者的匹配

接受督导是一名咨询师成长为一名合格咨询师的必经之路,并且几乎是他们专业成长中最重要的因素。督导是由督导者与受督导者双方的投入与互动所构成,受督导者为督导历程中学习的主体,督导的结果将传送至咨询历程并间接影响来访者。因此,受督导者的感受与想法在督导介入的传递过程中扮演极为关键的角色。但督导过程可能并不是一帆风顺的,督导可能是积极的,也有可能是消极的学习体验。因此,了解咨询师接受督导过程中的积极与消极体验以及这些体验给咨询师所带来的影响,可以帮助督导师更有效地促进咨询师的专业成长,从而保障来访者的利益。

在我自身的咨询师工作体验中：我常常关注来访者生命中的特殊事实或事件，而容易忽略、感受体验和治疗过程；总是喜欢给来访者建议和指导，来弥补自己还不是一个足够好的咨询师的感觉；问太多的问题，结果被来访者大量的信息所淹没；有时候又太过控制，喜欢选择自己所认为的治疗焦点来入手；总是很难把握与来访者合适的距离，要么过度卷入，要么对来访者过于疏离；常常怀疑自己的专业性，因为自己总是难以区分什么是重要的，什么是不重要的。所以从我自身的情绪方面来看，更容易体验到焦虑，而且，在被督导的过程中倾向于退行，变得无助，经常感到很薄弱和被人看透的感觉。因此，作为一名咨询师，我所偏好的督导是：

①向督导报告我对来访者的评估和理解其中的心理动力机制和症状等；

②提供理论知识；

③教授技术技巧及干预方法；

而且，我很喜欢高度结构化和清晰指导的不对等的督导师关系，督导更像一个权威的形象。除了希望督导师能给予我清晰的指导和建议下一步的咨询工作外，我还渴望、需要督导师给予我理论方面的思考，甚至直接想让他给我开书单。希望能够得到督导师的支持和肯定，而且我过度关心怎样能做得足够好。但是我却不愿意和督导师讨论督导关系以及我自己的情感。我觉得这样非常别扭和不自在，老师否定的传统型的"区辩模式"，反而是我的喜好，我偏好将督导者放在教师的角色上，希望督导聚焦于来访者和技术、方法等治疗过程的层面，尽可能不触碰自己的焦虑和脆弱。

在课堂上，我也看到有经验的咨询师经常将督导师作为一个顾问或咨询师的角色，他们对情感、关系和个人层面的东西持更为开放的态度，对移情、反移情更感兴趣，而且他们也比较关注自己的优势与不足。

因此，我认为督导要与受督导者的经验和能力相匹配，受督导者才能有好的督导体验，作为没有被督导经验的咨询师和资深咨询师，在与督导师进行互动的过程中，是有着明显的差异性的。被督导经验对咨询师专业成长的重要性已为许多咨询教育者所重视与强调，然而并非所有人的被督导经验都是好的、正向的或有效的。不可否认，差的、负向的、无效的，甚至具伤害性的被督导经验确实存在。

在我的学习团队中，我进行了非组织架构形式的采访，在交流中，我发现咨询师在督导中所经历的负面经验有以下几种：

①督导基本架构未建立或维持；

②督导者缺乏承诺与投入；

③受督导者无法得到专业协助或专业成长有限；

④督导关系未建立；

⑤角色混淆的多重角色与关系，权力的压迫与剥削。

三、研究内容

受督导者无法得到专业协助或专业成长有限,是我的学习团队成员体验中比例最高的,就目前的文献来看,对于被督导体验的研究对象大部分都是有一定经验的咨询师或者将有经验的咨询师和没有经验的咨询师混合一起进行研究;研究对象接受督导的方式以团体督导居多,因此本文通过对没有被督导经验的、接受一对一督导的咨询师被督导体验的研究,来了解没有被督导经验的咨询师接受督导过程中的好的和不好的体验,以及这些体验给他们带来的影响,并为咨询师的督导提出建议。

本研究主要以深度访谈收集资料,对学习团队中4名咨询师(赵老师、周老师、韩老师、英艳老师)督导结束后对其进行回溯访谈,访谈问题包括:①你在督导中有哪些好的体验?是什么样的案例?当时发生了什么?是什么让你认为这是好的体验?②好的督导体验对你有怎样的影响?你是如何看待这些影响的?③你在督导中有哪些不好的体验?是什么样的案例?当时发生了什么?是什么让你认为这是不好的体验?④不好的督导体验对你有怎样的影响,你是如何看待这些影响的?他们的回答,有一些通过录音给予了记录,还有一些是以文字的方式记录下来的。

四、研究综述

这四位咨询师在督导中好的体验体现在五个方面:咨询师感受来自督导的情感支持、咨询师被督导师个人特质所打动、咨询师获得了专业知识、督导的结构化、良好的督导关系,其中"咨询师感受到来自督导师的情感支持"这个大类下面的表达最多。

(一)咨询师被督导中好的体验来源

1. 来自督导的情感支持

他们认为自己感受到来自督导师的情感支持主要体现在两个方面,一个是正向、积极感受的促进,另一个是负面、消极情结的缓解。如"自己总会有各种各样的自责,或者自我质疑的时候",督导师会说:其实你这一点很好。或者说"好多时候自己都没有发现那事做有什么意图"的时候,督导师能挖掘出来"这是让我觉得挺感动的地方""感觉(来访者)又回到之前那种状态了,自己多多少少会有点沮丧和着急,但是督导师他就不会这样觉得。"他说"可能这个不能怪你,是跟来访者有关系的,不能把这所有的责任都推到你自己的身上"。

2. 咨询师被督导师的个人特质所打动

赵咨询师明确指出,当督导师真诚一致,愿意自我表露,以及感受到督导师的努力的时候,她们眼中的督导师就变得更"真实""鲜活""立体"所以"更愿意投入到督导中"。如,"当时讨论那种体验的时候,就觉得好像有距离,也不敢说啊,但是提出来的时候,老师也会很真诚地跟你去讨论,包括说她可能也有自我的一些部分,这就会让您感到非常真实。"

正如周老师所说:"她(督导师)也在成长,也会有犯错,她也会在弥补……对我的启发就是教育的意义,好像是更强烈、更生动。所以,督导师所展现出来的真诚、愿意自我表露、愿意为咨询师的成长付出努力,让咨询师打动很重要。"

3.咨询师获得了专业知识

督导的实质是一种学习,咨询师对专业知识本身有很多渴求,因此,当她们学习到许多专业知识时,会有满足感。专业知识主要包括个案概念化、理论应用、理解平行关系、帮助咨询师处理和来访者相似的问题。专业知识学习的方式包括督导师的示范和督导师启发性的提问,这些都促进了经验不足的咨询师的体验和反思。其中,督导师的示范是经验不足的咨询师感觉收获非常大的一种学习方式,督导的示范既包括角色扮演,也包括督导师在督导过程中运用咨询技巧,增强咨询师好的体验。如,"我最开始有点搞不懂这个理论,但是她会讲解得让你明白和理解,给我讲得让你懂,让你觉得没有你想的那么深奥……也会去想,去更多地去接触这些理论……这种过程挺有效果的";"……就是她会先跟我共情,我觉得她的这种共情也影响我在以后咨询中的共情,我觉得她这个也是一个示范性的作用吧"。

4.督导的结构化

我的感受是,咨询师在最初接受督导的时候,督导的结构化帮助她们增强确定感。督导的结构化主要包括结构性的环境,督导师直接给建议,对来访者咨询会谈录音的具体督导,这些方面都切合经验不多的咨询师对稳定、具体的需求。尤其是督导逐字稿,会让咨询师觉得自己的收获是清晰可见的。如"就是感觉其实像这种问题还蛮多的,就是督导师就这种情况,直接给出的建议是很有效果的";"然后,还有就是,督导方式来说我觉得,就是通过转录啊,发给督导师,看整个咨询的过程,是更有效的吧。"

5.良好的督导关系

对咨询师而言,良好的督导关系一方面体现在对督导师权威的认同,另一方面体现在督导师与咨询师真诚的讨论督导关系。如"可能也会让你觉得督导师也挺牛的这种吧,你想不到的但是你讲一通,他就能看到背后的感受,就会对他的专业能力产生一种崇拜。而且能被督导师认可,那你自己不也是挺好的吗";"我记得就是感受好的还有一两次,是专门就拿整个时间来进行一个讨论,然后我觉得,就是在走到一定阶段的时候,这个对整个两个人的督导关系是特别重要的。"。

(二)咨询师在督导中不好的体验

咨询师在督导中不好体验分别是由督导设置和督导关系所带来的。

1. 督导设置带来的不好体验

督导设置带来的不好体验主要包括将会谈录音转录逐字稿的辛苦、督导时间不够、督导因督导师原因中断以及时间设置的不稳定。其中督导因督导师原因中断和时间设置的不稳定更让咨询师感到困扰。如老师们会觉得"当老师那一周不能来工作的时候，其实我就会比较担心吧。"；"就是如果约的不是一个固定的时间，你还不知道是哪天中午或者是哪天晚上，然后你就会觉得有些慌乱的感觉。"

2. 督导关系带来的不好体验

督导关系带来的不好体验，一类是对咨询关系破坏性低的体验。包括在咨询中突破设置而连累督导师感到内疚、督导师要求咨询师在自我体验中处理自己的情感、督导中因体会不到来访者的感受而感到压力、督导中的双重关系。另一类是对咨询关系破坏性高的体验，包括咨询师有些负面情绪不敢在督导过程中表达、咨询师的感受表达出来后并没有被督导师理解、咨询师感受到督导师的严厉。如"因为我有时候不是有焦躁嘛，然后就不想，就是直接就不想做了，干脆就不想做了。他说你可以，没问题，他说你可以提出转介或者是之类的都没问题。但是你觉得，如果说你以后在咨询生涯当中，如果再遇到这样的来访者，那你要怎么去做。我觉得当时我也没有反馈给他当时的状态，觉得心里超级不舒服，然后也没讲出来。"；"他变得有点像那个指导者，感觉要求变得更高了，而我也没有我没有达到那种要求，他可能就会有一点严厉的感觉……觉得和他隔得挺远的。"

好的体验给我们这些咨询师带来的影响都是正面的，并且这些正面影响会进一步加深好的体验。好的体验对咨询师的影响包括：提高了自我觉察和自我反思的能力；提高了容纳和保持的能力；降低对自己过高的期待；接纳自己可以跟督导师想得不一样；对咨询有了更深的理解；对人有了更深的理解；对自己的感受有了更多的理解。

不好的体验带来的影响不都是负面的。不好的体验对我们这些咨询师的影响包括：敢于表达自己的观点；打击自信，感到挫败；由追求督导师的认同，转而追求来访者的认同；未来会避免权威，选择风格匹配的老师；回顾记录，对督导内容进一步消化。

(三)好的体验对经验不足的咨询师影响

好的体验对经验不足的咨询师影响主要体现在两个方面，一方面是咨询能力的提升，另一方面是个人的成长。如"我觉得他让我看到了自己一些很好的可能性，就是我一直认为，自己是一个情感上很回避、很冷漠的人，可是跟督导师回应过后，就想跟来访者去回应，我就觉得说，其实我是给自己贴了一个标签，其实我并不完全是那样的人。"；"不希望他们看待我也和我看待我的老师是一样的，所以我也一直在反思和思考这个问题，就是让他们(来访者)感受到我是个人，他也是个人，然后我觉得其实这个过程,督导就是起了很大的帮助。"

(四)不好的体验对经验不足的咨询师影响

不好的体验对经验不足的咨询师影响却不都是负面的,有些挫折让我们咨询师更愿意去学习成长。但在督导联盟不够稳固的情况下,对于督导关系的负面体验给新手咨询师带来的打击是很大的。如"而且随着他对我的要求变得严格吧,我觉得自己,是不是特别不好啊。";"可能在之前也有一些不好的体验嘛,但是都是被压下去的,因为他是权威。可是后来慢慢都会发现,那些不好的体验都已经浮现出来了,……为什么会有这种不好的体验呢,是因为,其实我也在成长,我也在分化,然后也自己在摸索,然后会觉得当我自己有自己的观点的时候可能现在会想要去反驳他了,嗯。"

(五)反思与讨论

本研究发现,督导结构化能给经验不足的咨询师带来好的体验,也说明了经验不足的咨询师更喜欢稳定的、具体的、细致的督导,进一步证明了,当经验不足的咨询师接受到与自己经验和能力相匹配的督导才会有正面的体验。不过大部分好的体验都是由于督导者的情感支持,当受督导者所知觉到的激发信息为督导者对于自己的肯定时,大多数人会产生开心愉快、安心,会有自信等正向的感受,而在其行动倾向上常会出现多运用督导者所给予的回馈来进行干预,或是增加对于自己专业能力的肯定中。好的体验对于建立咨询师的专业自信,增进自我觉察等都有正面的影响。但是本研究也发现,负面的体验对新手咨询师的专业成长也有促进作用,并且咨询师的潜质也能适当的被激发出来,学习的主动性也有所增加,看上去一些挫败的督导体验可能会变得很有帮助。但这种挫败感不能以牺牲督导联盟为代价,如果咨询师的自尊、脆弱、成长需求都被忽略的时候,他是很难进行有效学习的。

巧用生成,顺学而导
——高中信息技术课堂动态生成策略研究

沈娅芳

【内容摘要】 教学是一项复杂而又有创造性的活动,新课程背景下,如何促进学科教学培养学生核心素养,是现阶段广大教师亟待解决的问题。动态生成是新课程理念下生成性教学的主要特征,课堂教学的生机与魅力在于科学而艺术地把握教学中的静态预设与动态生成。本文从预设与生成的角度来探讨如何更巧妙地利用两者的关系,激发课堂活力助力课堂教学,从而更好地促进学生学科核心素养的养成。

【关键词】 信息技术;核心素养;动态生成

引 言

课堂教学是由许多灵动的生命体组成的动态过程。作为教师,不仅需要精心预设,更要关注课堂教学的生成性资源。对于如何利用生成性教学资源,构建更好的动态生成的课堂教学模式,使课堂转变为一个生机勃勃的动态过程,促进学生生成性的学习,值得我们一线教育工作者在实践中不断地探索。本文就高中信息技术课堂动态生成教学谈一谈个人的实践研究和思考。

一、预设"意料生成",设计"弹性区间"

新课程强调以人为本,呼唤生成的课堂,但这并不表示可以摒弃"预设"。强调课堂教学的生成性并不表示教师和学生在课堂上可以随意地展开学习,相反是对教师的课前预设提出了更新更高的要求。

(一)弹性目标——升降式教学

课前精心预设,但预设的目标不是固定不变。随着课堂教学的一步步推进,预设目标会逐渐显现出它的一些不合理性,教师需具备足够的课堂驾驭能力,及时调整方向,或升或降预设目标,根据现场学情及时生成目标。

例如,在推导生成[a,b]范围随机整数的表达式时,有学生提出了更深层次问题,公式Int(Rnd*(b-a+1)+a)对于负数是否适用?如果要表示的是[a,b]范围的偶数或奇数,表达式该如何写?于是笔者调整教学思路,以此为教学契机,提升教学目标,深入引导,和学生一起就这些问题展开探讨,最后在笔者的提示和学生积极思考下,得出结果:此公式对负数也是适用的,对于偶数的表达可以通过改写成2*n的形式,n为[a\2,b\2]范围内的随机整数。经过讨论、推导、验证,学生还学会了举一反三,也明确了[a,b]范围的随机奇数或者其他3的倍数等数的表达,体验到了积极思考、研究带来的学习乐趣。

(二)弹性过程——预留空白

过程设计除了常规的五个环节:复习提问、引入新课、讲授新课、总结归纳、课后作业外,还应策划教学过程中的教师活动、学生活动、师生的互动、活动的组织形式、活动的预期效果,最后形成综合富有弹性的教学预案。

例如,在高三复习函数及表达式时,对常用函数Chr和Asc的应用,设计了如下问题:(1)同一个字母,大小写ASCII值十进制表示差多少?十六进制表示差多少?(2)如何通过这两个函数实现大小写字母的相互转换?在掌握理解这些问题的基础上,引导学生思考,在十进制和十六进制的相互转换的程序代码中,哪个环节需要用到这两个函数?如何应用?如何结合RND和INT函数,生成随机字母,循序渐进,逐级提升问题,给学生预留空间,让学生通过对所学知识的回忆、讨论,引发思考,把所学知识融会贯通。通过同学讨论,教师提示,师生互动间一些问题的纠错,学生很快能够建立知识链接,对所学知识进行纵向分化横向贯通,拓展知识的宽度和深度。

二、捕捉"智慧瞬间",邂逅"精彩生成"

面对教学过程中现时生成的教师预期之外的富有价值的教学资源,教师不必死守预设的教学规程,而应独具慧眼,及时捕捉生成性资源,并理智纳入课堂临场设计之中,真正让课堂教学呈现出灵动的生机。

还是以Asc函数和Chr函数在十进制和十六进制转换中的应用为例,笔者给出真题请同学们完成程序填空,大部分同学都写了ans=Chr(Asc(r+55))+ans。本以为这个教学点可暂告一段落,但有同学提出了不同意见,认为在十进制转十六进制时,可以不用Chr和Asc函数来转换,当余数r大于9的情况下,直接用ans=Mid("ABCDEF",r-9,1)+ans。对于学生的新思路,笔者未正面回答,将问题"反抛"给了全班同学,请他们思考这个方法是否可行?同学们经过检验后,都认为这个答案完全正确。并且这个Mid函数也启迪了其他同学,马上又有同学有了新的方法,先直接将十六进制所有的余数赋值给一个变量,如h="0123456789ABCDEF",后续通过Mid(h,r+1,1)的形式取出相应的余数倒序连接。就这样,一道程序填空题,最后因同学们的智慧以一题多解的形式完美结束,整堂课闪烁着学生智慧的光芒。

三、关于"预设"与"生成"的实践策略

(一)预设的策略

1. 预设学生的质疑,未雨绸缪

孔子说:"学贵知疑. 小疑则小进. 大疑则大进。"我们鼓励学生主动思考提问,未雨绸缪则是教师应具备的一种基本能力,随时能够为学生释疑解惑。因此在进行教学设计时,教师需要充分预设课堂上学生可能提出的相关问题。例如,在进行冒泡排序教学时,学生学了基本的由下而上、从小到大的冒泡方法的具体过程和程序实现后,自然会产生疑惑,把比较顺序换成由上而下进行或者把排列顺序换成由大到小代码如何修改?通过程序代码如何来判断冒泡是由下而上还是由上而下进行的?由下而上比较,上面先有序还是下面先有序?带着学生的诸多疑惑,教师可以一题多变的形式因势利导,引导学生深入思考、学习。虽然在教学中学生一般不会想到这么多问题,但是作为教师,应该心中有数,并尽可能地从关注释疑解惑到关注激疑生惑,让学生产生疑问,提出问题,培养学生的创新精神、批判性思维和计算思维。

2. 预设学生的知识水平,知己知彼

对学生"未知"的范畴和"已知"的范畴,教师要摸清情况,有一个清晰的掌握,并能理性地分析。教师在课前准备阶段要多问自己几个问题,学生对于所学的内容了解多少?用什么方法来刺激学生的"已知"背景?怎样引导学生"未知"的领域,激发他们的求知欲?怎样传授新知识,完成教学目标、教学任务?为了避免无用的生成,如何引导学生朝着正确的方向思考问题?例如在讲授插入排序算法前,学生一般已经先学习了冒泡排序选择排序,顺序查找对分查找,这是他们已有的知识,而如何在一个已经有序的数列里插入一个数使之继续有序,如何对一组无序数列用插入的方法进行排序,是他们的未知范畴。基于学生现有的知识水平,循序渐进地展开教学,可以用顺序查找从前往后或者从后往前确定插入的位置,也可以用对分查找的方法来确定插入的位置,通过循环后移腾出位置,再把待插数赋给正确的位置,由易到难,层层递进,顺畅自然地带领学生从已知到未知领域的学习。

(二)生成的策略

1. 质疑探究促生成

"学起于思,思源于疑。"学贵在质疑,在教学过程中教师应注意激发学生的求知

欲和探索精神，诱导学生独立思考，培养学生的问题意识，让学生勇于质疑，并为学生营造一个敢于质疑的课堂氛围。在讲到支持透明背景格式时，笔者之前课堂上有提过几种格式，有同学指出上机实践试过了，tif根本不支持透明背景，怀疑老师和教辅资料是不是都弄错了。听了这位同学的质疑，全班同学都很好奇想知道真相，急需笔者给予一个明确的答复。对于这位学生的质疑，笔者首先充分肯定了他的实践精神和质疑精神，然后临时调整教学安排，决定让事实来说话。于是让他给大家演示了操作过程，在演示过程中，其中一个保存选项的环节处突然有一个同学激动地大声说"勾选复选框"，同学们这时都齐刷刷地注意到原来tif选项对话框中有个存储透明度的复选框，如果不勾选那自然就不会透明，问题豁然明朗。还有同学在操作中发现它的存储不透明度复选框是灰色不可用状态，把问题提交给全班同学一起来探究，后来经过大家的实践研究终于分析出原来是图片中根本没有透明区域。这个课堂环节虽然超出了"预设"，原计划的教学内容没有圆满完成，但是学生的质疑探究精神和数字化创新、学习能力非常值得肯定，这种课堂生成的资源是极其宝贵的。课堂教学是开放而有活力的，教学流程是个辗转的过程，即使经验丰富的老教师也难以预设到课堂上每个学生的个别状况和出现的每一个细节，不能机械地按预设去循规蹈矩地推进教学，而应根据学情及时作出精准的判断，调整预案，满足学生不断变化的学习需求。

2.利用错误促生成

教学中要"善假于物"，充分利用课堂上已有的种种资源包括错误资源来促进教学内容的生成，提高学生对知识的掌握程度，以促进学生对教学内容更好的理解。如利用Excel分析处理数据，让学生利用所学的方法找出给定表格中302班总分第一的纪录。结果有两组同学基本都做出来了，有两组同学做出来却一条记录也没有。请了两位同学回答了操作方法，结果方法一样，都是先对班级筛选，再筛选总分最大一项。同样的方法，为什么有的对有的错呢？是方法错了吗？还是确实不存在这个记录？利用学生对错误结果满满的好奇，笔者适时解释了提供给同学的数据的差异，有两组的最高分就在302班，另两组的最高分不在302班。同学们一观察，果然最高分在302班的数据结果都正确，而不在302班的都找不到记录。在同学们的一片诧异声中，笔者抛出问题：每一次筛选操作是在所有记录里筛选还是在前面筛选结果基础上筛选？同学们这时恍然大悟。经过对一次错误的操作结果的分析研究，同学们很快找到了正确的方法。

有时学生出现的"错误"可能是有价值的课堂生成资源，引导得当反而可以变废为宝，比起教师直接传授的正确方法，学生自己尝试错误，把纠错的权利交给学生而不是教师独揽课堂，摸索探究的实践结果会让他们印象更深刻理解更透彻。

四、结束语

课堂生成因其不确定性、丰富性、复杂性、多样性和发展性,需要教师在日常教学过程中不断学习和探究提升。课堂是学生求知、创造、展示自我,体验成功的平台,课堂教学应为学生营造思辨的氛围,创设放飞灵性翅膀的机会。作为教师,需要做到心中有案,行中无案,凭借自己的教育智慧,及时地挖掘出随机事件中蕴含的闪光点、生长点、链接点,也能见机行事,优化教学。

核心素养为本"任务群"视域下"群文阅读"教学的策略研究

王杏芳

【内容摘要】 群文阅读教学即在课堂内外，教师带领学生以一个或多个话题来择取几篇文章展开一系列活动最终达到思维提升、审美鉴赏等能力提高的实践过程。而教学任务群是完成教学目标提升学生核心素养、提高语文鉴赏能力等的重要抓手。如何将任务群细化成每一堂课的教学目标与内容，成为新教学模式下语文教师必须要深思的问题，而群文阅读是一种教师教学的策略和学生阅读的方式，是落实核心素养为本下的"任务群"的重要途径。本文就是来阐述这种群文阅读手段如何科学合理的运用。

【关键词】 群文阅读；任务群；教学策略

一、缘起

新修订的《普通高中语文课程标准》推出了"学习任务群"的概念，重新建构语文课程的内容。今年启用的高中语文统编本新教材，也以"任务群"为重要设计特色，在每单元都设计了一些很好的学习任务。这一改革获得专家和老师们点赞，很多人认为："学习任务群是对语文学科本质的重要发现，将会写进语文课程史。"

然而，在具体实践操作中出现了诸多问题，比如：

1.学生对文本不熟。

2.学生对"任务群"不懂。

二、概念诠释

目前，教学界从不同角度出发对群文阅读概念进行了阐释，虽然百家争鸣，但其内涵特征基本明确。群文阅读教学即在课堂内外，教师带领学生以一个或多个话题来择取几篇文章展开一系列活动最终达到思维提升、审美鉴赏等能力提高的实践过程。

而教学任务群是完成教学目标提升学生核心素养、提高语文鉴赏能力等的重要抓手。如何将任务群细化成每一堂课的教学目标与内容,成为新教学模式下语文教师必须要深思的问题,而群文阅读是一种教师教学的策略和学生阅读的方式,是落实核心素养为本下的"任务群"的重要途径。

三、教学意义

1.一定程度上摆脱"单篇精读"的弊端

这里所说的"单篇精读"教学即指老师引导学生围绕选定的单一文本,进行阅读、思考,充分挖掘其阅读、写作、口语交际的教学价值。单篇阅读教学存在的局限性:①阅读教学常常刻意拔高、解析过度乃至于牵强附会。②学生真实的阅读体验往往单一化、浅层化。③有碍于培养学生全面的阅读素养(尤其是多元阅读能力)。而现实情况是,学生亟需"非连续性阅读"来应对当前的海量信息时代,因此对"学习型阅读、研究型阅读、解决问题型阅读"的需求越发强烈,一定程度上摆脱了传统阅读教学的尴尬境遇,这也为整文阅读做铺垫。

2.群文阅读需要"厚积薄发",提升思维品质

(1)让阅读达到"厚积薄发"

在实施"群文阅读"教学过程中,极大程度上满足学生接触更多的文字,能够让他们自主地去阅读大量资料。让学生"在水里学会游泳",在阅读实践中去学会阅读,厚积薄发,为下一轮的教学活动积淀财富。

(2)让阅读提升思维品质

由于依托于"文本组"的群文阅读有这一优势,这样才能充分彰显阅读策略指导的意义。比如"链接""比较""分析""统一"等阅读策略,提升思维品质。在群文阅读教学的经典课例上,我们看到学生们在忙碌地看书、陈述、思考、倾听。我们发现,孩子思维里的碰撞与质疑远比朗读、讲述、背诵来得珍贵,这种阅读教学策略的优势在课堂上得以最高效的体现。

四、策略跟进

(一)"细读文本"永远是提高语文素养的基础

"细读文本"就是对教材里那篇主文一定要读细,深入研习,而其他群文只是起到了补充、印证、提升等作用,"细读文本"是群文阅读的基础,根基扎实,大楼才不容易坍塌。上文讲到的那个同事的课堂就存在这样的问题:一节课下来学生什么都没收获,连基本的那篇文章都没掌握,其他的获得也只能是天方夜谭。所以这个基础没有,那个所说的教学任务群也就成了无源之水;所说的那个提升语文的核心素养,也

是达不成的目标,这种目标成了象牙之塔。

(二)细读文本基础上科学建"任务群"

那么是不是随便拿两篇或几篇文章就能够建群了呢?群建得太滥,会不会混淆视听?如果学生消化不了,会不会把群设置成"消息免打扰"模式?还比如,到底该建多少群恰当?每个课堂都要"群"一把吗?笔者认为,太多太杂的群使学生累,老师何其不累呢?那么老师是不是可以少搞几个任务群,每个单元在细读文本的基础上,只设计一个或两个任务群呢?再或者,就照搬教材编者给我们设计的任务群?说真的,教材给我们设计的任务群,质量一般要胜于老师自己创新设计的群,因为人家毕竟经过全国的教育大咖深思熟虑潜心钻研得出的。

(三)"任务群"基础上科学设计"群文阅读"

教师应该在"如何选取、组合文章"上不断总结,不断反思,实现"群文阅读"教学价值效率的最高化。

《普通高中语文课程标准(2017版)》提出:"学习任务群和专题学习等新的课程内容与学习方式,多文本的群文阅读将成为一种必要的学习过程与方法。群文阅读因其组文的灵活性、多样性和开放性,可以促进课内外联系、促进多学科联系、促进语文与生活的联系,是学生展开自主、合作、探究学习的主要途径。"然而,假如对群文没有系统性整体的考虑与科学合理的组织,很有可能导致群文阅读转变为几篇文章阅读的简单机械累加,完成不了"研读"等提升能力的深度学习目的。我们一线教师们已认识到了科学组文的重要意义,根据听的公开课和自己的实践操作归纳了以下几种。

1.按文章内容来组织群文。

2.按主题来组织群文。

3.以异文对读为原则来组织群文。

从以上选文案例中可以反思到:"群文阅读"是真正开启"语文万花筒"的途径,单在具体教学尝试中,要注意以下几点。

(1)保持选文原貌

编入教材中的文本有一个特点:要求主题明确、意义积极鲜明,有时删减过度也在所难免。但"群文阅读"中被选入的文本,可以尽量保持作品的原汁原味,不要随意换、改原文的文字风格等,每一个存在,可能都有它存在的价值,都有可能成为我们去寻找的宝藏。

(2)丰富选文类型

选文安排不仅有神话、故事、寓言、散文、童话、诗歌、小说、传记等丰富的文学作品;也包括了实用文体,这类文体重在信息的获取和使用,与我们生活息息相关却被长期边缘化,例如新闻报道、演讲、说明书、广告、通告等。此外,多种行文特色和叙事风格的作品也可以包含其中,可谓文化的万花筒。

(3)选文线索明确、多元

线索要明确指的是群文目的明确地编排在一起:或引发学生的认知冲突,或要学生了解某一流派、某位作家的风格,或是要学生运用阅读某类文本的方法,或丰富学生的多元理解,或强化学生理性认识。

线索要多元指的是现行教材"主题教学"中,组文线索偏重人文(对自然的关爱、对生命的唱吸、对未来的希冀、对正直的歌、对弱小的同情等),而在群文阅读中,文章组合线索的选择可以更加多维度,也可以更自由。例如,把老舍文章编排在一起,以"作者"为线索,探究"京派作家"的行文风格;把神话编排在一起,以"体裁"为线索,重点培养学生的想象力;把"线索结构"的故事放在一起,着眼于谋篇布局的文章大视野;把同一主题(主张)或者相反主题(主张)的文章编排在一起,即以"观点"为线索,锤炼学生的辩证思维能力。"线索"的丰富性不仅考验着编选者的视野和对阅读教学的理解,同时由于很难在一堂课内完成一次群文阅读,所以它更多的是在45分钟课堂内去引发,在课堂之外去延展。

(四)"群文阅读"基础上实施深度学习

《深度学习及其意义》一文中对其有更清晰更明确的诠释:"深度学习是指在教师引领下,学生围绕具有挑战性的学习任务,积极参与、体验成功、获得发展的有意义的学习过程。深度学习,不是把知识平移、传输、灌输给学生,一个重要的标志就是能将教学内容转化为学生能够进行思维操作和加工的教学材料,成为学生学习的对象。即由教师提供蕴含教学意图,能够通达教学内容的知识、思想、情感态度价值观的学习媒介('媒介'是什么?一般而言,是指那些指向性的问题),学生对此进行深度操作、加工,以问题深加工实施深度学习。"(北京师范大学郭华教授)

采用"学习任务群"的单元教学,应当多往"学习活动"方面靠拢。备课就不能满足于准备好讲稿,而要考虑如何让学生在某种学习情境下带着某些"问题"(课题)去读书、思考和探究。老师要转变角色,由主要担负讲授,转为引导学生在语文实践即"活动"中学习。

(五)开展群文阅读要转变理念

1. 老师要学会做"加减法"。
2. 老师要学会舍得"放手"。

(六)开展群文阅读要进行阅读方法的指导

以往传统的单篇阅读教学侧重强调逐字逐句的朗读、品读、美读。虽然这些也非常重要,但是这种倾向过于强化乃至强势,阅读的轻松、享受又到何处去寻找呢?

在阅读技巧上,除了朗读和品读,生活中,我们更常用到的还有这些阅读方式:速读(包括扫读、跳读、变速读)、批判式阅读、研究型阅读、校对式阅读,等等。但是当学生走出校园,会发现社会对于"获取、选择、分析、理解、鉴别、评论"信息的能力也许比品读能力要求更高。浏览、跳读、略读等方式理应得到语文阅读教学的重视,这种方法的指导也为整本书阅读奠定了基础。

五、成效与反思

群文阅读,助推语文阅读教学课程改革。立足于群文阅读进行多角度阐释,可以引导学生的思想更加全面深刻;挖掘作家多篇作品里的精髓,可以让学生感受文与情的多重魅力;而多种阅读方式的训练则"授人以渔",帮助学生在人生之路上,拥有徜徉于阅读海洋的能力。

参考文献:

[1] 岳乃红.主题阅读和儿童的文学教育语文教学通讯[J].小学,2014.
[2] 许双全.管窥"群文阅读"的课型特征及操作肯紧[J].四川省群文阅读项目启动会手册,2014.

基于英语学习活动观的品质阅读课
——核心素养背景下英语阅读教学活动设计探索

南亚萍

【内容摘要】 阐述指向学科核心素养的英语学习活动观的概念和内涵,分析英语学习活动设计与学科核心素养发展的关系。以WAHT CAN WE DO ABOUT GLOBAL WARMING(Using Language U4M6)为例,实践英语学习活动观,从围绕主题的情境创设、基于文本的梳理整合的活动设计、深入文本的实践与内化的活动设计、超出文本的迁移创新类活动设计等四个方面进行探究,以提高英语学习的能力和实际运用语言的能力,发展英语学科核心素养。

【关键词】 英语学习活动观;学科核心素养

一、英语学习活动观

《普通高中英语课程标准》(2017年版)提出英语课程内容是发展学生英语学科核心素养的基础,包含六个要素:主题语境、语篇类型、语言知识、文化知识、语言技能和学习策略。课程内容的这六大要素是一个相互关联的有机整体,通过学习理解、实践应用、迁移创新等一系列语言学习活动整合在一起,促进英语学科核心素养的形成与发展,由此构成英语学习活动观。

核心素养背景下的高中英语阅读课的开展中,教师应基于对文本的解读和对学情的把握,理顺语言、文化、思维三者之间的关系,有意识、有系统、有计划地训练学生的思维,积极设计基于文本的语言学习与理解活动、深入文本的语言赏析与思维活动、超越文本的语言运用与创新活动,将语言知识学习、语言技能运用、学习策略应用、思维品质发展和文化品格提升等有效融入各种类型的英语教学活动,帮助学生积极主动参与探究主题意义的学习活动,学会运用所学语言分析问题和解决问题,培养其英语学科核心素养。

二、从英语学习活动观的视角打造品质英语阅读课堂教学设计案例

主题语境：人与自然。

语篇类型：电子邮件，WAHT CAN WE DO ABOUT GLOBAL WARMING（Using Language U4M6）。

语篇研读：本单元的话题是人类当今面对的环境问题，主要讨论了"全球变暖"和"节约能源"等方面的问题，通过本单元的学习，帮助学生树立"节约能源、保护环境"的主人翁意识。基于单元整体阅读教学设计，本节课的语篇由一封学生的求助信和一封来自环保杂志的回信组成。在求助信中Ouyang Guang给关爱地球组织杂志写电子邮件，请求帮助。杂志的回信解答了Ouyang Guang的疑惑，并指出群策群力问题可解，进一步给出了具体建议。在文本学习之后，学生能够明白在环保问题上人人有责人人有为，并就回信中杂志提出的建议进行讨论，并鼓励学生结合生活实际提出更多的实用可行的建议，为后面的设计海报和展示做充分的准备。

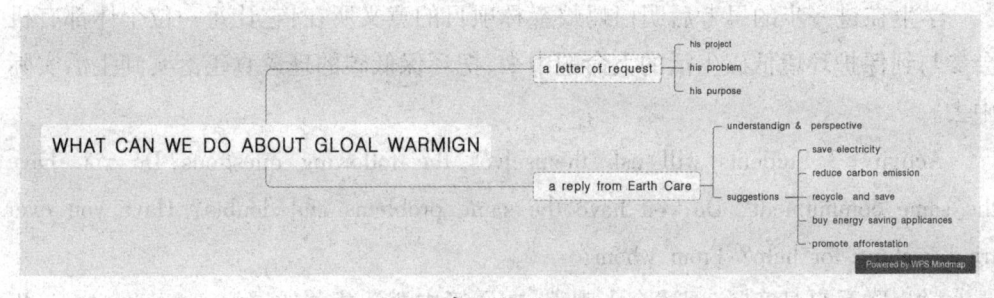

文章信息结构图

学习目标

1.能梳理和概括两封邮件的主旨；

2.能理解在环保问题上人人有责、人人有为，树立"节约能源、保护环境"的主人翁意识；

3.能联系个人生活，充分理解"节能减排"的意义，并运用所学知识制作海报，倡导绿色低碳生活。

4.能感悟祈使句的运用语境和表达效果，理解广告语的特点。

学习活动过程

（一）围绕主题的情境创设

主题语境是高中英语课程内容的第一个要素。主题语境不仅规约着语言知识和文化知识的学习范围，还为语言学习提供意义语境，并有机渗透情感、态度和价值观。学生对主题意义的探究是学生学习语言的最核心内容。在以主题意义为引领的

课堂上，教师要通过创设与主题意义密切相关的语境，充分挖掘特定主题所承载的文化信息和发展学生思维品质的关键点，基于对主题意义的探究，以解决问题为目的，整合语言知识和语言技能的学习与发展，开展对语言、意义和文化内涵的探索，特别是通过对不同观点的讨论，提高学生的鉴别和评判能力。

Activity 1 Students will read some pictures and think about the following questions: what is the Project Ant Forest? What can the Alipay users do with Project Ant Forest?

学生从自身的生活实践出发，结合作为支付宝用户的体验者和见证者的生活体验，思考支付宝旗下的蚂蚁森林项目对于支付宝用户提供什么样的功能和服务，并进一步分析和讨论该项目的意义何在。

Activity 2 Students learn about the Project Ant Forest and give further reflections on it: what is the purpose of the project? Do you think it necessary or meaningless? Give your reasons.

学生在进一步的思考后明白蚂蚁森林项目的意义所在：它让每一位个体都有机会参与到保护环境低碳生活的大命题中来，把环保低碳的理念真正落实到生活实际中去。

Activity 3 Students will ask themselves the following questions: Do you have the same commitment? Do you have the same problems and doubts? Have you ever tried seeking for help? From whom?

学生联系自身实际，阐述个人观点，在语境中激活相关的词汇：commitment, individual, put up with, circumstance 等，并在反思中展开阅读文本的环节。

【设计说明】这个活动旨在激活学生的已有主题知识和经验，包括语言知识、文化背景、思维能力等，通过师生问答、小组讨论等方式，实施主题热身、语言热身和情感热身。学生思考并理解蚂蚁森林项目的意义，自然引出本节课的意义和主题：每一个个体都可以参与到环保低碳的全球行动中并有所作为。学生带着思考进入文本解读环节。

(二)基于文本的梳理整合活动设计

文本中的两封信是生活中的常见语篇，对于学生学习和把握书信的特定结构、文体特征和表达方式提供很好的活动场景。在获取、梳理、概括、整合的英语活动中，教师要引导学生根据细读课文，从语篇中获取和梳理细节信息，同时对语篇信息进行提炼和加工，从而在语言和意义之间建立关联，梳理、归纳并整合细节信息，理解语言所表达的意义，发现事物的本质特征，形成结构化知识，培养统观意识和结构意识。(见文章信息结构图)。

Activity 1 Stimulate the students' reflection of the title and encourage them get the main idea and structure of the passage.

文本由两封电子邮件组成,结构清晰,学生通过标题预测文本内容,并通过快速浏览获取主要内容。

Activity 2 Students will read the first letter and answer the following questions:
1. What type of letter is it?
2. What is his project?
3. What is his problem?
4. What is his purpose?

学生阅读第一部分内容,确定信件类型为求助信,通过阅读和细节信息的梳理找寻答案,理解写信者的困惑所在,即个人行为和环保大事件、强烈动机和实际措施之间的矛盾,并明确写信目的从而预测回信内容。同时借助求助信,引导学生思考求助信和建议信在现实生活中的意义,学会向他人求助和给予他人帮助。

Activity 3 Guide the students to use mind map to analyse the structure and get the main idea of the reply.
1. Does Earth Care understand his problem and doubt?
2. What perspective does Earth Care hold?
3. What suggestions are proposed?

学生通过阅读关爱地球杂志的回信,分析该杂志是如何解答Ouyang Guang的疑惑、提出自己的观点并给出建议,并以mind map的形式梳理和整合了回信的内容和结构。

【设计说明】在获取、梳理、概括、整合的活动设计中,学生以客观的态度去分析和看待事物,用思维导图的方式去分析文本,最终形成对文本主旨和结构的把握。学生可以通过分析语篇的语体、文体、结构特点、衔接方式和语言特征,加深对语篇所表达的意义的深层理解,为更好地运用语篇知识组织信息,有效传递信息和表达意义奠定基础。

(三)深入文本的实践与内化的活动设计

学生通过观察、辨析、阐释等活动对语篇结构和文体特征进行分析,评价语言的选择、结构的意义和文化价值取向,加深对主题意义的理解和重构,实现深度学习。在本环节中,学生首先根据所学内容进行讨论,形成自己的观点并运用所学语言表达,再根据设定场景创编对话、模拟对话,实现语言的有效操练和语言能力的形成。

Activity 1 Do you think Earth Care removed his doubts and solved his problems? Do you think these suggestions practical and reasonable? What kind of life does Earth Care advocate?

学生阅读Earth Care的回信,思考之前的问题,明确态度,理解信中所给建议的意义,并能够进一步分析其合理性和实用性。

Activity 2 Which sentences are more impressive and persuasive? Why?

学生阅读回信之后,能完成回信部分的思维导图,并形成新的认识:低碳生活,人人有责。同时,学生要关注如何增强语言的表现力,关注语言特点,为之后的海报和报告积累语料。学生开展有针对性的语言实践活动,包括一定语境下的语言操练活动和围绕主题语境的交流与讨论活动。学生在活动中逐步内化语言、文化、技能和策略,形成个体的语言能力和知识结构,促进语言运用的自动化,使学生学会用英语交流、阐释意义、表达观点和情感,逐步达到熟练运用语言的程度。

Activity 3 As a class, the students will discuss these questions: Do you agree with Ouyang Guang that individuals can't have any effect on huge environmental problems? What have you learned about global warming? Would you share with your family and friends?

Activity 4 Students will attend a face-to-face interview with a journalist from Earthcare Magazine and ask questions about environmental protection. The teacher will guide the students to prepare for the presentation and offer necessary help and guidance.

【设计说明】活动旨在通过分析语篇结构、语言形式以及修辞手法等,帮助学生理解语言与意义的 关系、赏析语言特有的功能、评价语篇内容、分析作者观点、探究文化内涵、汲取文化精华、获得积极的价值观。同时,引导学生积极参与针对语篇内容和形式的讨论和论证,反思和总结英语语言的特点,扩展 语言知识,探究语言和文化现象,实现深度学习。

(四)超出文本的迁移、创新类活动设计

在这一活动环节中,教师设定具体情境,邀请学生参加社区里倡导低碳家居生活的社会实践活动,鼓励学生制作请学生制作海报并准备报告,同时明确告诉学生海报的要求,并鼓励学生在语言实践中,树立角色意识,观察、判断交际对象的表情和态度,培养交际能力,并给予必要的帮助和指导。

Activity 1 Students in groups of four will illustrate their poster and give it a heading that will be eye-catching and will make others want to read it.

学生将通过小组的讨论,为本组被分配到的环保宣传海报进行文字的介绍,可以充分利用已经积累的广告语和宣传语方面的知识来润色语言,并给本组的海报匹配醒目的标题。

Activity 2 Students will make a video for presentation and put their posters up around the school.

每个四人小组可以本组的海报为主题,制作一个环保宣传的英文视频,并寻找各种宣传途径,可以利用学校宣传栏、食堂电视等校内宣传途径播出,也可以在家里、社区或其他途径进行宣传。通过这样的实践创新活动,学生可以真正做到学以致用。鉴于低碳生活的话题相当宽泛,教师引导学生就家庭生活方面对文本的内容进行深化和细化,更好的联系学生的生活实际。

【设计说明】学生联系现实生活,将获得的知识、技能、策略以及文化内涵等运用于新的情境,通过选择资源、整合新旧知识等方式实现知识向能力的迁移,创造性地解决陌生情境中的问题,表达个人的情感和观点,提高英语学用能力。

三、总　结

1.在实践英语学习活动观的过程中,教学活动设计应具有一定的挑战性,指向学生的最近发展区,促进学生的认知发展。教师应当设计培养能力、发展思维的学习活动,整个教学过程应该是从确定"最近发展区"、突破"最近发展区"到创设新的"最近发展区",不断循环螺旋上升,推动学生的思维向着更高层次发展。

2.在核心素养背景下的英语学习活动设计中,教师应鼓励学生积极、独立、多元申辩式思考,尽量避免缺乏语言和思维挑战性的浅层次活动,在课堂活动的设计中为学生创造表达自我、提出意见、评价彼此的想法和态度的契机,使课堂"活"起来,学生"动"来,激发高品质的思维活动。

参考文献:

[1] 王蔷.核心素养背景下英语阅读教学,问题,原则,目标与路径[J].英语学习教师版,2017(2):19-23.

[2] 鲁子问.英语教育促进思维品质发展的内涵与可能[J].英语教师,2016(5):6-7.

[3] 中华人民共和国教育部.普通高中英语课程标准[S].北京:人民教育出版社,2017.

高中语文课堂上"有效提问"的现状分析与实践研究

赵媛华

【内容摘要】 遵循新课程标准提出的转变学生语文学习方式的理念,根据课堂教学的实际,本文在对高中语文问题教学现状分析的基础上,就教学的实战环节——课堂教学,提出了"有效提问"的概念,并做了有益的探索。从有效提问的目的性、共鸣性、探究性出发,以寻求理念向实践的真正演练。

【关键词】 课堂教学;有效提问;有效性

一、现实问题

初登讲坛时,笔者的指导老师说:"一个好的语文老师只有认认真真、完完整整地教完三轮学生,才有可能对语文教学游刃有余。"笔者现在已经走完教学生涯的第16个春秋,我们的课堂教学由教师的"满堂问"发展到早几年课程标准提出的"探究问",再到现在的"探求解决问题和语言表达的创新路径",也就是课堂中倡导学生以自主、合作、探究性学习的行为。践行新课程标准的这两年,学生的主体性越来越凸显,教师作为引导者的身份也得到进一步明确,但一节课下来,总感觉还是缺少了点东西。笔者认真总结这些年的教学经验,发现课堂教学中的诸多提问并不是那么有效。继而,笔者将研究的视角聚焦在如何提升语文课堂教学的有效提问上。确定本课题后,笔者在自己所任教的班级里进行了一些调查,调查后我发现学生不喜欢单一的答案,喜欢和教师共同讨论;我还发现学生觉得教师课堂所提问题过于一般或者简单。学生希望老师提问后留给他们的思考时间可以适当点,这说明我们以前所留的时间是不够的。

效率低下是语文课堂很无奈的现实。笔者发现现行的语文课堂,大多数教师都是为了教学而提问,所提的问题只是单纯地为了完成教学目标或者活跃课堂气氛。所以经常会出现课堂上热闹,课后却什么都不知的局面。针对这些现象,笔者进行了反思,在课堂研究中我们发现,导致教师课堂教学效率不高的关键因素是学生思维的缺席。由此可见有效提问在我们高中语文课堂教学中是迫在眉睫的事情。要想做到语文课堂上问的问题有效,我们首先必须清楚地了解什么样的问题是无效的。笔者总结了以下几点:1.先指明学生,后提出问题;2.没有充足的思考时间;3.预设问题,甚至预设问题的答案;4.问题不面向全体学生;5.教师代替学生提出问题。在接下来的语文课堂教学提问中我们就要力求避免再犯同样的错误,但是只避免了这五点还远远不够,还不能真正地达到语文课堂的有效提问。

二、有效提问的意义

有效提问有着怎样的现实意义呢?1.新课程理念的要求。研究语文课堂的有效提问对正在进行的"以核心素养为本,推进语文课程深层次的改革"有着十分积极的意义。2.有效提问是语文课堂教学的重要组成部分,在教学中具有重要的意义和作用。3.有效的课堂提问可以优化课堂教学环节,提高课堂教学效果。有效的课堂提问,可以激发学生的思维活动,产生认知的冲突,培养学生的思维性、独立性和批判性,促使学生积极思考,在这个过程当中才可能实现创新。

三、实施的策略

课堂提问的目的是帮助学生理解教材,获得知识和找到获得知识的方法。在课堂教学中,提问包括教师的提问和学生的发问两方面,而我们教师又如何优化课堂提问呢?

(一)注重目的性的有效提问

有效提问的一个重要标志是提问要有目的。在问题设计上教师要根据文本的需要提出有意义的问题。什么样的问题有价值,什么样的问题应该提,这是我们在备课时经常思考的一些问题。设计提问的依据是:对达成教学目标,突破难点,凸显重点有价值的问题应该提,必须提;反之,应该舍,必须舍。因此,高中语文课堂教学有效提问不应该是随意的,要精心设计,合理规划;要紧紧围绕课堂教学中心来进行。如笔者在讲授《炼金术士》这篇课文时,针对本课的课时目标提了这样两个主要问题:探究一:什么是"天命"?哪些力量帮助圣地亚哥实现了梦想?探究二:美国出版的英文版封面介绍文字称:"能够彻底改变一个人一生的书籍,或许几十年才出现一本,您所面对的正是这样的一本书。"这是一本什么样的书?为什么说它是"能够彻底改变一个人一生的书籍"?教师要创造一类问题多种问法的变式,以使学生注意力集中,增强提问的趣味性和答问的积极性,善用各种形式发问也能体现出教师问题编拟的策略和深度。

(二)注重共鸣性的有效提问

以我们特有的文化地域优势来感知文本,找到相通的认知感,从而提出有共同性的问题去激励学生。现行浙江高中语文教材现当代作家作品中,江南作家作品占比颇多。可见,这是一笔非常宝贵的地域文化资源,作家们出自意识里的关注和情感的寄托都是来源于特定的地域文化背景,我们应抓住共同地域产生的共鸣性,去触及作家真正的内心情感,也只有在这个层面上,才能与作家交流,才能真正读懂文本。如:研究戴望舒,我们就应该在江南的雨巷中走一走,"青石板""油纸伞""灰瓦白墙的老屋"这些都是在我们的近处,我们很熟悉,这些资源就是特殊的地域赐予我们的宝藏。教师一定要利用好这个有利资源来提问,开拓学生的相同认知。笔者在讲授鲁迅的《祝福》时,对于祥林嫂已经捐完了门槛,为什么仍然被四婶禁止参与祝福这个问题时,学生不是很理解。于是笔者又提了一个问题:同学们家里每到过年你们的长辈们是怎么过节的啊? 这个问题一抛出,学生们开始各抒己见了,于是笔者带领学生回顾了杭州地区逢年过节的一些祭祀活动,特别是"拜菩萨",学生终于了解到绍兴的祝福祭祀就像我们本地的"拜菩萨"是一样的,要绝对地虔诚和讲究。接下来再来解决上一个问题,学生自然就迎刃而解了。

(三)注重探究性的有效提问

现在的学生人手一部手机,使得信息技术可以广泛应用于语文学习。在有效问题的链接中,我们如能很好地挖掘和利用现代网络教学资源,对拓展学生的文化素养将会有很大帮助。鼓励学生自主探究学习,充分利用发达的网络资源,通过自己查找、阅读资料到探究成果展示,扩大学生的阅读范围,提高他们的人文素养,使学生产生浓厚的学习兴趣和解决问题的兴趣。笔者任教高三毕业班时,鼓励学生利用自身具备的发达资源,进行自主探究性学习。冲着高考的目标,笔者布置了每周的一份语文作业,并起了一个好听的名字——我的五样,让学生根据自己的学情出三道考查基础知识的选择题和一道名句默写题,再写一篇周记。每周的这份作业帮助学生自主地积累基础知识和训练写作。关键是笔者还规定了下周课前的基础知识训练就从我们自己学生出得较好的题目中抽取,被选中的同学还有奖励,这就大大地鼓舞了学生参与的积极性。学生自己出的题目经过筛选符合考查范围的,就更适合提问和考查学生,收到的效果也是非同寻常的。这样的操作模式,帮助笔者出色地完成了教学任务,高考考出了好成绩。

总之,提高语文课堂提问的有效性,是每位语文教师必须关注和重视的问题。语文课堂的精彩不是教师表演得精彩,而是教师能够精心设计课堂提问,启发学生深入思考,激活学生思维内力,培养学生探索精神,引导学生积极主动地学习,这样的提问才是有效的提问,这样的语文课堂才是有效的、精彩的课堂。

四、实效与反思

笔者摸索和实践了两年多的时间,感觉收获颇多。具体表现在以下三个方面:1.真正地培养了学生在语文课堂上的自主学习能力。从学生的实际出发,根据学生的知识水平与心理特点,找出能诱发他们思维的兴趣点来问,使提问真正问到学生的心"窍"上。课堂教学任务是教师与同学共同完成的,培养学生在课堂教学中的参与意识,使学生真正成为课堂教学的主人,从而增强了学生主动参与的意识,发挥自己的主观能动性,培养学生自己分析和解决问题的能力。有效提问能唤起学生的参与热情,激发学生的兴趣。古人云"授之以鱼不如授之以渔。"中华文化浩如烟海,教师是永远讲不完的。只有交给学生一定的学习方法,培养他们的能力,让学生自己去探索、辨析、历练,才能真正得益。2.提高了学生参与课堂的积极性,增进了教学的广度与深度。我们的课堂都是有学习任务的,因而不得不重视课堂效率,这就需要教师来解决这个矛盾,真正地找到一个点,使问题由下而上、再由下而下地深入进去,切实有效地保证课堂效率,而这个点就是课堂上老师的有效提问。一个好的问题不仅能快速有效地完成教学目标,更重要的是可以激发学生学习的热情。学生的积极性提高了,从而就便于教师扩展教学的深度与广度,以适应现代社会的学生的现实要求及教师个人发展的需要。3.有利于教师更有效地完成教学任务。据笔者调查,学生们对于课堂上老师的提问20%的学生感觉所提问题有兴趣,20%的学生觉得完成了老师的问题就理解了这篇文章,60%的学生觉得对老师所提的问题没兴趣并且也不知道怎么作答,又得硬着头皮作答。鉴于以上的情况,有效提问是促使教师有效完成教学任务的前提。但在具体的实践中也会出现一些问题,比如有时候只为了顾及所提出的问题有效,而忽略了所提问题的梯度。更有时候,碍于课堂时间的有限,还是忽略了个别学生的提问权,有些个性的学生,他们的情感丰富、思维独特,课堂上总会产生一些"古怪"的想法和疑问,并且迫切地想把这些方法和疑问一吐为快,但是课堂时间的有限和为了照顾绝大多数学生,没有能够完全在态度上给予学生鼓励和引导,让这些特别的学生在语文课堂上得到更多的收获和快乐。

孔子说:"不愤不启,不悱不发,举一隅不以三隅反,则不复也。"语文课堂教学以有效提问的教学模式,本着以学生为主体的原则,让学生真正地尝到了自己做主人的快乐,也让老师从体力上得到了解放。要达到这样的目的还需要学生和教师的共同努力,让我们张开有效的课堂提问的翅膀,奋力飞翔。

参考文献：

[1] 刘江红.语文课堂有效问题探析[M].上海:华东师范大学出版社,2010.

[2] 周成平.高中新课程给教师的100条新建议[M].南京:江苏人民出版社,2007.

[3] 宋秋前.有效教学的理念与实施策略[M].杭州:浙江大学出版社,2007.

[4] 中华人民共和国教育部制定.普通高中语文课程标准.[M].北京:人民教育出版社,2017.

工欲善其事，必先利其器
——运用checklist优化概要写作教学的策略研究

南亚萍

【内容摘要】 概要写作作为高考题型，既考查了学生的综合学习能力，也有助于促进学生语言和思维的发展，同时也对英语写作教学提出了新的挑战。在教学实践中运用checklist检查列表可以有效优化概要写作教学，并提供有效的可操作性的检查和评价工具，缓解师生对于概要写作的困惑和焦虑。

【关键词】 概要写作；checklist评价清单；导读；促写；施评

一、研究背景

随着高中英语课程改革的不断深化，发展英语学科核心素养、落实立德树人的理念逐渐渗透和体现在各项教学任务的诸多环节中。写作能力是一种基础的语言输出能力，是语言教学的重要目标，也是检验学生英语综合水平和学习能力的重要标准。《普通高等学校招生全国统一考试英语科考试说明》对概要写作的评分从以下四个方面考虑：

(1)对原文要点的理解和呈现情况；
(2)应用语法结构和词汇的准确性；
(3)上下文的连贯性；
(4)对各要点表达的独立性情况。

对学生而言，要在读的过程中梳理和筛选原材料的关键信息，并用高度概括的语言进行表达，力求习作既"概"又"要"，是极大的挑战，应把握以下原则。

1.抓住主要内容，避免面面俱到(Grasp main points and avoid covering every detail)。概要写作是对原文主旨大意和重要内容的提炼和概述，对于细节描述、例证、次要或重复内容应予以删减，分清主要观点和次要观点，追求文章的简洁性。

2.忠于原作主旨,避免个人观点(Stick to the original and avoid adding personal opinions)。概要写作是对原文简要而客观的概述,因此既不能遗漏和歪曲原文所要表达的思想和主要内容,也不能随意添加任何观点、评论和解释,从而体现主旨的忠实性。

3.使用自己语言,避免抄袭原作(Use your own words and avoid copying the originals)。概要写作应避免过多引用甚至抄袭原文内容。改变用词或转换句型等方式是改述(paraphrase)中常用的方法,以求达到语言的原创性。

二、教学现状及存在的问题

1.教师的困惑与误读

认识不足,以练代教。考虑到高三学生第一学期就要参加第一次英语高考,又要夯实基础保证教学进度不受影响,一些教师针对这一读写任务,大多是参考考试说明中的评分原则和参考答案指导学生进行高频大量地写作,以练代教,缺乏对学生写作过程的有效指导,导致学生的写作能力无法迁移,概要写作的能力难以提高。

读写分离,导致焦虑。教师在平时的阅读教学过程中忽视了对学生概要写作的能力培养和训练,而是把概要写作当作高考题型进行孤立的授课,为概要而概要,学生没有形成概要写作的迁移能力;同时,教师过多补充课外阅读材料进行概要写作的训练,造成课时不足,引起师生不必要的紧张和焦虑。

重读轻写,简单操作。还有教师在概要写作教学中,重"读"轻"写",花大量的时间对文本进行解读,对写的环节却简单处理,仅以参考范文对学生的作文进行指导和评价,忽视了学生写作过程中的策略形成和情感体验。

评价不当,影响消极。一些教师主要采用传统的成果教学法(Product Approach),只注重文章的内在形式和语言表达的简单操练,要求学生模仿范文写作,过分强调语言形式的正确性,过多控制学生的写作过程,却忽视了学生体验写作的循环往复的心理认知、社会交互和思想创作的全过程,对学生写作过程中的情感态度产生了负面影响。

2.学生读写中的常见误区

内容方面。由于对原文没有深入理解就匆匆动笔,误把段首句当主题句,误把次要观点当主要观点,遗漏要点或主观添加要点;概括不到位。

语言方面。由于学生对概要写作的特点认识不清,使得作文更偏向于段意概括,或是论文前的摘要,而非严格意义上的摘要;还有的学生作文语言不够简洁,句型不够丰富,对原句仅做了最小改动甚至照抄原句完全复制;词数超过80或少于40。

结构方面。由于学生没有深入理解原文的展开方式,写作时只考虑各段的主旨大意,忽略了段落之间的关系,导致概要写作的要点之间的逻辑关系不清,缺乏连贯,或者改变原来的结构。

三、Checklist 的适用性分析

1. 概要写作阅读文本的文体多样性

概要写作中的阅读文本具有文体的多样性，要求学生能够识别文本体裁及其基本框架结构，总结不同文体阅读的技巧和方法。如：记叙文的六要素；说明文的说明对象、基本特征、说明方法和说明顺序；议论文的论点、论据和结论等；及其他的一些典型结构，现象分析型，因果关系型，问题解决型等。

2. 概要写作读写结合的循环反复性

概要写作过程通常有四步。一读，明确作者的写作意图，理清文章的脉络；二读，明确全文的主题，划分文章结构层次，总结各层大意；一写，草拟写作提纲并写出初稿；二写，检查并修改初稿，确保概要包括了原文的所有要点，删除重复词语和词语情节，避免夹杂个人观点；整个概要浑然一体，文笔流畅而富有逻辑性；文中没有语法、标点、单词拼写等错误。在概要写作的完整过程中学生要在阅读和习作中循环往复的分析、反思和修改，过程复杂，容易出现理解和表达的偏差。

3. 学生的个体差异和不同需求

概要写作的教学现状中不同学校、不同年级、不同班级的学生学情不同，学生个体在语言能力、学习能力等方面水平参差不齐，在语言学习和运用的活动中的学习策略存在较大的差异，在计划、监控、评价、反思和调整等诸多阅读和写作环节中产生的困惑和问题又具有独立性。

四、Checklist 的运用策略

Checklist 主要是通过提问的方式帮助学生从内容、结构和语言等方面反思和改进的检查评价工具，可运用在读写过程的不同阶段。在笔者的教学实践与探索中发现，在概要写作从阅读、写作到评价的不同阶段中，教师可以适时运用 checklist 检查列表作为评价工具和标准，帮助学生进行及时的反思、修正与调整，进行及时到位的评价反馈，给师生提供考量和改进教学和写作的依据，对于提高教师概要写作教学的有效性、学生的英语写作能力和学习能力有着非常重要的作用。

1. 以 checklist 导读

概要写作的第一个环节是输入阅读文本，完成概要写作的关键在于能够充分理解文本，区分琐碎细节和主要思想，深入文章的实质。学生可以借助 checklist，站在作者的立场，理解文本的主旨大意，梳理文本的脉络和结构，探究作者展开主题的方式与步骤，建立具有上下层级关系的文本内容结构图，理清各段主题句之间、段内主题句和支撑信息之间，以及各支撑信息之间的关系，有效提取概要写作的主题内容。以

以 NSEC B3U3 Using Reading A Master of Nonverbal Humor 为例:

Checklist for reading	
What type of text is it?	biography
What's the targeted purpose of the text?	to introduce Charlie Chaplin
Do I find or generalize the main idea of each paragraph?	1. his influence 2. his early life 3. his most famous character 4. his subtle acting 5. his achievement
Do I find the structure of the text?	①——②③④——⑤
Are there easy-to-follow signs to guide the readers to read?	logical linking words topic sentences
Does the title function well?	master: who, what, why, how

2. 以 checklist 促写

在概要写作的写作环节中,在阅读 checklist 的基础上,教师可以进一步设计初稿和修改环节的 checklist,让学生在概要写作的训练过程中,导向清晰,步骤明确,同时要针对不同文体设计不同的 checklist。对记叙文要体现记叙文的六要素:人物、时间、地点、事件的起因、经过和结果;对于说明文要明确说明对象、基本特征、说明方法和说明顺序;对于议论文要明确论点、论据和结论等。此外还可以设计其他的典型结构,现象分析型,因果关系型,问题解决型等。以 NSEC B4U2 Using Language Chemical or Organic Farming? 为例:

What type of text is it?	Expository writing
What's the targeted purpose of the text?	to promote organic farming
Do I find or generalize the main idea of each paragraph?	1. the damage of long term use of chemical fertilizer 2. problems caused by chemical fertilizer 3. the advantages of organic fertilizer 4. other methods of organic farming
Do I find the structure of the text?	①②——③④
Are there easy-to-follow signs to guide the readers to read?	logical linking words topic sentences
Does the title function well?	what, why, which

该文本为说明文，笔者在以checklist导读的基础上进一步设计了草稿和修改的checklist，引导学生做到要点覆盖、语言准确、结构清晰并符合逻辑，从而避免失误。

checklist for drafting & revising
How many points do I summarize?
Does my summary cover the most important points?
Do I miss some points?
Do I add additional points?
Do I use my own words?
Are all the points arranged in a logical order?
Do I use transitional words to make the summary flow smoothly?
Are there any mistakes in spelling, grammar and punctuation?

写作能力不仅指的是写出文章的能力，而且还包括修改能力、评判能力、总结经验教训的能力。修改是写作过程中非常重要的环节，可以培养学生对潜在读者阅读期望的考虑，能让学生有机会对自己的作品进行再思考、再升华，是真正提高写作能力的有效途径。在修改之前，教师应给出修改的指导意见，要求学生对照制订的检查列表进行有目的有意识的修改。这个过程要求学生本人、同伴和老师都参与进来，在课堂上采取多渠道的多向反馈交流，始终以学生为中心，不断促进学生创造性思维能力和反复修改的写作能力的发展。

3. 以checklist施评

在教学实践中，《普通高等学校招生全国统一考试英语科考试说明》不仅能帮助教师更客观、更全面地评价学生的习作，还作为写作课堂的教学指南，为教师指导学生更好地进行写作实践的具体抓手。笔者在教学实践中根据学生的实际需求，在该评分说明的基础上尝试设计了鼓励学生自我评价和同伴互助评价的检查列表（checklist for self-assessment & checklist for peer review）。一方面，让学生在写作过程中不断反思自己，规范写作内容、结构和语言等要素，培养学生的写作策略、自学能力和学习主体意识；另一方面，借助同伴互评的检查列表，激发同伴评价的热情，多层交互的意见反馈，共同合作的文章修改，使合作学习在写作课堂中真实有效的发生。笔者以说明性的概要写作为例。

checklist for peer review
Carefully read your partner's summary. Score each of the following aspects A–E. (A=flawless/excellent, B=good with some errors, C=satisfactory, D=weak, E= very weak)
____ begin with a sentence that stats the main idea;
____ use his / her own words;
____ avoid adding his or her own comments;
____ arrange all the points in a logical order;
____ use transitional words to make the summary flow smoothly;
____ avoid mistakes in spelling, grammar and punctuation;

五、结 语

笔者在教学实践中运用checklist的检查和评价功能,有效地优化了概要写作教学,学生自主学习写作意愿和兴趣有了明显的增加,思辨意识也在逐渐增强。就整个高中阶段的英语学习而言,概要写作的能力的形成需要师生不断去思考、练习、反思和调整。

1.培养概要写作的能力需要长期的过程。学生应从高一开始就依托NSEFC教材围绕各类写作文体开展过程性写作训练,结合教材让概要写作变成贯穿课堂内外的一部分,帮助学生摒弃畏惧概要写作的心理恐惧,并且给学生提供大量的机会体会写作成果所带来的快乐和成就感,循序渐进地提升学生对概要写作的信心。

2.运用checklist进行概要写作的教学中,教师应当保证足够的写作课程,循序渐进,以过程促质量;同时要时刻保持学生的主体地位,基于真实的学情,让学生真实体验"发现""顿悟"的过程,提高学习迁移能力和自主学习能力。

参考文献:

[1] 梅德明,王蔷.改什么?如何教?怎样考?高中英语新课标解析[M].北京:外语教学与研究出版社,2017.
[2] 高中英语写作教学设计.高中英语课堂教学设计丛书.上海:上海教育出版社,2017.
[3] 教育部.普通高中英语课程标准(2017年版)[M].北京:人民教育出版社,2017.
[4] 赵金东.英文摘要(summary)的写作[J].衡水师专学报,2002(6):24-25.

重地理基础原理 抓学科关键能力
——以水量平衡原理为例

付泽惠

【内容摘要】 地理原理是对地理现象的反映,它体现了地理事物的本质特征。原理的建立和原理的理解需要一种感知,不是一种简单的背诵式的记忆。这一感知过程也就是地理思维的形成过程,是对众多地理信息进行抽象解读;因此,在基础原理的教学过程中,选用经典的例子和案例可以让学生领会、感悟地理原理的本质特征。提出地理基础原理的教学对策是让学生感悟,在感悟中形成地理思维、获得解决问题的能力,提升地理学科的关键能力。

【关键词】 地理基础原理;水量平衡原理;学科关键能力

中学地理知识内容丰富、范围广大、识记点多,如果一味地要求学生死记硬背,不但会增加学习负担,而且会降低学习兴趣。那么在教学中如何利用基础原理,提高学习效率呢?我个人的经验是利用行之有效的方法,系统归纳,用基础理论解决一系列相关问题。实践证明,在教学中积极采用此法,不仅可提高学生的记忆效率,方便教与学,同时也培养了学生学习地理的兴趣,利于学生解题能力的提高。

在高中地理中对于水循环只涉及了其发生的具体区域、环节等,而对水循环中的水量平衡原理一部分没有进行涉及,但纵观全国地理高考卷都有所涉及,水量平衡的部分内容让部分老师和同学感到困惑。从长期来看,全球水的总量没有什么变化。但是,对一个地区来说,有的时候降水量多,有的时候降水量少。某个地区在某一段时期内,水量收入和支出的差额,等于该地区的储水变化量。

一、分析原理,总结规律

水量平衡是水循环的数量表示,指地球任一区域在一定时段内,收入的水量与支出的水量之差等于该区域内的蓄水变量。简单表示为:储水变化量=降水量-蒸发量-径流量。

如果某地无储水变化,那么也可以表示为:降水量=蒸发量+径流量。任何一个闭合流域:降入流域的降水量=蒸发量+流出流域河水量。某个地区在某一段时期内,水量收入和支出的差额,等于该地区的储水变化量。这就是水平衡原理。

根据水平衡原理,一条外流河流域内某一段时期的水平衡方程式为:

$$P-E-R=\Delta S$$

(式中P为流域降水量,E为流域蒸发量,R为流域径流量,ΔS为流域储水变量。从多年平均来说,流域储水变量ΔS的值趋于零)

流域多年水平衡方程式为:$P_0=E_0+R_0$(其中内流区无外流径流R_0,为$P_0=E_0$)

(式中P_0、E_0、R_0分别代表多年的平均降水量、蒸发量、径流量)

海洋的蒸发量大于降水量,多年平均降水量平衡方程式可写为:$P_0=E_0-R_0$

全球多年平均水平衡公式为:$P_0=E_0$

二、真题体验,问题感受

利用好水量平衡原理可以解决系列地理现象,达到事半功倍的效果。例如:干旱与洪涝灾害发生原因、湿地的形成原因、盐碱化的形成原因,城市内涝的原因,等等。下面以2018年全国卷的一个综合题为例,掌握应用水量平衡原理解决湿地的变化及原因。

真题:(2018·新课标Ⅰ卷)37. 阅读图文资料,完成下列要求。(22分)

乌裕尔河原为嫩江的支流。受嫩江西移、泥沙沉积等影响,乌裕尔河下游排水受阻,成为内流河。河水泛滥,最终形成面积相对稳定的扎龙湿地(图10)。扎龙湿地面积广大,积水较浅。

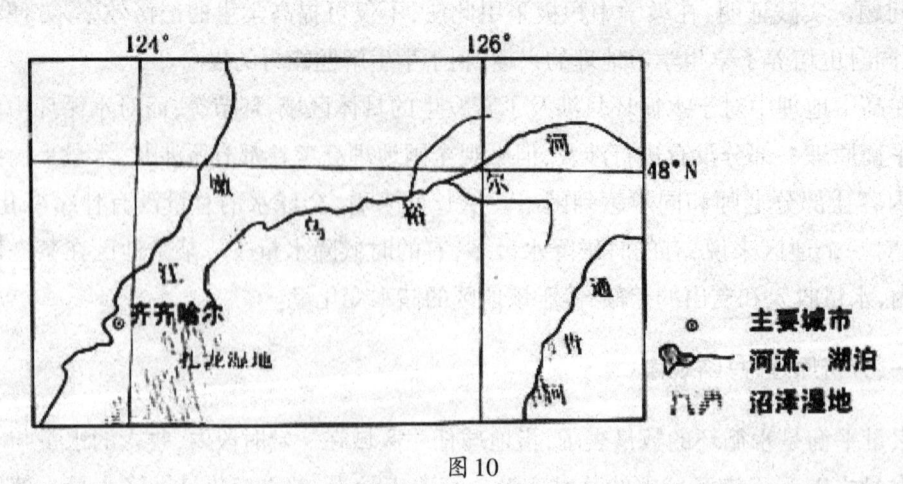

图10

(2)分析从乌裕尔河成为内流河至扎龙湿地面积稳定,乌裕尔河流域降水量、蒸发量数量关系的变化。(6分)

(3)指出未来扎龙湿地水中含盐量的变化,并说明原因。(6分)

(2)**审题**:乌裕尔河下游排水受阻,成为内流河。河水泛滥,最终形成面积相对稳定的扎龙湿地。从乌裕尔河成为内流河至扎龙湿地面积稳定,要求分析变化过程中乌裕尔河流域降水量、蒸发量数量关系。

解题:①外流河转内流河,水量平衡打破,内流河期间 $R_0=0$,$P_0=E_0+R_0$ 变为 $P_0>E_1$。
②水域面积扩大,转为扎龙湿地后面积稳定,$P_0=E_2$。
$$P_0=E_0+R_0 \rightarrow P_0>E_1 \rightarrow P_0=E_2(E_0、E_1 和 E_2 表示不同时期的蒸发量)$$

组答案:①降水量基本不变化;②蒸发量不断加大;③二者数量关系由降水量大于蒸发量最终变为降水量等于蒸发量。

(3)**审题**:作为内流区域的扎龙湿地,未来扎龙湿地水中含盐量的变化。

解题:从水的角度分析,作为内流区域的扎龙湿地,水域面积广大,蒸发强,而降水和径流持续的汇入,却面积稳定,说明 $P_0=E_2$,水量不变;从盐的角度分析,内流区域水循环环节只有径流流入没有支出,导致含盐量增加。

组答案:①变化:含盐量增加;②原因:河水不断为湿地带来盐分(矿物质);随着湿地水分蒸发,盐分(矿物质)富集(最终饱和)。

三、手脑联动,突破"瓶颈"

在地理教学中,组织学生开展讨论和辩论,引导他们积极思索,发表各自的见解,发动学生大胆想象,把干旱与洪涝灾害发生原因、湿地的形成原因、盐碱化的形成原因、城市内涝的原因等内容联系起来思考。我们不妨放开束缚,设计一些改编题型,让学生们动起来,构建模式图,探究地理基本原理、过程、成因及规律。

这些问题联系实际,富于想象,活跃思维,同时又紧跟高考,利于成绩的提升。启发诱导学生用系统归纳的方法去思考问题,不仅加深了对水量平衡原理的理解,懂得举一反三,还培养了学生的解题能力和创造能力。

真题:(2017·新课标Ⅰ卷)下图示意我国西北某闭合流域的剖面。该流域气候较干,年均降水量仅为210毫米,但湖面年蒸发量可达2000毫米,湖水浅,盐度饱和,水下已形成较厚盐层。据此完成下题:

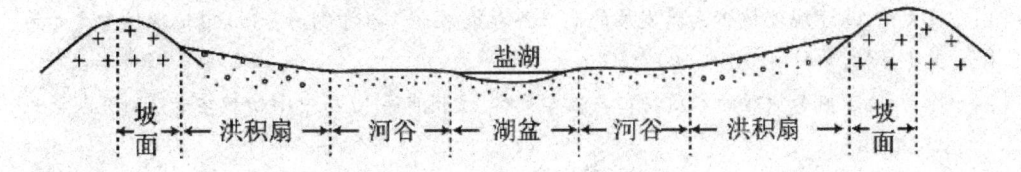

1.盐湖面积多年稳定,表明该流域的多年平均实际蒸发量 （ ）
A.远大于2000毫米　　　　　　B.约为2000毫米
C.约为210毫米　　　　　　　　D.远小于210毫米

解题:这里一定要注意盐湖是盐湖,流域是流域,盐湖蒸发量不是流域蒸发量。盐湖面积多年稳定,说明该流域降水和地下径流汇入与盐湖蒸发量相等,而流域是内流区,即 $P_0=E_0=210$ 毫米,选C。

变式题1:若该流域的多年平均实际蒸发量略大于降水量,则该盐湖面积可能
A. 明显萎缩　　B. 保持稳定　　C. 迅速消失　　D. 匀速扩张

解题:同样要区分盐湖和流域概念的不同,若该流域的多年平均实际蒸发量略大于降水量,说明 $P_0<E_0$,那么盐湖的地下径流汇入量减小,面积变小,选A。

变式题2:若该流域的多年平均实际蒸发量略小于降水量,则该盐湖可能
A. 湖盆蒸发量减少　　　　　　B. 流域降水减小
C. 湖水富养化加重　　　　　　D. 湖水盐度变小

解题:若该流域的多年平均实际蒸发量略小于降水量,说明 $P_0>E_0$,那么盐湖的地下径流汇入量增加,面积变大,湖区蒸发量加大,流域降水不变,湖区富营养化减轻,盐度降低,选D。

随后也不忘引导学生归纳,当特定时期内始终是单一外流区或者内流区时,降水量基本不变,若湖泊面积或者湿地面积扩大,蒸发量变大;当降水量变小,蒸发量变大,降水量小于蒸发量时,外流湖可能变为内流湖;当降水量变大,蒸发量变小,降水量大于蒸发量时,内流湖可能变为外流湖。当水量稳定时,该流域收入等于支出。

现行高考考试大纲中改变了能力目标的表述,侧重于学习行为过程。在四个考核目标中,"获取和解读信息""调动和运用知识"直接与地理概念和原理有关。所谓原理不仅仅是一种知识,概念的建立过程与原理的把握是一种地理思维的形成过程。在原理的教学过程中,选用经典的例子和案例可以让学生领会、感悟地理原理的本质特征。

面对地理试题的生成性和灵活性强的现实,通过对真题的改编,旧题新用,按照学生对地理基础原理的认知规律,设定不同条件,达到循序渐进的目的,学生对原理的掌握会更加全面,解相关题型也会得心应手。提出地理基础原理的教学对策是让学生感悟,在感悟中形成地理思维、获得解决问题的能力,提升地理学科的关键能力。

参考文献:

[1] 钱大伟.基于地理核心素养发展的高三备考策略——以考纲为基准,以地理核心素养为最终目标.学科网,2019(10).

[2] 徐勤.地理概念原理的本质特征与教学策略.杭州市第17届中小幼教学专题研究获奖论文,2006(5).

高中数学课堂教学中的数学交流现状及对策研究

李 成

一、导言

（一）问题的陈述

数学作为现代文化的重要组成部分，其语言已日益成为人们交流的科学语言，随着新技术应用的日益广泛，利用数学进行交流的需要也日益增大。因此，在数学教学中应该重视数学交流的训练，使学生懂得将数学作为信息交流的工具，会使用数学进行交流。而今，学会数学交流已成了国际数学课程共同注重的内容，1996年，美国在《美国学校数学课程与评价标准》中提出的教育目的是使学生具有以下几点数学素养：1.懂得数学的价值；2.对自己的数学能力有信心；3.有应用数学解决问题的能力；4.学会数学交流；5.掌握数学思想方法。1996年7月在西班牙举行的第八届国际数学教育大会上，把"教室中的交流"作为其第一小组的课题，讨论的中心是：课堂中的数学交流。近年来，我国数学教育界对数学交流也有了一定的关注，2003年4月颁布的普通高中数学课程标准（实验）的前言部分提出："学生的数学学习活动不应只限于接受、记忆、模仿和练习，高中数学课程还应倡导自主探索、动手实践，合作交流，阅读自学等学习数学的方式。"在课程目标部分提出的其中一个目标就是"提高数学的提出、分析和解决问题（包括简单的实际问题）的能力，数学表达和交流的能力，发展独立获取数学知识的能力"。由此我们倡导课堂教学中的数学交流亦是一种历史的必然。

（二）数学交流的概念

所谓数学交流，是用动作、摸象、语言和符号等为载体，对数学的认知、情感等进行表达、接受与转换，以此作为数学教学过程中，教与学的一种重要方式，旨在充分发展学生的认知、情感及其正确的数学价值观。

数学交流有别于人与人之间的日常交往活动，在数学交流活动中是以数学问题为对象，以数学语言为载体而进行的各成员之间的交往与互动。在数学教学活动中

就数学交流的实质内容而言,它可以分为以下三个方面:

1.数学思想方法的接受,即通过听、视、触等知觉,以交谈、阅读、活动、游戏等方式接受他人的数学思想和方法。

2.数学思想的表达,把自己的数学认识用口头的或书面的、直观的或非直观的形式,以及日常的或数学的语言表达出来。

3.数学思想载体的转换,把自己对数学的认识由图表、文字、符号以及实物、动作中的一种载体转换成另一种载体,以发展对数学问题的全面认识。

二、高中数学课堂教学中数学交流的现状调查与分析

(一)高中数学课堂教学中数学交流现状的调查

1.调查取样及样本特征

为弄清当前高中数学课堂教学中数学交流的情况,我选取了本校高一、高二各2个班的学生作为调查的对象。

2.调查内容与方法

本次调查主要是调查学生对数学交流的认识、当今课堂教学中数学交流实施的状况、教师的态度、学生的心理等对数学交流的影响情况。我设计了一张调查问卷,调查采用无记名方式。

3.数据处理

共发放问卷200份,收回196份,去除无效的和填写错误的问卷,得到有效问卷180份,然后采用数据处理软件SPSS对数据进行统计。

表1 数学交流的基本情况调查统计表

问题	选项及频数百分比	1		2		3		4		5	
		频数	%	频数	%	频数	%	频数	%	频数	%
a		58	32.2	46	25.6	44	24.4	20	11.1	12	6.7
b		48	26.7	30	16.7	56	31.1	32	17.8	14	7.8
c		60	33.3	47	26.1	43	23.9	20	11.1	10	5.6
d		45	25	48	26.7	42	23.3	27	17	18	10
e		7	3.9	32	17.8	40	22.2	48	26.7	53	29.4
f		13	7.2	39	21.7	36	20	45	25	47	26.1

续表

选项及频数百分比\问题	1		2		3		4		5	
	频数	%	频数	%	频数	%	频数	%	频数	%
g	20	11.1	34	18.8	38	21.1	42	23.3	46	25.6
h	31	17.2	50	27.8	43	23.9	29	16.1	27	15
i	40	22.2	45	25	39	21.7	31	17.2	25	13.9
j	18	10	38	21.1	36	20	48	26.7	44	24.4

4.调查结果分析

(1)学生数学交流意识与能力

从表1中的数据可以看出,学生的数学交流意识还比较淡薄,他们对数学交流的认识还比较欠缺,只有17.8%的人认为在学习数学过程中经常与人讨论问题有促进数学学习的作用,仅有25%的学生会在不能把问题解答出来时才会主动地寻求教师和同学的帮助,在我进一步问及在他们不能独自解答又不想主动去寻求教师和同学的帮助之情况下他们又会怎么办时,有一部分同学选择的是放弃,认为太难了,高考一般也不会考。一部分同学选择翻阅参考书,从书上寻求答案。有56.1%的同学认为通过反复解题来记忆数学知识是学习数学的最好方法,他们比较喜欢记忆解题方法,认为这种方法很有效,在考试时遇到同类问题则可以毫不费劲地套用,有相当一部分学生缺乏数学交流的能力,在回答"在讨论数学问题时,我能很好地用数学语言将问题表述清楚"这个问题时,只有13.9%的同学选择非常同意,竟有22.2%的同学选择非常不同意,在个别访谈中他们告诉我,有时他们心里明白是怎么一回事,可就是不知怎么不能明确地表达出来。

(2)学生在数学课堂中进行数学交流的现状

从表1的数据也可以看出,学生在数学课堂中进行数学交流的现状也不容乐观,只有25.6%的同学认为在课堂上经常有讨论的机会,16.7%的同学在讨论新的数学知识时经常发言,只有31.1%的同学在遇到别的同学有不明的地方向其寻求帮助时,很乐意提供帮助,远远低于45%的不乐意提供帮助,这主要是学生不良的竞争心态在作祟。从调查中还发现,教师的态度对课堂中的数学交流的影响很大。数据显示,有48.9%的同学认为担心提出的问题太简单,会受到老师的批评,有51.1%的同学认为在数学课上当同学与老师对某一问题的理解不一致时,老师常常一带而过,这样一来,学生留下来的也许是失望的心理或者是对老师的极度不满。

(二)对当前高中数学课堂的透视。

为了对当前高中课堂有一个更为清晰的认识和脚踏实地的了解,我对高中课堂进行了一些基础性的实证研究。

1.研究方法

对课堂采用定量观察的方法。运用弗兰德斯的互动分类体系(FIAC)(注:运用中有所修改),把课堂的师生言语活动分为10个种类,每一个分类都有一个代码(即一个表示这类行为的数字),如下表:

表2 弗兰德斯互动分类分析体系类别

教师说话	1. 讲解 2. 提问 3. 表扬或鼓励 4. 接受或使用学生的主张 5. 给予指导或指令 6. 批评或维护权威
学生说话	7. 学生回答问题 8. 学生主动说话 9. 师生有目的的讨论 10. 沉默或混乱

在每一节课进行到10~25分钟这段时间之内,每隔3秒钟按照上述分类记下最能描述教师和学生言语行为的种类相应的编码,记在FIAC数据表中。

表3 FIAC数据表(数学课,上午第三节高二)

	1	2	3	4	5	6	7	8	9	10	11	12	13	14	15	16	17	18	19	20
1	1	1	1	1	1	1	1	2	2	2	2	2	2	2	2	2	2	2	2	2
2	6	6	6	6	6	6	6	5	5	5	5	5	5	5	5	5	5	5	5	5
3	9	9	9	9	9	9	9	9	9	9	9	9	9	9	9	9	9	9	9	9
4	4	4	4	4	4	4	4	4	4	4	4	4	4	4	4	4	4	4	4	4
5	1	1	1	1	1	1	1	1	1	1	1	1	1	1	1	1	1	1	1	1
6	1	1	1	1	1	1	1	1	1	1	1	1	1	1	1	1	1	1	1	1
7	2	2	2	2	2	2	2	2	2	7	7	7	7	7	7	7	7	7	7	7
8	7	7	7	7	7	7	7	7	7	7	7	7	7	7	7	7	7	7	7	7
9	5	5	5	5	5	5	5	5	5	5	5	5	5	5	5	5	5	5	5	5

续表

10	6	6	6	6	6	6	6	6	6	6	6	6	6	6	6	6	6	6	6	6
11	10	10	10	10	10	10	10	10	10	10	10	10	8	8	8	8	8	8	8	8
12	5	5	5	5	5	5	5	5	5	5	5	5	5	5	5	5	5	5	5	5
13	1	1	1	1	1	1	1	1	1	1	1	1	1	1	1	1	1	1	1	1
14	1	1	1	1	1	1	1	1	1	1	1	1	1	1	1	1	1	1	1	1
15	1	1	1	1	1	1	1	1	1	1	1	1	1	1	1	1	1	1	1	1

每一行的20个方格记录一分钟内20个行为编码，上表15行就表示一段15分钟的连续观察，如果同一个3秒钟内发生了两个事情，便记下更为突出的那一个。

2.观察对象

选取本校高一、高二各3名数学教师的课作为课堂观察对象，对每一个教师观察两节。共观察了12节课。

3.观察时间

2014年9月15日—2014年9月26日

4.结果及其分析

表4 师生课堂语言互动情况统计表

教师\百分比\类别	1	2	3	4	5	6	7	8	9	10
1	10	2	5	50	7	4	12.3	4.3	0.4	5
2	9.4	5.6	4.3	55.2	1.6	8	9.6	3.1	1.2	2
3	8.8	4.3	6.5	49.8	6.2	5.1	10.4	2.9	2.2	3.8
4	7.4	3.1	5.7	54.3	6.5	4.7	11.6	1.4	1.7	3.6
5	11.6	2.6	3.2	48.8	5.5	6.3	15.4	0.9	0.7	5
6	8.6	2.2	4.9	53.2	4.7	5.6	13.2	1.3	0.6	5.7
平均	9.3	3.3	4.9	51.9	5.1	5.6	12	2.3	1.1	4.5

上表统计的数据虽然是仅从一所中学的调查研究中获取，虽不敢说它能代表当前高中数学课堂的普遍情况，但管中窥豹，可见一斑，当前中学数学课堂仍然体现着以教师为中心，以知识为本位的现象，学生在课堂中的主体作用很少发挥，从表中的平均值可以看出，课堂中教师的说话时间占用了80.1%，其9.3%用于提问，3.3%用于接受学生的主张，4.9%用于表扬或鼓励，51.9%用于讲解，5.1%用于给予指导或指令，

441

5.6%用于批评或维护权威。可见,教师热衷于家长式、权威色彩的教育模式,只相信自己,不相信学生,轻视学生的主体地位。学生在课堂中的说话时间很少,只占了教学时间的15.4%,而且里面还包含了12%的被动说话时间,即用来回答老师的提问,学生主动说话的时间少得可怜,只占了2.3%,学生之间很少相互讨论。从这两所中学数学课堂教学所反映出来的情况看来,当前中学数学课堂仍存在以下弊端。

第一,目前我们的高中数学课堂仍然是以教师为中心,教师控制着课堂进程中的一切,教师讲,学生听,教师问,学生答,教师要求什么,学生便做什么,学生似乎成了教师加工的工具,失去了自主,失去了热情,自主性和创造能力受到一定的压抑和损害。

第二,学生与学生之间缺乏交往,由于是班级授课,老师和班干部都特别关心课堂的纪律,学生有不同于教师的见解也不敢发表,有疑难问题却苦于没有问的机会,哪怕是同桌之间的小声轻语也不行。再者,由于学生之间不恰当的交往方式使得他们的交往也不能正常进行,甚至于中断。学习好的同学瞧不起成绩差的同学,成绩好的同学之间因嫉妒和不恰当的竞争方式等使得同学之间的交流缺乏,即使有些教师想在课堂中引进一些新的教学方式如小组讨论与交往,又因教学的进度所迫,根本没有给学生应有的时间,使得学生之间的交流仅处于应付的境地,实质性的思想交流很少,学生普遍感到收益不多。

第三,少数优生充当课堂的焦点。优生被老师叫的机会更多,后进生更多是出于惩戒或为他人的准确回答作铺垫,一种出于老师欲扬先抑的心理,这种课堂待遇的不公,严重地造成了教育机会的不均等,渐渐他们的自信心消失了,处在被课堂遗忘的角落,变得敏感,自我保护的心理使得他们渐渐地形成封闭的意识,害怕与老师相遇,害怕与老师的目光接触,在课堂中害怕老师走到他们的身边,也害怕与同学交流。

第四,教学结构呆板单一,缺少灵活性。所谓教学结构是指教学活动的各个要素及其相互关系按一定的规则和秩序所形成的整体。而所谓教学要素指的是教学存在和发展的决定性因素,我国传统的教学要素观点是三要素论,即认为教师、教材、学生是教学的基本要素。他们作为教学三角形的三个顶点:

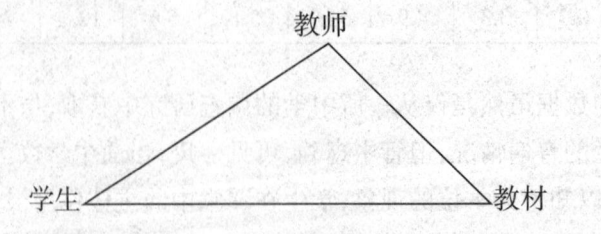

持这种观点的人认为,教师是教学中的领导者,组织者,起着主导作用,保证教学

活动按照规定的目的、内容来进行,学生是教学的对象,但他们有能动性,是学习的主体,只有他们的参与,才能全面地完成任务。教材是教师和学生联系的纽带,是教与学的对象与依据。这种观点注意到了教学活动得以存在的客观实体,并注意到了学生既是对象,又是主体的特点。然而,三要素论的观点是片面的,这是因为:①这种观点是建立在师生对立的教学观点上的,只看到教师与学生的单向联系,没有注意到师生的相互作用、相互转化的一面。②这种观点把教材作为与教师、学生并列的教学要素,关注的是教材的知识价值,即静态的凝固在课本上的知识内容,忽视了动态的课程在教室里的地位。这种要素观点下的教学结构是呆板的,单一的,教师与学生的交流方式也是单向的交流。

第五,知识本位,应试教学依然左右着当前的课堂教学。走进高中数学课堂不难发现,课堂教学模式基本上是灌输—接受,学生的学习方式基本上是听讲—记忆—练习—再现教师传授的知识。在高考升学率的压力和高考指挥棒的影响下,教师盲目追求教学的短、平、快,大搞数学教学的"快餐化"。在概念课上只重结论,忽视知识的发生、发展过程,"很少对有关数学问题的产生,表达和提出的知识获取过程给予直接的关注"。

第六,课堂教学中学生的体验缺失较多。我在课堂观察中遇到大量的此类现象:老师在讲台上问学生,"你们弄懂了这个问题了吗",学生则异口同声地回答,"听懂了",可事后用类似的问题去检测,他们之中的好些同学都不能解答。究其原因,还是因为体验的缺失而造成的。我们认为,知识的价值固然重要,但情感态度体验的价值也非常重要,认知的目的不是停留在知道客体是什么,而是要将这种知识内化到主体自身的知识结构和情感体系之中,只有成了主体自身的知识,才是主体真正的知识。

三、应对的策略与实现数学交流的实验研究

(一)应对课堂中数学交流欠缺的策略

1.提倡民主的教学方式,创设良好的教学环境

教师作为知识的传授者,在教学过程中要改变过去片面强调知识传授的方式,形成学生积极主动的学习态度。教师不能简单地按照自己或课本中的逻辑来对学生的理解做出非对即错的评价,而应透过学生的理解,洞察他们的思考方式和经验背景,做出相应的引导,引发学生对问题的进一步思考,同时教师应该在课堂组织中展开充分的对话与沟通,让学生学会理清和表达自己的见解,学会聆听,理解他人的想法,学会相互接纳、赞赏、争辩、分享和互助。

2.创设自主的学习空间,少教多悟

教学过程是师生相互交往,共同对话的互动过程,它需要师生的共同参与、共同

合作，缺少任何一方将是无效甚至是负效的教学，教学是在教师指导下的认识活动，学生无疑是认识活动的主体，是知识和意义的建构者，是课堂教学的主角。因此教师在发挥主导作用的同时，更要突出学生的主体地位，尊重他们的个性，把学习的主动权交给学生。学生在自主学习的过程中经常会产生一些很好的思维火花，这些思考的创造物是学生与教师，学生与学生进行交流的极佳素材，如果能把思考的产品表达或记录下来用于交流，则更利于检验、修正和完善。

3.发展学生的数学语言能力

数学教育家斯托利亚尔认为，数学教学也就是数学语言的教学，这是因为数学语言是数学知识和数学思想的载体。数学知识与数学思想最终要通过数学语言表示出来并获得理解、掌握、交流和运用。特别地，数学语言又是进行数学交流的必要条件。教学中应重视数学语言间的互译训练，引导学生积极地应用各种数学语言形式，多角度，多侧面地去转换问题的表达，帮助学生克服数学语言转换的障碍。

4.加强对学生之间学习竞争的引导

竞争分为良性竞争和恶性竞争，良性竞争对竞争的双方都有利，而恶性竞争对竞争的一方或双方都不利。竞争意识缺乏合作精神的人在当今社会中将失去生存发展的空间。我们的任务是要注重对学生学习竞争的引导，学会欣赏别人，悦纳别人，将别人的成功转化为激励自己奋发进取的动力。

（二）课堂中数学交流的实现途径

1.在知识的形成过程中实施数学交流

建构主义认为，学生知识的形成过程是一个能动的建构过程，即学生以已有的认识结构为基础，对信息进行主动选择、推理、判断，从而建构起关于事物及其过程的表征。而在知识的形成过程中，学生对有效信息的占有程度，往往决定了知识形成的速度和效果。数学中的有关概念、定义、定理、公式、法则等，学生经过观察、猜测、实验、操作、运用以后，已经初步感知到规律之所在，但不十分清晰，这时，教师若能创设一种交流的氛围，不仅可以激发学生理解问题热情和兴趣，而且可使学生在数学交流的过程中，共享信息，分享观点，尽量多地获取知识的背景，来源等有效信息，并且通过学生自己的探索，在原有的知识经验中生长出新的知识经验，以利于知识的形成。

2.在问题的疑难处实施数学交流

问题的抽象性是数学的本质特征，学生在学习数学时，对抽象的数学知识，难免会产生理解上的困难，在知识的处理与转换时易发生障碍，这时，教师应适时组织学生进行数学交流，让学生就所学内容发表自己的看法，教师应注意捕捉交流的信息，发现学生的理解过程，理解的深度，存在的问题是什么以及存在这些问题的原因在哪里，及时调整教学方案，有的放矢地引导学生学习新的知识。

3. 在解题教学中实施数学交流

著名数学教育家波利亚在"怎样解题"表中给出解题过程中的四个步骤：弄清问题—拟订计划—实施计划—回顾，其中回顾是对数学问题解决过程中的反思，学生在解题过程中，思考的起点、思考的方法，不一定有一致的模式，如果在解题教学中实施交流，则能鲜活地呈现出不同的解题过程里所蕴含的策略水平，既可以为教师提供反馈的信息，又有助于学生之间启迪，拓宽解题思路。

4. 在故意示错处实施数学交流

在课堂教学中，根据教材内容的重点、难点有针对性地设计错误点，引导学生去讨论、交流，让学生去纠正。这样有利于保护学生的探索精神、创造思维，营造崇尚真理，追求真知的氛围，为学生的享赋和潜能的充分开发创造一种不可多得的环境。

四、结束语

数学交流为我们的数学课堂展开了一个全新的画面，它有利于提高教学效率，丰富学生的课堂体验，增强学生主体参与意识，培养学生的社会交往能力。然而它的理论尚待丰满，这不但需要我们广大数学教育理论工作者不懈的探索，亦需要我们的数学教学工作者在实践中躬行。

高中地理课堂教学目标的有效落实策略研究

李英智

【内容摘要】 本文结合自己的教学实践,对教学目标有效落实进行论述,同时又从教学目标本体的角度,指出教学目标有效落实的策略,即通过对教学目标的分解、细化与旁通整合,实现教学目标的有效落实。

【关键词】 教学目标;有效落实;策略

教与学,是每一个教师的永恒的命题,既对立又统一。从教师的角度上看,二者的统一,就表现在教学目标的有效落实上。教师撰写的教学目标,只是教师的一厢情愿,只有被学生所接纳、理解、内化、吸收、掌握后,教与学,两者才得到统一。

一、教学目标有效落实的反思

教学目标是否得到有效的落实,从监测的角度看,美国的马杰认为可以从学生的行为上表现出来,后又经过格伦兰的修正,认为可以从学生的内部过程和外显行为两方面进行诊断。那么,我们在平时的教学过程中又是如何评价教学目标的落实是高效的、低效的甚至是无效的?我认为,评价教学目标是否得到有效落实,应该注意以下几个方面。

1.不能以教师的书写目标是否完成为判断标准,而应该以学生得到有效落实的目标来判断。从教学的主体来说,后者具有实际价值。例如,湘教版《地理必修Ⅰ》第二单元常见的天气系统一节,有位教师的教学目标是这样设计的:

(1)掌握气团的类型,并能说出影响我国冬、夏季节的主要气团。

(2)列表格比较冷、暖锋对天气变化的影响。

(3)通过江淮准静止锋、昆明准静止锋的讲解,理解准静止锋的形成原理,能说出其影响下的天气状况。

(4)掌握锋面与我国冬季、夏季天气的气温、降水的影响。

(5)在锋面气旋中,学会判断冷、暖锋的位置。

(6)运用锋面的相关知识,分析1998年长江洪水。

在听课的过程中,第四个教学目标还没有完成,下课铃就响了,随后拖堂6分钟,第四个教学目标匆匆忙忙中结束掉。很显然,这节课的教学目标没有全部完成,但是,这仅仅是从教师设计的教学目标的角度而言的,从学生角度来看,这四个教学目标得到了有效的落实,在讲到冷锋、暖锋对天气变化的影响时,通过小组的讨论和演示,每一个小组都能用书本模拟锋面的移动,来解释天气的变化。在讲到准静止锋的形成时,有同学提出修建高坝拦截冷气团的建议。在讲到冬季影响我国大部分地区的是冷锋时,有同学提出,既然一直是冷锋影响,那么气温应该是一直在下降,但实际情况并非如此……这些问题、建议的提出,我认为就是教学目标有效落实的表现。

2.不能以单一的检测手段来判断教学目标是否得到有效的落实,而应该以学生的综合的反应来鉴赏。有时候,我们忽略掉的、检测不到的东西比监测到的更具有价值、更珍贵!例如,第一节《地球的宇宙环境》,上完后,有位教师设计了这样一份课堂练习:

1.光年是_____单位,是_____千米,可见宇宙的半径是_____ _____光年。

2.读下图完成下列各题:

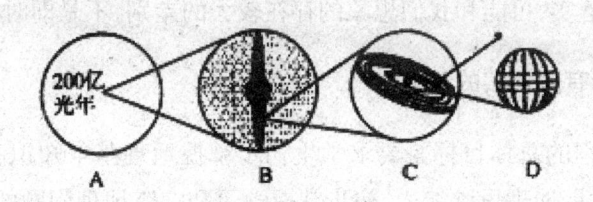

(1)此图是天体系统示意图,总星系指_____图,河外星系的级别与_____图相同。最低一级的天体系统是_____(填字母),其中心天体是_____。

(2)地球在太阳系中的地位是_____。

3.读图,完成下列要求:

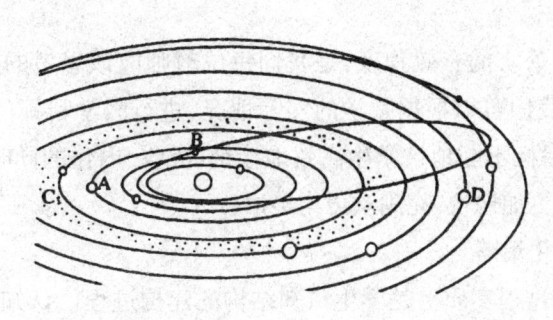

(1)用箭头在地球公转轨道上表示出地球的公转方向。
(2)写出图中字母代表的天体名称：
A_____，B_____，C_____，D_____。
(3)图中共包括_____级天体系统，其中最高级的天体系统的中心天体是_____，它之所以成为中心天体的原因是_____。

这份课堂练习如果用来检测教学目标落实得是否有效，我觉得是不完整的，这些知识目标是可以通过预习达成的，而对地理学的兴趣、对宇宙奥秘的好奇，继而引发探索宇宙的念头；对地球上生命的诞生的质疑、追问等是这份练习所检测不出的，因为这些是无法用文字描述的。但是我觉得这些恰是教学目标得到有效落实的体现。没有兴趣地去学习，不但浪费时间、浪费精力，还达不到好的效果。而如果学生满怀兴致地去学习自己感兴趣的知识，拓展能力和创新能力就会不断提高，就可以收到较好的学习效果。"兴趣是最好的老师。"爱因斯坦如是说。

3.不能以某时间点作为检测时间"截止点"，而应该是地理学习的过程，并且，这个过程可能是阶段性的，例如单元测试、月考、期中考试、学期的期末考试、甚至是高中三年的地理学习全过程。在平时的教学实践中，经常遇到这样的情形：考试结束后，就有学生拿着试卷来问，"老师，这道题是不是用你上次讲的某某知识点解的？""老师，第 x 道题目和你上次讲的那道题目是一样的！"等等。这些情形从另一方面说明，有些教学目标的落实，可能和我们想象的存在较大的差别，不是即时的，而是滞后的。

二、教学目标有效落实的策略

高中地理课程的总体目标是要求学生初步掌握地理基本知识和基本原理；获得地理基本技能，发展地理思维能力，初步掌握学习和探究地理问题的基本方法和技术手段；增强爱国主义情感，树立科学的人口观、资源观、环境观和可持续发展观念。总体目标的承担者就是分解的、具体的教学目标。通过以上的"论述"，我们可以得到这样的结论：教学目标的有效落实中的"有效"，主要是指通过教师一段时间的教学之后，学生获得了具体的进步或发展，学生有无进步或发展是衡量教学是否有效的唯一指标。

关注教学目标落实的有效程度，是我们每位教师应该思考的问题。从教学目标自身的角度出发，我们可以根据教学的实际情况，进行教学目标的分解、细化以及整合，使我们制定的目标不断地被学生高效地接纳、吸收、内化的同时，教师的教的过程与学生的学的过程更加愉悦，充满欢声与笑语！

(一)分解与细化策略

教学知识掌握过程实质上是学生认知结构的建构过程。认知主义和建构主义理论都认为,教学效果直接取决于学生头脑中已有的知识(认知结构)和如何有效运用这些知识加工所面临的学习材料。教师要充分了解和利用学生原有的认知结构,以渐进分化和综合贯通的方式把握教材知识结构的层次性和整体性,一方面,把教学目标分解、细化,另一方面,这些分解、细化的目标又是紧密联系的有机统一体。学生在逐一落实这些目标的过程中,不断地把"最近发展区"变成已有的知识;同时不断地体验到了成功的喜悦,在不断地喜悦中,螺旋上升,实现总体目标。

(1)渐进渗透、化大为小策略

高中地理课程的总体目标是要求学生初步掌握地理基本知识和基本原理;获得地理基本技能,发展地理思维能力,初步掌握学习和探究地理问题的基本方法和技术手段;增强爱国主义情感,树立科学的人口观、资源观、环境观和可持续发展观念。总体目标是我们地理教学的总纲领、总方针,总体目标是方向,在教学过程中决不能偏离方向;但是,越是纲领性的东西,就越抽象,因此在日常的教学中,有些教师就觉得很迷茫,无从下手,就需要对总体目标进行分解,化大为小。小目标是具体的步骤,只有一步一个脚印地去落实小目标,积少成多,由量变引起质变,达成大目标。例如三维目标之一情感态度和价值观,就有很多教师要么把这一目标忽略掉,要么处于目标完整性考虑,用一两句话带过。而笔者认为,情感态度和价值观目标的实现是叩开地理科学这扇大门的最佳选择,也是我们地理教学的终极目标——最终人的可持续发展实现所必需的!否则,地理学科,对学生来说,永远学不好的;对教师来说,永远教不好的!那么,这一目标又怎样来落实呢?例如在《水循环》内容讲完后,引导学生思考:

①我国当前进行的南水北调工程,会影响水循环的哪一个环节?
②运用水循环的知识说明我国西北内陆的退耕还草工程会带来哪些影响?
③在城市化进程中,城市用地面积不断扩大,会对水循环产生怎样的影响?

通过这些问题的设置,一方面巩固了所学的知识,另一方面,使学生懂得,人类一方面可以利用规律,改造自然,但另一方面也要尊重客观规律。进而对人生观、价值观的形成产生积极地影响。

(2)层级递进、化难为易策略

自然地理的一些教学目标落实起来很困难,例如地球的运动部分。对于这部分内容,学生的认知结构是感性的、模糊的,没有清晰的概念。那么我们只能把一个教学目标分解细化为不同层次的次一级教学目标,根据程序原则,最有效地呈现出来,众多次一级教学目标的逐一解决,最终实现教学目标的总体解决。其实质是我们在不断地建构学生的认知结构。按照美国著名的教育心理学家奥苏伯尔的观点,教师就是那个"先行组织者",不同层次的次一级教学目标就是我们提供给学生供其发展的一个个"支架"。例如,《晨昏线》的内容,我的教学目标是这样设计的。

第一节课的教学目标:
①能说出晨昏线的特点(太阳高度为零、大圆、与太阳光线垂直)。
②熟悉晨昏线——昼夜半球的分界线的多种形状。

第二节课的教学目标:
③掌握晨昏线上的三"点"(纬度最高点、最低点、与经、纬线的交点)的特点。

第三节课的教学目标:
④掌握已知时间画晨昏线的画法(二至、二分日的晨昏线,给定时间的晨昏线)。
⑤掌握部分光照图转化为全图方法。

第四节课的教学目标:
⑥理解晨昏线的运动(相对于地球自转的运动和相对于太阳直射点的运动)与昼夜长短的关系。

该案例是我根据自己的教学实际进行的教学目标分解,设置了六个次一级的教学目标,来落实总体目标。这种策略适合落实教学目标中的重点、难点,当然该策略的实施往往会导致教学的进度较慢,我在实际的操作中,该案例所花的时间不是仅4节课,而是6节甚至更多,但是这和我们论述的高效并不是矛盾的,因为高效和低效是相对教学的实际而言的,绝非纸上谈兵。

(3)步步为营、化全程为阶段策略

对于一般难度的教学内容,我更常用的是三段目标策略,其理论的来源是布鲁纳的认知发现理论及维果茨基的最近发展理论。"三段",指的是课前、课中、课后三个时段;预习目标的落实,重构、巩固已有的知识,使课堂目标成为最近发展区,为课堂目标的有效落实提供支撑;课后目标是课堂目标的延续,不仅仅是巩固刚刚形成的新的认知结构,同时也可以是在新的起点上的建构。例如,在《地球运动的地理意义——地方时》一节内容时,我的教学设计如下。

预习目标:
1.根据经度的分布规律,正确读出经线的度数;有能力的同学归纳经度的分布规律。(模式为:在地球的自转方向上或者自西向东,东经度……西经度……)
2.根据经度计算时区(提供计算的公式)。

课堂目标:
1.在俯视、侧视图中能判读经度、纬度。
2.学会根据经度计算某地的地方时、区时。(一道例题讲解,一道课堂练习题)

课后目标:
1.熟练掌握地方时、区时的计算。(各一道题目)

2.理解地方时和区时的不同?

这种策略适合对于要学的知识,学生已经有相应的知识铺垫这种情形,即符合最近发展区的要求。该例中,预习目标中的经度分布规律及经纬网的侧、俯视图都是为地方时、区时的计算做知识的储备。课后目标一方面是复习巩固取得的成果,另一方面,引导学生思考日期的分布情况,可以给有能力的同学于思考空间,激发学习兴趣。

(二)整合与旁通策略

进入高中地理教学的复习阶段,就需要对众多的上新课时的教学目标进行整理、整合,运用教学目标的整合策略进行归纳和总结,使众多的知识成为有机的整体,便于运用时调取知识。对小的教学目标进行整合完毕之时也就是大目标的达成之刻。

1.目标专题化策略

所谓的专题策略,就是围绕一个主题,把和这个主题有关的主干知识进行梳理,围绕着这个主题,把各个目标都达成。这一策略中,各具体目标之间存在着较强的逻辑关系,把分散的各知识点紧密地联系起来,形成一个个"知识团""知识块"。例如,在复习农业的区位时,我的教学目标设计如下。

(1)熟记影响农业的区位因素,能迅速说出或默写出来。

(2)区位因素对农业生产活动的具体影响,能用规范的语言表达出来。

(3)利用所学知识,结合区域地形图、气候资料等,学会分析影响某一地区主要农业区位因素的方法。

通过这节课教学目标的逐个落实,学生的头脑中形成一个有关农业区位的知识网和分析问题的模型——"某区位因素→对农业的影响→从材料中确定区位因素"。通过该小专题目标策略的落实,原有的知识点更清晰了,答题的思路更明了,小目标得到了整合,形成了一个更大的、已经完成的目标。

2.目标系统化策略

地理环境的各组成要素之间相互影响、相互联系,构成了整体性特征。在落实整体性的教学目标时,就需要用系统的理论、统筹的方法,进行教学目标的整合。例如,在《中亚》一节中,我的教学目标设计如下。

课堂目标:

(1)学会对中亚的自然地理环境特征进行整体性分析。(分析的模式:中亚的经纬度位置、海陆位置、板块位置及地形、地势→气候特征→土壤和植被的分布→水文特征分析)

(2)在自然地理环境特征的基础之上,分析中亚的农业发展特征。(农业的类型、农作物类型、熟制、发展的优势区位及不足等)

(3)在中亚自然资源分布的基础上,分析工业的类型及影响其分布的区位因素。

(4)运用区位因素分析的方法,分析中亚的人口、城市、交通的分布特征。

该案例的教学目标设计策略,从本质上讲是基于教学内容的整体性,但从方法论的角度讲,则是来源于系统论。可以放眼于整个区域的各个地理要素,而不是"一叶障目,不见森林"。并且,通过对这些教学目标的有效落实,学生会逐渐形成学习区域地理的方法,实现触类旁通,举一反三;从教师的角度,教学的效率提高了,达到了我们梦想的、最高的境界—"教是为了不教"。

语篇衔接分析在高中概要写作过程教学中的应用

刘伟伟

【内容摘要】 本课例基于新课程标准倡导的英语学习活动观,以语篇分析理论位出发点,探究将衔接理论运用于概要写作教学中,并以衔接的五个主要手段来指导学生进行概要文章的深层解读。针对教师和学生在概要写作中实际遇到的情况,通过课例实践的方式,探究高中英语概要写作过程教学中的教学模式。

【关键词】 语篇;衔接;概要写作

一、背景

新课标所倡导的英语学习活动观是以语篇为依托,通过一系列学习过程来提高学生的核心素养。课程内容要求学生运用语篇知识,也就是关于语篇构成以及如何使用语篇知识的问题。其中提到了学生写作中运用语篇知识来达成清晰的逻辑、有条理的内容和连贯的语篇。而且在对语言技能的提升中,特别提出了"真实语言交际"的基础上,发展听、说、都、看、写等基本语言技能。这些技能具体展开要求学生"理解语篇中显性或隐形的逻辑关系""把握语篇的结构和语言特征""识别书面语篇中常见的指代和衔接关系"。因此,语篇已经成了新课标显著变化的重要环节,也成为老师平时教学中不可回避的话题。

就是在这种背景下,2018年11月和2019年6月两次高考书面表达的第二部分出现一种题型——概要写作。这个题型除了在学生的词汇、语法、阅读和写作技巧上有要求外,对于学生的语篇知识的考查和作者思路意图的揣测上有更高的要求,要求老师增加对语篇衔接意识的培养。

二、语篇的理论

语篇中各要素间的关系比较复杂,涉及语篇的宏观,中观和微观组织结构。从宏观来看,语篇分析就是分析语篇中段与段的衔接关系以及语篇各部分与语篇主题之间的关系,属于语篇的宏观组织结构,也就是我们时常分析的文体结构;从中观来看,语篇分析就是句子与句子之间的衔接关系,作者是如何排布和推进句子,从而实现主题意义的表达。这种关系可以理解为句子间的语义逻辑关系,如:次序关系,因果关系,概况与例证关系。从微观来看,语篇分析是分析句子与句子之间、段落与段落之间的衔接方式,逻辑思维的连贯方式及语言形式方面的内在联系。

葛炳芳(2012)认为语言即语篇。我们高中英语一线教师在处理文本教学时,要将教学目标不仅仅定位为词汇句法层面,还要关注语篇分析,通过分析语篇的衔接关系,帮助学生达成对语篇的连贯理解,从而在语篇的宏观结构上,真正提升学生的语篇解码能力,最后从根本上提升阅读理解的技能。

三、衔接的理论

Halliday & Hasan(2001)在《英语的衔接》一书中,用例证说明了英语语言中存在的衔接关系。他们认为衔接"是语言内部的意义联系,正是由于衔接才使语篇成为语篇"。换言之,就是在分析语篇中的两个成分时,前者对后者的理解起关键的作用,那么就可以认为这两个成分间有着一定的衔接关系。

语篇衔接手段可以分为两大类:语法衔接和词汇衔接。其中语法衔接分为照应(reference)、替代(substitution)、省略(ellipsis)、连接(conjunction)。词汇衔接(lexical cohesion)分为原词重复、同义词、反义词和上下义关系。

1. 照应(reference)主要指的是代词和形容词、副词及其比较级的所构建的具有一定语义的逻辑关系。

2. 替代(substitution)主要指的是用名词性代词和动词来代替上文中的语言成分。它属于词语的同类关系范畴。

3. 省略(ellipses)主要是指省去语言结构中的动词性和名词性成分从而避免语句中的词语重复。也就是一些语言学家称之的"零位替代"。

4. 连接关系(conjunction)主要是指用连词、副词以及介词短语来实现句子之间的逻辑关系的衔接手段。这种衔接属于显性衔接。在普通高中英语课程中,语篇知识的必修内容要求中涉及这种衔接关系,同时在提高类要求中也提到了隐性衔接,也就是在不使用连接性词语的情况下实现转折、对比等语义逻辑关系。

Holliday将连接成分划分为三种:详述 elaboration;延伸 extension;增强 enhancement。这种分类也是以逻辑语义为基础的。

①详述主要是指具体细节和具体情况的列举和描述,也可以是具体案例和事例的引用。可以分三种类型的情况:说明(in other words);例证(for example);阐述(to be precise)。比如:My sleeping mother is tired. Her breath is deep. Her dark hair glued to the forehead with sweat beading up on it.用妈妈的breath和hair的具体细节描写来详述妈妈是如何tired。学生要理解详述的连接关系,实质是区分葛炳芳提出的事实facts和观点opinions。

②延伸是指新信息的添加从而延伸前句的意义。延伸可以分为两个类别:添加和变化。添加包括肯定(如:and);否定(如:nor);转折(如:but)。变化包括代替(如:instead);排除(如:except);选择(如:or)。

③增强是指通过限制前句的意义来达到增强的目的。增强通常有5种可能的方式:时间(and meanwhile;afterwards;before that);空间(and there);方式(and in that way;and similarly);原因-条件(for;therefore;and in that case;otherwise;but;though)。

5. 词汇衔接(lexical cohesion):Holliday(1985:330)指出,"lexical cohesion comes about through the selection of items that are related in some way to those that have gone before."也就是以某种方式,通过选择和上文中出现的相关的词项形式来实现词的衔接。所以词汇衔接也有翻译成词项衔接的。主要包括重复、同义关系、搭配。这里的重复可以是同一形态出现;也可以是该词的相关形态,比如说是它的派生词。同义关系可理解为狭义的同义词衔接。

四、课例分析

学生分析:笔者所带班级是2019届高三毕业生,均已经参加过2018年11月英语高考,所以有过一次概要写作的考场习作经验;而且自此以后基本每周都进行本题型写作练习。写作方式是在规定时间内由学生自我阅读并当堂完成,然后教师批改,发现问题;然后将典型问题在课堂上呈现,由教师指出问题本质,指导学生小组讨论修改并展示讨论成果;接着进行二次写作、二次批改;最后老师提供参考习作,并根据情况个别指导。

内容分析:本课例文本来自专题训练中的材料;本课中的个别技巧在平时的作文讲评中反复讲道:比如说,定位关键信息的方法有信号词的指示;关键词的重复;相似词语的复现等。所以本材料的选择更好符合平时所教内容,也可以将本篇文章的理论应用在实际的教学实践中。下面是笔者在授课中的主要步骤。

Step 1 Teacher: From the signal word "however", we know the topic sentence. So in the topic sentence, my questions are "Who?"、"What do they do?"、"What's the result?"

Tip1：以一些标志性的词,如"however, but, actually, etc"引起的句子,通常是本段关键信息。

【设计意图】：从本段的衔接词however可以明显看出,后句是前句的延伸,属于添加范畴,表示转折关系,这种关系在话语中的作用尤为重要。这里的转折关系在两个句子之间构成一种衔接组连,由however这个词表达出来。然后在词汇上,many people和young people存在着上下义关系,而"loud"同一词项出现重复,使文章有着紧密的词汇衔接关系。

Step2 Teacher: Is there any word similar to the topic "loud music"? Any other similar words? Tip today is all the similar phrases convey the key points. Well, according to the Dr., what's the direct result of loud music or sound? Do you know the relationship between the three factors?

Tip2：相似意义的词(组)传达要点。

【设计意图】：本段对关键词的重复没有采用原词复现的手法,而是非直接性的重复,也就是同义词或近义词的照应关系。找到关键词后,分析词之间的逻辑衔接关系,本段没有显性连接的词语,但是这种明确的连接关系的隐现可以通过"be damaged by"这个词组得知：两个关键词间构成因果关系。

Step3 Teacher: This paragraph, can you find the similar phrases with the topic? How about other repeated words or similar ones? Yes, "unsafe levels of sound" and "listen". So the paragraph is about "listening to unsafe —sound". The second sentence is about the examples where teenagers listen. Can you tell me whether the details matter?

Step 4 Teacher: Does the first sentence answer the question? No. Whether the sound is safe or not depends on two things. What are they? (Students' answers vary.) The numbers are all details or examples about the questions. What's the relationship? I'll show you.

Tip3：段落首句为主题句。

语篇衔接分析在高中概要写作过程教学中的应用

Tip4：删掉细节信息.

Tip5：关键字经常要重复。

【设计意图】：该两段没有出现明显的连接附加语，所以主要从关键词跨语段重复的形式实现词汇的衔接，这种语篇中建立起来的对词的连续性选择，也就是词项重复，使得学生在关键词的选择上找到一句；同时在对关键词的阐述上，基本的人称照应将语段衔接成连贯整体，比如说两段中的"they"和"it"；其次所用的衔接类别就是连接，只不过这种隐性衔接的逻辑关系不易被学生认知和把握，因为本两段的例证关系并没有用典型的连接词for example或thus之类的，但是在第四段出现了说明关系的词"mean"，可以帮助我们解码段落的结构关系。

Step5 Teacher: Next part, solutions. What's the measure one? Do you think measure one is acceptable or not? How do you know that?

【设计意图】：本段通过几个典型的连接成分"but""if"，利用增强和延伸手段，来实现对关键词的添加和肯定。

Step6 Teacher: From "also" we can see all the supporting sentences give the same evidence, so the detailed information should be presented in the summary. What are the suggestions? What's the function of "can help to do" or what's the purpose of the expression? --to give advice.

Tip6：辅助型句子给出了并列或相似的证据，那么细节信息要在概要中展示出来。

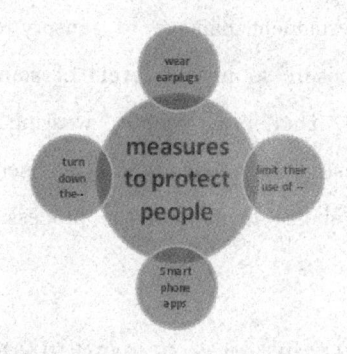

【设计意图】：连接关系中，通过典型的连接附加语"also"来进行语义的附加延展，那么这种逻辑关系必定和关键词有关，该词后的内容是作者陈述的要点。其次本段最后一句，也符合明确的连接关系的隐现，同样是容易被学生忽视的。

457

Step7 Teacher: How does the author show the phenomenon、reasons and protective measures of the listening to loud music? What points are mentioned in the passage?

主题	宏观	中观
高强度的音乐会使我们的耳朵受损。我们可以采取措施来保护听力。Listening loud music make people suffer hearing loss.	Phenomenon 高强度音乐是人们听力受损。	人们喜欢高强度音乐
		冒听力受损危险
	Causes 科学分析为什么会使听力受损	知觉细胞受损
		五成以上青少年听不安全水平的声音
		不安全水平声音的定义
	Measures 人们可以采取的措施	带耳机
		关低音量
		减少音频设备的使用；手机APP

【设计意图】：从语篇整体出发引导学生自上而下梳理文本信息，然后对关键信息进行归纳，并加以整合，最后文本内容的结构框架便一目了然，便于学生下一步的连词成句、连句成篇。

Step8 Possible version

The WHO suggests that young adults suffer hearing loss owing to listening to loud music, resulting in permanent damage to sensory cells. Teenagers tend to be the sufferers due to the exposure to unsafe levels of sound, which is tested according to the volume and time. Therefore, people, wearing earplugs, turning down the volume and limiting the use, these means are advised to protect ourselves. Besides, apps can be a good choice to monitor the process.

五、结语

这篇课例文本的选择是随机抽取的，因此所使用的语篇解读技巧具有普遍适用性；而且本文中所提到的理论非常具有针对性，便于老师理解，学生在老师的语篇解码时也易于接受，更能转化为实际操作。当然在学生的习作过程中，由于学生对于关键词寻找的偏差和衔接词运用的能力也制约着语篇解读的准确性,还需要在长期的练习中不断总结和提升。

参考文献:

[1] Holliday,M.A.K.& R.Hasan(2001)Cohesion in English. Beijing:FLTRP

[2] Holliday,M.A.K.& R.Hasan. R.Language,Context and Text[M].Victoria:Deakin University Press,1985.

[3] Holliday,M.A.K An Introduction of Functional Grammar. Beijing:FLTRP.

[4] 葛炳芳.英语阅读教学的综合视野:理论与实践[M].杭州:浙江大学出版社,2015.

[5] 宋江惠.小议Halliday和Hasan的衔接理论[J].科学时代:综合版,2007(12):4.

[6] 商艳芝.从语篇衔接入手培养学生的英语书面表达能力[J].教学与管理:理论版,2015(9):4.

面对迷途，学会选择
——试论高中政治课议题式教学法的案例精选

缪国松

【内容摘要】 在浙江课改的过程中，高中政治课涉及了生活中的经济、政治、文化、法律等各种社会现象，同时也涉及了给人智慧，使人聪明的哲学，已经俨然变成是一门具有理论价值和实践应用价值的人文科学。转变高中政治课教学策略，不仅是新课程的要求，更是解决高中政治课教学的现状的必然选择。本文以推行议题式教学为目的，试图解决教师在选择案例中得困惑，以更好地促进议题式教学法在高中政治课中的实践。

【关键词】 新课程；高中政治课；议题式教学

一、导言

浙江的新课改在如火如荼地进行中，新课所体现出来的各种新理念也逐步被当代教师所接受并且运用到常规的教学中。例如：新课程中高中政治关于贴近学生，贴近生活的理念；关于重视课堂教学学生主体性；关于培养学生自主学习、探究学习；关于教学目标重视过程与方法和情感、态度和价值观；无论何种理念，无不告知我们现在的教育理念正在走向教育的本质，回归教育，一切为了孩子，尊重孩子。理念和实际的统一总需要一个漫长的过程，这之间充满着各种矛盾。那新课改了这么多年，是否这些理念在实践中已经有了很好的契合呢？在事实面前，我们不难发现，课堂教学的各个环节虽有了形上的改观，但仔细追究下去，那只是一场没有灵魂的改革。教学的现状是教师还是很累，教学效度低，有些课堂教学甚至对于部分学生来说是无效的。

二、高中政治课堂教学现状调查分析

1.课堂上仍然是教师主导的课堂,学生的主体性没有得到较好的落实

目前的课堂或进行课堂讨论,或实施学生自主导学,但更多的时间还是老师在讲台上讲着自己的内容,偶尔有几个问题,还是让我们回答:是不是,懂不懂。课堂教学的主体性阐述已经好几年了,教师心里也是清楚学生是主体,但是无奈学生的认知能力水平和教学任务之间总是存在着矛盾,教师也是找不到一个好的契合点。

2.课堂上讲授的内容只在于完成教学任务,学生的分析能力没有较好培养

在教师主导的课堂中,学生的分析能力并没有得到提升,学生只是一个接受知识的载体。缺乏自我的思考和分析能力是学习活动,不能作为课堂的教学目标,能力的培养在于学生的分析,课堂中要创造一切条件来锻炼能力。

3.课堂上学生和生活脱节,学生对于所学知识只知道解决试题,没有形成应用生活的观念

目前政治学科学习学生觉得难,而事实上政治生活是接近学生生活的,学生可以在生活中找到落脚点,最终成了学生最喜爱的教学内容,换句话说,学生喜欢生活化的政治课堂,但是由于教学计划等各种因素的影响,使得教学不得不变得枯燥。

4.课堂中学生各自为战,缺乏较好的合作意识,缺少师生之间的沟通交流

教师和学生之间还是缺少必要的沟通,这里的原因很多,其中最主要的原因是学生的课程安排很忙,没有时间和老师沟通,而一般情况下学生都会期待着教师的沟通。沟通是提高教学的重要途径之一,教师和学生之间的沟通不仅在课堂教学中的提问和回答,也可以在讲解和课后补习中去了解学生,知道学生的学习状况,在备课前清楚明白学生的学情,这有助于提升教学的效率。

三、高中政治课案例教学实践运用的准备:精选案例

(一)精选议题的要求对议题准确归类

结合高中政治新课改和学科指导意见,以及高考的考试说明中,在常规教学中的案例选择要注重三个层次的归类。

1.在形式上要注重单一性、综合性和辩证性

所谓单一性是指以高中三年政治课本为依据,分为《经济生活》《政治生活》《文化生活》《生活与哲学》以及《国家和国际组织》《生活中的法律》,分别从生活中找寻相关的单一案例。

所谓综合性是指在新课改中,促进学生法发展为全面发展,因此引导学生的思考也应该为综合多方面的,多角度的。因此,在案例选择中应当引入相关结合的综合性

材料,例如经济和政治结合,文化和经济结合,哲学和文化结合,等等。

所谓辩证性是近来高考中出现的新的考察学生的思维角度,由此可见,案例的选择也要与时俱进,结合高考和学科指导,提出更多贴近生活,具有可实践性的案例。

2.在内容上要以时事和本土两种形式为主,自编形式为辅

脱离实际的案例是不具备任何教育意义的。高中政治是来源与生活,又应用于生活的科学教学理论,因此,有人曾说,新课改的一个重要理念就是"小课堂,大社会",在这样的理念中,课堂生活化也变成了案例教学的重要理论支撑。坚持矛盾的普遍性和特殊性结合,有助于学生对于社会现象的分析。由此,案例选择中既要注意结合时事背景,引导学生仔细分析国家的政策和理论,例如像2021年是建党100周年,全国各地都在开展为党献礼的各种形式的活动,而关于党的知识点是高中政治生活中重点之一,因此,在解释说明中国共产党是中国特色社会主义事业领导核心中引入关于党的先锋作用事迹,能更好地树立学生的爱党价值观。

另外像2020年以来,疫情问题蔓延,正是体现社会主义制度优越性的时刻,国家采取宏观调控是必然的。如何认识国家的宏观调控以及在社会主义市场经济中宏观调控的作用,引入相关的政策是可以清楚地引导学生树立国家观念的。

同时也注重乡土教学,培养学生正确的情感态度。除此之外,为突破教学中的难点,适当以教材为依托,教师自编或者学生自编的案例也可作为调味品,从而更加丰富案例的整理。这两者的编制案例有一个共同的特点就是针对高考试题角度稍强些。近年来新课改后的高考题中,都出现了浙江省省情的考题,例如出现的浙江省在统筹城乡发展时的举措。还有学生关注过的事情,例如上海世博会,等等。这些案例的编制因为贴近学生,所以学生有更多的发言权,也更容易形成共鸣。

3.在用途中要注重案例本身的启发性和典型性

进行有意义的案例教学,前提是案例本身是有意义的。对学生的思维启发,必然要有一个具备启发的案例载体为依托,这种案例的启发诱导可以是单一指向的,也可以是便于开展讨论合作学习的多角度指向。在实践中,对各种渠道的案例进行细致的整理,使得逐步形成案例的资料库,并筛选出典型的案例,以完善案例教学的基础前提,形成自己的经典型案例。

第一,案例的启发性:好的案例要能震撼学生的心灵,能在学生的灵魂深处留下深刻的印象,能引发学生回味和反思。案例本身只能作为分析问题、讨论问题、解决问题的材料而存在,教学中不是要学生记住案例,而是要能够启发学生思考,通过案例的研究和讨论,能够拓宽学生分析问题的思路,培养学生解决问题的能力,并在以后顺利地迁移到真实的问题情景之中。

第二,案例的典型性:好的案例既要与普遍的意义、有代表性,也就是要具有典型

性。越是典型的,越具有指导意义,一方面,学生通过案例积累的范例和经验越多,分析和联想的思路就越开阔,理解和认识的能力也就越高;另一方面,案例越典型,对学生今后处理实际的问题就越有参考价值。

典型案例:知识点,联系的多样性,要求我们一切以时间、地点和条件为转移。

有一天,一只老鼠告诉家里的鸡、猪、和牛,说主任正在装捕鼠器,希望大家小心点,但是大伙都笑他,觉得这件事和自己根本没什么关系的。第二天,女主人去拿捕鼠器时,被毒蛇咬了,原来老鼠被捕鼠器抓的时候,正好把一条捕鼠的毒蛇给夹住了,女主人没注意就被咬了一口,中毒了,主人叫了医生看了病,杀了鸡给女主人补身体,后来女主人没看好,死了,于是男主人就把猪和牛杀了招待客人。

(二)精选议题要求体现课堂教学的主体

课堂主要有学生和教师所构成,新课程中对教师和学生在课堂中地位提出,教师为引导者、学生为主导的师生关系。这种学生主体性并非体现在教学各个环节,在笔者看来,主要是指学生在探究知识中主体地位和教师的教学要贴近学生,针对学生的学情进行教学。根据现在高中班级授课制的现实情况和课堂教学安排,在议题教学中关于案例的提供主体可以将教师和学生结合,坚持整体上以教师提供为主,特定环节由学生提供。

1.学生提供案例。发挥学生的主体性和自主性,在案例精选中也可以适当体现,虽然案例的精选有着非常高的的要求,但是教师可以安排学生在课前自主学习中从生活中精选案例,因为这个分析的过程时间较短,一般为五分钟,那么在选择案例中就可以不包含非常复杂的理论体系,但是其效果也是一样的,因为学生同样经历了选择案例,分析案例的思维体验,对于培养学生学会观察,学会思考,学会应用有着异曲同工之妙。

学生案例1:我们学校的运动场上有一句话:运动是一切生命的源泉。这句口号总觉得很有哲理,我想我们来一起探讨,分析这句口号到底是什么哲理。

案例剖析:知识点,运动是物质的固有属性和存在方式,学生组织的案例由于各种客观因素的限制,很多是拿来主义,可能不能形成一个教学案例,但是可以是一个很好的教学例子,对于学生理解知识点能更好地激发学生的求知热情。

2.教师精选案例。教师在案例的选择中应当承担起主要的责任,案例的实践运用告诉我们一个道理,精选案例是基础工作,案例选编的好坏,直接影响到教学中能否发挥出其启发学生,培养能力的作用。否则会导致案例教学表面看起来很热闹,但是实际上学生的各种能力无法体现,对于重视过程性评价的新课改来说,这样的案例教学是无意义的。

教师案例2:当下红遍娱乐圈的德云社,当红的相声演员郭德纲又陷入了"被"三俗的窘境,央视在新闻节目中不点名地批评郭德纲庸俗、低俗和媚俗。收视率最高的节目与当今最红的相声演员为何要被媒体列为"反三俗"的批评对象呢？据央视的评论,这些电视节目或者当红艺人缺乏社会责任感,没有承担起社会公众人物的责任与义务,在其表演和节目中,体现出了社会不良的风气和低俗的文化内容。

案例剖析:文化发展的喜和忧　腐朽文化和落后文化的区别和危害发展先进文化,支持健康文化,改造落后文化,抵制腐朽文化。发展中国特色的社会主义文化,建设社会主义核心价值体系,对落后和腐朽文化正确引导和加强管理。三俗文化的出现,是社会主义文化中不可避免的,对郭德纲的语言低俗化进行分析,得出三俗文化的危害和对三俗文化存在的原因分析及正确解决三俗文化

高中化学"批、评作业"模式的研究与实践

沈东华

【内容摘要】 本文从批作业和评作业两方面来探讨如何解决传统批改作业模式的弊端。由于信息反馈及时,学生能在最佳时间反思和纠错,提高了学习有效性。此模式突出了学生的主体地位,锻炼了学生的能力,另一方面,调整了教师的工作状态,为教师的发展提供了帮助。

【关键词】 主体;小老师;批、评作业

一、问题的提出

很多老师批改作业方式采用全收全改,占去了相当多的时间,没有更多的精力去备课,导致课堂教学质量受到影响。另一方面,很多学生拿到批改完的作业,最多看看自己做对了几题,不会反思错在哪里、为什么错。这是由于作业的批改周期较长,作业返还到学生手中时,可能已经是第二天或者第三天了,作业中的问题得不到及时订正,失去了信息反馈的最佳时机。

《普通高中化学课程标准》也倡导学生自评、同伴互评与教师评价相结合……积极探索开展化学日常学习评价的有效途径、方式和策略。

"批、评作业"模式是指在教师指导下学生参与批改作业,并在课堂上有选择性地让学生进行作业的讲评。在这一过程中,以学生为主体,教师做好指导工作。"批、评作业"是继备课、上课之后教学的又一个重要环节,是教学过程的重要组成部分。

二、内容的研究

"批、评作业"模式要尊重教育规律,体现学生的主体地位,其实施过程为:

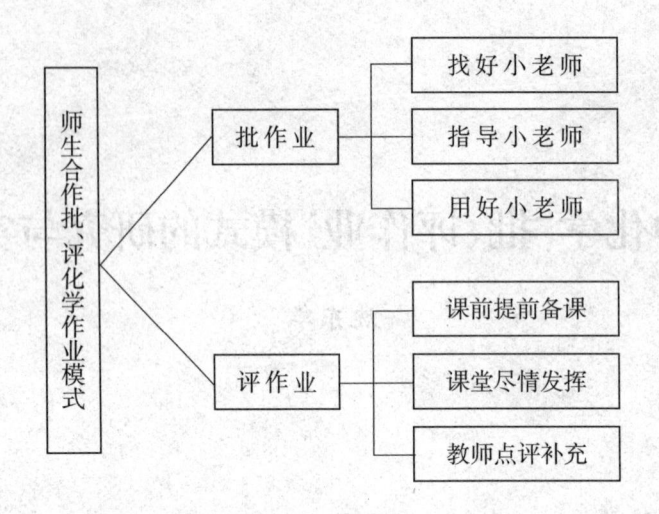

```
                         ┌─ 找好小老师
              ┌─ 批作业 ──┼─ 指导小老师
师生合作批、   │          └─ 用好小老师
评化学作业模式─┤
              │          ┌─ 课前提前备课
              └─ 评作业 ─┼─ 课堂尽情发挥
                         └─ 教师点评补充
```

1.批作业

让学生参与到作业批改中来,学生从中找出错误原因,反思自己的作业情况,从而提高主动学习意识和反思能力。

(1)找好小老师

批改作业的小老师,可以由教师自己先批改一组,留意表现"突出"的学生,把本子抽出,然后让这几个学生来批改作业。表现"突出"可以是做得特别好的,也可以是表现出典型问题的。若题目较难的,可以选择做得好的,对于这种鼓励,可以提高他们对化学难题的兴趣。若基础知识的作业,可以抽取那些对知识概念问题掌握较好的学生。

(2)指导小老师

通过直接面批,和小老师进行一对一的交流,通过相互讨论、探究,共同分析找到产生错误的原因,或不同的解题方法,或解题时的思维漏洞,或常见的书写问题等。

案例1:将镁铝合金全部溶解在200mL盐酸中(体积变化不计),取10mL反应后的溶液,用1mol/LNaOH溶液滴定得下图关系

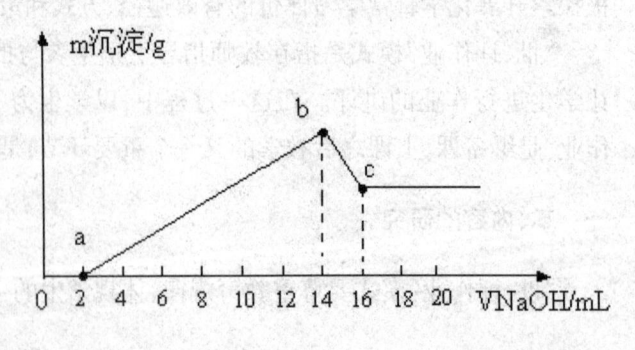

(1)求 Mg、Al 的质量各是多少?

(2)求盐酸的物质的量浓度为多少?

有学生答案如下:

解:(1) bc段: $Al(OH)_3 + OH^- = AlO_2^- + 2H_2O$

$n[Al(OH)_3] = n(NaOH) = (16-14)\times 10^{-3}\times 1 = 2\times 10^{-3}$ mol.

∴ $n(Al) = 2\times 10^{-3}$ mol $m(Al) = 2\times 10^{-3}\times 27 = 54$ mg

ab段: $Al^{3+} + 3OH^- = Al(OH)_3\downarrow$
       2×10^{-3} 6×10^{-3}

$Mg^{2+} + 2OH^- = Mg(OH)_2\downarrow$
   a   2a

$2a + 6\times 10^{-3} = (14-2)\times 10^{-3}\times 1$ $a = 3\times 10^{-3}$ mol

∴ $m(Mg) = 3\times 10^{-3}\times 24 = 72$ mg.

(2) 由 $Mg \sim 2HCl$, $Al \sim 3HCl$ 得:

$n(HCl) = 3\times 10^{-3}\times 2 + 2\times 10^{-3}\times 3 = 12$ mmol

$c(HCl) = 12/200 = 0.06$ mol/L

教师:第一小题你做得很好,第二小题整个过程中盐酸除了与镁铝反应外,其他没有反应的吗?

学生思考一会:好像oa段也有反应,这段是氢氧化钠与盐酸反应,这段我漏掉了。这段盐酸的物质的量应该为:2×10^{-3} mol,那么盐酸的总物质的量应该为14mmol,其浓度为0.07mol/L。

教师:很好。还有,第二小题有没有其他方法呢?

学生若有所思,但还是摇摇头。

教师:用下守恒思想,b点溶质是什么?

学生思考一会:知道了,b点溶质是NaCl,那么我们可以建立守恒:HCl-NaCl-NaOH,所以b点时盐酸的物质的量等于氢氧化钠的物质的量。$n(HCl)=14\times 10^{-3}L\times 1mol/L = 14$ mmol,浓度自然就是0.07mol/L。

这个学生就可以做小老师,他初步掌握了化学计算中的守恒思想,但不是很会用,如果没有这样详细的交流是很难发现的。用相互讨论、引导等方法,找出思维漏洞,引导新的解题方法。

学生在做填空题时,答题时往往逻辑混乱,思路不清,没有答到要点,要指导小老师暴露这些问题。

案例2：某化学兴趣小组对铁矿石进行探究。请完成下表：

限选试剂：3mol·L⁻¹H₂SO₄溶液、3% H₂O₂溶液、0.01mol·L⁻¹KMnO₄溶液、稀NaOH溶液、0.1mol·L⁻¹KI溶液、20%KSCN溶液、蒸馏水。

实验操作步骤	预期现象与结论
步骤1：用药匙取少许样品于试管中，用滴管滴加适量的3mol·L⁻¹H₂SO₄溶液，加热，充分反应后得到A溶液	—
步骤2：	若_____，样品中含+3价的铁元素
步骤3：	若_____，样品中含+2价的铁元素

有学生答：

实验操作步骤	预期现象与结论
步骤1：用药匙取少许样品于试管中，用滴管滴加适量的3 mol·L⁻¹H₂SO₄溶液，加热，充分反应后得到A溶液	—
步骤2：取A溶液滴加KSCN溶液	若溶液变红色，样品中含+3价的铁元素
步骤3：取A溶液滴加KMnO₄溶液	若溶液紫色褪去，样品中含+2价的铁元素

步骤2中该学生没有答出多少体积或者适量的A，把A溶液放哪里没有说，KSCN溶液的质量分数没有，最后振荡试管，使溶液充分混合也没有，这样的答案没有实际可操作性。步骤3答案也是同样的问题。这些问题小老师已经用红笔……注明，有利于帮助学生自我反思，完善自己的答案。

(3)用好小老师

让小老师当天批完作业，统计典型错误，及时下发给学生订正。批改作业时，写适当评语是必不可少的。小老师的适当评语可以让作业批改带上感情色彩，让被批改的学生感受到同学间情感的交流,自然乐意接受。如鼓励性批语:"不怕基础差,就怕不学习""这种解法很具独到性";又如商榷式评语:"是否还有更简便的解答""下次类似错误能不能避免";又如建议性评语:"请先看书某某页,相信你可以的。"

笔者改作业时也会写适当评语,往往能收到意外的效果。圣诞节那天,我突发奇想地在学生的作业本上写了:Merry Christmas!! 化学教师的英语祝福让学生们感到兴奋,有一个经常不做作业的学生,把作业补好后,跑来让我批改,要一个圣诞祝福!不经意间的一时兴起,拉进了我跟这个后进生的关系,之后再不交作业,他也有点不好意思了。

2.评作业

(1)课前提前备课

提前通知小老师,让小老师在课前先自己弄懂、理顺,某些问题有疑问,也会有足够的时间请教老师。课堂上小老师没有心理压力,能在轻松的氛围中评作业。

(2)课堂尽情发挥

课堂中,在小老师的讲评过程中教师不要打断,等讲完后,教师再结合听课学生的质疑,加以引导。这样做是对小老师的尊重,在情感上赢得他们对教师、对化学学科的尊重和喜爱。

在作业的书写上思维漏洞很难展示出来,但讲评作业时小老师分析思维中的漏洞会不知不觉暴露出来,引起同学的质疑,思维漏洞被暴露得一览无余。要鼓励其他同学与小老师之间开展质疑与评价,让质疑成为习惯,激发学生提出问题的兴趣和勇气。小老师的思维漏洞是一部分同学的代表,问题被揭示,这部分同学会在庆幸不是自己"丢脸"的同时,也会深刻地记下这个漏洞所在。这样比教师直接指出,得到的效果要好。

小老师在评作业时,还有一个比较好的现象,就是比方法。

案例3:12.8g Cu与100mL HNO_3 恰好完全反应后标准状况下放出4.48升棕色气体,求原 HNO_3 物质的量浓度。

小老师解析:反应 HNO_3 分两部分,一部分被还原为4.48升气体,另一部分生成 $Cu(NO_3)_2$,所以消耗 HNO_3 总物质的量:$2n[Cu(NO_3)_2]+n(气体)=2×0.2mol+0.2mol=0.6mol$ 得 $c(HNO_3)=0.6mol/0.1L=6mol·L^{-1}$;

小老师讲完后,下面有同学提出不同的方法:既然放出棕色气体,说明Cu是与浓 HNO_3 反应,根据反应方程式可得 $n(HNO_3)=0.8mol$,这样 $c(HNO_3)=0.8mol/0.1L=8mol·L^{-1}$,与上述答案不同;

这时学生们讨论相当热烈,两种方法看起来都正确,为什么答案会不一样?

后来又有一学生,提出如下解法:Cu 与 HNO_3 反应生成的棕色气体既含 NO_2 也有 NO,设生成 NO 为 Xmol,NO_2 为 Ymol,由气体物质的量,得出 X+Y=0.2;再根据得失电子守恒得到 3X+Y=0.2×2。解出 X=0.1mol,Y=0.1mol,这样可求出 HNO_3 总物质的量,4X+2Y=0.6mol 得 $C(HNO_3)$=0.6mol/0.1L=6mol·L^{-1}

学生通过三种解法讨论、对照比较,解法二是错误的,因为放出的 NO_2 中还有 NO。听课学生提出的或错误、或正确的方法,开阔了思路,提升了思考深度。

(3)教师点评补充

在课堂上教师除了及时给予学生肯定和鼓励外,还要结合作业等各种反馈信息,进行适当的点评和补充。这种对学生的学习行为进行有效的干预,要简单扼要,帮助学生掌握规律、启迪思维并进行书写的规范化指导等。

三、收获与反思

"批、评作业"模式实现了"教"与"学"的换位,不仅锻炼、培养了学生的能力,也让他们提高了化学学习的兴趣,养成了主动学习的好习惯。"批、评作业"模式也调整了教师的教学工作状态,减轻了教师的负担,让教师有更多的时间钻研教学。对学生的闪光点,常常会有新的认知,使师生间的关系更加融洽,教学氛围更加愉悦。

运用该模式后,作业的反馈和错误的订正都有了提高,但由于客观条件的限制,本研究只是进行了短期研究,还需要长期性验证。研究对象也仅局限笔者所教的三个班级,样本数量较小,代表性有限,影响了研究结果的普遍性。

参考文献:

[1] 中华人民共和国教育部.普通高中化学课程标准(2017年版2020年修订)[S].北京:人民教育出版社,2020.

[2] 董君.论教师的作业批改方式对教学质量的影响[J].化学教学,2002(1).

思想政治课议题式教学模式研究

王彩霞

【内容摘要】 核心素养理念下,让学生动起来,让课堂活起来,是当前思想政治课必须研究的新课题。议题式教学模式,强调学生在课堂教学中的主体性,强调学生思维的建构性,重视学生学习的过程性,提倡学习结果的自然生成性。这种模式更符合学生的身心成长规律,符合当前的核心素养理念,教学实效性更强。

【关键词】 议题式教学;思想政治课;教学模式

核心素养下的教育全面实施和主体性教育的全面弘扬,使思想政治课教学如何进行改革?思想政治课教学的理想追求是什么?成了政治教师必须思索的问题。教学中理想追求是任何一个实际从事教育工作的人所必须具有的。雅思贝尔斯曾说过:"教育须有信仰,没有信仰就不成其为教育,而只是教学的技术而已。教育的目的在于让自己清楚当下的教育本质和自己的意志,除此之外,是找不到教育的宗旨的。"思想政治课教学必须要让学生主动学习,要着眼于学生的全面成长;要关注学生的生活世界和学生的独特需要,关注学生终身学习的愿望和能力的形成,促进学生可持续发展;要以学生的发展为本,让学生在思考和体验中成长。

一、中学思想政治课教学模式现状

采用何种教学模式?专家们、教师们一直在探索。政治课堂经过几十年的"否定——肯定"的过程,已出现了教师时刻注意学生的主体性这一可喜变化:从"一言堂和满堂灌"教学模式到支架式教学模式、"问题探究"教学模式、层次性教学模式,这是当前课堂教学最大的收获之一。但更多的是注重形式,由于时间和空间的限制,遇到实质性问题,往往是"一碰即退"。

(一)问题意识欠培养

当前,传统课堂下教师在认真钻研教材、课程标准、考纲和翻阅与其他相关的资料基础上,结合学生的学习实际,把所学知识由教本结构变为认知结构,把重点和难点知识进行分解,提出一个个不同类型的问题,再配备一定数量的巩固练习。或者是形成一个学习方案,于上课前分发给学生,让学生预习,以备课堂使用。教师把教材内容根据课程标准以及学生可能在学习遇到的问题,以问答题或填空题的形式呈现在学生面前,让学生去阅读课文以便回答教师提出的问题是教师牵着学生走,学生无须费力,只要紧紧跟着教师的步伐走就是了,至于走向何方,学生连想都不用想,这样的教学模式下学生的问题意识难得培养。

(二)思维能力欠提升

从不知到知,从不会到会,从不能到能,学生的思维能力通过各门课程的学习和整个教学过程逐步培养起来的,思维能力的发展应是教学的题中之意,真正的学校应当是一个积极思考的王国。传统课堂给学生的是教师对教材的理解,是教师硬塞给学生的观点,缺少学生与教材的"直接"对话,学生对教材的理解难免出现"先入为主",使得教师怎样理解教材,学生就怎样理解教材,更多的是考查学生对知识和学习的记忆问题,学生运用演绎思维和收敛思维就可以有效解决。这种闭合性问题的答案只有一个合理或正确答案、标准答案、唯一答案就成了学生的一种情结,萦绕在学生心头挥之不去。久而久之,学生的思维就会变成学习的荒漠,无法得到真正的提升。

(三)自学能力欠成长

埃德伽·富尔在《学会生存》一书中指出:"未来的文盲,不再是不识字的人,而是没有学会怎样学习的人。"只有把学生的自学能力培养好了,才能实现从"授人以鱼"到"授人以渔"的根本性转变。传统教学模式是把教本结构变成认知结构,是教师自己对课文的分析、概括和总结,学生不用费力阅读教材,不用再动脑筋去分析、综合、归纳、推理、总结,就可以"饭来张口"吃到现成的。从表面上看,这节约了时间,更容易突出所学知识的重点和难点,实质上它忽略了学生通过阅读课文来体验知识产生的过程,使学生失去了用已有知识和技能去感知新知识和技能的绝好时机,学生自学能力的成长变成了空中楼阁。

二、议题式教学模式

议题式教学模式,是指在老师的指导下,由学生自主地提出问题,通过自己收集、分析和处理信息,对所提出的议题进行分析、探讨,并从过程中得到体验,从而提高分析问题、解决问题的能力。它的核心是改变学生的学习方式,由被动接受式变为主动探究式,它是培养学生创新精神和实践能力,推行素质素养育的一种有效尝试。

议题式教学模式实施的流程是:通读教材—专题调研—确立议题—互动协

商—总结提升。整个流程一环跟着一环,环环相扣,很严谨也很有整体性。

(一)通读教材

这是实施模式课的首要环节,它影响着以后学习时能不能选择主题和选一个什么样的主题。通读教材时可依据内容特点采取不同的方法。如,教材内容可以采用朗诵的形式,文字材料可采用讲故事或表演的形式,图片材料可以采取投影或影片的形式等等。总之,首先要把文本留在学生的"心"上。

(二)专题调研

在通读教材时,学生会对一些概念搞不清楚,对有些观点的意思弄不懂,甚至于会对教材中有些地方提出疑问。这就要采取专题调研的方式,让学生通过翻阅、询问把自己心中的疑问研究清楚。这也有利于培养学生自学阅读的能力,是一种有利于终身学习、发展学习的方式。只有经过专题调研,学生才能理解文本的深邃内涵,才能为下一步确定研究专题奠定一个坚实的基础。

(三)确立议题

这是实施议题式教学的重要阶段,影响到学生学习成果的水平、价值、境界。就确立议题的角度来说,不同的内容有不同的方向,甚至同一文本也有许多问题值得研究。但每一个问题的研究价值却是不一样的,这取决于学生选取的视角,取决于学生个体对文本的理解程度。我们可以指导学生侧重于一个方面作为研究方向,确立学习议题。

(四)互动协商

这一环节是该模式的实质性阶段,是议题结果的自然生成阶段。教师将学生所上交的议题进行归纳整理,选取有代表性的在课堂上展示。提出议题的同学初步认知阐述,展示自己的调研结果并提出自己的困惑点,让学生们在课堂上分组进行协商讨论。学生将自己的调研成果共享,相互启发,相互补充,在思想大碰撞、资源大交换的过程中,共同提高。

(五)总结提升

教师在学生上课讨论的基础上,给予适时引导,并且进行总结提炼,知识深化,形成思维导图。课堂议题的结束,不代表学生思维过程的停歇,教师根据教学内容和学互动过程中呈现出来的问题提出新的议题,让学生们在课后继续探讨,充分发挥学生学习的主动性,使学生由"要我学"转为"我要学""乐于学",并在实践上取得进步和成长。

三、议题式教学模式的注意点

1.议题式教学并不是要完全排斥"接受性学习"。议题式教学注重信息分析、筛选、归纳和整理，但并不排斥老师用最简捷的手段和方式使学生能尽快获得新知。因此，必须明确的是，不是教材的任何知识点都需要通过这种教学模式开展。

2.议题要以学生已有的知识作为基点，在查找、讨论的过程中进行了学习，不管学生的成果是水平高，还是水平低，甚至有没有研究意义，我们都应该肯定、表扬这是一种超越自我的创新活动。

打造魅力课堂,促进学生发展
——关于历史课堂提问技能的几点思考

王海燕

【内容摘要】 课堂教学的成功与否,效果如何,得当地运用课堂提问往往起关键作用。但在教学实践中,却出现了许多不尽人意的地方:教师为实施所谓的启发式教学,实行"满堂问"。表面上师生之间对答如流,课堂气氛活跃,实际上热闹的背后又剩下什么?该如何优化课堂提问,充分发挥学生在提问教学中的主体作用,以提高课堂提问在检查学习、促进学生思维、巩固知识、运用知识等方面的实效性。这是本文所探求的目的。

【关键词】 课堂提问;优化提问策略

一、探询课堂提问的误区

课堂提问是传授知识的必要手段,是训练思维的有效途径。著名教育家陶行知先生说:"发明千千万,起点是一问。禽兽不如人,过在不会问。智者问得巧,愚者问得笨。"高质量的课堂提问是一门教育艺术。讲课中适时提出巧妙的问题,恰到好处地触及学生思维兴奋点,能起到促进思维、加深理解、巩固知识的功效,并真正调动学生学习积极性,使其主体作用得以发挥。

因此,在教学实践中如何使这一传授知识的有效手段能发挥出它应有的作用,是教学过程中的一个永恒话题。我们不妨来结合当前历史课堂中教师提问的现状,思考以下几个问题。

(一)通过课堂提问我们究竟想达到怎样的目的

我们的教学目标往往定位于把有问题的学生教成没问题,而不是把没有问题的学生教得有问题,敢于提问、善于提问题。因而我们在教学过程中更多关注的是怎样通过提问更好地让学生的思维跟着教师精心设计的课堂教学思路走。在这种教学中,教师的提问和学生的讨论一般都有一个确定的、标准的答案,它就装在教师的脑子中,教师是学生发言的直接的、绝对的评判者。学生不是运用自己的知识经验和思维去思考和分析问题,而是在猜测教师想要的答案是什么,提问和讨论成了一场猜谜会,教学成了知识的搬运过程。在这样模式下的"提问",只强调了知识的传授,不注重知识与能力的转化,更未注重学生创新意识和能力的挖掘;只强调外部的、表面的、教师的作用,不注重以学生为主体的自主学习。

教学过程应该是一种"沟通、理解和创新"的过程,学习不是仅仅把知识装进学习者的头脑里,更重要的是要求学习者能够对问题进行分析和思考,从而把知识变成自己的"学识",变成自己的"主见",自己的"思想"。"提问"是实现"沟通"和"理解",培养学生独立探索、独立思考能力的一条重要途径。通过问题的探讨,使学生学到的不仅是知识,更重要的是学会学习、学会思考。

(二)"满堂问"能培养和提高学生分析和解决问题的能力吗

现实教学中,有些课堂中一堂课上几乎全是教师的提问,整个课堂气氛很好,学生思维很活跃,但其实这只是教师在进行提问表演。太多的问题,太少的思考时间,禁锢了学生思维的拓展,让学生的思维始终在教师预设的框架内前行,这样最终就会导致学生问题意识的丧失,学生独立分析问题和解决问题的能力很难得到真正提高。不客气地说,这种"满堂问"的授课方式,其实质就是一种"满堂灌"。

这种"满堂问"现象的出现,是因为老师对课堂提问的功能和作用没有正确理解。课堂教学过程中是否提问以及提问多少并非评价教学水平高低的重要标准,课堂提问应该是一个"启情诱思—发问尝解—释疑激创"的过程。教学中"满堂问"的现象,是表面的繁华,课堂上学生很忙,忙于回答问题,但收获很少,一节课下来,茫然不知所云。

(三)怎样的课堂提问启发诱导学生的几率更大

如果我们根据学生思维活动的特征和提问的内容来划分课堂教学问题的性质,我们发现教学提问由低到高有六种水平:知识(回忆)、理解、应用、分析、综合、评价。从我们对教师教学问题的统计分析来看,属于回忆、理解方面类型的问题占80%,涉及综合、评价方面的问题微乎其微,而综合、评价方面的问题恰恰是最能启发诱导学生的关键点。可见,在教师的课堂教学中,教师的问题多属于"低水平"认知的问题,而缺少高水平的认知,尤其是创造性思维的问题。教师的这种问题水平无疑不利于学生的创造性思维能力的培养,不利于全面开发学生的智力、发展学生的能力。

(四)我们的课堂提问体现了民主和公平吗

在现实教学中,教师已经习惯了根据自己的设计思路进行教学,他们在千方百计地按自己的要求将学生虽不大规范、但却正确甚至是有创造的见地格式化,简单地按照自己或课本中的逻辑来对学生的理解做出非对即错的评价,用自己的权威去强迫学生接受自己的观点,这是在渐渐地扼杀学生的创造天赋和探索。教师应该是"平等中的首席",是学生学习的合作者、引导者和参与者。课堂提问是师生之间进行交流和沟通的过程。师生之间的交流应该是民主的、平等的。

二、对课堂提问技能拓展的展望

完整的教学提问应该包括以下四个环节:提问设计—提问引入—提问思考分析—提问回答与评价反馈。下面针对这四个环节,就如何优化教学提问策略,提高历史教学效果作一阐述。

(一)明确目标,优化提问设计

课堂提问是启发学生的思维、促进学生学习的教学手段。教学提问的设计要有利于开发学生的智能,有利于学生历史思维能力的培养。在能力培养方面,教学提问设计应该注意以下几个方面。

1.教学提问要注重培养学生的阅读能力

教材是学生学习的基本材料,是历史教学内容的最基本载体。在中学阶段,学生已具备听说读写的基本能力,但存在的一个关键问题是,中学生(包括部分优秀生)往往没有阅读教材的习惯。许多学生对教材的阅读仅停留在对字面的理解,往往忽略其丰富的内涵。

从教育心理学的角度看,学生的知觉、观察、识记等心理活动的效率与他们是否明确活动目的密切相关,活动目的越清楚,其观察知觉就会越清晰、完整,识记效果就越好。历史教学中,教师就课文内容提出思考要求,让学生带着问题去阅读教材,寻求答案,这是发展学生智能的重要途径。通过培养学生带着问题读书的习惯,使学生学会自己提问读书求解,学生也就得到了一把自学的"金钥匙"。

2.教学提问要注重培养学生的观察能力

观察是有目的、有计划、比较持久的知觉。在中学历史教学中,利用现行历史教材中丰富多彩的插图以及现代影视、图册、文物模型,培养学生的观察能力是切实可行的。观察是一种有目的的活动,要求观察者明确每次观察的目的任务,可以避免观察的盲目性和无效性。在历史教学中,向学生提出问题,让学生明确观察的目的和任务,是培养学生观察能力的有效途径。

例如:讲"工农武装割据"内容时,教师要求学生带着这样的问题看《1929—1932年农村革命根据地示意图》:"农村革命根据地在分布上有何特点?为什么会有这样的特点?"学生经过观察思考就会得出这样的认识:①农村革命根据地在地理分布上有两大特点:一是处于两省或两省以上的交界处;二是主要集中在南方各省。②这两个特点形成的原因主要有二:一是南方各省受过大革命的洗礼,群众基础较好,秋收起义在这里进行;二是两省以上的交界处是敌人统治最薄弱的"三不管"地区,便于发动和积蓄革命力量。通过这种方式提问,学生的观察和分析能力就会在这一过程中得以提高。

3.教学提问要注重培养学生的比较能力

历史教学内容丰富多彩,我们可以把同一国家或地区不同时期发生的历史现象、历史事件或不同时期的历史人物进行比较,或者同一历史时期的不同国家和地区的相似的历史现象、历史事件和历史人物进行比较,发现历史的发展规律。

例如,讲完戊戌变法时,教师提问:比较历史上的变法或改革,你能得到什么启示?在教师指导下,学生通过比较获得了以下共识:1.任何一次变法或改革的出现,总是与某种社会需要相联系,是时代提出的要求;2.改革是社会进步的强大动力;3.变法或改革不会是一帆风顺的,总是伴随着新旧势力的激烈斗争,往往出现挫折甚至失败,有时还得付出沉重代价甚至流血牺牲。

4.教学提问要注重培养学生的分析综合能力

分析综合能力的提高是建立在学生对历史事件各方面做深入透彻的认识,需善于由表及里深入思考问题的基础上的。在历史教学中可以通过类似的历史事件的比较学习,能有效提高学生的分析综合能力。

例如:秦始皇和汉武帝,都实施了许多文治武功的措施,但其结果却不一样,前者走向崩溃,后者走向鼎盛;中国人最早发明了火药,但被欧洲人学去变成了西方殖民者侵略中国的利器;同为资本主义的国家,英、法、美、与德、意、日在二战前却走上了不同的道路,等等。通过对这些现象设问,可以帮助学生思考历史事件的各个方面,透过表象看到历史发展的本质,从而培养学生的分析综合能力,提高历史思维能力。

(二)处理好三对关系,精心设计提问题

爱因斯坦曾指出:"提出一个问题往往比解决一个问题更重要。"提出问题大有学问,这种"疑"必须具有思维价值,要能够激发学生提出问题,我们认为教师在课堂提问中应该注意处理好以下几种关系。

1. 多与少的关系

授课时不在于多问，而在于善问、巧问。教师切不可为提问而提问。提问过多过滥，学生应接不暇，没有思考的余地，必然会影响他们对知识的理解和学习兴趣。提问过少，难以发挥学生参与教学的主动性，势必造成学生厌倦反感，效果必然很差。设问的关键在于要能切中学生的疑惑之处，尤其是要在学生学习中最容易忽略或产生错误的地方巧妙设疑，辅以引导，从而化难为易，使学生走出学习误区。

例如，在讲述"北宋、辽、夏、金的关系"内容时，尽管教师一再向学生说明，北宋不是一个统一的全国性政权，但不少学生仍然把北宋作为一个全国性的王朝，回答问题时屡犯错误。为此，教师在教学中设置了这样一个问题："为什么教材中只提到北宋结束了五代十国的分裂割据局面，而没有说北宋统一了全国？"让学生在教材中结合地图寻求答案。通过分析，学生发现，当时和北宋政权并存的还有若干少数民族政权：辽、西夏、大理等，从而明确了北宋不是一个全国性的统一王朝。

2. 难与易的关系

中学生的生活阅历尚不丰富，认知水平尚处在"初级阶段"，课堂提问必须符合中学生的接受状况。若问题的难度过大，学生一时无从回答，势必导致思维"卡壳"和课堂"冷场"，一定程度上抑制了学生智能的发挥；单纯照搬书本内容就可以回答的问题缺乏难度，表面热闹，实则起不到提问的作用，反而降低了教学水平。最合适的问题应该是在教科书上没有现成的答案，但通过教师启发，学生思考，是可以总结归纳出答案的。它往往要求学生在大范围的新旧知识的联系中加以分析、归纳、比较才能解决。

同时我们要善于合理安排问题层次的高低。古人云："善问者如攻坚木，先其易者，后其节目，及其久也相说以解。不善问者反此。善待问者如撞钟，叩之以小者则小鸣，叩之以大者则大鸣，待其从容，然后尽其声。不善答问者反此。"意思是说：善于提问的教师，就像砍伐坚木先易后难一样，先提容易的问题，后提困难的问题，激发起学生对这些由易至难的问题主动进行思考的积极性，久之问题就会迎刃而解。

在教学中，教师应按照循序渐进的原则，为学生的思维铺路搭桥，进行分层次、有梯度的设问。例如，关于江南的开发这一古代经济史中的重点，教材中对江南地区在三国两晋南北朝时期得到发展的原因有所涉及但不全面，需要教师从地理、社会、少数民族贡献、统治者的政策等多个角度引导学生思考。教师在提供取自《史记·货殖列传》和《宋书》两则材料后,提出以下设问:①对比《史记》和《宋书》中对江南地区的描述,分析江南经济的发展趋势?②结合材料分析江南经济发展的表现③为什么这一时期江南经济能得到发展?通过这层层设问,学生对这一类问题的认知更加深入,方法的引领也锻炼了学生解决此类问题的能力。

3.曲与直的关系

提问题不能只问"是什么""对不对",提问要有让学生质疑、解疑的思维过程,以达到培养其问题意识的目的。因而问题要富有启发性,否则学生会感到单调乏味。首先,提问的语言要带有启发性。

例如,《鸦片战争》一节的教学中,如果教师直接提问:"鸦片战争发生的原因是什么",那么就显得太呆板、直白、索然无味,引不起学生思考和探究的兴趣。但如果教师这样设问:①有人说:如果没有林则徐的禁烟运动,就不会发生鸦片战争,这个观点对不对?为什么?②西方资本主义在16世纪就发展起来,为什么要到19世纪40年代才大规模侵略中国,在诸多的资本主义国家中,为什么由英国充当了侵略中国的急先锋?③导致19世纪40年代英国强大中国衰弱的根本原因是什么?这三个问题,一波三折,引人入胜,立即激发了学生的求知欲,诱导学生去仔细阅读教材并深入思考。

其次,问题的本身要有启发性。我们要关注一些课本上没有现成答案或答案不够充分,但根据学生知识水平和教材内容可以发散、引申的问题。

例如,在讲授"帝国主义瓜分中国的狂潮"一节内容时,可插入三个小问题:①帝国主义国家资本输出与我们今天的吸引外资有何本质区别?②我国1997年已经收回香港,请回顾历史,香港问题是如何形成的?③美国提出"门户开放"政策,与我们今天的对外开放有什么本质的区别?这些问题挖掘了教材的内涵,开阔了学生的视野,加深了学生对问题的理解,又有助于学生对现实问题的认识。

再次,问题要具有创造性,能激发起学生的探究学习欲望,通过学生的积极思考,唤起他们对于各种知识的联系,由已知信息延伸到未知领域。

例如,在学习皖南事变内容时,教师可启发学生站在全球史的角度探索有关问题。经过教师启发,学生相继提出:①1941年前后中外历史上发生那些重大事件?这些历史事件所折射的国际形势有何特点?②中国各派政治力量在复杂的国际环境中表现出哪些政治主张?这些政治主张产生了哪些影响?③中国共产党解决"西安事变"和解决"皖南事变"的方针有什么不同?为什么会这样的不同?说明了什么?这几个提问颇具有新意,学生从全局出发,较理性地注意了当时国际形势的特点及世界主要矛盾的变化等有价值的问题,他们潜在创新意识和问题意识得到了培养。

最后,问题要具有开放性。问题的解答应具有开放性和发散性,以利于学生拓宽思路,发散思维。如关于哥伦布及其航行美洲的评价问题,农民起义评价问题等。

(三)把握好提问的时机,优化提问引入

有位教育家说过:"教学的艺术全在于如何恰当地提出问题和巧妙地引导学生作答。"在历史课堂教学中,最尴尬的问题莫过于:教师提出了问题,而学生却"启而不发",课堂气氛沉闷。出现这种现象的原因,在于教师的课堂提问没有问在学生的"心坎上"。教师应该注重创设有效的"问题情境",激发学生的兴趣。在此,我们尝试了一些方法。

1.设置悬疑型

美国现代心理学家布鲁纳曾说:"学习最好的刺激,乃是对所学材料的兴趣。"有了兴趣,学生才能主动、愉快地学习,才能在课堂教学中发挥主体作用和主动精神,所以,通过设置悬疑诱发学生的思维,从而提高学习质量。

如在讲二战末日本的投降时,教师介绍一个当时抗战结束时一次庆功会上的谜语,谜面是"日本投降的原因(打一历史人物)",学生特别感兴趣,马上像炸开了锅一样进行讨论,经过讨论后,有学生认为是国共双方共同努力合作的结果,有学生说主要是共产党始终坚持抗战的结果,有学生说离不开美国的原子弹的威力,也有学生说当时苏联出兵东北也是很重要的因素,于是我就引导学生就这些原因,如何把它们"同历史人物"结合起来,在七嘴八舌中他们列出了"共工""毛遂""苏武""屈原"等人物,同时我还补充介绍当时还有一谜底——"蒋干"及其原因。

2.情景模拟提问型

历史学科范围广泛,许多历史场景已无法一一再现,学生很难产生身临其境的亲切感,因此,在历史教学中如何根据教材内容、学生特点,创设一个个新颖别致而又让学生乐于接受的虚拟的情景,则很有必要。

如在讲"西安事变"时,我让几位学生分别把自己想象成中共代表、普通百姓、中间阶层、亲日派、亲英美派、英美代表、日本代表,谈谈该如何处置蒋介石,该如何解决这一事变?这样的设计首先打破了历史与己无关、与现实无关的心理障碍,一下子拉近了历史和学生的距离,学生被推到主体地位,他们结合当时"西安事变"发生后的复杂局面,从各自所代表的角度阐述了自己的理由。在这活动中,学生一方面很容易记忆和理解历史知识点,同时也真正感受到了中共的伟大豁达和高瞻远瞩,明白了我们能最终打败日本侵略者的原因;另一方面,从中学生也懂得了分析历史事件、历史人物要依据当时时代背景的辩证史观,体会到了终身受用的正确的历史学习方法,可谓"一石三鸟",这远比教师将解决过程一讲到底,同时照本进行德育教育的效果要好得多。

(四)加强启迪引导,提升学生的感悟能力,优化问题解决策略

激疑的目的是释疑。在教师提出问题或学生主动发现问题的基础上,引导学生分析问题和创造性解决问题,是激发课堂活力的核心。在此教师可加强以下几个环节。

1.把握引导的时机

《论语·述而》中提到:"不愤不启,不悱不发。"意思是说:如果一个人不发愤求知,我是不会开导他的;如果一个人不是到了自己努力钻研、百思不得其解而感觉困难的时候,我是不会引导他更深入一层的。"愤"就是学生对某一问题正在积极思考,急于解决而又尚未搞通时的矛盾心理状态。当学生处于这种状态时,教师能适时对学生思考问题的方法予以指导,帮助学生开启思路,得出答案,效果是最佳的。

因此,课堂提问中"问"与"答"之间要有适当的时间间隔,给学生留有较充分的思考时间,让学生对问题有充分的感知和足够的思考。在课堂提问中,教师应有两个最重要的停顿时间:教师提出问题后,要等待足够的时间,不马上重复问题或指定学生回答;学生回答问题之后,教师也要等足够的时间才能评价学生的答案或提出另一个问题。千万不能为了赶进度、省时间,就自问自答或找优秀学生"代言",否则,再精心设计的问题也无法取得希望的效果。

2.指导思考的方向

指导学生启动思维,解答问题的关键是引导学生从分析问题的条件入手,明确思考问题的途径和方向。教师应该注重让学生感悟在解决问题过程中蕴含的方法,不断积累总结,才能指导学生由学会到会学,再到创造的飞跃。

例如,关于古代王朝的对外交往问题,在引导学生分析时,教师可以让学生考虑一个问题,在涉及对外交往的特点这个问题上,我们可以依照哪些要素来进行比较。通过学生讨论,得出应该从以下几方面去分析:统治者的政策、交通、交往的范围、交往涉及的领域、交往的渠道、商贸内容、交往的方向性(双向、单向)、交往的规模、交往的影响。通过这种不断的、日积月累的归纳,学生就能从认识论和方法论的高度深化和活化思维。

3. 挖掘学生思维的亮点,鼓励问题的深入

在指导学生感悟解决问题的方法的同时,还要在教学中结合有关历史知识,有意识、有目的地对学生进行各种思维方法的训练和指导,从而活跃学生的思维,提升学生的创新能力。

例如,在讲授世界史"资本主义世界的经济危机和政治危机"一节时,有学生提问:当时解决经济危机的两种方法导致不同的结果,那这两种方法之间究竟有没有相同之处呢?学生的这个问题的提出,可以说是出乎意料的,教师在这时抓住时机,引导学生展开讨论,从而共同明确了一个问题:无论是法西斯德国等的国民经济军事化还是美国的"新政",在一定程度上都把计划机制引入了国民经济的管理之中,说明计划经济和市场经济从来就不是社会主义和资本主义的本质区别,我们应该坚定建立社会主义市场经济的决心和信心。

4. 注重提示探询,优化评价反馈方式

下面有两个例子显示出教师对学生回答做出的不同形式的反馈。例一是以成绩为导向的反馈,当学生回答不正确时,教师不加思索地做出反应,立即叫其他学生回答。

例一:
教师:英国发动鸦片战争的根本原因。
学生:林则徐禁烟
教师:这是直接原因,不是根本原因
学生:嗯,我想是这样的。
教师:下面我叫其他人回答。

例二是以信息为导向的反馈,对学生不正确的回答,教师不是简单的否定,而是对同一位同学提出另一个问题,引导学生做进一步回答。这样既能让学生体会到教师的宽容,又能启发学生的思维,提高学生学习的积极性。

例二：

教师：英国发动鸦片战争的根本原因是什么？

学生：林则徐禁烟。

教师：你先想一想什么是根本原因？

学生：是指在历史事件发生的原因中起决定作用、影响全局并带有必然性的原因。

教师：按你刚才说的理解，鸦片战争发生的根本原因到底是什么呢？

学生：我想起来了，英国急于打开中国市场，是鸦片战争发生的根本原因。

教师：那么林则徐禁烟与鸦片战争爆发之间又存在着怎样的关系呢？

学生：林则徐禁烟是鸦片战争爆发的直接原因，是导火线。

教师：回答得很好。

应该看到，例一所表现出的情形在当前历史课堂教学中还是普遍存在的。因此，在课堂教学中，我们倡导延迟评价方式，主张当学生因思考不深入、视野狭窄、概念错误或不完全而导致错误应答时，教师应通过适时的提示和探询，启发诱导学生回忆已学的知识或方法，从不同的角度或多方面来考虑问题；促使学生明确应答的根据，通过再思考修正答案的意义，使每一个学生都能享受到回答成功的快乐。

总之，我们每一位历史教师都应该认识到，历史课堂教学的最终目的不是传播人类已有的东西，更重要的是把人的创造意识和创造能力诱导出来，焕发人的生命精神和生命活力。课堂教学活动中掌握学科的知识成果不再是教与学的终点，而应该是人的发展的起点。如何优化课堂提问应该成为教师努力改进课堂教学行为的重点研究课题。

"问题教学法"在《电子控制技术》课程中的应用与实践

王妙龙

【内容摘要】 随着时代的发展,科技的进步,早在二十世纪问题教学法就已受到关注,实践证明,通用技术学科中的《电子控制技术》教学,在课堂中运用问题教学法是非常有效的。它要求教师为学生提供一个交流、合作、探索、发展的平台,教学的内容以问题的形式呈现在学生的面前,让学生在寻求和探索解决问题的思维活动中,掌握知识、发展智力、培养技能,进而培养学生自己发现问题、解决问题的能力,达到师生"双赢"的效果。笔者详细介绍这一方法的实施,旨在抛砖引玉,力求这一方法的完善与共享。

【关键词】 问题教学法;实践研究;有效课堂

一、研究的背景

当代教育发展日新月异,德国、加拿大等许多西方国家广泛推行STME教育模式(即是一种结合科学、技术、工程、数学的跨领域综合素质教育),主要目的就是为了培养学生的创新精神和实践能力。在《电子控制技术》教学中,尝试用问题教学法对学生的创新意识和实践动手能力进行引导与应用,是适应时代变革的努力和探索。

《电子控制技术》是通用技术学科中的选修课程,许多内容抽象、教材偏难。对于从事一线教学的教育工作者,需要专业的电子专业功底和良好的教学传授能力,若还是采用传统的教师讲、学生听的教学形式,会让学生失去自发学习的动力,缺乏与人交往合作的能力,扼杀他们潜在的创造力。因此,如何选择合适的教学方法,最终通过教学将学生培养成为有文化、有专业能力的可持续发展的技术人,一直是我们技术学科教师在教学中不断探索的课题。

二、问题教学法的理论框架

(一)概念界定

所谓问题教学法,就是指教师遵循学生的认知规律,创设问题情景,引导学生积极主动地在自主、合作、探究的学习过程中努力地发现问题,提出问题,探寻解决问题的途径和方法,获得终身学习所必需的基础知识和基本技能,学会学习并形成正确的价值观,从而完成一个教学过程。

(二)问题设计的几个原则

1. 针对性原则

教师在设计问题时,一定要具有针对性,要针对学生实际,针对课堂教学所要构建的知识结构,针对教学目标,弄明白为什么这样问,最终能服务于教学的哪一点?

2. 激励性原则

教师与学生都是有感情、有思维的教学统一体,师生活动意味着参与、对话、沟通,它不仅是教与学的活动方式,更是弥漫于师生之间的一种教育情景和精神氛围,在不违背教学基本原则的前提下,教师设计的问题要能激发学生的求知欲,活跃课堂氛围。

3. 梯度性原则

人们认识问题时往往由浅入深层层推进,由表象到本质,由未知到已知,因此在设计问题时,问题要从易到难、由感性到理性、由现象到本质、层次分明,以符合学生的认知心理。

4. 启发性原则

问题教学法是一种启发式教学,层层设问即层层启发,提出的问题不是由教师越俎代庖,而是诱导学生深入思考,从而得出正确结论。

5. 开放性原则

设计好的问题不一定答案是唯一的,有的会有几种结论,教师要鼓励学生大胆探索,对不同的结论可以组织学生进行讨论、辩论,这样能激发学生发散思维,进行深层次的研究,最终把学习引上创造之路。

三、问题教学法的实施

课程专家叶澜教授指出:课堂时时刻刻处于运动变化之中,这让我们深切体验感受到知识、思维、情感的流动,知识、能力、情感的生成,关注课堂的生成。问题教学法的实施分四步进行:科学创设问题、引导探索问题、讨论交流问题、反思深化问题,使学生在学习过程中由无疑而生疑,由生疑而思疑,由思疑而释疑,由释疑而心怡,从而

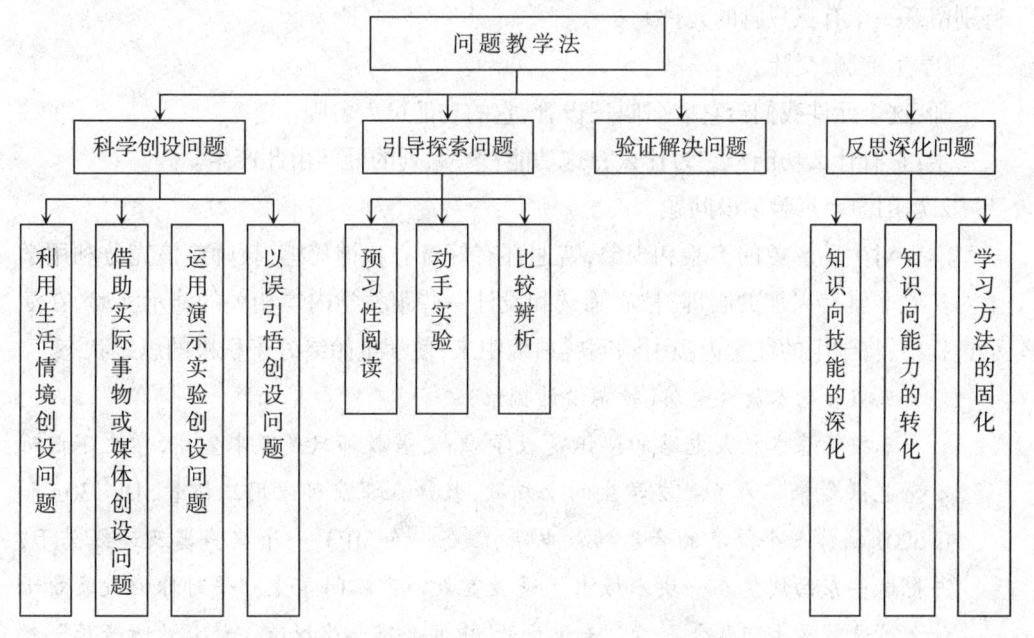

逐渐养成思考问题的习惯和形成解决问题的方法。实施框架如下：

```
                            问题教学法
        ┌──────────┬──────────────┬─────────────┬──────────┐
     科学创设问题    引导探索问题     验证解决问题    反思深化问题
   ┌────┬────┬────┬────┐  ┌────┬────┬────┐       ┌────┬────┬────┐
  利用 借助 运用 以误  预习 动手 比较        知识 知识 学习
  生活 实际 演示 引悟  性   实验 辨析        向技 向能 方法
  情境 事物 实验 创设  阅读              能的 力的 的固
  创设 或媒 创设 问题                    深化 转化 化
  问题 体创 问题
       设问
       题
```

（一）科学创设问题——使学生生疑

问题的科学设计，问题的合理提出是问题教学法的基础，是首要环节。它影响着学生的学习心情和学习兴趣，影响着学生参与学习活动的积极性。在教学中，作为教师必须在课前做好充分的准备，使设置的问题面向全体学生，简洁明确。在《电子控制技术》课堂教学中，我们可以采用多种方法创设问题情境。

1.利用生活中的情境创设问题

一个充满活力的课堂，应该是学生带着强烈的好奇心和探究欲望，愉快地参与教学活动，生动活泼、主动地学习，使他们的个性、特长得到发展的课堂。因此教师在教学中必须把学生要学习的内容巧妙地转化为问题情境，如今的信息化社会，电子技术快速发展，新知识新内容层出不穷，《电子控制技术》的教学更需要创设一些与平时生活息息相关的情境，激发学生的求知欲。

  晶体三极管（教学实录摘录）

  师：我们班的陈佳豪过几天就要生日了，在这里老师提早祝他生日快乐！（打开音乐贺卡）

  （学生议论纷纷，眼睛里充满着疑惑）

  师：这动听的音乐充满了整个教室，同学们可曾想过小小的贺卡怎么能发出如此响的声音？

  生：因为贺卡里面本身就有的，因为贺卡里面有喇叭。

487

师：请同学们观察音乐贺卡内这些元件是否认识或看到过？（打开贺卡，并让学生特别留意一个有三只脚的元件）

（学生猜测、交流）

师：这个元件我们给它取名叫三极管，它的功能可大着呢。

生：它有什么功能？它为什么有这功能？一系列的疑问由此产生。

2. 运用演示实验创设问题

学生对生动形象的实验和现象，普遍怀有好奇心和神秘感，教师应该充分利用学生对实验非常有兴趣的心理，精心筛选和设计一些跟教学内容相关的演示实验，在演示过程中，将学生的注意力吸引到问题情境中来，使学生始终处于积极的思维状态。

三极管基本放大电路（教学设计摘录）

三极管基本放大电路的认识是教学难点，若教师只是照本宣讲，学生不但听不懂也很乏味。为了激发学生的求知欲，教师在课前可以用三极管3DG130A和JN6201制作一个简单的音乐功放电路，准备一个MP3，一个扬声器及连线若干，并把这些东西固定在一块木板上。进教室教师可以问学生："平时你们最喜欢干什么？"这时学生们就会七嘴八舌议论开，中间会有学生说道："最喜欢听音乐"，教师可以接着问："我们平时不是说好东西一起分享吗，那动听的音乐我们也一起来分享，好吗？"，同学们会追问："怎么分享？"于是教师演示：简单的几处连线就播放出足以让全班同学都能听到的流行音乐，相信此时会给他们"豁然眼前一亮"的感觉，疑问也由此产生。

3. 以"误"引"悟"创设问题

爱因斯坦说："提出一个问题往往比解答一个问题更重要。"创设一些与学生认知结构不和谐或规律性变化中的某些特殊问题，使学生在思维的偏差中自我反省，产生顿悟。

（教学设计摘录）（略）

"学起于思，思源于疑"，任何思都是从疑开始的，疑问是获得知识的前提条件，有了疑问，才有进一步深入学习的需要，才可能获得新知。

（二）引导探索问题——使学生思疑

根据提出的问题，点拨学生对头脑中原有的知识信息进行加工，找出与解决问题有关的内容，促使学生对旧知识进行新的组合，从而提出解决问题的途径或猜想。一般需解决"是什么""为什么"和"怎么做"。探索实践活动的方式有多种。

1. 动手实验，培养学生的创新意识

苏霍姆林斯基曾指出："在人的灵魂深处，都有一种根深蒂固的需要，这就是希望自己是一个发现者、研究者、探索者。"因此，在教学中，我们就应尽可能地设计各种实验,尽可能让学生的手、眼、脑、口等多种感官共同参与知识的内化过程,既有助于知识的掌握,又培养了学生的动手能力和探索精神,激励学生去努力成为一个发现者、研究者、探索者。

2.比较辨析法,发展学生的逻辑思维

"比较"是确定事物异同关系的思维过程和方法,是从"分析与综合"到"抽象与概括"的桥梁,是人们认识事物,发展智力的一条主渠道。教学中,设计一些似是而非、模棱两可的问题或问题组,让学生在捉摸不透、无所适从中进入思维的亢奋状态,引导学生去辨析、质疑、帮助他们澄清是非,全面思考,深刻理解和把握问题的本质及规律,培养学生思维的深刻性。

(三)验证解决问题——使学生释疑

验证解决问题是实施问题教学的目的和归宿。问题解决的方式多种多样,可以通过学生独立思考、回答;可以通过教师在学生独立探索的过程中及时搜索的反馈信息来引导学生思考、分析;还可以组织学生分组讨论、分析、概括、归纳,最后由其中的一个或几个学生进行发言;甚至还可以组织学生进行课堂辩论。让学生更加明确"为什么"。

当然,明确地解决问题,有效解除学生的糊涂认识,并不等于任何问题都必须给出一个标准答案,而是学生对于该问题所存在的疑惑得以解除,至于得出的结论可以是多种多样的,只要符合客观事实就行。

(四)反思深化问题——使学生心怡

在充分讨论的基础上,教师加以总结再点拨。讨论结束了,不一定意味着问题完全解决了,在解决问题的同时,意味着更多问题的产生,就这样让教学活动无休止地进行下去,最终引导学生学习知识向技能的深化、向能力的转化、向方法的固化。

四、实施效果和分析

以问题为主线,通过提问、讨论、学生自主探究,获取知识的问题教学法,极大地激发了学生的求知欲,大大提高了学习兴趣,消除自卑和厌学心理,使学生的知识结构得到构建的同时,也培养和提高了学生的学习能力、思维能力、创造能力。

附表是本人近两年在《电子控制技术》课堂中实施问题教学法之后的问卷调查情况反馈(注:表中A表示肯定;B表示一般;C表示否定)。对所教学的204班、205班两班学生的学习能力进行自我评价调查显示,随着问题教学法实施的逐渐深入和逐渐完善,第四学期学生的总体评价明显高于前三学期,在调动学生的学习兴趣和学习主动性、培养学生的创新意识、培养学生自主学习和学会学习的能力等方面都有良好的促进作用。

附表

时期	内容	204班 第一学期末	204班 第二学期末	204班 变化量	205班 第三学期末	205班 第四学期末	205班 变化量
技术课兴趣	A%	77.1	87	9.9	84.2	94.7	10.5
	B%	18.6	10.9	−7.7	15.8	5.3	−10.5
	C%	4.3	2.1	−2.2	0	0	0
上课参与率	A%	54.7	78.9	24.2	60.5	82.4	21.9
	B%	36.6	19	−17.6	28.9	17.6	−11.3
	C%	8.7	2.1	−6.6	10.6	0	−10.6
学习主动性	A%	55.2	78.9	23.7	71	78.9	7.9
	B%	34.3	16.9	−17.4	21.1	18.7	−2.4
	C%	10.5	4.2	−6.3	7.9	2.4	−5.5
自我能力锻炼	A%	42.8	61.7	18.9	57.9	76.3	18.4
	B%	52.9	36.2	−16.7	34.2	21.1	−13.1
	C%	4.3	2.1	−2.2	7.9	2.6	−5.3
创新意识	A%	50.7	62.3	11.6	63.1	73.7	10.6
	B%	26.7	19.4	−7.3	26.3	18.4	−7.9
	C%	22.6	18.3	−4.3	10.6	7.9	−2.7

参考文献：

[1] 顾建军.电子控制技术[M].南京:江苏教育出版社,2007.

[2] 顾建军.技术与设计[M].南京:江苏教育出版社,2012.

[3] 陈春英.浅论问题教学模式的设计[J].文理导航,2016.

高中语文课堂"静思"能力培养的实践研究

徐华燕

【内容摘要】 新课程理念的推行为课堂的生机、活力带来方向性的指导,使教学能够松紧有度,张力十足。但是,也有不少课堂在追求活跃的过程中偏离初衷滑离轨道,变得虚浮不踏实。静能生慧,适宜的"动"后必得有相应的"静"对知识进行夯实升华,方能真正有所获。

【关键词】 安静;课堂教学;思考

一、"不假思索"与"深思熟虑"

笔者指导学生诗歌鉴赏时,选取了一首唐代刘禹锡《秋词》:"自古逢秋悲寂寥,我言秋日胜春朝。晴空一鹤排云上,便引诗情到碧霄。"问学生此诗中表达作者怎样的感情?马上有学生回答:悲秋、寂寥;顿一两秒后,有自我改正的、替同学改正的。答案变为:高兴、开心、不寂寥。教师又追问:"仅仅止于此吗?"所有学生都安静了,过了一会儿有学生起来相互补充:自信满满、豪气干云、激越向上。

这是一首非常简单的有关秋天的诗,以高三学生的知识量,看懂这首诗不成问题,但是学生的三次回答却都不一样,存在明显的层次差别。

第一次回答脱口而出,答案来源于字面,学生根本没有思考,甚至都没有读完整首诗,轻率、轻易下了结论。看起来积极回答,热情很高,实际上不但没有任何成效,反而祸患无穷。一旦养成习惯,对其他科目的学习也是极为不利。

第二次回答稍加思考,答案略微有点改进,用了一个范围较大、切合度不太高的"高兴、开心",总体来说没错,但是不够具体而微,没有很强的针对性。很多学生在书面答题时也止步于此,致使常常失去一些细分,也是思考得不够深入的表现。若平时教师课堂中对这类情况不加以重视,学生没有养成认真、仔细、深入思考的习惯,粗心马虎便伴随左右。

第三次回答深思熟虑,答案的准确度大大提高,在产生答案的过程中,学生要试着阅读诗歌难解的地方,反复推敲,咬文嚼字,调动自己的形象思维、抽象思维能力,进行合理的想象、准确地归纳提炼,慎思而后取之,找到最适切的词语来组织表达。这是一项内在的非常细致入微而有条理的活动,也是能够体会到成就感的一种思考方式。

由此可见,问题只有经过内化吸收、切磋琢磨才能迎刃而解。教师要灵活地为课堂提供安静地思考时间,并学会等待。

二、合时合宜,无声胜有声

(一)静在有疑时

子曰:"不愤不启,不悱不发。"说的是学生如果不经过思考并有所体会,想说却说不出来时,就不去开导他;如果不是经过冥思苦想而又想不通时,就不去启发他。这里强调先让学生积极思考,再进行适时启发。所谓"疑为思之始",即"有疑"是思维的起点。当学生处于"心求通而未得,口欲言而弗能"的状态时,便需要一个安静的环境,让学生可以静静地思考,根据已有的知识构架、经验等,理清楚问题中的脉络、矛盾、冲突,找到疑点的症结所在,从而寻求方法,进行组织表达。笔者在备课《老王》(苏教版必修三第二单元)一文中,自己乍看时便有几处疑点(我在《暗处起波澜,闲处藏玄机》这一文中提及)难以理解。

疑点一:"默存不知怎么的一条腿走不得路了。"作为妻子家人,怎么会"不知怎么的"先生的腿就不能动了?疑点二:"我自己不敢乘三轮"与开头"我常坐老王的三轮"相互矛盾。既然"常坐",为何又突然说"不敢"?疑点三:"他哑着嗓子悄悄地问:'你还有钱吗?'"钱钟书一家都是高级知识分子,有名的学者。即使穷困,也不会缺到少这两个车钱。他为何有此奇怪一问?

其实光解答这个三个疑点并不难,但是因为作者暗藏,初读的人极易忽略。文章第六段开头"文化大革命"开始,全文只有这七个字正面涉及。学生所处时代与"文革"有距离,这三个疑点的解决必然需要学生静静地阅读、静静地思考才能得以解开。至于要有所升华,要理解到杨绛先生为什么对那样的痛苦没有任何痛诉,为什么她不痛斥那个时代腥风血雨,理解到作为知识分子的温润与对时代的担当这样一种高度,更是需要深入的思考才能得以窥见一角。

(二)静在难点处

叶圣陶先生曾说过:"要理解得透,必须多揣摩。读过一遍,再读第二遍、第三遍,自己提出问题来自己解答,是有效办法。"学习的过程中,势必会碰到难题遇到难点,难点的突破需要学生琢磨思量,勇于探索,发现线索、零星碎片,串联、联想、抽丝剥茧,直到击中内核,锻炼不怕困难的心志,养成思考研究的良好习惯。当然,实在有困难的,在思考过后,可以生生合作、师生合作加以破解。而教师在设置问题时,也应把握好难度,难易适中,否则学生会怠于思考或者让学生云里雾里不知所措,找不到思考的方向。

在执教《最后的常春藤叶》(苏教版必修二第一单元)时,我设计了一个问题:"老贝尔曼用他出色的画笔,画下这一片叶子。咱们试想一下,画完叶子,爬下楼梯的时候,他又会想些什么?"

这个问题是用来全面把握老贝尔曼的形象的,是文中的难点。经过思考后,有学生这样回答:"这也许是我最后的画作,我感到自己的身体很虚弱,但好歹,琼珊和苏艾应该能明白我的意思,把艺术传承下去。"涉及艺术传承问题,其实已经超过教师预设范围了,这很难在一两秒内想清楚。当我肯定他并让他具体说说时,他一下子不知如何作答。此时便需要给予全班思考时间,让他们来完善答案。而后,学生回答:"艺术家的使命便是艺术的传承。老苏尔曼死得有尊严,死得高尚,这是艺术家的尊严。两个姑娘若能明白苏尔曼的用心良苦,她们便会继续对艺术的追求,即便依旧困苦,即便人生遭遇挫折。这是艺术家之间的对话。是老贝尔曼生命的嘱托。"

从用生命的价值、尊严来完成对艺术的传承,这是一种高度的升华,是对生命与艺术的致敬。在阅读教学中,学生需要独立思考的时间,去攻克难题。所以,作为教师,一定要给学生以充分的学习实践的时间和机会,同时注重引导学生寻求知识结论的过程,鼓励学生发表自己的见解,分享阅读的心得,体会学习的快乐。

(三)静在情感触发点

心理学告诉我们,人的感情是在一定的情境中产生的。当师生对文中或喜或悲或更为复杂的情感的交流积累到一定程度时,教室里应该安静下来,静待情感的岩浆喷发与慢慢流淌。这个时候任何不合时宜的"动",对整一堂课都是破坏。

《我与地坛》(苏教版必修二第一单元)是一篇情感真挚、引人沉思的好文,值得我们一遍遍重读。在"'我'与母亲"这一节,作者与母亲之间的亲情更是催人泪下。为了让学生更好地理解这一对母子,我找来史铁生的另一篇文章——《秋天的怀念》。在配乐声中,当读到母亲的那句乞求"咱们娘儿俩在一块儿,好好儿活,好好儿活……"时,我的眼眶都红了,在这样的氛围中,一切话语都是多余。同学们有的静默,有的拿笔在本子上刷刷地写,他(她)们一定想到了自己的母亲。还有什么比这个更重要呢? 无声之中体会到了人间至爱。

因而,教师在教学中要善于抓住契合点激起学生的共鸣,在"银瓶乍破水浆迸"的时候学会戛然而止,收获"悄无言"的美丽。

(四)静在讨论后

就学习过程而言,独立思考是学好知识的前提。但往往有些较复杂的问题,需要在经过独立思考、团体讨论交流后,才能获得较为全面的答案。而讨论完后,教师必须预留一定的安静时间,让学生自己梳理、整合,补充自己的知识体系,使之内化为自己的知识,形成适合自己的一条思维链。若在讨论完后,急匆匆地进行全班交流,一旦教师预设的答案一一呈现,就立马奔赴下一环节。学生没有经过独立思考,就不可能很好地消化所学的知识,不可能真正深入地想清其中的道理,使之成为自己真正掌握的知识。这将使学生各方面具体能力的培养将受到极大影响,在能力层次上不可能达到较高的水平,不可能有效地运用各方面的能力,独立地去分析、解决问题,特别是遇到的新的、难的问题。

一个问题在经过讨论、交流后,经得咀嚼、消化才能吸收,安静地思考整理有助于这一目标的达成。当然,这个时间可以留在课堂环节,也可以留于课后作业,经由静心做课后作业来巩固、反思。可以视具体情况而定。

三、静而谋动,动静相宜

"静"为思考提供适宜的环境,思考促成学生智能的提升。从另一种形态上来讲,思考也是"动",积极地"动脑"而没有嘈杂之声,是静中寻动,是启迪智慧。语文课堂上,我们要有科学、合理的活动设计,也需要动中有静,可以静静地聆听,静静地思考,来捕捉跳跃的灵光,欣赏语文的美与博大。

参考文献:

[1] [美]小威廉姆·E·多尔.后现代课程观[M].王宇红译,北京:教育科学出版社,2000.

[2] [美]帕克·J·帕尔默.教学勇气:漫步教师心灵[M].吴国珍、余巍译,上海:华东师范大学出版社,2005.

[3] 陈琦,刘儒德.当代教育心理学[M].北京:北京师范大学出版社,2006.

[4] 冯忠良等.教育心理学[M].北京:人民教育出版社,2008.

"寻幽探微"式阅读教学策略探究

徐华燕

【内容摘要】 阅读教学中,教师上课重技巧重流程,学生阅读文本陷入浅表化困境。文本细读是课堂教学的前提和精彩之源,通过斟字酌句,涵泳品吟,与文本进行真实有效的对话,才能真正探到文本的精髓。

【关键词】 文本细读;斟字酌句;策略

常听学生们说文本阅读的困难,小学到高中,很多时候似乎总在门外转圈,但终究"不得其门而入"。照理说,背了那么多技巧方法,应试答题总该问题不大。然而即便天天在练,准确率也还徘徊在百分之五六十。后来才发现原是连最基本的"读懂文章"都觉困难,纵使文章内里乾坤翻转,气象万千,偏不能会其意领其妙,往往浮光掠影,所见九牛一毛。其可悲也欤!

一、舍本逐末——阅读教学的误区

(一)多快好省,讲求技巧轻内容

高强度压力下,凡事讲求效率。教师久而久之易形成条件反射,心里多想着让学生在最短的时间内尽可能地掌握各种题型的答题技巧和应答模式,少失分。所以课堂讲解不知不觉重方法轻内容,致使语文味渐渐丢失,课堂如同做试题,一问一答,看起来容量很大,实则丢了本质,没了灵魂。而学生身怀各种招式,奈何没有功力基础,又加之兴致不高,施展起来花拳绣腿为主,常常不得要领。平时经常可以听到老师讲"高三带久了,都不会上课了",说的大概就是这种无可奈何的境况。

(二)囫囵吞枣,走完流程略细处

教师课前充分备好课,设计好课堂流程,这是上好一节课的必需。不可否认,很多时候内心里定义的理想状态是铃声一响课堂结束,刚好讲完自己预设的内容,不留尾巴。课堂中有时候一个问题学生回答不上来,教师千方百计各种引导,只盼能有学生起来救场,或者实在没戏,就自己代讲,时间紧迫。这种急匆匆走过场的做法,对文本细处极易忽略,蜻蜓点水、浅尝辄止。

(三)空中楼阁,脱离文本求拓展

新课程标准倡导学生采取自主的、合作的、探究的学习方式,但因为对理念理解的偏差和实际操作中的困难,我们不难看到一些日常课堂或者公开课上,出现了表面繁荣的现象,脱离文本求热闹,一不小心无边际的延伸拓展时有发生。教师以为学生的自主性被大大开发出来,实际上更多的是架空了文本的问答,或者是低效甚至无效的合作探究。学生对文本的理解停留在表面,对内里深藏的含义、隽永的情怀体会不深。长期下来,文本阅读等同于造空中楼阁,飘浮不稳,失去根基。

文本作为交流媒介,连接了读者与作者,教师与学生,学生与学生。细读文本,对字句反复斟酌,倾听来自文本的"细微声响"(王尚文语),欣赏字里行间的风景,是文本阅读的关键,也是阅读教学的重中之重。跳过文本讲方法技巧,或者粗略地借用文本甚至偏离文本探讨生活中的"大语文",皆是舍本取末的做法。

二、字字未宜忽——文本细读的原因探究

吕叔湘先生认为"文本细读就是从语言出发,再回到语言",施特劳斯也有过类似表述:"文本细读就是在字里行间阅读。"叶圣陶先生说"字字未宜忽,语语悟其神"。文章由字句连缀而成,优美的语言读起来如珠玉落盘,清脆有声;朴实的语言经久耐读,简单无华时有回响;机警的语言智慧有力,鞭人奋进策人警醒……文中天地宽,词句是本源,文本细读得从基础本源做起。

(一)句中有线索

伏笔线索能帮助师生快速拎清文章内容,破解文中难点。比如《论语》选段《季氏将伐颛臾》一文,开篇"季氏将伐颛臾"一语点破天机,"伐",意为"进攻,征伐"。《国语·周语上》记载:"三十二年春,宣王伐鲁。"孔子认为"天下有道,则礼乐征伐自天子出;天下无道,则礼乐征伐自诸侯出"。"伐",应该是最高统治者的意图与行为,季氏作为鲁国贵族,无权秉持朝政,不可越权作出"伐"的决定。孔子在此篇章中义正词严对此事提出异议,对冉有、季路作为季氏家臣,不仅没有尽规劝义务,还推卸责任("夫子欲之,吾二臣者皆不欲也"的做法)进行了严肃的批评。"季氏将伐颛臾"是引子,是线索,下文观点的一层层展开均由此而来。这需要读者的细致审读,才能破解。

(二)词中有深义

古人写诗讲求炼字,大家写文也是一改再改,力求"我手"可以写出"我心"。因而,总有一些独具匠心极有意味的词,能够引人深思,需要人反复吟咏咀摸,方能得其深意的。如《界河》一文,"赤裸""赤条条"两词不断出现,两个光着身子的人在河中洗

澡,这本来是一件十分寻常自然的事情,但是,他们是在炮火间隙邂逅于界河(一条充满诱惑力的死亡之河)!他们的身份是属于两个不同阵营的士兵!所以越是说"赤裸",越是说"赤条条",甚至是赤裸得分不清国籍,道不出姓名,没有军装,越加摆脱不了战争根植于人内心的对立、恐慌、罪恶,为求自我保全而丧失理智、宽容、悲悯等最自然、最赤诚的人性。"赤裸",是一种渴望也是一种呼吁,渴望回归正常,回归自然,呼吁回到自由、平等的生活中;然而,它同时又成为一种更为深重的罪孽,在如此坦诚相待的时刻,当人性的光辉闪现的时候,对方阵营同样赤条条的一个"人",瞬间用子弹训练有素地击碎了最美好的东西,战争的残酷就这样猝不及防地赤裸裸地呈现在读者眼前。

(三)语中有性情

品味、赏玩语句,会有许多意想不到的收获。字句中不仅文中人物各种性情,比如阿Q的自欺欺人,黛玉的处处小心……鲜明的人物形象都靠文字来显现;也有隐在文后作者的性情。都说"言为心声",文章中多有作者性情流露,苏轼为人旷达,遂诗中常有达观之语,如"谁怕?一蓑烟雨任平生","谁怕"以心理勾勒出乐观之态;杜甫心忧天下,故字里行间多凄怆,有"花溅泪""鸟惊心"这类令读者动容的言语。

因而,文本细读要能沉入词语句子中,要会咬文嚼字,对词句内涵进行充分的感知、挖掘,才能领会作者的深层意蕴。品读字句好比文火煲汤,急不得躁不得,时间下去,火候到位,汤才是好汤。如此日积月累,才有可能"得其门而入",窥见"宫室之美"。

三、多管齐下——文本细读的策略研究

文本的美深藏在语言的深处,语文教学的精髓与难点就在于怎样让学生与文本语言能够进行深入的对话,使原本只是符号的语言,在学生的心中焕发出生命的活力。

(一)反复涵泳,以"读"促悟

语言文字虽无声无息,但它是读者与作者,老师与学生的对话的媒介。文学作品的阅读分"无声地读"和"有声地读"。默读能大致浏览作品,对细处进行思考、推敲,是一种非常普遍的阅读法。而"有声地读"有助于更加细致深入地理解作者的情感,赏出其中的"味儿"来。一遍两遍多遍地反复吟咏,语音语速语调停顿延长……各种尝试后找到最贴切最对味儿的读法,寻找捕捉藏在字后面的情丝、思想。很多时候,"有声地读"比"无声地读"来得更直观更易理解。另外,"有声地读"易使读者产生代入感,与作品作者共鸣,无论古今中外,书中自有知音在。无怪乎原来老先生教书要求学生摇头晃脑地反复品读直至成诵。

比如柳永《雨霖铃》中,"暮霭沉沉楚天阔"中"沉沉"两字重读,音延长,就能感受到诗中人不舍别离的黯然伤心和前路迷茫难测的沉重心情。这是光靠默读做不到的。列夫·托尔斯泰说:"感染性是艺术的一个肯定无疑的标志……感染的程度也是衡量艺术价值的唯一标志。"而朗读能更好地发挥文句的感染力,如石子入湖,骤起涟漪,一圈接一圈。因此,阅读教学文本细读更推荐朗读,不管是集体读还是个人读,能于"读"中纵横驰骋,悟出情感悟到思想,才是细读的意义所在。

(二)因句造境,以"境"体情

叶圣陶先生说,阅读是"潜心会本文,入境始与亲"。文本细读要学会把自己放入到文章中,根据语言文字的指引,展开合理的想象、联想,来到文中人物的处境之中,迎接暖阳或寒风,体会人物一颦一笑,感受命运起伏背后的微妙情感、心理变化。如此,才能真正"细腻、深入、真切地感知"文本。如司马迁《鸿门宴》选段中,鸿门之宴前,风起云涌大雨欲来,角斗的帷幕已经拉开一角,读者屏声静气,等待电闪雷鸣暴雨骤至。鸿门之宴时,空气凝滞紧张,稍有松弛下一波浪潮便又迎面而来。我们完全被太史公马迁带入当时当境,感受沛公的命悬一线与智谋诡谲,樊哙的忠勇义胆与豪情万丈,体会范增的奋力一试与无可奈何,西楚霸王的放虎归山与骄矜孤勇……历史的车轮在一声声叹息中按既定轨道往前驶去,文字使我们可以有幸穿梭在其间。

(三)切磋琢磨,敲打词语

文本细读,学会推敲词语,斟酌再三,才能悟出文字的精妙,去窥见作者的厚实的功底,睿智的思想,从而使自己的阅读变得更为精准。

1."留"与"去"的斟酌

敲打字句,可以通过"保留"与"舍去"某词,以前后两句话的不同进行比较,来感受一字千金的分量。如叶圣陶先生的《邻居吴老先生》一文提到"门前有挑着树苗卖的,随便讲价讲成了,他老先生买了两株橘树苗",句中"随便"二字,绝非随便写成。"随便"便使吴老爷子的"心不在焉"跃然纸上。买东西心不在价格上,也不在物品好坏上,那心思在哪儿?心思全在"想回乡而不能回"的矛盾中来回拉扯。虽说要做"迁川第一世祖",仍旧一心惦念故土。然故乡太不争气,同胞成了日本人口中"最出色的中国人",心怀民族节义的吴老爷子不能与那些人同流合污,故而有家难回。所以,"随便"二字看似轻轻一晃,一笔带过,却是极精准地抓住了吴老先生内心的恍惚纠结痛苦。若是去掉这两字,变为"讲价讲成了,他老先生买了两株橘树苗",则与一般人买东西流程无异,没有重点,完全失去韵味。

2."旧"与"新"的较量

体会一字一词的精妙,还可以用它词来替代原词,看看哪一个更好地表情达意。真正伟大的作家在创作时要么灵感喷涌佳作天成,要么再三修改力求字字珠玑。总之,好的文学作品一定是经得起推敲的。比如,王安石的名句"春风又绿江南岸"中的"绿"字就是经过了"到""过""入""满"等十多次的修改才得来的,而这一字,盘活了一首诗。

作者如此精心布置,我们在文本阅读时,怎可走马观花对精彩之处弃之不顾呢?史铁生在《我与地坛》中写道:"十月的风又翻动起安详的落叶。"在执教时,我让学生比较"安详的落叶"与"枯黄的落叶"这两者的差异。学生细细品读了以后,有了自己的感悟:平时落叶多用"枯黄"形容,史铁生看到的落叶却是"安详"的,这不是外在的"形"的描摹,而是内在的"神"的书写,是史铁生经历命运的残酷撞击和慈母的去世后努力寻求到的内心平衡,是历经磨难后与生活的和解和由此产生的人生智慧。

小小一个词一句话,隐在文中,看似普通寻常,仔细品来却力透纸背。通过原词与新词的互换,能帮助我们更好地体悟文字的精妙,这才是原汁原味的语文。

四、厚积薄发——文本细读的意义

歌德说:"经验丰富的人读书用两只眼睛,一只眼睛看纸上的话,一只眼睛看纸的背面。"细读是突破浅表化阅读的途径,有助于学生阅读能力的真正提升。教师要引导学生通过细细品读文本,努力甄别品鉴词、句、片段,养成敏锐的观察力和感悟力,欣赏字句后面的大千世界,涵养丰厚的底蕴。

参考文献:
[1] 孙绍振著.批判与探寻:文本中心的突围和建构[M].济南:山东教育出版社,2012.
[2] 高超.文本细读方法初探[J].山西师大学报,2010.
[3] 孙绍振.名作细读:微观分析个案研究[M].上海:上海教育出版社,2009.

高中化学课堂实验有效教学的实践与研究

姚叶忠

【内容摘要】 高中化学教学要追求课堂教学效益的最大化,新课程理念的"有效"更强调高中化学的学习是一个主动建构知识,发展能力,培养科学态度和创新精神等核心素养的过程。而化学的教学又大量地联系到实验,因此课堂实验的有效性很大程度影响教学效率。本文从演示实验和学生实验的实践分析有效教学的方法。

【关键词】 化学课堂实验;有效教学;实验探究

一、化学课堂实验有效教学的再认识

新的课程标准下化学学习内容多,深度难把握,每天同样的课型和大量的作业等很容易使学生的积极性消però,甚至于有些教师完成不了教学任务。实验的作用如果发挥好的话能对以上的问题起到缓解的作用,而且提高化学实验教学的有效性对整个化学教学效率的提高也起到重要作用。

高效地进行实验教学与新课标培养学生的各方面目的是很吻合的。在教学过程中突出化学学科的特征,更好地发挥实验的教育功能。在课堂实验中利用化学实验激发学生对化学学习的兴趣,创设生动活泼的教学情境,帮助学生认识物质以及变化的本质和规律;全方位地培养科学的态度,以及实验的操作能力,实验数据的记录、处理,个体间的协作能力。教师认真对待每个有价值的问题,不失时机地引导学生通过实验进行探究活动来学习化学。学生从学习过程中树立正确的实验观和价值观,并能带着研究的精神去投入日常化学学习。

因此研究如何提高演示实验和学生实验有效性的方法也是教师备课和教学计划中重要一部分。

二、提高化学课堂实验的有效性

(一)提高演示实验的有效性

演示实验是由教师在课堂上结合教学内容进行的实验。演示实验能紧扣课堂教学环节,以其形象、生动的教学效果,灵活多变的实验方式,有效地配合化学课堂教学。演示实验除了能发挥教学的"示和范"作用外,至少在实验现象的观察上要明确清晰。教师给学生一种明确的感性的认识,是第一层面的成功。观察这个环节做好了,才能进一步引导学生的思维去探索物质变化的本质和规律。那么如何提高实验本身观察性?教师如何引导学生观察?

1. 提高演示实验的可观察性

通过对实验过程进行必要的改进,给学生一个明确颜色、声音、气味等感官的刺激。

案例1:教材中燃料电池用发光二极管、音乐集成电路做实验,从视觉、听觉上更让学生既有新鲜感又能更自然地感受到装置中有电流通过。

2. 提高演示实验的成功率

演示实验既然要到教室去做,成功率就应该是100%。这就要求教师在课前事先进行实验,使自己的实验操作规范、熟练,研究和摸索可能发生的问题和实验成败的关键,做到心中有数,确保课堂中实验现象明显。

案例2:苏教版化学2中糖类实验淀粉水解的实验:向两支试管中分别加入4ml的淀粉溶液。①其中一加碘水观察现象。②另一支先加少量的硫酸,加热4~5分钟。得到溶液冷却后分两份,在一支中加碘水,另一支中和后再做后续实验。做后续实验是为说明淀粉水解后才能与新制氢氧化铜反应。

因为水解的速率与配制的淀粉溶液的性质有很大的关系,不能总抓着教材加热4~5分钟不放。课前我自己反复实验淀粉溶液完全水解所需要的时间,做了5组,得出4分半足够,这样就能很好地把握进度。试想若加热过的淀粉溶液遇碘还是蓝,那么后面出现的红色沉淀何以说明是淀粉水解生成的物质造成呢?此间一个不成功后面的时间和水解的时间就都没有什么效率可言了。

3. 演示实验教学调控

教师在做好了充分的实验准备,使成功率和现象的观察性都能有保证。接下来就是要让学生不错过一个细节地仔细观察到现象。可以说有现象的准确观察才有学生的分析和深究。而学生在观察时,有的实验现象他们感到很新奇,往往在实验没有完全结束就会在同学间交流开,这样就会可能遗漏一些内容;或是装置比较复杂的实验,他不知道观察哪里才是重点,导致实验后注意点错误,等等。针对学生这些问题,在做学生实验时要做下面的几项工作。

①指导学生观察什么　②指导学生怎么观察　③简洁的整理小结

案例3：在《实验化学》探究铝及其化合物中，将一块擦去氧化膜的铝片放到20ml 0.5mol/L的$CuSO_4$溶液中观察铝片表面的现象。在实验室里尝试用砂纸去氧化膜，进行常规实验，发现要好一段时间才可以看到铝片表面有紫红色的物质生成。也尝试将它先浸在稀盐酸中，去除氧化膜，然后用大量水冲洗，实验发现效果好很多。

在实验前，给学生下观察任务。

A、观察铝片表面的变化。

B、观察溶液颜色的变化。

C、反应中能显示反应速率的是什么？

带着这些问题学生会关注实验变化，而且会认真地等待实验到结束为止。在完整地观察后，学生回答问题就显得很有自信。铝片表面很快有紫红色物质生成，同时有气泡产生。也基本能回答后来试管变浑浊，产生蓝色沉淀。很多同学能关注到，由气泡产生的快慢来判断反应速率的快慢。这样就为下面必要探究做了良好的铺垫。

(二)提高学生实验探究的有效性

在实际的教学中安排了很多的探究类实验，着重培养学生实验操作能力、数据分析能力、归纳总结能力，同时又是培养实事求是、严肃认真的科学态度和创新精神等核心素养的重要载体。实施实验探究要根据学生的情况，教学目的等需要来合理安排。那么我们要怎样来选择合适的探究点，怎样来正确引导内化为学生的探究能力呢？

1.探究点的有效选择

教师要准确发掘有价值的探究点。而有价值的探究点一般源于异常现象或是可能值得置疑的地方。同时要结合学生的认知水平探究，这样才会有好的收效。

案例4：在苏教版化学2原电池第一课时。若不进行处理，实验中学生观察：锌片上和铜片上都有大量气泡！预习过的学生一定会有疑问：锌片上怎么也会有气泡呢？对这个疑问能作为探究点吗？这无疑是个好的探究点，但是在这节课上不宜进行。

对于刚开始接触原电池的学生来说，教学的目标是利用铜板上产生气泡而锌参加反应没气泡来引出原电池装置。而现在一上来就要探究锌上为什么有气泡还太早，或者不理会这个现象会让学生留下锌片上是应该有气泡的错误想法。因此，我觉得锌板上产生气泡这一现象在这里应该尽量避免。在实验准备时我选用较纯的锌片，并且在电解质溶液中加少量的高锰酸钾溶液去极化，减少锌片上气体的产生。如此一来引出原电池就更顺利。

2.引导学生自主探究

教师总在千方百计让学生从"学会怎么做"到"想学"再到"会学",放在化学实验探究其目的就在于能让学生能自主探究。无论在正常的教学过程还是进行探究时都要注重有效的引导,使学生能在富有启发性的问题情境中充满积极性和主动性地投入探究。

在教师选择好探究点以后如何引导全面的假设和配合假设设计可行的实验步骤是培养提高学生自主探究能力的关键。

案例5 我们学习了过氧化钠与水的反应,往所得的溶液中滴加几滴酚酞试液发现先变红,然后褪色。教师提出变红后的溶液为什么会褪色(异常现象)?在原有知识基础之上,先通过充分讨论,再提出假设和相应实验步骤设计。

教师:我们可以从仪器和试剂上寻找原因。

假设1:所用的试管不干净,管壁上沾有的杂质产生影响,使红色褪去。

方案:用去污粉、自来水、蒸馏水将试管洗干净然后做实验。

假设2:过氧化钠药品在空气部分变质后引起。

方案:用实验室里没用过的纯度高点的药品做实验。

假设3:反应放热使溶液的温度较高,太高了可能就会使红色褪去。

方案:用冷却后的溶液做实验。

假设4:在反应中产生氧气,是否是氧气把酚酞氧化而褪色了?

方案:配一份已经红色的酚酞,冷却后通入氧气。

假设5:可能是被强氧化性的物质漂白,过氧化钠与水反应还可能产生强氧化性的物质,具有漂白作用。

教师:大家想想你知道这样的物质吗?既具有强氧化性,又能在常温水溶液中产生氧气的?

学生:双氧水。

方案:反应不产生气体后,加入催化剂,检验氧气来证明。

教师:展示资料:酚酞的变色方程式。

学生:可能OH^-太多会变无色!

学生方案:用从低到高的各个浓度$NaOH$溶液试验,少量。

这样假设和方案确定,进一步细化后,接着就可以准备开展实验了。如此既能感受探究思路的寻找方法,也能在养成习惯后就能主动去找资料和讨论。

3.探究成果的有效共享

对一般学生实验教师在所有学生给出自己组的实验过程和结论后积极引导全班同学的讨论,能自然纠正学生的错误想法;能全面地看到自己没犯的错误;能更好地看到同学和自己的优点。对大型的学生实验后第一任务就是书写实验报告。在班级张贴或是拍好照,在上课时进行展示、分享、讨论。这样的共享不管实验成功程度如何,都能有效提高学生学习和探究的积极性,同时在过程中培养良好的思考、实验能力。

(三)让课堂实验走近生活

让化学走近生活是培养学生的科学态度和社会责任的核心素养好方法。通过实践使学生真正体味化学就在身边,化学赋能生活。

胶体也是学生们觉得很神秘的分散系。在学校的沙坑取一把沙子加入有水矿泉水瓶中充分震荡,静置。在课堂上用激光依次从上到下照射,溶液、胶体、浊液层次分明,丁达尔效应现象明显。有时可设计家庭实验激发学生的学习兴趣。发给学生碘化钾淀粉试纸,指导通过网络先去查找可用的原理,在家里寻找创造反应条件的替代品,充分准备好试剂后进行实验。有试纸、替代品等的暗示,学生能找到醋等等可用的资源,用在酸性条件下,IO_3^-和I^-反应生成碘单质,从而检出IO_3^-。

三、后记

在课堂改革的背景下,传统的教育观念、教育模式必须改变。但无论何时实验都在化学教学中举足轻重。教学中以学生为中心,培养学生的核心素养。教师还是要立足更新化学专业知识,认真学习新课程标准,使学科核心素养的培养真正落地。教师还要始终保持探究热情,对化学实验课堂教学有效性的教学方法、教学模式地不断进行实践。

参考文献:

[1] 周业虹.浅谈学科核心素养视角下的高中化学教学策略[J].中国考试,2017(02):47-51.

[2] 吴渊清.高中化学实验教学的问题与对策[J].科学咨询,2020(11):269.

[3] 何翔.中学化学实验教学存在的问题及对策[J].化学教学,2015(12):70-72.

[4] 田婷.基于核心素养下的高中化学课堂教学有效性探究[J].信息周刊,2019.